本书为教育部人文社会科学重点研究基地重大项目

"秦汉魏晋南北朝时期家庭与日常生活的考古学观察"

（16JJD770028）的阶段性成果之一

本书出版得到南开大学中国社会史研究中心资助

考古学视角下的秦汉家庭与日常生活学术研讨会论文集

刘尊志　主编

科　学　出　版　社

北　京

内 容 简 介

　　秦汉时代有着长时间的繁荣和统一，日常家庭和生活的内容、形式等都得到极大的拓展和丰富，各种生活习惯和社会风俗也得到不断的发展和完善。内涵丰富的考古发掘资料为研究秦汉时期的家庭生活和日常活动提供了有力的支持。本书通过整理相关的考古发现和历史文献，尝试揭露秦汉时期家庭和日常生活的内容、内涵，为研究社会史、物质文化史做出有益的尝试。

　　本书适合文物考古相关专业师生及研究人员，以及对秦汉历史文化感兴趣的社会人士阅读。

图书在版编目（CIP）数据

考古学视角下的秦汉家庭与日常生活学术研讨会论文集/刘尊志主编.
—北京：科学出版社，2019.10
　ISBN 978-7-03-062595-3

　Ⅰ.①考…　Ⅱ.①刘…　Ⅲ.①古代生活用具–考古–中国–秦汉时代–学术会议–文集　Ⅳ.①K875.24-53

中国版本图书馆CIP数据核字（2019）第224424号

责任编辑：张亚娜　郑佐一/责任校对：邹慧卿
责任印制：肖　兴/封面设计：图阅盛世

斜 学 出 版 社 出版
北京东黄城根北街16号
邮政编码：100717
http://www.sciencep.com
中国科学院印刷厂　印刷
科学出版社发行　各地新华书店经销
*
2019年10月第 一 版　　开本：787×1092　1/16
2019年10月第一次印刷　印张：23
字数：530 000
定价：198.00元
（如有印装质量问题，我社负责调换）

序

由南开大学历史学院考古学与博物馆学系、南开大学中国社会史研究中心主办的"考古学视角下的秦汉家庭与日常生活"学术研讨会于2018年7月7—8日在南开大学召开。来自中国社会科学院考古研究所、西安市文物保护考古研究院、中国国家博物馆、河南博物院、秦始皇帝陵博物院、天津博物馆、徐州博物馆、北京大学、南开大学、天津大学、郑州大学、南京师范大学、洛阳师范学院等国内众多科研院所、博物馆、高等院校的三十多位专家学者共同出席了研讨会。

在会议发言中,与会学者从多个角度对考古学视角下秦汉家庭与日常生活研究的学术意义进行了阐述。南开大学中国社会史研究中心主任常建华教授认为,生活史的研究可以深化我们对古代社会结构、社会性质等的认识,历史学与考古学的发展需要关注多学科研究,历史研究尤其是社会史研究应与考古资料结合。中国社会科学院考古研究所的白云翔教授分析了古代社会生活史的研究现状,提出考古学研究需要重视社会生活,在开展社会生活史研究的过程中,考古学存在自身的优势,也有与之相关的内容和方法,并指出今后应加强这方面的理论思考和体系化建设,要在前人研究的基础上结合与日俱增的考古材料,将社会生活史研究继续推向前进。徐州博物馆李银德研究员从考古学的角度论述了秦汉家庭与日常生活的一些内容,指出与秦汉社会生活相关的考古发现、研究已十分丰富,利用考古材料进行社会史研究前景广阔,既能够补充文献记载的不足,也可以更直观、深入地认识该时期家庭与日常生活。中国社会科学院考古研究所研究员刘瑞认为在改革开放四十周年的契机下提出秦汉家庭与日常生活这一概念,对今后秦汉考古的发展将起到很大的促进作用,改革开放带来了人们生活上巨变以及考古学事业的发展,加深了我们对秦汉家庭与日常生活的理解,使我们能够在之前考古学研究的基础上做更多的扩展,发现更多的角度。还有很多的学者提出了真知灼见,对今后开展秦汉家庭与日常生活的考古学研究具有重要的参考价值和意义。

本次会议,各位专家学者以考古学的角度对秦汉家庭与日常生活进行了详细的专题解读,提交的论文涵盖秦汉家庭与日常生活的诸多方面。与会学者从秦汉时期社会生活的视角出发,审视、收集、整理、分析、研究各种考古资料,就社会生活进行考古学研究,探讨秦汉家庭与日常生活、生产与消费、服章与器用、城市与墓葬等相关问题,材料全面、内容丰富、研究深入。

　　会议为期两天，研讨气氛热烈，参会人员以中青年教授、研究员为主，也包括博士、硕士研究生等青年力量，是一场以中青年学者为主、层次较高的学术研讨会，这次研讨会深化了秦汉家庭与日常生活的考古学研究，提出了"社会生活的考古学研究"这一命题，将以往的零星研究纳入了一个大的研究方向，不仅对进一步完善考古学的学科建设、充分发挥考古学的史学功能、推动中国考古学与社会史的综合研究有重要的学术意义，而且对于真正"让文物活起来"、讲好物质文化遗产背后的故事等倡议，也具有重要的实践意义。因此特将会议发言与论文结集出版，以期全面展示本次会议的内容与成果，并为今后系统开展社会生活的考古学研究、拓宽考古学研究思路发挥一定的参考与引导作用。

　　在此向参加本次会议和提交会议论文的诸位专家学者致以诚挚的感谢，也希望家庭与日常生活乃至社会生活的考古学研究在诸位师友的帮助和推动下能够不断深入，多出成果。在会议召开及论文集编纂过程中，南开大学中国社会史研究中心主任常建华教授、南开大学历史学院副院长刘毅教授均给予诸多帮助。论文集的出版得到南开大学中国社会史研究中心的资助，在此向二位老师及南开大学中国社会史研究中心表示由衷的感谢！论文集的编纂、出版过程中，常乐、谢佳芮等博士研究生及科学出版社的张亚娜、郑佐一女士均付出很多劳动。在此对参与本次论文集编纂、出版的同学与工作人员亦表示诚挚的感谢！

　　是为序。

刘尊志
2019年5月1日于南开大学津南校区

目　　录

五　城市与墓葬

一 | 家庭与社会、日常生活考古学研究的思考与建议

关于社会生活的考古学研究及其初步思考

白云翔

（中国社会科学院考古研究所）

一

"社会生活"作为一个学术术语，是社会学的一个概念，一般认为是指人类社会的生活系统，但有广义和狭义之分。广义上的社会生活，"是指整个社会物质的和精神的活动"；狭义上的社会生活，则是指"社会的物质生产活动和社会组织的公共活动领域以外的社会日常生活"[1]。换言之，狭义的社会生活是指广义的社会生活中与经济生活、政治生活、精神生活相对应的社会生活，也就是社会日常生活。

这里所说的社会生活，即狭义上的社会生活，也就是社会日常生活。从研究的实践看，社会生活的内涵是清楚的，但其外延往往因研究者和研究视角的不同而有所差异；同时，它与经济生活、政治生活和精神生活也难以截然分开。但无论如何，社会生活是人类社会历史的基本组成部分。

正因为如此，在史学界，社会生活史作为社会史的一部分而成为历史学的一个重要研究领域或分支学科，甚至已经成为一个史学流派。从世界范围来看，法国史学界年鉴学派的形成和发展，即1929年《经济和社会史年鉴》杂志的创办、1946年更名为《经济·社会·文化年鉴》以及后来一系列研究成果，对包括社会生活史在内的社会史研究的发展产生了重要影响。20世纪70年代中期，在德国和意大利兴起了"日常生活史学"研究，甚至被称为史学发展的"标志性"事件[2]，并对其他国家史学的发展产生了影响。

在我国，社会生活史的研究可以上溯到1911年张亮采《中国风俗史》的出版。20世纪三四十年代，学术界对中国古代社会生活史的广泛关注，成为当时"中国历史学的一个重要的学术现象"。20世纪50年代以后，经历了一个曲折而缓慢的发展过程。

[1]《中国大百科全书·社会学》"社会生活"条，中国大百科全书出版社，1991年，第320页。

[2]刘新成：《日常生活史：一个新的研究领域》，《光明日报》2006年2月14日第12版"理论周刊"。

20世纪80年代中期，以1986年10月首届"中国社会史学术研讨会"（社会生活是其重要的讨论议题）在南开大学的召开和1987年中国社会科学院历史研究所《中国古代社会生活史》（十卷本）作为国家社科基金项目立项等为标志，我国的社会生活史研究走向全面复兴，并且学术成果累累，逐步成为我国史学研究一个热点和新的生长点[1]。在当今历史学界，社会生活史研究呈方兴未艾之势，已经成为了一个相对独立的史学学科分支。

在我国考古学界，"大约从20世纪90年代中期开始，中国考古学开始步入转型的阶段。所谓转型，就是考古学研究的重心由前述的以年代学为主的文化史研究占主导地位，逐渐向全面研究古代社会的方面转变"[2]。既然是全面研究古代社会，自然包括社会生活方面的研究。新世纪以来，考古学研究"透物见人"的学术理念被广泛接受。在关注和研究物质遗存本身的同时，人们开始更多地关注物质遗存所反映的社会、人和人的活动等方面。

正是在上述学术背景之下，这里提出"社会生活的考古学"这一命题，并就相关问题略作思考和讨论。

需要说明的是，近百年来，史学界关于社会生活史的认识经历了一个不断变化的过程。最初主要是就社会风俗制度史等进行研究，同时也开始使用"社会生活"的概念[3]；后来，又出现了"日常生活"的概念及其使用[4]，但更多的是将其作为社会史的一部分，并称之为"社会生活史"；新世纪以来，有不少历史学者更倾向于使用"日常生活史"的概念和提法[5]。在笔者看来，尽管"社会生活"主要指的是"社会日常生活"，但使用"社会生活"的概念似乎更有利于理论的思考、研究的实践和体系的建设。因此，这里仍然使用"社会生活"这一概念，与社会史研究中的"日常生活"大致相对应。

---

[1] 彭卫：《近五十年中国古代社会生活史研究述评》，《汉代社会风尚研究》，三秦出版社，1998年，第188—209页。

[2] 《考古学概论》编写组编：《考古学概论》，高等教育出版社，2015年，第76页。

[3] 郭沫若：《周易时代的社会生活》，《中国古代社会研究》，人民出版社，1945年，第23—74页；傅安华：《唐代社会生活一斑》，《傅安华史论文集》，黄山书社，2010年。

[4] 陈直：《汉代人民的日常生活》，《西北大学学报》1957年第4期；陈如：《汉代成卒的日常生活》，陕西人民出版社，1958年。

[5] 常建华：《从社会生活到日常生活——中国社会史研究再出发》，《人民日报》2011年3月31日第7版"理论"。

二

考古学作为历史科学的一个学科，其性质和任务是根据实物资料研究人类古代社会历史及其发展规律，与文献史学一起构成古代史研究的"车之两轮""鸟之两翼"。

众所周知，"史前考古学承担了究明史前时代人类历史的全部责任，而历史考古学则可以与历史学分工合作，相辅相成，共同究明历史时代人类社会的历史"[1]。就史前考古学来说，"究明史前时代人类历史的全部责任"中，毫无疑问地包括史前时代的社会生活。就历史考古学来说，更是"主要任务和研究的重点发生转移，即转移到物质文化的研究、精神文化的物化研究和社会生活的具象化、实证化研究"[2]。因此，古代社会生活是考古学的重要研究领域，是毫无疑问的。

实际上，自20世纪20年代近代考古学在中国诞生之日起，就包含了对古代社会生活的发现、研究和揭示，试举数例[3]。1921年仰韶村遗址的发掘和史前彩陶的发现，从一个侧面展现了当时的日常生活用陶器及其类型和特征。1928年开始的安阳殷墟遗址的发掘和一系列发现，从多个侧面展现了当时人们从居住、储藏、饮食、车马、文字到祭祀、埋葬等聚族而居、聚族而葬的日常生活方式和丧葬习俗。1954—1957年西安半坡遗址的发掘，比较完整地揭露出一处仰韶文化的聚落，比较清晰地再现了6000多年前氏族公社时期一个氏族聚落的布局、结构、内涵以及从居住、饮食、人体装饰、娱乐等日常生活到丧葬活动的社会生活的方方面面。1956年以来西安汉长安城遗址的发掘，发现了大量有关社会生活的遗迹和遗物，为研究当时长安城居民的社会生活提供了各种珍贵的实物资料。在某种意义上，任何一次考古调查和发掘活动，都会不同程度地为当时社会生活的研究提供新的实物资料。也正是基于丰富多样、与日俱增的考古发现及近代考古学发展的必然要求，史前时代到历史时代社会生活的若干方面都程度不同地进行了考古学研究，并且不断取得成果，尤其是20世纪50年代以后更是成果丰硕。当然，既往的很多研究虽然与古代社会生活直接相关，但当时更多的是着眼于物质文化而不是社会生活，此不赘述。

毋庸讳言，囿于我国考古学发展的时代局限性，社会生活的考古学研究长期未能受到应有的关注和重视，更缺乏理论的思考和体系化建设。正如我国古代史研究长期

---

[1]　夏鼐、王仲殊：《考古学》，《中国大百科全书·考古学》，中国大百科全书出版社，1986年，第17页。

[2]　白云翔：《历史考古学重在何为》，《美好中华——近二十年考古成果展》，文物出版社，2017年，第2页。

[3]　考古杂志社编：《二十世纪中国百项考古大发现》，中国社会科学出版社，2002年。

关注中国古史分期、封建土地所有制、农民起义和农民战争、资本主义萌芽以及汉民族形成"五朵金花"一样，我国考古学在相当长的时间里关注的重点是考古学文化及其年代和分期、史前及夏商文化谱系构建、古史重建、物质文化史研究等方面——这当然是必要的，也是学科发展的阶段性所决定的，直至20世纪80年代才开始了"从物质文化史研究向古代社会复原研究的转型"[1]。古代社会复原研究自然包括古代社会生活的研究，20世纪80年代以来的很多考古学研究也直接或间接地涉及古代的社会生活，如饮食生活、服饰生活、车马出行、文体娱乐活动等。譬如，黄展岳利用大量考古资料，对汉代人的饮食生活进行复原和勾勒[2]。又如，杨泓的《逝去的风韵——杨泓谈文物》中，根据考古资料和出土文物考察古代日常生活的16篇短文，构成了该书的"生活"篇[3]；孙机的《汉代物质文化资料图说》[4]，虽然名为"物质文化"，但实际上对汉代社会生活的诸多方面进行了简明而系统的考察。再如，汉代车马的研究，无疑属于物质文化研究的范畴，但同样也是社会生活研究的范畴，练春海的《汉代车马形象研究——以御礼为中心》，其内容已经不仅仅是从汉画图像上对汉代车马的研究，而是从车容扩展到车仪及卤簿等，实际上是车马形象、车马出行及其礼仪的研究，更接近社会生活史了[5]。也就是说，迄今很多物质文化的研究，实际上已经超越了物质文化本身，而是开始多层次、多角度地进行解读和阐释。当然，以往的研究仍然主要着眼于物质文化而非社会生活。尽管物质文化与社会生活密切相关，但物质文化研究并不等同于社会生活研究。但毋庸置疑的是，物质文化研究的长期积累，为社会生活的考古学研究奠定了坚实的学术基础。

在史学界社会生活史研究方兴未艾、考古学学科建设不断完善、考古学研究逐步向古代社会复原研究转型、"透物见人"的学术理念被广泛接受的今天，提出并系统开展"社会生活的考古学研究"，或者简称为"社会生活考古"，应该是时候了。这不仅对于进一步完善考古学的学科建设、充分发挥考古学的史学功能、更好地实现考古学的最终目标有重要的学术意义，而且对于真正"让文物活起来"、讲好物质文化遗产背后的故事等，也具有重要的时代意义。

---

[1] 赵辉：《中国新石器时代考古的过去和现在》，《江汉考古》2018年第1期。

[2] 黄展岳：《汉代人的饮食生活》，《农业考古》1982年第1期。

[3] 杨泓：《逝去的风韵——杨泓谈文物》，中华书局，2007年。

[4] 孙机：《汉代物质文化资料图说》，文物出版社，2008年。

[5] 练春海：《汉代车马形象研究——以御礼为中心》，广西师范大学出版社，2012年。

三

社会生活考古不仅是必须的和必要的，而且在古代社会生活史的研究上，考古学有着其独特的优势。这主要表现在以下两个方面。

一方面，考古资料的相当一部分是当时社会生活的物质遗留，或者是与社会生活直接相关的物质遗留。尽管考古资料涉及古代社会历史的各个方面，但社会生活的物质遗存至少占有半壁江山。譬如，城址、聚落、居住址以及模型明器中的宅院、房屋等，都与人们的居住生活直接相关；灶址、炊煮和饮食器具、炉灶模型明器以及动植物等食物遗存等，都是人们饮食生活的直接反映；各种纺织品和衣物遗存、带钩、带扣、革带以及各种图像资料中的服饰，都反映了当时人们的服饰；头饰、耳饰、项饰、胸饰、钏、指环以及梳、篦、簪等，都是当时装饰生活及观念的反映；各种车、马遗存及模型明器，各种图像资料中的交通工具及出行等图像，都是当时交通和出行生活的写照；医疗器具、医疗图像乃至人骨上的医疗创伤等，都是病患与医疗生活的反映；有关百戏、杂技、体育活动的图像资料和模型明器资料，形象地反映出当时的文体娱乐活动；各种墓葬资料，则是当时人们丧葬观念和丧葬活动的物质遗留。凡此种种，不一而足。不仅任何一种考古资料都会或多或少、直接或间接地反映出当时的社会生活，而且社会生活的各个方面、各个角落在考古学上都有所反映。

另一方面，考古发现的古代物质遗存都具有鲜明的科学性、实证性和具象性特征。因为，考古发现的遗迹和遗物都是当时的人们在社会生产和社会生活的过程中遗留下来的实物资料和遗迹现象，没有经过后来人为的加工和改动（经过后人加工和改动过的情况也是可以辨别出来的），呈现在我们面前的是"原状""原貌""原生态"；它们有着明确的时间和空间定位，甚至还保留着某种程度的应用场景，有的还能具体到某一类人或某一种活动；无论考古遗迹还是考古遗物，都是直观的、具象的客观存在。正因为如此，有学者根据内蒙古敖汉旗兴隆洼遗址发现的房屋或居室内埋葬死者的现象，考察了兴隆洼文化的居室葬俗及相关问题[1]；有学者根据新石器时代墓葬中有意用破碎器物随葬的现象，就我国史前时期的"碎物葬"这种特殊的丧葬习俗及其辟邪和死者享用兼而有之的含义等进行了考察[2]。又如，有学者根据考古发现并结合文献记载，讨论了东周时期主要流行于吴越和戎狄地区的"被发"这种有别于中原地区的发式系统[3]，还就东周时期女性的发型和发式进行了考察[4]。再如，

［1］ 杨虎、刘国祥：《兴隆洼文化居室葬俗及相关问题探讨》，《考古》1997年第1期。

［2］ 黄卫东：《史前碎物葬》，《中原文物》2003年第2期。

［3］ 王方：《东周时期"被发"的考古学解读》，《东南文化》2010年第5期。

［4］ 王方：《东周女性发型发饰初论》，《考古与文物》2011年第3期。

有学者根据新疆地区的考古发现，系统考察了汉唐时期新疆地区的烤制面食、煮制面食、油炸面食、蒸制面食和炒制面食等，从一个侧面揭示了当时新疆居民的饮食生活状况[1]。凡此种种个案研究，还有很多。因此，从考古学上对古代的社会生活进行具象化和实证化研究是完全可行的。

实际上，史学家们从事古代社会生活史的研究，也是离不开考古发现和考古资料的。宋镇豪曾经指出："夏商社会生活史的研究，有'新学问'这一特点，除了有限的可资参考的文献材料外，主要是利用地下考古'新材料'。"[2]夏商是如此，此后的历史时期是如此，史前时期更是如此。

当然，任何一个历史时期的考古发现，无论其内容还是数量都有一定的局限性，都会随着考古的进展而与日俱增；考古资料毕竟是物质的、静态的、局部性的和片段的，尤其是其本身不会"开口说话"，需要科学地解读和阐释。这在后面还将谈及。

四

社会生活内容广泛，多姿多彩。在社会生活的各个方面，考古学研究都可以有所作为。如何分门别类地开展考古学研究，史学家们关于古代社会生活史的研究给我们提供了有意的借鉴。

譬如，宋镇豪著《夏商社会生活史》由10章构成，即环境与居宅邑聚、人口、婚姻、交通、饮食、服饰、农业礼俗、人生俗尚与病患医疗、宗教信仰、文字与文体十个方面，每章之下又根据其事象和视角分为若干节。宋镇豪主编的《商代史》（11卷本）第七卷为《商代社会生活与礼俗》，与商代国家与社会、商代都邑、商代经济与科技、商代宗教祭祀、商代战争与军制等并列单独成一卷，其章节划分是：居住礼俗、饮食礼俗、服饰制度、交通出行、农业礼俗、婚姻礼俗、人生俗尚、疾患和梦幻、丧葬礼俗、占卜礼俗，共9章，涉及衣食住行、生老病死的方方面面。[3]

又如，王子今的《秦汉社会史论考》中，包括了汉代儿童的游艺活动、婚丧礼俗、饮食生活中的"盐菜""酱""豉"的消费、斗兽和驯兽等若干社会生活史的个案研究[4]。王子今在《汉简河西社会史料研究》一书的"汉代河西社会生活"部分中，分别就居延汉简中有关酒与汉代西北边地生活、汉塞军人食盐定量、饮食生活中的"酱"与"豉"、居延女子的婚龄、未成年人生活、"戍卒行道物故"现象等进行

　　[1]　安尼瓦尔·哈斯木：《从考古发现看新疆古代居民面食文化》，《汉代西域考古与汉文化》，科学出版社，2014年，第178—189页。

　　[2]　宋镇豪：《夏商社会生活史》（上），中国社会科学出版社，2005年，第9页。

　　[3]　宋镇豪：《商代史》第七卷《商代社会生活与礼俗》，中国社会科学出版社，2010年。

　　[4]　王子今：《秦汉社会史论考》，商务印书馆，2005年。

了研究[1]。

再如，李长莉等的《中国近代社会生活史》一书，将近代社会生活史分为六个阶段分别进行论述，内容涉及到当时的衣食住行、风俗风尚、文化娱乐等社会生活现象，包括小农日常生活、城市居民日常生活、服饰与饮食、建筑与居住方式、公共空间、社会习俗、休闲娱乐与消闲生活、婚丧嫁娶、移风易俗、交通出行与通信方式，以及信仰世界等[2]。

基于对"社会生活"的理解和认识，从考古学的实际出发，并借鉴史学界社会生活史研究的经验，或可认为，社会生活的考古学研究大致可以主要从下述10个方面入手并着力。

（一）衣着与服饰生活

包括衣物类、冠类、履类以及服饰用品的原材料、样式、色彩与纹样、装饰、加工制作（包括其设施、器具、技术和过程）及其功能，以及穿着方式、服饰搭配、相关禁忌、穿着人群、使用场合、制度规定及其异同等。发型、头饰、人体装饰及化妆等，也包括在内。

（二）饮食生活

包括食物和饮料（尤其是酒类）的原材料、种类、形态、加工制作（包括其设施、器具、技术和过程）、餐饮器具、进食方式、过程、与进食过程相伴随的礼仪和娱乐活动，以及饮食人群、场合与场所、饮食禁忌及其异同等。油盐酱醋等调味品及其使用，属于食品之列；食品储藏、运送等也包含其中。

（三）居住生活

包括居住建筑（从单体建筑到院落再到聚落、城市）、空间结构和布局、室内外陈设和装饰、起居方式、家用器具及其功用和使用方式、相关禁忌，以及地理空间、居住人群、不同季节的异同等。就一般性居住单元建筑而言，包括墙垣、门、庭院及其布局、房屋建筑、户外设施、水井、厨房、厕所、洗浴设施、仓储设施以及护卫建筑等；至于宫室、官邸、寺院、驿站和旅舍等的居住建筑和居住生活，也包括在居住

[1] 王子今：《汉简河西社会史料研究》，商务印书馆，2017年，第139—228页。
[2] 李长莉、闵杰、罗检秋，等：《中国近代社会生活史》，中国社会科学出版社，2015年。

生活之中，但有其特殊性。

（四）交通与出行生活

包括出行方式、交通工具（包括其种类、形态、功能以及加工制作等），以及出行人群、出行目的、环境和交通条件的异同等。道路、桥梁等交通设施以及驿站、旅舍等，与交通和出行直接相关；货物的运输，则是交通和出行的一种特殊类型；信息传递，也与交通生活密切相关。它们都可纳入交通与出行的研究范围。

（五）婚姻家庭生活

包括婚姻形态、联姻方式、嫁娶过程、婚嫁礼仪、婚嫁用具、聘礼与嫁妆、家庭结构及其成员、家庭成员之间的称谓及其他礼俗，以及不同人群、不同社会阶层、不同地区之间的异同等。与之密切相关的，还有人生俗尚、生子养子和赡养老人等，都可纳入到婚姻家庭生活的研究之中。

（六）病患与医疗生活

包括病患的种类、病症、诊察、医疗、诊疗器具和方式、药物治疗和物理治疗，以及病患与自然环境、社会分工、生活方式等的关联及其异同等。在古代社会，巫术及巫师作医在很大程度上与疾患及其治疗相关，环境卫生、人生保健等也与健康直接相关，都可纳入病患与医疗生活的研究范畴。

（七）交往与礼仪生活

包括各种日常交往、特定的交往、各种集会和聚会及其空间、场地、形态、方式、礼仪和过程，以及不同人群、不同目的、不同场合的交往及其方式和礼仪的异同等。在人们的交往活动中，礼品赠送往往是其内容之一，宴饮及娱乐活动也是一种常见现象，都需纳入研究的视野。

（八）休闲娱乐生活

包括以强身健体为目的的体育活动、竞技性质的竞赛活动、表演性质的娱乐活动、节庆相关的喜庆活动、宴饮相关的娱乐活动、休闲性质的娱乐活动、赌博性质的娱乐活动等，以及各种活动的场地、目的、功能、人群、形态、方式、过程和场景等方面的异同。

（九）宗教信仰生活

包括各种宗教信仰、观念形态、崇拜与祭祀、禁忌、风俗习惯及其种类、功能与目的、设施和器具、活动方式、人群、场景等的异同。农业活动、手工业活动和商业活动中往往有许多相关的祭祀和礼仪活动，虽然也可以看作是社会经济活动的一部分，但应当纳入宗教信仰生活的研究范围。

（十）丧葬生活

包括丧葬的观念、设施、器具、方式、过程、场景、礼仪，以及被葬者、送葬者、参与者、环境、季节等方面的异同。在阶级社会，丧葬活动虽然直接地受到政治制度和礼仪规范的制约，但毕竟是丧葬生活的一部分。

这里需要说明的是：上述各种社会生活之外，教育活动、军事活动中的有关禁忌和礼俗等，也都是古代社会生活的有机组成部分，虽然在考古学上与之相关的物质遗存有所局限，但也应给予必要的关注和考古学研究。另一方面，这里虽然将古代的社会生活分为上述十个方面，但这种划分是相对的而不是绝对的，因为不同类型的社会生活之间是相互关联的，譬如，衣着服饰生活与交往礼仪生活直接相关、居住生活与婚姻家庭生活直接相关、休闲娱乐生活中的许多体育活动是为了强身健体和治疗疾病、婚姻家庭生活与丧葬生活密切相关、丧葬观念又是宗教信仰生活的重要组成部分等，因此，在研究的实践中，可以分别不同的方面进行研究，应当将不同类型的社会生活有机地联系起来。

五

马克思主义经典指出："历史可以从两方面来考察，可以把它划分为自然史和人类史。但这两方面是密切相连的，只要有人存在，自然史和人类史就彼此相互制约。"[1]社会生活更是如此。社会生活不是孤立的，而是与当时的自然生态环境、物质生产、政治生活、经济生活和精神生活等密切相关，各种社会生活之间也相互关

[1] 中共中央马克思恩格斯列宁斯大林著作编译局编译：《费尔巴哈》，《马克思恩格斯选集》第1卷，人民出版社，1972年，第21页。

联。因此，在社会生活考古过程中，关注社会生活与自然生态环境之关系、与社会生产和经济生活之关系、与社会组织结构和社会政治生活之关系、与人群结构之关系、与精神世界之关系等，是必要的。试举一例：在汉代，鱼不仅与人们的日常生产和生活密切相关，而且在精神世界中也占有一席之地，"在汉代人的社会生活中，鱼是一种美食，于是人们捕鱼、养鱼、食鱼、观赏鱼，乃至用鱼祭祀祖先、作为食物随葬死者；在汉代人的观念中，鱼又是一种水中祥瑞、富裕的化身、祖孙繁衍的象征物、婚姻爱情的代言人"[1]。只有关注社会生活与自然环境以及其他生活的相互关系，才能真正揭示"社会生活史的外在表象和内在规律"[2]。

　　社会生活的主体是人、是人群，而任何时代、任何社会都是由不同的人群或者说不同阶层的人群构成的，使得同一时代、同一地区的社会生活往往因人群的不同而有所差异。以居住生活为例，帝王贵族与一般官吏和平民有天壤之别、农耕民与工商业者多有不同等暂且不论，即使是官吏和平民的住居，无论其庭院结构布局还是房屋建筑及其设施，也多有不同。[3]就丧葬生活而言，达官贵人和社会下层多有不同，即使同样是贵族，其丧葬生活也有诸多不同，就像西汉海昏侯刘贺，最后虽然是以列侯之制埋葬，但与其他西汉列侯墓明显有所不同，反映出其丧葬生活的不同。[4]毫无疑问，无论是不同社会阶层、不同人群之间，还是不同性别、不同年龄的人群之间，从衣着与服饰、饮食生活、交通出行到休闲娱乐等各个方面，都多有不同。因此，在社会生活考古过程中，关注不同人群或者说不同社会阶层之间社会生活的异同，是非常重要的。

　　正如人类社会的发展是一个不断演进的历史过程一样，社会生活也不是静止不变的，而是一个动态的、不断发展变化着的过程。这个过程有时是渐变的，有时是剧变的，因此，在社会生活考古过程中，分别采用长时段、中时段、短时段进行观察和分析，是必要的。尤其值得注意的是，作为考古学的学科特点之一，短时段的观察和描述虽非考古学之所长，但长时段观察和分析却是考古学的独特优势。

　　各种古代社会生活之表象的观察和描述，无疑是社会生活考古重要的切入点和关注点，但又不能仅限于此。正如人间一切事物的发生、发展和演变都有其动因一样，社会生活的演进，无论是渐变的还是突变的，也都有其动因，并且其动因往往是复杂

　　[1]　白云翔：《论汉代人生活中的鱼和观念中的鱼》，《超越日常生活——庆祝托马斯·赫尔曼教授六十五华诞论文集》（德文），德国哈拉索维茨出版社，2017年，第139页。
　　[2]　宋镇豪：《夏商社会生活史》（上），中国社会科学出版社，2005年，第11页。
　　[3]　刘尊志：《略论秦汉时期的一般庭院与房屋》，《中国社会历史评论》第18卷，天津古籍出版社，2017年，第1~16页。
　　[4]　白云翔：《西汉王侯陵墓考古视野下海昏侯刘贺墓的观察》，《南方文物》2016年第3期。

的，可以是自然地理环境的、社会政治制度的、经济生活的、历史文化传统的、观念形态的，以及来自外来影响的。譬如，"干栏式建筑的出现，与湿润多雨的自然环境密切相关"，而朝鲜半岛和日本列岛的干栏式建筑，则可能是受到了来自华南地区的影响。[1] 宋镇豪在论及夏商社会史研究时谈到："为了能对夏商社会生活史的外在表象和内在规律有个总体了解，我们特列出下面八点提示：其一，自然生态环境对夏商人文背景的制约；其二，家族本位对社会构成的作用；其三，族氏内向外展意识对社会行为观念的支配；其四，政治体制对社会生活秩序的维持；其五，等级礼制对人际伦际关系的规范；其六，经济形态对社会物质生活两分的催化；其七，地域文化流动对社会俗尚的整合；其八，宗教信仰对社会存在系统的凝聚。"[2] 因此，在社会生活考古过程中，观察和描述社会生活的各个方面及其演进过程和方式的同时，更多地关注其演变的动因，同样是非常必要的。

正如一个时代的文化无论是物质文化还是精神文化都有其一致性、又有其地域性一样，任何时代、任何社会的社会生活也都是既有其统一性，更有其地域性和多样性，即所谓的"百里不同风，十里不同俗"。因此，在社会生活考古过程中，关注各地社会生活之一致性的同时，关注其地域性和多样性，同样是必要的。

六

前已提及，考古发现的物质文化资料具有其科学性、实证性和具象性特征的同时，还存在着相当的局限性。譬如，徐蕊在《汉代服饰的考古学研究》中，很好地注意到了服饰考古资料与汉代现实服饰的关系，认为：汉代服饰的考古资料，从可反映现实生活程度上讲，存在以下三种关系，即服饰考古资料高于现实生活中的服饰；服饰考古资料低于现实生活中的服饰；服饰考古资料与现实生活中的服饰基本一致。[3] 因此，在社会生活考古的过程中，科学使用考古资料，尤其是认识其局限性，是必要的。

考古资料是客观的，但它本身不会"开口说话"，需要考古学者对其进行解释，也就是"替它说话"，为之代言，而这种解释一般是开放性的，也就是说既有共识性解释，也往往会因学者而异。因此，在社会生活考古过程中，避免对考古资料的选择性解释和过度性解释，是值得注意的。

由于考古资料毕竟是物质的、静态的、局部的和片段的，因此在社会生活考古过

[1] 安志敏：《古代华南的干栏式建筑》，《南中国及邻近地区古文化研究》，香港中文大学出版社，1994年，第295页。
[2] 宋镇豪：《夏商社会生活史》（上），中国社会科学出版社，2005年，第11页。
[3] 徐蕊：《汉代服饰的考古学研究》，大象出版社，2016年，第17页。

程中，应坚持"三个结合"，即考古资料与文献记载的有机结合、考古资料与现代科学技术也就是科技考古的有机结合、考古资料与人类学和民族学的有机结合。具体说来，考古资料与文献记载有机结合，不仅是历史时期考古学的一个基本特征、历史时期社会生活考古所必需，而且通过结合文献史料，可以对考古资料进行有效的解读，让"死"的实物资料变"活"，构建社会生活的场景、人群及其作用等。譬如，关于秦汉和唐宋时期体育活动的考察，尽管主要依据的是考古发现，但也尽量搜集并结合了文献记载。[1]考古资料与科技考古的结合，可以提取更多的科学信息，对物质的实物资料获得科学的认知。譬如，甘肃西山遗址早期秦人饮食和口腔健康的科学考察[2]、临潼秦丰墓地的秦人剔牙现象的确认[3]等，都是考古发现的人骨遗骸的体质人类学研究的结果。随着科技考古的迅猛发展，结合科技考古及其研究成果的社会生活考古学研究，表现出极大的学术潜力和发展空间。至于考古资料与人类学、民族学和社会学的结合，在史前及原史时代社会生活的研究中表现得尤为突出。譬如，史前时期居室葬俗的研究，大量引证了世界各地民族志的资料[4]；寺洼文化多种葬式并存及其动因的研究，同样引证了人类学和民族志资料[5]。总之，这"三个结合"是社会生活考古过程中必须坚持的。

　　这里还需要讨论的是，考古资料中图像资料（包括雕刻、雕塑、绘画等），从史前时代器物上的刻画、彩陶纹样、岩画、石雕和陶塑到历史时代的壁画、画像砖、画像石、砖雕、石雕、陶塑等，可谓种类多样，丰富多彩，无一不是研究当时社会生活的绝佳资料，因此备受关注。[6]正因为如此，史学界近年来还提出了"以图证史"的"图像史学"，并尝试进行图像史学的理论构建。[7]实际上，图像资料具有"多重性格"。从根本上说，图像资料属于艺术作品，既然是艺术作品，就一定是源于生活而又高于生活。换言之，其内容及其描写都是写实性与象征性并存。正因为它有一定的写实性，所以可以成为研究社会历史的一种形象化、实证性资料。譬如，崔乐泉根

[1]　白云翔：《考古发现与秦汉时期的体育活动》，《考古》2008年第7期；崔乐泉：《考古发现与唐宋时期的体育活动》，《考古》2008年第7期。

[2]　尉苗、王涛、赵丛苍，等：《甘肃西山遗址早期秦人的饮食与口腔健康》，《人类学学报》2009年第1期。

[3]　补蔚萍、邵金陵、陈靓，等：《临潼新丰秦墓人龋病研究》，《临潼新丰——战国秦汉墓葬考古发掘报告》，科学出版社，2016年，第1975—1982页。

[4]　陈星灿：《史前居室葬俗的研究》，《华夏考古》1989年第2期。

[5]　云翔：《寺洼文化墓葬葬式浅析》，《史前考古》1984年第4期。

[6]　陈朝云：《考古学视野下历史时期图像资料漫谈——访刘庆柱先生》，《中国史研究动态》2018年第4期。

[7]　蓝勇：《中国图像史学的理论建构略论》，《光明日报》2016年5月21日第11版"理论·世界史"。

据考古资料对古代百戏和杂技的分门别类的研究，大量引用图像资料作为论据[1]；练春海则主要通过汉代图像的系统梳理，深入考察了汉代器物与信仰的关系，尤其是丧葬观念、信仰以及丧葬生活等[2]。又如，"宗教壁画中人物的衣冠服饰，不仅有现实依据，而且是随着时代的改变而变化的。因此，它对于研究我国衣冠服饰发展演变的历史，是具有一定科学性的"[3]。但是，"图像和雕刻等毕竟是一种艺术作品，尤其是墓葬中的图像类资料更是一种丧葬美术品，它们并非完全是现实生活的原原本本的'写真'，而是经过了一定的艺术夸张和变形等，与现实生活或多或少地存在一定的差距"[4]。譬如，汉代马车实物遗存的发现与研究表明，汉代马车车轮的"辐数一般当在20—30根之间"[5]。但是，"从汉画像上来看，最多只有画二十根辐条左右的车轮，常见的是画八至十六根辐条的车轮"[6]。很显然，汉画像中马车车轮的轮辐数量，虽然是基于现实生活中轮辐的描绘，但往往是简化了。另外，图像资料既然属于艺术作品，难免有程式化的内容及表现，甚至往往会出现多种解释。譬如河北地区宋代墓葬中，砖砌墓室的内壁，常常是"砖雕一桌一椅或一桌二椅，桌面罩有桌布，桌上或有短流执壶、鸡腿瓶、酒瓶、酒杯、小碗和盏托等器具"[7]。这种砖雕图像，或被解释为"墓主生前生活的描绘"，或被解释为"对死后生活的憧憬"，都是基于当时日常生活中桌椅及饮食器具的使用，但它们无论如何都是一种程式化的表现，与现实生活是多有差距的。总之，在社会生活的考古学研究过程中，对于图像资料科学性与局限性同时并存的这种特点，给予足够的认识和关注是必要的。

最后要指出的是，物质文化与社会生活密切相关，而考古学界又有着物质文化研究的优良传统和丰富的学术积淀，从而为社会生活考古奠定了坚实的学术基础。但两者毕竟不是一回事，两者的内涵和研究视角都多有不同。这里提出社会生活的考古学研究，是试图倡导在继续开展物质文化研究（当然还有精神文化研究）的同时，更多地关注社会生活研究，更广泛、更深入地挖掘物质文化背后的社会生活，即人和人的

[1] 崔乐泉：《图说中国古代百戏杂技》，世界图书出版公司，2007年。

[2] 练春海：《器物图像与汉代信仰》，生活·读书·新知三联书店，2014年。

[3] 段文杰：《敦煌壁画中的衣冠服饰》，《敦煌石窟艺术研究》，甘肃人民出版社，2007年，第299页。

[4] 白云翔：《历史考古学重在何为》，《美好中华——近二十年考古成果展》，文物出版社，2017年，第13页。

[5] 孙机：《汉代物质文化资料图说》（增订本），上海古籍出版社，2013年，第126页。

[6] 练春海：《汉代车马形象研究——以御礼为中心》，广西师范大学出版社，2012年，第150页。

[7] 耿超：《河北地区宋代墓葬及相关问题研究》，《中国社会历史评论》第18卷，天津古籍出版社，2017年，第49页。

活动。当然，社会生活之事相，无疑是社会生活考古的重要切入点，也是其基础性研究，但正如社会生活史研究所强调的那样，其"目标不应当仅限于还原历史上人的日常生活面相，而是应当有更深一层的理论关怀，更重要的是触及社会历史发展变迁的重大问题，探讨人的日常行为在社会发展过程中的意义，即'由物到人而及社会'，这才是日常生活史研究的灵魂所在"[1]。从人类社会发展史的研究来说，"宏大叙事性"研究当然是必要的和重要的，如社会组织结构、社会经济形态、政治和经济制度等无疑是考古学研究的基本内容，但社会生活的研究同样不可或缺，同样是考古学研究的基本内容。"社会生活的具象化和实证化研究，不仅是考古学的基本任务之一，而且考古学具有独特的优势。但是，或许是由于社会生活的研究属于'小学'的观念的存在，使得这种研究长期未能得到应有的重视。实际上，社会生活研究的广泛开展，是学科发展的必然趋势之一，并且有着广阔的前景"[2]。从古代社会生活的视角出发，审视、收集、整理、分析、研究各种考古资料，就社会生活进行考古学研究，将为考古学开辟出一个新的天地，为考古学的发展注入新的活力，使得考古学构建的古代社会历史更加"有血有肉"，更加丰满、充满魅力。正如"社会生活史研究在中国的复兴，打破了政治史、经济史组成的历史研究两大板块的旧有格局，丰富和深化了人们对历史的认识"[3]一样，随着社会生活考古学研究的展开，不仅为考古学的学科建设和考古事业的发展发挥积极的推动作用，而且将为丰富和深化人们对人类历史的认识做出应有的贡献。

---

[1]　夏炎：《范式引导与记忆整合：魏晋南北朝日常生活史研究的回顾与展望》，《中国社会史评论》第19卷，天津古籍出版社，2017年，第171页。
[2]　刘庆柱、白云翔主编：《中国考古学·秦汉卷》，中国社会科学出版社，2010年，第31页。
[3]　彭卫：《近五十年中国古代社会生活史研究述评》，《汉代社会风尚研究》，三秦出版社，1998年，第205页。

关于秦汉家庭与社会、日常生活考古学研究的讨论与建议（发言）

常建华

南开大学中国社会史研究中心

今天想讲一些明清史研究的体会。

我最近主要关注明代中后期以后的社会变化。学过通史的人，特别是学过明清史的都知道，明代中后期社会变化比较大，原因是这一时期产生了资本主义萌芽，经济史的说法是商品经济非常发达。最近几年讲全球史、讲白银时代，认为国内外的因素造成了明代中后期商品经济发展，使得社会变化很大。这种变化在过去的研究中主要被认为是社会风气的变化，社会风气变化的一个标志就是人们违礼逾制、生活奢靡。从文献上看，两类文献讲这个最多，一类是地方志，讲各地风俗变化的时候一定讲明代中后期这个地方从明初的淳朴之风变成了奢靡之风，衣服是华衣奢服，宴食场面规模大，住由原来的茅草屋变成了砖瓦房，还出现了园林，很流行旅游等；再有一个就是笔记，笔记中相关方面的描述也很多。

关于这个现象的研究，在过去基本上是纯文献研究，用地方志与笔记资料描绘社会风俗的转变。而经过这几年对日常生活的研究，我的想法发生了变化：所谓社会风俗、社会风气的变化，在实际的某种意义上来讲就是人们日常生活的变化，通俗言之就是日常生活讲究了。我们搞历史可以对比当下，我们改革开放以前的生活，很淳朴，实行商品经济后生活完全变了，衣食住行都有了飞跃的变化，如果按照原来的标准，现在的都是"奢侈"，但实际上这些都是生活水平提高的表现，之前的人也会认为如今是奢靡，这与我们在看待明朝的时候很像。实际上明朝的经济变化以后，自然而然的生活方式也随之发生了变化，意识到这一点以后紧接着就应提出一个问题，文献中描述明朝社会风气变化的东西究竟是什么？比如服饰方面，明朝人讲究了以后，头饰是满头戴金，金插髻三两、五两，最后插到七两，这些是什么概念？头上的金银是哪些首饰？之前的研究往往一带而过，只知道奢靡就行了，现在你要确定它奢靡的程度，甚至要确定是不是奢靡，还要研究美学的东西等，否则的话你对这个文献没有真正读懂，而这些就需要落实在文物上。正由于如此，我们考古学成果的意义就凸显了。就我个人看的不多的东西来讲，如明朝墓葬，像上海郊区、常州的江阴、湖北的昭王墓等，很多都出土了很多这类头饰的东西，通过这些实物我们才知道文献里描绘的那些头饰是什么东西，满头戴金是什么概念，文献上所谓的风俗奢靡落实到生活质量和生活状态中是什么情况。所以我觉得考古学非常重要，对我们的帮助非常大。又如饮食方面，过去文献里讲，饮食奢靡、山珍海味，明朝政府限制公务员用餐，也规定过四菜一汤标准等，但是下有对策，比如虽然一桌吃饭规定了盘数，但实际生活中会大量使用"攒盘"。最开始看文献我也不懂，"攒盘"是什么意思？后来看这个考古出现了很多攒盘，里头多是分九格，有瓷器的、木器的，上一个攒盘说是一道菜，里面可以变成九道菜。从这个现象出发一是可以理解成政治里的"上有政策，下有对策"，二是在知道了名人笔记描绘的饮食堆得像小山是怎么样的情况，如果我们不知道攒盘的样式，就很难理解文献，见过实物才知道攒盘有多大，容易放什么样的食物，攒盘放置的应该以碎小的零食为主，大菜可能不太适宜，但它可以满足多花样和品种。所以说考古发现也好，传世的文物也好，通过研究这些物质文化载体才能够形成对生活的理解，才会知道明朝人的生活品质真的是提高了。20世纪三四十年代由于时代的影响，文章全是骂明朝人、骂士大夫的，说明朝人生活腐败糜烂，爱好收藏爱好文玩是丧失意志。实际上现在理解了，这是生活水平提高以后生活质量的表现，不能简单认为明朝人过得越穷越光荣，那个思维还是我们改革开放以前的思维。所以现在我们知道，并不是明朝士大夫腐化，而是明朝在全球化和商品经济发展导致生活水平提高以后，物质生活水平上了一个层次，文化生活水平也随之上了一个层次，从而呈现出了这样的情况。

我喜欢看鉴宝类的节目，有一项我是赞同马未都先生讲的，我们现在看古代文物证明了，我们古代有相当的一段时间的物质生活是不错的，很追求文化品味，而我们的中华优秀传统文化，一定程度上也靠这些优秀的文物来传承、支撑的，所以说我们还是要回到原来生活的情景当中。按照原来的逻辑说话，不能说到了明朝的风气变了，就认为是完全负面的东西。过去的研究把明朝的灭亡和明朝士大夫腐败不关心国家大事联系起来，其实不是。比方说，我看祁彪佳日记就很感动，祁彪佳这个人几乎是天天看戏，自己也写剧本，当国难来临的时候，就是满洲人南下的时候，他每日研究怎么搞社仓救济平民、怎么修城堡抗击满洲人、满洲人来了以后他是自沉于水，自杀殉国，表现出了气节，但并不影响他经常去西湖边上转悠，看自然风光，自己看剧本、写剧本、演戏。这些说明他是一个非常爱国的人，也是一个经世济民的人，同时他也有自己的文化追求。我们过去把这些东西割裂开来，好像英勇杀敌的人都不会吟风弄月，都一定是没文化的人，其实并不是这个意思。通过这些我个人的体会，我认为生活史研究可以深化我们对社会结构、社会性质的认识，可以使我们对政治史的看法发生某些改变，对日常生活的研究、社会史的研究，特别是物质文化的研究，它不是一件小事，不是简简单单的吃喝玩乐，衣食住行，它确实的是像年鉴学派里头讲的，它是社会结构的潜层次，正因为这样的潜层次，制约着相对固化的社会结构，制约着这个结构里头的人，所以说一切是来源于生活。

引用马克思一句经典的话，"现代历史学一切真正的进步，是深入到社会生活内部而得到的"。因此我觉得这个会非常的有意义，我愿意倾听大家的高论。谢谢。

白云翔

中国社会科学院考古研究所

借这个机会说一下社会生活的考古学研究，或者说考古学与社会史研究这样的一个话题，请大家批评指正。

其实在座的各位应该关注到，中国的社会生活史或者社会史研究，20世纪20年代就起步了，但是在相当长一段时间由于受中国史学大环境的影响，长期没有提到它本来的地位上来。20世纪50年代提出的"五朵金花"，史学界的主要精力在这"五朵金花"上，于是社会生活史研究就被研究者弱化了，那么在这个情况下，考古学界也出现了这种倾向，就像刚刚李银德馆长说的，长期关注制度史研究，关注宏大叙事，这个研究思路没有错，但是不完整。到了80年代以后，随着改革开放史学思潮和考古学思潮接入以后，在历史学领域，实际上出现了一个中国社会史复兴的问题，这就是刚才提到1986年在南开大学召开的以中国社会史为题的会，就像我们今天的会议主题"考古学视角下的秦汉家庭与日常生活"，虽然题目很小，但是那是一个标志性的事件。到了80年代末90年代初的时候，社科院近代史研究所把研究的重心转向了近代生活史，李长莉等几位先生出了一个五卷本。虽然我不搞这个，但是由于工作的原因和他们有所接触，对于史学界中国社会史的研究的大概情况有所了解，进而在思考考古学科发展方向、学科建设过程当中，做了一些相关研究。除了前几年我一直鼓吹提倡的手工业考古之外，也做了一些其他题目，包括曾经做过汉代的骰子，为了奥运会和足球起源问题把汉代蹴鞠也做了研究，曾经写过一篇文章《汉代社会生活中的鱼和观念中的鱼》，发表在了德国的杂志上，通过做这些零散的研究，有了一些体会来和大家交流一下。

第一个体会是，我们用考古材料来研究社会生活史的时候，换句话说考古工作者在对古代生活进行考古学研究的时候，一个重要的问题是研究视角和研究取向的转换。虽然使用的仍然是考古材料，但在研究中并不能局限于探讨一种器物，一种现象，而是着眼于这些器物与现象反映出的社会问题，要用各种考古材料进行解读、进行证明、进行描述，因此着眼于研究材料本身还是着眼于社会问题，是一个根本的一个问题，这个问题解决了之后，我们就会将物质的、"死的"考古材料进行活用、活化，来集中研究不同的社会问题。

　　第二个体会是，尽管研究取向调整到研究社会问题这个方面上来，但是考古材料的收集和梳理还是最基本的，这就像搞文献史学一样，我与许多搞史学的学者接触的时候，就发现研究水平高低很大程度上取决于对史料的掌握，研究思想、思路很重要，但是讲功底讲的是什么呢？讲的就是史料。我们的考古学换句话说，谈的也是史料，那么在这种情况下，就需要围绕着研究的问题，把方方面面的考古资料，尽可能地进行收集和整理，在收集中尽量做到全面。比如说我讲汉代的鱼的时候，有墓葬中随葬的鱼，如南越王墓等墓中的鱼骨头、东汉墓中的一些耳杯中还有一些鱼，南越王墓中的鱼是在庖厨耳室里，完全作为食物食品随葬的，但是东汉墓中耳杯里的鱼实际上可以做两种解释了，要么可能是食物，但更多的可能是与祭祀、仪式内容有关。画像石里也有大量鱼的形象，另外还有鱼纹装饰的器物，譬如说大葆台汉墓、大连的一些墓葬，出土一些陶器上有鱼纹，东汉时期的双鱼洗也有很多，刘贺墓和山西朔县出土有鱼造型的灯，总之就是要把各方面的资料收集起来，这可能与我长期的学术思路有关系，材料不具备，说话就没有底气，一些问题就不可能全面的展开。在材料收集之后，需要对材料进行梳理，材料的梳理有两个方面，一个方面对材料进行分类，比如将鱼的内容分类为：鱼造型的器物、画像石中鱼的图像、墓葬中的鱼等，这样梳理以后就会发现一些问题，不同类的内容所反映的东西是不一样的，同类的材料也会有内容与意义的不同，因此对材料的梳理也要做到总结与整理，同样是鱼的图像，同样是器物，但可以从不同角度去解释。

　　第三个体会是，用考古材料来研究社会生活的一个方面的时候，要特别注意到考古材料的出土场景，我们讲分期断代的时候讲共存遗物，讲到社会生活的时候也涉及出土场景的问题。不同的场景里出土的同一类的器物，它反映的问题也许不一样，对其解读也不一样。比如我刚才讲到的，同样是墓葬中出土的鱼，葬在耳杯里头的和埋葬在庖厨里的性质是不一样的，诸侯王墓中出土的鱼和小墓里出土的鱼又是不一样的。再比如画像石里面，有的画像石里的鱼，有些属于装饰性质，有些是属于观念性质的表达，如画像石的一种鱼是鱼车，出现在河伯娶妻的场景，这时就变成了一种升仙的解说，画像石中还有在桥底下捕鱼的，反映的是现实生活的捕捞场景，这些虽然都是鱼纹但场景不同，性质与意义也有较大的区别。关注了场景以后，在解读的时候就不会产生偏差和失误，当考古学研究转化成社会史的资料的时候，实际上是对资料的一个转换和解读的问题，在解决这个问题的过程中，考古资料做得越清楚越科学，结论就更接近于历史的真实。

　　第四个体会是，既然提到了资料的解读，我在提要里有很直白的一句话，考古发现的一切资料都是"死"的，而我们要达到托物见人的目的，需要我们去替它说话、替它代言，无论是史前的还是历史时期的考古材料，首先要尽可能地与文献资料相结合，这对考古工作者是一个很大的挑战。大家都很明白考古材料与文献材料两者结合来讨论问题，但由于术业有专攻，我们对文献的掌握和史学家比起来完全不是一个档次。另外在与民族志材料、民俗材料结合方面，既然研究社会生活，这部分的材料是很重要的，过去史前考古中很重视民族志材料和民俗材料的应用，进入历史时代以后大家反而不关注了。其实我感觉现在的许多东西，无论从小农经济的生产、手工业的生产、还是社会生活，一直到19世纪末跟汉代时期相比变化不大，因为小农经济的体系没有变，整个封建帝制的体制没有变，因此我们看很多汉代的东西和帝制时期的东西完全可以对起来，尽管中间有北方民族的南下、多民族文化的融合等，但是这个大的体系没有变。因此有时候说除了文献资料的结合之外，更多的还是要关注一下这个民族志、民俗方面的内容，甚至要考虑到地方志里有关的记载。当然有些问题还是要注意的。我过去在一篇文章里谈到一段话：在史前考古里常是拿来主义，研究西安半坡、关中史前的东西，用的是大洋洲的材料，那么这就会产生两个问题，一个是自然环境的不同，各地民俗内容不同。民族志和民俗志材料一定是在那个自然环境当中产生的文化，我们的关中地区和大洋洲不能说没有任何联系，但是他们的自然环境差别很大，这一点在民族志的使用上是值得注意的。再有一个就是社会发展阶段不同，各地民俗内容不同，汉代是一个高度发达的封建帝国，而大洋洲和南美洲很多地区还处于原始的部落时期，我们可以将其作为一种线索和启发，而照搬就容易出问题，因此在进行材料解读时要做好这个结合。

我想说，关于古代社会生活的考古学研究的前景非常广阔。过去我们虽然有不少这样的个案，虽然做了但是没被关注。比如张光直先生在1973年出了《中国古代饮食生活》，但没有引起很多的关注；林巳奈夫也写过关于汉代社会生活相关的著作，这些内容之所以没有引起关注也和时代发展的局限性有关系。我们过去没有提出来社会生活的考古学研究问题，即使前人实际上做过大量的个案研究，包括张建锋原来写过在《考古与文物》上关于沐浴的，这一次刘瑞也讲的是洗浴，这其实都是做了很多工作的，但是没有把他们系统化，我们可以在前人的基础上继续把它往前推进。前景广阔的另一个体现就是考古材料是与日俱增的，一个问题如果现在说不清楚，可能三年以后有了新的发现就很容易把这个问题说清楚了。更为重要的是，考古学要获得整个人文科学的进一步关注，要更好地发挥它的功能，就要用考古资料来解决人文科学方面的问题，解决历史与文化的问题，势必要关注社会生活方面的内容，否则的话，考古材料往那一堆，考古报告往那一放，但让一个史学家去翻一个考古报告实在是太难了。

最后我还要说的是，在研究社会生活问题中，考古学不是万能的。很多人强调的考古的科学性、考古的实证性，这没错，我也主张在物质文化方面，或者从物质的东西看它背后的物质生活，可以利用考古学内容从不同侧面进行解说。但是有一些问题从考古学出发是很难说得清楚，比如说教育、生育，这些非常重要的社会生活史的问题，考古学几乎无能为力，我们只可能看到四川盆地的崖墓图像里的有些东西，那也是你说你的我说我的，还是需要进行研究。因此我觉得还是通过这个会把研究的取向进一步搞清楚，大家今后在做所谓传统的考古学研究的同时，也要着眼于不同时期不同地区的日常生活的若干问题进行研究，我想一定不只会促进社会史研究的问题，也能对于更好地发挥考古学的功能一定会产生很大的作用，我就说这些，谢谢！

李银德

徐州博物馆

刚刚常老师和白老师都讲了古代家庭或者社会生活研究理论的一些思路和方法，我就讲一些个人的感想。

首先，研究古代家庭与日常生活，过去主要依靠两汉文献中的介绍和记载。另外是从考古学的角度对家庭进行理解，比如帝王家庭，从陵墓陵园中皇帝和皇后还有一些女性的陪葬墓，同样展示的是家庭关系。在诸侯王墓中也是这样，我们从大云山的江都王墓里发现陵园里面还有其他墓葬，墓主都是女性，这样可能就构成了一个家庭。刘贺是故王，不当皇帝了以后回到昌邑，他只是故王的身份却还有十六个妻妾，文献中记载很清楚，但还有一些墓葬中具有很多骨架缺乏相关的文献记录，那么我们怎么去理解与认识这其中的家庭构成情况以及具体情况？另外文献中还记载汉代的墓葬不仅有妻子还有其他女性家庭成员，我们在有些墓葬里确实发现了很多骨架，洛阳新莽时期这种情况比较多，东汉的时候就更多了，四川崖墓里面有几代人在里面葬的，但是过去没有对骨架进行鉴别。近些年我们做过一例分析，是吕建做的大连万达新莽时期的一个墓葬，这个墓葬是一个墓里面一个男性三个女性，各方面都做了检验，分析得很清楚，这个很显然是一个家庭结构，有一个棺里面还是两具骨架，上面一个下面一个，实际上四个人只有三个棺，男性一个，女性两个，有一个棺是男性和女性叠压在一起。我觉得这个例子就补充了家庭构成方面的内容，很显然一个是男的应该是丈夫，那另外三个我觉得可能是一个是正妻，其他也许是妾，以这样的一个家庭为例，我们可以从考古学来认识古代的家庭关系。

其次，就是过去我们也注意过古代儿童问题，包括儿童的哺育、成长文献有很多记载，从画像石里面也可以看到孔子见老子边上必定有一个小孩，拉着一个车在玩。南阳的一个墓葬，一个五岁儿童的墓葬，前面有三个小孩陪着他玩，玩鸠车和其他的玩具，这就是当时家庭中儿童的图像资料。当然还有很多图像，其中虽然有的是没办法解读的，但是能够看到其他家庭成员与儿童生活的场景。

最后，我讲一下家庭里一个重要的"成员"——狗。狗在秦汉之前就被人类驯化，在新石器时代郫县的房子上就画的有狗。汉代狗在方方面面就比较多了，确实成为了家族的成员，比如陕西发掘的一个墓葬中狗有很多陶俑陪葬，陶俑本是人类的陪葬品，但是狗也是用陶俑来陪葬，说明狗的主人肯定把它视同为一位重要的家庭成员。另外我们发现过一个棺，棺室边上放了一只狗，狗的颈子上面还挂了一个铃铛，其他的什么陪葬品都没有，这一现象反映了狗在主人心中的地位。南阳的陶狗颈子上佩戴着海贝穿起来的链子，和当时汉代的腰带一样，也用海贝装饰，说明了狗是汉代家庭里重要的宠物。狗在汉代不仅是一个家庭成员，同时汉代还吃狗肉，画像石中反映出汉代是有不同的狗，一种是宠物狗；一种是菜狗、肉狗。通过刚才所举的例子，就如同白老师刚讲的那样，考古材料如果在使用时换一个视角，就能还原这个当时的家庭或者社会的种种情况，这些方面材料可以说是太多了，我们做过统计，恐怕汉代的材料是最多的，所以我们大家从这个方面进行研究，前景应该是非常广阔的。我就简单讲这么多，谢谢。

韦正

北京大学考古文博学院

　　刚才听几位老师发言的时候，我一边在听一边体会，其实我觉得我最近这几年做的事情基本上都可以纳入社会生活中间去。我先说远一点，我现在在魏晋南北朝做的多一点点，最近在关注魏晋南北朝时期墓葬，我们都知道墓葬是社会生活中最重要的一个方面，在南北朝时期墓葬中出现了不少佛教因素，我们在石窟或者说佛教的资料中，发现了一部分中国的文化因素的东西。比如说在敦煌的29、285窟中间在顶部有两面画的是阿修罗大战帝释天，另一面画的内容中研究有分歧，有的人说是东王公和西王母，有的人说是伏羲女娲，我说它爱画谁画谁，反正画的不是印度的东西，是中国的东西。这个到现在就很难解释，搞佛教的学者认为佛教的东西多厉害，把中国的东西吸收来了；传统文化的学者就说你看我们把佛教中国化了，其实我们不妨用一个汉化的概念，就是你中有我，我中有你。另外，我想强调，现代人会觉得敦煌很重要，其实在当年，敦煌就是一个小县级市，它能重要到哪里去？无非是保留了很多东西而已，敦煌最高的官员，在归属于中央政权的时候，也就相当于是一个县长或是县委书记。那么我就在想，这个地方在汉代实际上属于基层社会，石窟的画像体现的内容属于民间日常的意识形态的表现，所以如果我们去云冈，去龙门石窟时，就看不到佛教和中国纯粹的传统因素合到一起去，所以我就落到这上面来，我觉得就是这样的一个事情。

　　再往下说，也是上次到尊志老师这儿来，在南开大学做个讲座，谈了一些建筑方面的想法，我觉得也可以纳入这个社会生活中间去。我觉得建筑比刷牙的牙刷大，比洗澡的澡盆大，我们了解牙刷，了解澡盆，当然也要了解房子。从汉代到南北朝，房子发生了巨大的变化，我认为这个变化和佛教也有关。我们看到房子歇山顶我们觉得天经地义就应该是歇山顶，还有我们看屋檐的起翘，认为是追求美感的表现，但汉代的房顶都是平的，难道汉代人不知道美吗？也知道的，那为什么到南北朝时候房子必须要起翘，房子必须要变高？原因是我们汉民族中间原来没有崇拜偶像的传统，我们供奉祖先就只有一个牌位，上面写的某某某之位，再大也大不了多大。但如果看西方的材料就知道，西方的雕塑有一个特点，最起码比原人要大，比真人要大，因为跟真人差不多大的时候我们看起来是石头，石头就没有活的因素，你感觉它小，所以你必须要比真人要大，而且大的有规定，一般佛像是丈六丈八，这个丈六丈八放到秦汉的房子里面绝对是装不进去的，只有把那个房顶捅一个洞，把佛像所在的位置举高，那么就变成山墙，变成了歇山顶。我和搞古建筑的学者交流过这个观点，他说有道理，但说我不按套路出牌，我说我为什么要按套路出牌？我按照社会生活出牌，古建筑弄了一大堆的名词把我们绕来绕去，我作为一个搞考古的听不懂一个古建人在说什么，我觉得这是一个比较悲伤的事情。

然后我再说一下，从考古材料看东汉时期关于丧葬礼俗方面的一个变化。我为什么鼓起勇气提出这个问题呢？其实我是站在一个两汉之变的角度下来看这个问题的，在学习过程中老是见到一些前辈说汉代战国特别是西汉出现的鼎盉壶、鼎豆壶组合，然后到了东汉这个组合就没了，后来我看一些先生们讲鼎盉壶或者鼎豆壶是礼器组合，我就在想，东汉人肯定讲礼，那必然就有礼器，只要是在礼仪场合使用的东西，我觉得就是礼器，不能因为它长得像礼器就是礼器，那么东汉人什么东西充当了礼器？我觉着鼎豆壶或者说鼎盉壶这个组合，这个礼器组合我是同意的，到了东汉同样有这个礼器组合，但礼器组合的性质发生了变化，发生变化的原因是它们使用的对象发生了变化。在这个东汉流行砖室墓，砖室墓的话留有一定的空间，在棺材前就有可能设奠，东汉墓葬中只要是放在棺材面前的，棺台上的案、盘、杯，基本上就相当于祭器，就像现在说的到饭堂里面打饭的时候，端的那个盘子，放的一个碗加上一个杯子一双筷子，那就是礼器了，但是有会有所差别，会把它涂朱，或者用很朴素的陶器，那么反过来想，为什么西汉时期鼎盉壶或者是鼎豆壶组合作为礼器，我就觉得这反而不合适，但是我们为什么说它是礼器，大家想一下，鼎这个东西是炊器，我们吃饭不能搬一个鼎到面前来吃的，盉这个东西勉勉强强能端到面前来吃，壶这个东西我们现在喝水也不怎么好喝，汉代的大陶壶弄过来，也不太好喝这东西，那为什么之前把它赋予礼器组合这样一个名称？我就在想这个和社会生活真的是密切相关，太相关了，我觉得西汉，包括先秦的，它这种礼仪的形态，跟东汉之后可能发生比较大的变化，不敢说西汉完全的是这样。但是，西汉时期可能保存着宗族或者说村的结构，他们共同进行这种宗教祭祀的活动，他们这种与近现代进奉给单个死者的礼器是有差别的，我用了一个比较大的词来说，西汉乃至先秦的这种祭祀活动，可能是一种庙堂之祭，就是在祠堂里面的这种祭祀，祠堂里面的祭祀可能就不光有这个饮食简单实用器的祭祀了，包括储藏器、炊器可能都用进去，先秦乃至西汉的普通人，有身份的人，他可能就沿用了或者说学习了集体的乃至高层人物的礼仪的方式，我们看那个楚墓中间，它就放一个鼎、一个敦、一个壶放进去。其实我觉得土墓的墓那么小，按理说不具备这个东西，但是他作为一个氏族成员或者公社成员，他具有同样的资格和他们享有同样的礼仪，高级人物可能用青铜器来表现而已。西汉到东汉时期这个社会的变化很大，尤其是这个爵位制，我觉得这个爵位很重要，爵位制度基本上崩溃了之后，普通的民众从上古的社会中间得以解放出来了，解放出来的潜台词，就是没有管理了，没人管了，没有一个其他的力量，没有一个集体的力量来进行制约，那么这些人就把他日常生活里的东西简单地就放进去了。所以我就想，通过这样一个简单的祭祀相关的日常生活的一个场景，是否可以透视两汉之际的整个祭祀礼仪的系统，在汉之前可能是一套，东汉可能是另一套，东汉的祭祀体系对后期影响非常深远，因为我还有好多没有把它落成文字，我就先说这么多。

徐龙国
中国社会科学院考古研究所

听了这些先生的发言，我开了眼界，增长了见识。实际秦汉家庭与日常生活研究方向的提出，给我们考古学打开了一个更广阔的领域。原来我们考古学研究和历史学研究基本上就是像白老师说的那样，基本上只注重制度史、文化史还有一些物质方面的研究，对于这个家庭日常生活方面的整体关注较少。一些个案的提出，如王方对于衣饰的研究，也都是在这个大的题目之下，所以之后我们研究的东西是非常多的。另外，这一命题对考古人实际上也提出了更高的要求，原来考古基本上是见物，现在要求我们见人，不光是要描述这个现象，还要通过这个现象研究它们背后的人和物、人和事。再一个是要求我们不仅要关注物质文化，还要像刚刚几位学者谈到的要关注民族史、文化史，关注各地民俗、民风等，尤其是思想史方面的研究，如果把我们的考古的遗迹和遗物放在这里，一定能更加开拓我们的研究思路。

所以这里我有两个建议，一个是希望南开大学能够撑开这面大旗，在这面大旗之下搞一些社会生活的研究；另一方面是参会的各位高校老师可以在学生选题的时候朝这个研究方面倾斜，把它形成一个气候。这就是我的一些建议和想法。

张建锋
中国社会科学院考古研究所

听了各位先生讲的我很有感触，感觉围绕社会生活可以做很多研究，我主要谈一下社会生活的研究主体。古代的宇宙观讲天地人，脚底下是地，中间是人，头顶上是天，那么同理社会生活第一首先是生活在地面上的人，人的生存、生活有需要和恐惧，因此人的活动带有趋利避害的属性，在满足生存需要、解决生活问题的过程中产生了人们的社会生活。另外地下还存在另外一个世界，是死去的人以及他们的需求与恐惧构成的。天上是第三个世界，这个世界是最高的，与西方的神一些神一样，中国的神是有人性化的神，他关注人间的发展，关注人间的子孙，会对人间带来促进或灾祸，同时也有着神的生活需要。天上与地下世界是现实社会中思想与观念的映射，社会生活这三个主体本质都是人性化的，人们利用墓葬与祭祀来进行天地人之间的沟通，在进行研究时，首先要通过各种考古材料，包括人使用的各种工具、器皿、锅碗瓢盆等，尤其是与衣食住行相关的内容，了解人们如何解决生活需要的方法与过程，同时将这种方法与过程放在一个大的社会背景下，研究人与人、群体与群体间的社会关系。自古就有四大文明古国，四大文明看起来离得很远，但从很早的时候它们彼此就产生了联系，社会生活方式也收到了外来因素的影响。另外社会生活也和自然界有着一定的联系，气候、地下水、地形、河流交通都对社会生活起到很大的作用。之后的研究中我主要会关注在历史和社会进程中，天地人这三个是怎样协调共存发展的。谢谢。

刘瑞
中国社会科学院考古研究所

　　也是非常感谢有这个机会来学习这个题目，今年是改革开放40周年，我们能切实感受到这一理念的变化给生活带来的巨变，如果没有改革开放，可能就没有我们今天，那么我认为这个题目提出来之后，也能够发现很多的东西都跟这个有关。一个创新的理念会改变一个国家，改变一个民族，那么对于学术而言，一个新的研究题目，我想对于秦汉考古的发展来说也会有很大的促进。1985年的时候西北大学在林剑鸣老师的主持下出版了《秦汉社会文明》，这本书以文献为主，对秦汉的家庭生活及其他社会生活方方面面的内容都做了梳理，那本书反响很好，到现在还再版了两次，也应用了一定的考古资料，因为考古大发展也是在改革开放以后，当时资料还是少一些。那么我觉得现在完全可以从考古学的视角在那本书的基础上做更多的扩展，提出更多的角度，因为就文献本身而言，关于家庭生活以及社会生活的研究基础已经很充实了，从考古的角度来看会有一些新的补充。另外我要说的一个问题是，由于我们的考古发掘，包括墓葬与遗址的发掘，很多是有选择性的，我觉得应该关注到考古学自身的研究局限，不是说所有的问题考古学都能解决，认识到这一局限会很大程度上影响我们这个题目的开展，反而会好做一些，因为提前认识到这一点可能会避免很多的弯路，这是我想讨论的第一个问题。

　　第二个是对文献本身的梳理，可能会更好地推进这个题目。像刚才白老师说的那样，文献资料的整理还是要多做一些，因为我们的那些盆盆罐罐说白了还是盆盆罐罐，要把它变成社会生活的一个活态的东西是离不开传统文献的，这两个方面是互为援助的关系，像刚才韦老师说两汉之变，我本身也很有感受，两汉的墓葬和帝陵都发生了很大变化，我觉得应该和刘秀本人有关，刘秀虽然也是皇亲国戚，但是延续到他的时候已经是一个很底层的官吏的后代了，他接触的是较为低级的制度，而在他当了皇帝后，他掌握与了解的制度自然就从低级的制度变为高级的制度，东汉时期圆形墓葬、墓葬朝向、墓道等等这些变化，都是和他本身有关，而且可能和南阳有关。那么还有些其他的制度，如果看王莽传的话，也会认识到王莽在这个过程中起到的作用，因此我认为两汉之变应该是王莽和刘秀共同的作用，其中刘秀的影响可能更大一些，这是他的底层出身造成了这个结果。再往前追溯，秦汉间的变化，秦始皇陵之后，汉代帝王陵墓的规模就再没那么大了，茂陵规模大也没大到多少，远比不上秦始皇陵，特别是汉初墓葬小小的，这和刘邦也有一定的关系，刘邦就是下层官吏，萧何再好，他了解的东西也不是太多。因此我经常说，南越国对秦的继承远远比汉对秦的要多，所以这方面的研究我想最后还是要归结到个人，我们不能说个人英雄主义，但有些东西最后还是个人创造了历史。从考古学角度上说，能够看到的人，能够做出研究的就是大人物，像皇帝、诸侯王这些，老百姓的话因为没有传记，对他们的了解就会少很多，就像我们很多人都会用满城汉墓的资料，因为满城汉墓里头什么都有，小墓里头虽然有些小东西，但肯定还是少一些。从学术的发展来说，大型墓葬尤其是保存完好的大型墓葬在社会生活的领域会提供更多的信息，不过小型墓葬也不能说没用，但权重比来说是这样子的。以上是我的发言，请大家多多批评。

张卫星
秦始皇帝陵博物院

　　很高兴这次来南开大学。我想说三个方面，一个是我关注的秦汉服饰，原来我研究过铠甲，这是一种特殊的服装，或者说是军事装备，与秦代服饰有一定的关系，在这个过程中感觉到需要尽快地形成秦代服装体系的研究，因为以往对秦代的服装的认识相对简单一些，而我掌握的材料又比较多，服饰结构迟迟不建立起来，是服装史发展的缺环，所以我这次尽快地想把秦代服装的基本框架大致搭建起来，并不断地填充起来。

　　第二个方面我认为我们更应该关注秦的社会生活，因为现在秦始皇陵、咸阳宫出土了很多资料，另外还有大量的简牍，特别是简牍的材料更能反映国家这个基层形态的生活，包括国家的治理与运作，秦的研究特别是社会生活的研究应该加强，因为现在无论是高等级还是中下层的材料都已经很丰富。另外从我们整个学科的体系来说，由于秦代时期较短，材料比较集中，大家接触的也比较少，因此研究偏重于汉代，但秦代社会具有它的特殊性，这方面的研究还需要进一步加强。

第三个方面，我想从社会生活的角度来交流几个想法，第一个想法是我们的研究最核心的就是探讨社会发展的原因或者动力，通过认识家庭生活与社会生活在内的演变的形式、方法、进程来解决来复原更宏大的问题，我们所坚持的原则首先应该还是进化论的原则，特别是物质技术方面，作为社会发展的一个阶段，应该看到从东周到秦、到汉，社会财富不断增加，物质技术不断提高，社会不断发展，当然社会的进化和自然的进化是两个概念，但是我们探讨社会的进化与发展的离不开物质技术层面的研究。第二个想法是在社会物质的层面之上，应加强对社会结构的关注和把握，因为从东周到秦至汉，更多的是社会结构的转变，各国变法之前的社会结构是对周制的反思，变法以后整个社会结构发生了很大的变化，其中最重要的是小家庭的结构的变化，五口之家和宗族性结构的家庭是完全不一样的，秦代是个个例，因为秦代有法家的因素，但秦代又不完全是法家的东西，比如说李斯给始皇的建议，要压制儒学，这说明秦国实际上还是坚持了很多大家公认的伦理观念。秦亡以后，汉代社会结构发生了变化，但汉承秦制，汉代社会结构还是与秦代有一定联系，我认为社会结构导致的社会生活的变化是一个重要的线索。第三个想法是我们应该关注社会思想观念的变化，刚才刘瑞讲两汉之间墓葬的变化完全像两个文化的演变，那么我认为东周秦实际上是一个传统的国家，秦朝是在一个长期的文化传统之下建立起来的，秦有尊重祖先的传统，尊重宗庙的观念，而汉完全是一个平民社会，我觉得从这个大的背景来理解，东周秦到秦朝有它的思想基础，但是刘邦这一代没有宗法的基础，他用黄老的一些东西来作为汉代立国的思想，我觉得这实际上是两个思想体系，在不同的思想背景下发展的社会生活可能是不一样的，从西汉再向东汉，这四百年的演变可能更复杂，我材料不熟悉，不敢多讲。总体来说我就这么多感想，谢谢。

张翔宇
西安市文物保护考古研究院

首先感谢刘尊志老师的邀请，谈些个人感受。首先说考古，考古也是历史的一部分，也是为了解决历史问题的学科，那么历史是什么？有一回段老师说历史就是关系，各种各样的关系，考古也是研究关系，人与人之间的关系，人与自然的关系，我觉得考古遗存与发现都是社会关系网上的一个连接点，所以我想咱们所有的考古发现都应该回到原始的网络上，回到当时的环境与位置上，继而探讨它的时间、地点、摆放的位置、起到的作用，如果我们的考古走到这一地步，我们就走到了社会史或历史的层面上，所以在研究的时候也希望把所有的东西，都回到原来的层位上去说，这是一点理解。另外一个想法是我们应该关注考古中的数字概念，比如数字"三"，从古到今都在使用，而且非常广泛的一个数字，在考古发掘经常发现中型汉墓的台阶，很多都是三层，长安城每边都开三个门，鼎也多是三条腿，釉陶顶盖的装饰，好多会采用三分的这个方法等，鼎足三条腿会比较稳定，但是很多装饰、布局也同样采用了这个三分布局，也说明了三这个数字在很多方面都影响了当时人的生活。另外我认为也应该关注墓葬尺寸，在发掘中我对小的竖穴墓道的长宽尺寸总体统计了一下，基本上就是两米三、两米五、两米二，如果回到汉代的话，一般是一丈长，八十公分左右，那么墓葬长度算是三尺半左右，在发掘中这些数据我们都会把它记下来，那么在掌握这些数据后，我们可以思考得远一点：当时的社会在进行规划的时候，会不会对墓葬的尺寸、大小形成了一个成文或者不成文的规定？以上是我的一点想法。谢谢！

赵海洲

郑州大学历史学院

　　今天主要介绍我们从去年发掘的一个遗址，在枣庄山亭区海子村，目前来看是一个聚落遗址，虽然没有发现人住的地方，但是发现了养殖场，目前山东省文物考古研究所还在发掘，遗址的规模非常大。所谓海子就是湖泊，早期有水现在没水了以后进行了钻探发掘，现在已经发掘了基本上有七八座房子，我们负责发掘的有三四座房子，经过检测发现了汉代墓葬里经常出土的圈厕实物，这个实物面是斜坡，一开始挖出来的时候很奇怪，斜坡是干什么？也没有发现有人住的地方，一开始我们想的是这个地方可能是监狱，因为周围什么都没有，后来经过检测后确认是猪圈和厕所，目前应该是国内唯一发现猪圈和厕所的遗址，三杨庄汉代聚落也没有。我们现在推测海子遗址应该是新莽到东汉早期时期具有规模的养殖场，就规模而言，应该是主要是给上层供应的，一般老百姓应该是不会享用，欢迎大家去指导，谢谢。

张亚娜

科学出版社

　　各位老师大家上午好，刚才听了各位老师的讲话，我觉得受益很多，也深受启发。因为这次会议主题是考古学视角下的秦汉家庭与日常生活的研究，考古学研究要见物见人，人在家庭和社会生活里面是核心，所有的社会、文化、思想都是由人创造。近两年我和博物馆接触得比较多，在参观博物馆的过程中，觉得博物馆的展示还有诸多的问题，一方面是不知道如何去展览文物，另外一方面是不知道从哪些角度去挖掘藏品的信息、如何更好地进行藏品展示与解读。我认为还是离不开我们考古学的研究和历史学的研究，所以我觉得这个会很有意义，能把考古材料与文献学、社会学、民族学相结合，进一步解读整个秦汉的社会生活，也可以给博物馆展览提供更多的角度与思路。预祝会议圆满成功，谢谢大家。

王方
中国国家博物馆

　　首先感谢南开大学给我这样交流和学习的机会，本身我做秦汉服饰的研究，大家都知道这是社会生活的一个部分，衣食住行第一个考虑到的就是衣的问题。之前的研究中我只是单纯的对衣进行研究，今天听到各位老师的发言，给了我很多的启发。从社会生活史历史学和考古学学科发展的层面进行秦汉社会生活史研究，有很重要的意义，刚才白老师、常老师也介绍南开大学作为最早进行秦汉社会生活史研究的基地，在这方面有很多经验和贡献，因此我觉得开这样一个会无论是对考古学还是历史学都是非常有意义的。社会生活史相比于政治史和经济史来说，可能和人的关系更为紧密，用流行的话来说可能是最接地气的，因此从这个方面来考察中国历史可能是更客观更直接的一个视角。因为我平时是从服饰的角度来谈秦汉的社会生活，在研究过程中看了很多社会生活史方面史家的论述，涉及秦汉服饰的文献资料非常多，我在整理的时候也经常在思考文献资料与考古资料之间的关系，文献对可能会对长袖舞进行一些描述，但从考古学资料上来看就能看清楚它形制上的变化。我在文章里提到长袖的问题，汉代的长袖舞服是它最基本的特征，通过考古学类型学梳理，可以明显地发现汉代长袖明显是不一样的，西汉早中期和西汉晚期以后长袖体现出来的变化实际上是舞蹈的变化，因为舞服的变化是和它的舞蹈相适应的。所以通过这个例子，我想要说的考古学在解决物质文化方面的问题上是有它的优势的，以前很多的学者其实都关注到这方面的问题，孙先生的著作之所以很受喜爱，是因为他通过考古学来探讨物质生活问题，发现了很多文献中没有关注的问题。另外我想说考古学可以反映出大千世界，可以反映出很多很细小的东西，但同时也要与文献进行衔接与交融，由于研究方法的不同，考古学与历史学这两大学科如何更好地结合，是我们需要思考的问题，我认为可行的方法之一就是白老师刚刚提到的，在研究中要全面地占有资料，然后系统地梳理资料，在这个过程中考古学是立足于考古学本身的，但并不排斥去借鉴其他学科的内容。因为我做的是舞服的研究，从这个角度来看秦汉的社会生活的确发生了转折，之所以这样说，是由于秦汉以前舞服更多是娱神，秦汉以后开始娱人，这意味着整个社会回归到了人本身。谢谢各位老师。

刘尊志
南开大学历史学院考古学与博物馆学系，南开大学中国社会史研究中心

听了各位老师的发言，确实是受益颇多。刚才白老师讲到汉代到如今有很多社会生活内容变化得不是太大，因此我有一个可能不太成熟的想法，就是对家庭工具的使用方法进行一个不是纯正的考古调查。我们在考古发掘中经常发现工具，一些工具的使用方法也许我们了解的并不全面。比如铁锨，铁锨的用途大家都知道，在汉代手工业遗址和墓葬中出现的有，采石场遗址里面也会出现，但是它确实不会直接用于采石头的。所以我有一个想法，除了占有考古资料以外，还想开展一些乡村调查，通过调查这些工具在生活中的占有与使用，来复原当时家庭工具的情况，也许会对相关的研究有所补充。比如说织布机，汉代的织机和现在的比起来变化真的不是太大，三杨庄发现的那些石臼和我们那边的石臼几乎是一模一样的，没有大的差别。现在社会变化很快，织布机和碾子、石臼在农村都已经很少见了，因此对这些工具的使用方法进行调查，可能对相关研究有一些帮助，我准备做一点这方面的工作。谢谢各位老师。

二 | 家庭与日常生活

考古所见汉代人的卫生习惯

徐龙国

（中国社会科学院考古研究所）

现代人的卫生习惯似乎并不令人满意，有些恶习往往遭人诟病，但这似乎不只是现代人所固有的陋俗。历史上，汉族曾经是一个非常讲卫生的民族，可以说，从其形成的那一天起，就有许多良好的卫生习惯。本文拟就考古所见汉代的遗迹及遗物，通过汉代水井、厕所、带盖器物、拥彗之礼、沐浴之习、薰香之风等几个方面，谈一谈汉代人的卫生习惯。

一、汉代的水井

自史前时期水井出现以后，人们就越来越多地饮用井水。水井的出现具有重要的意义，不仅使人们获得清洁的水源，提高生活水平，防止疾病蔓延，而且使人口数量增加，聚落扩大，并极大拓展了人们的活动范围。[1] 从考古发现看，虽然汉代多数地区地表水源丰沛，但城邑及大型聚落当中，仍主要以井水为饮用水。与地表水相比，井水干净卫生，更符合卫生与健康的要求。

目前发现的汉代水井，包括水井遗迹及遗物两部分，遗物有水井建材（砖瓦、井圈等）、模型明器及画像，各类遗迹遗物均十分丰富（图一）。

水井是汉代城邑及聚落考古中的重要遗迹类型。现在发现的水井遗址，如按井壁建筑材料划分，可分为土井、砖（瓦）井、陶井、木井等。从水井模型及画像石看，井口之上，有井台、井栏、井亭、井盖等设施。井台一般高于周围地面。井栏围绕井口而建，以木、陶、砖、石等材料建成。井台上设有木质的井架或桔槔，井架中间架以横木，其上放置滑轮，桔槔上架衡木，便于汲水。井亭立于井上，一般为简易的亭式建筑。汉代井的形制，在画像石及模型明器上表现得非常细致（图二）。有的井口上有木质或竹质的井盖，古称井幕[2]，不易保存。1955年，郭宝钧在洛阳西郊发现一口砖砌六角形水井，井口上压着井盖，但未提及形制及材质，井旁还有一件带方穿的

---

[1] 崔英杰：《中国史前水井发现和研究中的几个问题》，《求索》2011年第4期。

[2] 王婷：《汉代水井的考古学研究》，《农业考古》2013年第6期。

图一　山东诸城前凉台汉墓庖厨画像局部　　　　图二　广西合浦橡胶厂M1出土的陶井模型

椿石,是用来压辘轳的。[1]汉人通过上述设施,最大限度地防止灰尘、落叶、污水及其他不洁之物进入井内。他们深知,干净的饮水对健康至关重要,因此,对水井的建设十分讲究,管理呵护用心备至。

在汉代城邑及聚落中,水井数量多,分布密集,不少遗址中水井达到一家一口的程度。如辽宁辽阳三道壕遗址,6处居住遗迹发现4口陶壁水井。[2]有的井处于陶窑之间,可能为了满足手工业生产而挖凿的。河南内黄三杨庄遗址,4处汉代宅院遗址中已经清理的3处宅院,各有1口水井,位于宅院南门外。第二处宅院的水井,砖砌,圆形,井口周围平铺一层小砖,形成略高于地面的井台。三杨庄遗址呈现了一幕田宅相接、宅在田中、户户隔田相望的田园景象。[3]河南遂平小寨遗址,发掘清理了8条道路和28口水井。水井分6排,沿东西向道路平行分布,且十分密集,两井之间间距最短者仅7米。[4]据此推测,应该是各家比邻而居,每家都有一口水井。

[1]　郭宝钧:《洛阳西郊汉代居住遗迹》,《考古通讯》1956年第1期。

[2]　东北博物馆:《辽阳三道壕西汉村落遗址》,《考古学报》1957年第1期。

[3]　河南省文物考古研究所、内黄县文物保护管理所:《河南内黄县三杨庄汉代庭院遗址》,《考古》2004年第7期;《河南内黄县三杨庄汉代聚落遗址第二处庭院发掘简报》,《华夏考古》2010年第3期。

[4]　河南省文物研究所:《河南遂平县小寨汉代村落遗址水井群》,《考古与文物》1986年第5期。

相传成书于东汉时期的《太平经》丙部之十一卷四十五记载："今一大里有百户，有百井，一乡有千户，有千井，一县有万户，有万井，一郡有十万户，有十万井，一州有亿户，有亿井。大井一丈，中井数尺，小井三尺，今穿地下著黄泉，天下有几何哉？或一家有数井也。"[1]此前有人认为，这种说法比较夸张，与事实不符，现在看来，所记并非虚言，应该是比较客观地反映了汉代水井普及的情况。从考古发现看，至少在多数城邑及大型聚落，或富余地区的小型村落，这种情况比较普遍。汉代水井的普及率远远超过后来的朝代。每家每户有一口水井，各负其责，便于管理，更有利于保证饮用水的干净卫生。《周易》卦辞中有"井泥不食，旧井无禽"之语，《后汉书》亦有夏至日"浚井改水"的记载。为了保证井水的质量，汉代定期对水井进行清浚。考古发掘的水井底部，往往发现铺有一层较厚的沙子，这对地下水具有很好的过滤作用。汉代人丁兴旺，西汉末期人口最盛时达到5700多万，这与水井的普及不无关系。

二、汉代的厕所

设立固定的厕所是人类文明的一大进步，也是改善环境卫生的重大举措。汉代人对厕所十分重视，建筑也十分讲究，在发掘的实物及画像材料中都有详细地体现。从发现的情况看，汉代厕所不仅有房顶建筑，而且有钱人一家还有男女两个厕所。在贵族之家，厕内还设有扶手、靠背、冲水及坐便设施。另据文献记载，汉代已有公共厕所，并设专人管理。

从发现的遗址中看，厕所一般设在院落之外，具体位置各地不同，但东汉时多数位于院落之后。河南内黄三杨庄的3处院落遗址，厕所均设在院落的北面，与南面的水井拉开了距离。辽阳三道壕聚落遗址，厕所一般与猪圈相连或相邻，设在房址的西部。山东沂南画像石墓的厕所在墓室的东北角。

西安南郊缪家寨发现一处汉代厕所，有一个平面呈方形的地穴式积粪池，3个厕所依池而建。池壁以板瓦残片垒砌，西、北壁上半部已破坏，东、南壁各有1个和2个长方形的斜坡道便槽，3个便槽至少应有男女之别。[2]遗址中发现的厕所均为残迹，上面的建筑均已不存。

汉代厕所模型出土数量众多，由此可知，汉代厕所四周有围墙，多数上面有屋顶建筑。有研究认为，西汉早期以前厕所结构较简陋，西汉早期偏晚出现厕所与猪圈相结合

[1] 罗炽：《太平经注释》，西南师范大学出版社，1996年，第204页。
[2] 陕西省考古研究所：《西安南郊缪家寨汉代厕所遗址发掘简报》，《考古与文物》2007年第2期。

的建筑模式，结构为两面坡、硬山顶，厕所与猪圈相通。西汉晚期厕所内部增加脚踏、扶手等设施，厕所屋顶也有四阿顶、硬山顶等多种形式，厕坑的结构变得多样化。东汉时，除了延续西汉厕所结构，开始分男女厕，出现天窗、排气孔等设施，与今日旱厕无异。[1] 山东东平王陵山汉墓出土的模型明器，在猪圈的对角各设一个厕所，其一四面

图三　山东济宁汉墓出土的猪圈与厕所模型

有围墙，顶为两面坡，在一面墙上开一小门，前有台阶；其二两面与院墙相接，转角处有简陋的屋顶，前设台阶。猪圈中立一陶猪。[2] 山东济宁汉墓也出土了一件相似的模型明器。猪圈平面呈长方形，有三面围墙，两厕所分立对角，较精致的厕所前设通道和三级台阶，厕底有三角形便坑[3]（图三）。这表明汉代富裕家庭中男女厕所分建已经比较普遍。

　　汉代厕所多与猪圈建在一起，这样的设计，一是因为人粪可以养猪，二是可以积肥，三是便于污秽集中管理，这种厕所古代称为"圂"。《广释·释宫》曰："圂，厕也。"《玉篇》："圂，豕所居也。"《说文》："厕也。从豕在口中也。会意。"《汉书·武王子传》："厕中豕群出，坏大官社。"说明厕所与猪圈结合是普遍的形式。这种情况在韩国的济州岛至今还存在，圂中所养黑猪，肉嫩、味美，是非常受游客欢迎的食材。

　　在高级贵族墓葬中，也发现不少象征厕所的遗存，如江苏徐州北洞山汉墓、驮篮山汉墓、河南永城保安山二号汉墓、柿园汉墓等。这些贵族墓中厕所不仅有单独的空间，而且还内设高档设施。驮篮山一号墓，墓主为西汉早期的楚王，厕所有侧剖面为直角梯形的脚踏，长方形便坑，便坑后部有靠背，右侧有扶手，便坑下有下水道；二号墓墓主为王后，在南侧设了厕所，北侧作为浴室，厕所也有蹲坑、脚踏等设施。[4]永城保安山二号墓后室象征后宫，其21②室为厕所，有脚踏、便坑、便池、靠背和扶手，其便坐则由两块靴形的石制坐垫组成，便坑为长方形，后有长方形靠背，便坐右侧设有石栏杆扶手。靴形脚踏上还刻有回纹和常青树。室内墙壁涂朱，似有壁画，但已脱落（图四）。

　　上述发现虽是墓葬所出，也透露了现实生活中贵族厕所的高级程度。除了一般厕

　　[1]　李秀梅：《浅谈汉代厕所结构布局的发展》，《文化遗产与公众考古（第二辑）》，2016年。

　　[2]　山东省博物馆：《山东东平王陵山汉墓清理简报》，《考古》1966年第4期。

　　[3]　济宁市博物馆：《山东济宁发现一座东汉墓》，《考古》1994年第2期。

　　[4]　刘尊志：《徐州汉墓与汉代社会研究》，科学出版社，2011年。

图四　河南永城保安山二号汉墓厕所（李昆仑提供）

所所具有的便坑、导尿槽和脚踏外，还有便于如厕时攀扶的扶手，便于如厕时休息的靠背，并且还发明了冲水系统，以保持厕所的清洁。当然，现实生活中，这些可能都是以木材来做成的，如果加上髹漆，绘上彩画，可能比现在的卫浴外观要高档得多。

汉代人重视环境卫生的另一个表现就是设立公共厕所。公共厕所在汉代以前就有。《周礼·天官》记载："宫人，掌王之六寝之修，为其井匽，除其不蠲，去其恶臭。"宫人专门负责给周王打扫房间卫生，建厕所，清除不洁之物，消除臭气。所谓"匽"，就是厕所，又称"偃"，郑玄释之为路厕。《墨子·旗帜》中称："于道之外为屏，三十步而为之溷，高丈。为民溷，垣高十二尺以上。"所谓"屏"，就是围墙作厕；"溷"则是古人对厕所的另一种叫法。《太平广记》卷八《刘安》条记述，让刘安"谪守都厕三年"[1]，可见汉代也有公共厕所及专门的厕所管理者。

三、汉代的带盖器物

新石器时代早中期，人们根据陶器的用途，给器物加上盖，比如为了快速煮熟食物，给陶鼎、陶釜等加盖，此时带盖器物多限于少数煮食器。至山东龙山文化时期，带盖器物大量增多，一些罐、盆、杯等也成为有盖之物。为什么此时出现如此多的带盖器物，原因不明。但不可否认的是，器盖在保障食物洁净、改善食物保存条件等方面具有重要作用。它既可以防止灰尘污染、蝇虫叮咬食物，又可以防止酒力挥发并保

---

[1]　（宋）李昉等：《太平广记》卷八，中华书局，1961年。

持酒精的浓度。当然，这些对今天的人们来说是常识，对古人来说却未必认识得如此准确，但通过长期的生活实践，他们可能认识到，使用带盖器物，可以减少疾病，保障健康，有利于家族人丁兴旺。从这一方面来说，带盖器物的增多，是器物用途多样化的体现，也是良好的卫生习惯所致。

汉代器物多数带盖，种类包括陶器、漆木器、青铜器、铁器、金银器、玉器等。器型既有甑、釜、甗、鬵、镬等蒸煮器，也有鼎、盒、杯、卮等饮食器，还有罐、壶、瓮、锺、钫、罍、敦、尊等盛器。

蒸煮器带盖，是为了加热保温，便于快速蒸煮食品。古人有时将两种不同类型的器物组合到一起使用，其中的一种就成为另一种的器盖。如陕西大荔朝邑212号战国晚期墓出土的甑上覆加一盆作为盖，这一做法为汉代所承袭，满城1号汉墓所出的釜、甑上即盖有一盆[1]。汉武帝茂陵一号无名冢陪葬坑内也出土一套同样的组合。[2]

盛器主要盛酒或水，有时也盛粮食或肉食。盛酒是为了保持酒液清洁，防止酒力的挥发。盛食物是为了保持食物不变质，便于存放。2003年，位于汉长安城东南角的西安市未央区枣园村，发现一座西汉早期大型积炭墓，出土101片散落的玉片，17件青铜器，5件茧形陶壶。其中1件带盖铜锺，内盛有26公斤酒液，在器盖的密封下，至今仍然酒香浓郁[3]（图五）。

陶瓮一般为储酒器，不可无盖。也有一些大型陶瓮，未必盛酒，可能用以盛放粮食或水，也加盖。如临淄齐故城发现的陶瓮，直径与器高均达1米左右，陶盖直径也有60—70厘米。用于盛放粮食的话，可以防止鼠害及其他飞虫产卵，易于长久保存。

有的小型器物，如杯、卮等饮酒器，以今天的眼光看来不必加盖，但实际上大多也带盖，如狮子山楚王墓出土的玉卮、南越王墓出土的2件玉卮1件玉盒，都带盖。杯通常为饮酒之具，出土的杯上有"君幸酒""宜酒"等字，尤其是漆杯，不少也带盖。用玉卮玉杯饮酒，给人冰清玉洁的感觉。不过，秦汉时期道教盛行，帝王多追求得道成仙，玉卮玉杯也可能用于盛放甘露，有盖能保证甘露的纯净甘美（图六）[4]。

铜器、铁器、漆木器、金银器，这些都是贵族、官员或富余人家的用品，他们自然更注重生活质量，比一般人更讲究饮食卫生。观察一般人的生活习惯，可从一般汉墓着眼。小型汉墓，一般随葬鼎、盒、壶、钫等陶器，这些陶器一般也带盖。墓中出

［1］　中国社会科学院考古研究所、河北省文物管理处：《满城汉墓发掘报告》，文物出版社，1980年，第52、54页。

［2］　咸阳地区文管会、茂陵博物馆：《陕西茂陵一号无名冢一号从葬坑的发掘》，《文物》1982年第9期。

［3］　西安市文物保护考古所：《西安北郊枣园大型西汉墓发掘简报》，《文物》2003年第12期。

［4］　广州市文物管理委员会：《西汉南越王墓》，文物出版社，1991年，第202—204页。

图五　陕西西安北郊枣园汉墓出土的铜锺及锺内部分酒液

图六　广东广州南越王墓出土玉盒、玉厄

土大量的所谓钵或碗形器，实际上都是壶、盒等的器盖。这似乎说明，汉代人认识到，带盖器物具有保温、防流溢、防虫蝇、防灰尘、便于发酵、易保存等益处。使用带盖器物，成为汉代人上下的通识。

四、拥篲之礼

拥篲为中国古代迎客之礼，指主人在客人到来之前，先将房屋院落打扫干净，以免尘土弄脏客人的衣服，再拥篲立于门口，迎接客人的到来，引领客人入室，以此表示对来者的尊重。

古人已经认识到扫除灰尘对于健康的重要性，并把这种日常事务提升为礼制约束。《礼记·曲礼上》载："凡为长者粪之礼，必加帚于箕上，以袂拘而退；其尘不及长者，以箕息乡而扱。"《史记·孟子荀卿列传》记载，邹衍"如燕，昭王拥彗先驱，请列弟子之座而受业，筑碣石宫，身亲往师之"。司马贞《索隐》解释："彗，帚也。谓为之埽地，以衣袂拥帚而却行，恐尘埃之及长者，所以为敬也。"[1]《史记·高祖本纪》记载："后高祖朝，太公拥彗，迎门却行。高祖大惊，下扶太公。"[2]

在汉画像石上，可以看到很多拥彗图像，一般刻画于墓室中象征庭院、车马出行、墓门等画面中。沂南汉墓前室东壁刻画的是在庭院中拥彗迎宾场面，后面的厅堂摆放着酒具，主人设宴迎接客人（图七）[3]。沂南汉墓中室西壁上横额车马出行图前面，也有一人拥彗相迎。

图七　山东沂南汉墓前室东壁拥彗迎宾画像（局部）

河南南阳唐河画像石中有击鼓迎客的场面，主人也是拥彗相迎，而且身体弯曲达90度，表达了对宾客的高度尊敬[4]。山东诸城前凉台画像石墓描绘了一个前后两进院落的庭院，门前一人拥彗迎接主人，前院一仆人正在打扫院落（图八）[5]。

拥彗画面也常常出现在墓门上，捧盾拥彗为常见题材。1977年出土于成都西郊郫

[1]　（汉）司马迁：《史记·孟子荀卿列传》，中华书局，1959年，第2345页。

[2]　（汉）司马迁：《史记·高祖本纪》，中华书局，1959年，第382页。

[3]　南京博物院、山东省文物管理处：《沂南古画像石墓发掘报告》，文化部文物管理局，1956年，第13页。

[4]　南阳汉代画像石编辑委员会：《南阳汉代画像石》，文物出版社，1985年。

[5]　诸城县博物馆　任日新：《山东诸城汉墓画像石》，《文物》1981年第10期。

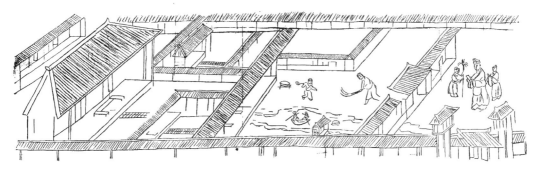

图八　山东诸城前凉台庭院图

县兰家院子汉墓的两扇石门扉，长171、宽150、厚7.4厘米。左侧为一男子捧盾，右侧为男子拥彗迎客的画面，彗柄与彗头以绳缠绕连接在一起，彗柄朝下立于地面，彗头向上高过人首（图九）。同样的画面在四川芦山汉墓也有发现[1]。这些画面表现的虽不是迎宾的场面，但也有开门迎接宾客之意。《史记·高祖本纪》："高祖为亭长，乃以竹皮为冠，令求盗之薛治之。"应劭注曰："求盗者，旧时亭有两卒，其一为亭父，掌开闭扫除，一为求盗，掌逐捕盗贼。"[2]该画面与所记亭卒相似，有人认为画面是对亭卒的刻画。

图九　四川成都郫县拥彗捧盾石墓门

《礼记·檀弓下》中说："君临臣丧，以巫祝桃茢执戈。"注云："茢，苕帚也，所以除秽。巫执桃，祝执茢，小臣执戈。盖为其有凶邪之气可恶，故以此物辟祓之也。"据此，有人也认为墓门上的捧盾拥彗图像具有镇鬼辟邪的寓意[3]。实际上，墓门是对生前院门的刻画，更应看作是汉人注重庭院卫生扫除的表现，寄托了对家庭平安、身体健康的希冀。

扫除并不限于自家庭院，汉朝还以法律的形式推而广之，延伸到城邑的街道管理中。《汉书·五行志》："秦连相坐之法，弃灰于道者黥。"颜师古注引孟康曰："商鞅为政，以弃灰于道必坋人，坋人必斗。故设黥刑以绝其源。"[4]坋即尘埃的

[1]　殷红：《古墓门上的"拥彗捧盾图"初探》，《大众考古》2014年第6期。

[2]　（汉）司马迁：《史记·高祖本纪》，中华书局，1959年，第346页。

[3]　仁华、旭东：《汉画拥彗管见》，《中原文物》1995年第3期。

[4]　（汉）班固：《汉书·五行志》，中华书局，1964年，第1438页。

意思，指灰尘扬起，令路人蒙尘，会引起斗殴，因此，以法制止弃灰于道的行为。汉承秦法，不但禁人弃灰于道，而且为了防止道路上灰尘扬起，损害公共卫生，还要求路旁百姓以水洒道。道路两旁没有住户的，则由政府管理。《后汉书·张让传》载：汉灵帝时，张让曾命人"作翻车渴乌施于桥西，用洒南北郊路，以省百姓洒道之费"[1]。洒水可以净尘，净尘可防病，人们已经认识到了洒水除尘的重要性。道教经典《荡秽科仪》云："夫水者，察五方之正燕，合九凤之华光，故能激浊以扬清，亦可除尘而解秽。一洒天无氛秽，二洒地无尘妖，三洒人间长寿，四洒精鬼亡形。"

安徽阜阳汉汝阴侯墓头厢出土的漆盂形器，有铭"女阴侯唾器六年女阴库近工延造"。自名"唾器"，说明，至少贵族当中是不会随地吐痰的[2]。

五、沐浴之习

汉代贵族官员定期洗浴，既有制度规定，也是礼制要求。一般百姓，洗浴并非日常所需，但在婚丧嫁娶时，洗浴也是必需的礼仪。

《仪礼·聘礼》载："三日具沐，五日具浴。"《说文解字》："沐，濯发也。浴，洒身也。洗，洒足也。澡，洒手也。"沐为洗发，浴为洗身，既沐又浴，同于现代的洗澡。

秦时宫廷洗浴比较盛行。杜牧《阿房宫赋》云："明星荧荧，开妆镜也；绿云扰扰，梳晓鬟也；渭流涨腻，弃脂水也；烟斜雾横，焚椒兰也。"虽然有些夸张，但并非全为虚言，考古人员在秦栎阳城及咸阳宫一号宫殿都发现专门用于洗浴的房屋及设施，说明当时洗浴之盛。

汉代的洗浴遗址发现较少，但在汉代墓葬中发现较多的洗浴设施及洗浴器具，说明洗浴是汉代人日常生活不可缺少的内容。尤其是贵族和官员，为了行为得体，身无体味，汉代有官员定期休息洗浴的规定。《史记·日者列传》："宋忠为中大夫，贾谊为博士，同日俱出洗沐。"《正义》："汉官五日一假沐浴也。"[3]《汉官仪》："五日一假洗沐，亦曰休沐。"《初学记》云："汉律：吏五日一下沐，言休息以洗沐也。"汉朝为诸州刺史郡守创立邸舍于京城，邸舍也有洗浴之备。下级见上级，大臣见帝王，需要沐浴，以示尊重，也是礼仪要求。因此，田横在朝见汉高祖刘邦前对汉使说："人臣见天子，当洗沐。"[4]友人相见，沐浴也是对对方的尊敬。《后汉

---

[1] （宋）范晔撰，（唐）李贤等注：《后汉书·张让传》，中华书局，1965年，第2537页。

[2] 安徽省文物工作队、阜阳地区博物馆、阜阳县文化局：《阜阳双古堆西汉汝阴侯墓发掘简报》，《文物》1978年第8期。

[3] （汉）司马迁：《史记·日者列传》，中华书局，1959年，第3215页。

[4] （汉）班固：《汉书·魏豹田儋韩王（信）传》，中华书局，1964年，第1851页。

书·文苑列传下》载，东汉人赵壹致友人皇甫
规的信中说自己"沐浴晨兴，昧旦守门，实望仁
兄，昭其悬迟"[1]。

在汉长安城桂宫二号建筑遗址南院建筑发现
的F4，面阔2.5、进深4.5米，面积10多平方米的
房间，室内地面平铺素面方砖，西北部有一砖
池，平面方形，口大底小，上口东西2.1、南北
1.5米，底部东西1、南北0.7米，深0.3米。四壁
呈坡状，坡度为20—24度。池壁及底部铺素面方
砖，方砖边长34、厚4.5厘米。是目前分辨出的汉
代宫廷洗浴室（图一○）[2]。

另外，在汉代墓葬中还发现一些洗浴设施，
如河南永城柿园汉墓，河北满城西汉中山王及王
后墓，江苏徐州狮子山西汉楚王墓、徐州东洞山
西汉楚王及王后墓、高邮天山西汉广陵王墓、盱
眙大云山一号墓等[3]。表明宫廷中设有专门洗
浴的浴室。满城汉墓出土的"长信尚浴"宫灯，
《小校经阁金文》卷十一收录传世的"桂宫前浴

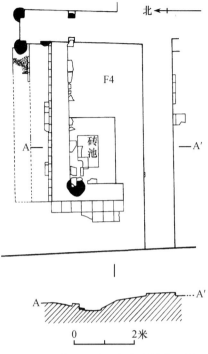

图一○　陕西西安汉长安城桂宫二号
建筑遗址浴室平、剖面图

者"行灯，就是放在长信宫及桂宫浴室里的照明用具。徐州东洞山楚王墓出土的"赵
姬沐盘"、长沙汤家岭西汉墓出土的"张端君沐盘"、满城汉墓出土的"常浴"铜
盆[4]、西安唐家寨出土的"元成家铜沐缶"[5]、洛阳出土的新莽沐壶等，都是贵族
浴室里的洗澡用具（图一一）。

古代有汤沐邑之制，目的是为诸侯国朝贡提供方便。《礼记·王制》云："方伯
为朝天子，皆有汤沐之邑于天子之县内，视元士。"诸侯国为了助周天子祭祀，在恒
山、泰山等名山脚下也设立汤沐邑。至汉代，汤沐邑演变为皇帝赏封给皇室女性的领

［1］　（宋）范晔撰，（唐）李贤等注：《后汉书·文苑列传下》，中华书局，1965年，第
2633页。

［2］　中国社会科学院考古研究所、日本奈良国立文化财研究所：《汉长安城桂宫：1996—
2001年考古发掘报告》，文物出版社，2007年。

［3］　张建锋：《秦汉时期沐浴方式考》，《考古与文物》2015年第6期。

［4］　中国社会科学院考古研究所、河北省文物管理处：《满城汉墓发掘报告》，文物出版
社，1980年，第58、59页。

［5］　韩建武：《陕西历史博物馆藏几件汉代刻铭铜器考释》，《考古与文物》2014年第4期。

图一一　河北满城一号汉墓"常浴"铜盆及铭文

地，受封的主要是公主，另外，还有太子及一些与皇室有关的女性外戚[1]。东汉蔡邕《独断》曰："汉异姓妇人以恩泽封者曰君，比长公主。"外戚妇女封君都以地名冠之，作为汤浴邑而存在[2]。《汉书·百官公卿表》云："列侯所食县曰国，皇太后、皇后、公主所食曰邑，有蛮夷曰道。"《史记·平准书》载："而山川园池市井租税之入，自天子以至于封君汤沐邑，皆各为私奉养焉，不领于天下之经费。"师古曰："言各收其所赋税以自供，不入国朝之仓廪府库也。""凡言汤沐邑者，谓以其赋税供汤沐之具也。"实际上，所谓汤沐之费，是以汤沐之名，收取封邑内的赋税，是皇帝给予公主等人的物质待遇，因此，不仅仅作为汤沐之资。不过，从贵族墓葬发现的沐浴设施及用具看，汤沐之费占重要部分。

除皇室贵族及官员外，一般人没有专门的洗浴场所及设施，这一点与希腊罗马大为不同。希腊罗马统辖的地区，各地都有豪华宽敞的公共浴池，并向全体公民甚至奴隶开放，洗浴成为人们日常生活的重要组成部分。汉代人受思想观念影响，没有公共的大型洗浴场所，洗浴属于极为私密的个人行为，多数在很小的私人空间进行，即便是皇室或王室浴室，面积也不大。秦咸阳宫一号宫殿第8室，面积约41平方米，是目前发现最大的浴室。

在中国古代，洗浴多与礼制相连，从生到死、婚丧嫁娶多有洗浴的礼仪要求。如《礼记·内则》："世子生，则君沐浴……公庶子生三月之末，其母沐浴。"《仪礼·士昏礼》："夙兴，妇沐浴……以俟见。"《周礼·女御》："大丧，掌沐浴。"《周礼·大祝》云："大丧，始崩，以肆瞽浴尸。"《礼记·祭义》曰："孝子将祭……夫妇斋戒，沐浴，盛服。"等。

以上是皇室及官员洗浴情况。一般百姓没有专门的洗浴设施，也没有定期洗浴的需求。但贵族婚丧嫁娶的洗浴之礼，对百姓也具有普遍影响。东汉班昭在《女诫》中强调"妇容"的重要表现是"盥洗尘秽"，注意"沐浴以时，身不垢辱"。《盐铁

---

[1]　薛瑞泽：《汉代汤沐邑研究》，《江苏师范大学学报》（哲学社会科学版）第39卷第5期，2013年。

[2]　董远成：《西汉"闵都君印"金印》，《中国文物报》2012年8月15日第5版。

论·殊路》也说："西子蒙以不洁，鄙夫掩鼻。"由此推测，一般百姓也会在自己的房间或院内洗浴，尤其是气温适宜的季节，人们可以到水边洗浴。

每年三月三日上巳节，此时正是春意盎然的季春时节，也是大众广泛参与的卫生节，一般百姓到水滨洗浴，洗去污垢，祛病强身。祓禊春浴是上巳节的重要内容，"祓禊"即是攘灾祈福的吉礼，所谓祓，是一种避凶祛邪的祭祀仪式，"禊"则指自己洗濯，以洁其身。上巳时节，男女青年可以谈情说爱，为自己寻找伴侣。

但总的来说，汉代洗浴文化注重隐私，虽然也有洗浴方面的礼制礼仪要求，但没有大型的公众洗浴场所，一般百姓洗浴缺乏必要的条件和设施，不如希腊罗马开放、发达。

六、薰香之风

薰香具有醒脑提神与驱赶蚊虫的作用。明人周嘉胄所辑《香乘》一书中提到："古者无香，燔柴炳萧，尚气臭而已，故香之字，虽载于经，而非今之所谓香也。至汉以来，外域入贡，香之名始见于百家传记。"[1]

薰香之风历史久远，但汉代以前所薰香，为本地所产香草、香木之类的植物，可佩，可薰，可浴。北方主要为茅香，是一种驱虫的重要香料，文献中亦称为蕙。《广雅·释草》："薰草，蕙草也。"长江以南适宜香料生长，种类较多，马王堆一号汉墓中发现的十多种香料，如茅香、高良姜、姜、桂、花椒、辛夷、藁本、杜衡、佩兰等，均为国产，以江南为多。

西汉通西域以后，西域及南亚香料大量进入中原，外来香料以树脂类为主，产地有苏门答腊、马来半岛、小亚细亚（亚洲南部的一个半岛）和叙利亚等地，香料有檀香、沉香、龙脑、乳香、甲香、鸡舌香等，可单独使用，亦可与其他香料调和使用。不论是国产香料，还是外来香料，都可佩，可薰，可浴，可枕，鸡舌香还可以含在嘴里，防止口臭。应劭《汉官仪》卷一载："侍中向存年老口臭，帝乃赐以鸡舌香，令含之。"[2]尤其是外来香料，成为王公贵族追逐的奢侈品，引领薰香成为时尚。

先秦时期，熏炉造型以豆形、圆球形为主，炉身较浅，炉盖较平，香料主要是茅香等草本植物，可直接放在熏炉中燃烧。域外树脂类香料进来以后，熏炉的形制发生了变化，炉身变深，炉盖增高，下部放置炭火，上面放置香料。炉盖做成仙山形状，上面刻画神仙走兽，是当时追求得道升仙思想的反映。

---

[1] 周嘉胄：《生活与博物丛书·器物珍玩篇·香乘》卷二十八，上海古籍出版社，1993年，第474页。

[2] （清）孙星衍等辑，周天游点校：《汉官六种》，中华书局，1990年，第116页。

图一二　陕西咸阳汉武帝
茂陵一号陪葬冢陪葬坑出土
鎏金银竹节铜熏炉

汉代发现大量的香薰，俗称博山炉，概与薰香气盛有关。在发掘的各诸侯王墓、列侯墓等高级墓葬中，薰炉是重要的器型。1981年，陕西咸阳汉武帝茂陵附近的一号尤名冢陪葬坑出土的一件鎏金银竹节铜熏炉，炉盖口外侧刻铭文一周："内者未央尚卧，金黄涂竹节熏炉一具，并重十斤十二两，四年内官造，五年十月输，第初三。"底座圈足外侧亦刻有相似的铭文。据铭文及同出的"阳信家"铜器可知，此炉是未央宫的专用器物，后来被汉武帝赏赐给了阳信长公主（图一二）[1]。满城一号汉墓出土5件薰炉，二号墓出土3件薰炉，海昏侯刘贺墓出土8件薰炉，几乎能达到一室一炉的程度，可见薰香在贵族家庭中十分盛行。

薰香有许多益处，一可以祛除卑湿，驱逐蚊虫，净化空气；二可以起到醒神益智、镇痛健脾，润肺宁心、养生保健等作用。三可以祈祝神明，祭祀祖先[2]。其中，驱逐蚊虫，净化空气，又与居室卫生紧密相连。有时，薰香还有祛除瘟疫的作用。《瑞应图》中曰："大汉二年，月支国贡神香，武帝取看之，状若燕卵，凡三枚，大似枣。帝不烧，付外库。后长安中大疫，宫人得疾，众使者请烧一枚以辟疫气，帝然之。宫中病者瘥，长安百里闻其香，积九月不歇。"[3]

一般百姓没有进口香料，也要在房中悬挂、熏烧艾草、芸香等，以防蚊虫叮咬，防衣服、被褥虫蛀，给小孩挂香囊，以驱邪恶。不过，西汉中期以后，在高级贵族及官员的引领下，薰香之风似乎逐渐下行，从发现的博山炉看，不仅流布范围甚广，在陕西、山西、河北、河南、山东、江苏、湖北、湖南、广东等地都有发现，而且以陶质为主。

七、结　语

从考古发现的众多水井遗存及有盖器物看，整个汉代社会十分重视水源的清洁及食品的卫生，汉代人口兴旺，西汉之末，最高时达到5700多万，与水井的普及及卫生

　[1]　咸阳地区文管会、茂陵博物馆：《陕西茂陵一号无名冢一号从葬坑的发掘》，《文物》1982年第9期。

　[2]　李岗：《先秦以至秦汉的薰香习俗文化》，《西北农林科技大学学报》（社会科学版）2011年第4期。

　[3]　宋洪岂：《生活与博物丛书·器物珍玩篇·香谱》（卷上），上海古籍出版社，1993年。

状况的改善有密切的关系。在厕所的建设上，不仅全民重视，建筑丝毫不马虎，而且家庭厕所分设男女，高级贵族的厕所几乎达到了现在的水平。贵族官员当中还形成了一套讲究卫生的制度及礼仪，如洗浴之习、拥彗之礼等，不仅对贵族官员起到规范作用，而且在一定程度上也为整个社会树立了讲究卫生的榜样。薰香之风在最高统治者及贵族的引领下，成为社会追求的时尚，客观上对卫生条件的改善起到了促进作用。总的来说，虽然贵族官员们定期洗浴，居室干净卫生，香雾袅袅，过着高贵优雅的生活，但民间却没有他们那样的条件，仅就洗浴而言，汉代缺乏大型的洗浴场所和设施，并未在全社会养成定期洗浴的习惯，与希腊罗马全民洗浴相比，相去甚远。

卫生习惯的养成，既需要制度法律的强制，也离不开礼制约束以及上行下效的风化作用。公共卫生是系统性的工程，一个环节出现问题，整个系统就会失灵。从以上几个方面看，汉代在这方面做得比较出色。但是，到了后来，尤其是近现代，我们的卫生观念淡化，公共卫生落后了。原因是多方面的，人口的增加，政府的缺位，公共管理落后，都会造成城市及村落卫生状况的恶化。草原民族入主中原，把游牧民族的卫生习惯带了进了中原的城市文明地区，无形中削弱了原来的优秀传统，也会使整个社会的卫生习惯变差。另外，宗教也起到一定的作用，如罗马帝国之后，宗教对洗浴比较抵制，造成原有洗浴文化的衰落。好在汉代的佛教和道教教义对洗浴、薰香等起到了一定的促进作用。当然，这些不是本文所要探讨的内容。

汉画像石中儿童形象及其作用简析

赵 丹

（南开大学历史学院考古学与博物馆学系、南开大学中国社会史研究中心）

摘要：本文研究的对象是汉代画像石中涉及儿童形象的画像。据笔者观察，两汉画像石中儿童形象的画像内容形式多样，不同种类的儿童画像内容在地区分布上有所差异，且根据画像图案内容的不同在整个画像图案构成中的作用有所差别。受当时儒学思想观念与统治阶级政治需求，主要起到辅助构成典故及传达教化思想的作用，同时儿童形象还辅助构成家庭生活场景，一部分画像又侧面展现下层阶级中儿童悲惨生活状况。

关键词：画像石；儿童形象；分类；作用

汉画像石上展示的图像内容多种多样，涉及人间系统包括日常生活类有庖厨、宴乐、骑射、车马出行、农业生产、历史故事等；升仙题材多有乘车、乘虎、乘鸟、乘鹿、乘鱼升仙等；仙界系统包括东王公、西王母及一些仙界人、物与神兽等。因此，汉代画像石是研究汉代物质文化生活及社会思想意识的重要实物资料。画像石上刻画人物一般多是"大人"形象，是"大人"意识世界现世及来世的物化图像，画像石中儿童形象所占比例较少，但是不同题材中儿童形象的图案所传达的思想亦有所差别。目前已有针对农业生产画像中儿童形象与历史故事中儿童形象进行专门解读与研究[1]；王子今先生就秦汉儿童做综合研究[2]。据笔者观察，在汉代画像石中儿童形象除农业、历史故事之外还涉及其他方面，如日常生活场景中儿童形象、求医场景中儿童形象以及体现家庭生活中父母教育子女的画像等，通过对汉画像石上涉及儿童形象的图案内容进行分类及对不同形象的儿童画像题材进行分析，本文拟对画像背后所传达的思想及作用进行探讨。

---

[1] 付娟：《汉代农业生产画像砖石所见儿童形象解读》，《农业考古》2017年第1期；霍宏伟、霍奕然：《汉代画像石上儿童形象》，《文史知识》2017年第6期。

[2] 王子今：《秦汉儿童的世界》，中华书局，2018年；《汉代儿童生活》，三秦出版社，2012年。

一、汉画像石中儿童形象分类

根据汉画像石中涉及儿童形象的画像所展现内容，共分为四类：第一类为历史题材故事中的儿童形象；第二类为劳作中的儿童形象；第三类为日常生活中儿童嬉戏形象；第四类为除上述题材以外的其他儿童形象。

（一）历史题材故事

涉及儿童的历史故事多为当时社会广为流传的故事题材，在画像石中以小儿形象出现的主要有幼年成王、孝子赵苟与孙原縠、幼年项橐、小儿齐奚等，此类图案涉及的历史故事有"程婴计存赵氏孤儿""孔子见老子""周公辅成王""骊姬害晋太子申生""公孙子都暗射颖孝叔""鲁义姑姊""贞夫故事"等，故事内容不同其所表达的思想亦有所差别。

1. 程婴计存赵氏孤儿

发现有多处，例如河南南阳县杨官寺汉墓墓门上的组合图案[1]。墓门从左至右侧有四幅图形，中间两幅为仙界系统画像，两侧一侧为楼阁，一侧为历史故事组图。图像分为四层：上层为程婴杵臼；中上层刻四人，左侧二人佩剑似争抢一物，右侧两人倾身向前；中下层刻有一人及一獒；最下层刻有四人，左侧二人手持一物，右侧一人做迎接状，身后有一婴儿。这幅画像中下层刻画"狗咬赵盾"、下层刻画"赵氏孤儿"的故事[2]。"赵氏孤儿"故事本身发生约在晋景公三年，文献资料中相关记载年代最为接近的为《春秋》，"'赵氏孤儿'博涉四部，载于经，成于史，详于子，变于集。涵盖既广，历时且久后"[3]。后有《左转》、《史记·赵世家》以及在《说苑》卷六四中亦有此类故事详细记载。有学者对此画像进行研究，认为其展示的为侠士重义，两汉时期"慕侠尚义之风"[4]。

2. 烈女故事

包括"鲁义姑姊""梁节姑姊""齐义继母"故事等。例如位于唐河针织厂汉画

———————

[1]　南阳汉画像馆：《南阳汉代画像石墓》，河南美术出版社，1998年，第26页。

[2]　南阳汉画像馆：《南阳汉代画像石墓》，河南美术出版社，1998年，第26页。

[3]　赵寅君：《"赵氏孤儿"研究》，山西大学博士学位论文，2012年，第356页。

[4]　赵唯：《试析汉画像中的侠》，《中国汉画学会会议论文集》，高等教育出版社，2008年，第166—172页。

像石墓南主室南壁左上方图像与在武梁祠石室第三石第一层中有"鲁义姑姊"图像；武梁石室第二石第二层右刻"梁节姑姊"故事；武梁石室第二石第二层刻有"齐义继母"故事。"鲁义姑姊"画像刻画内容差别不大，基本为画面左上部刻画四人，中部一男子一手拉一妇人，一手抚一小孩，另一人执笏；右上部为一车一骑；下部仍为车骑，其中最前面一车骑正转弯，表明与上部的车骑为同一列队伍，暗示齐将追赶鲁义姑姊，展现的为鲁国义妇人的历史故事（图一）[1]。年代集中于东汉时期。《后汉书·皇后纪下》中对此类画像故事有所记载，刘向撰写《烈女传》八篇，如《列女传·节义传》中描述：齐国攻鲁国，鲁义姑姊为救兄之子而置己子于不顾，齐将问她，鲁义姑姊陈之大义，最后"齐君许之。鲁君闻之，赐妇人束帛百端，号曰义姊"，展现汉代崇尚忠贞烈女之风。

图一　鲁义姑姊

3. 周公辅成王

　　"周公辅成王"典故多出现于山东汉画像石之中，在山东汉画像中约有10例。"周公辅成王"图案画像在山东嘉祥县中较为多见，莒县东莞村及陕西榆林子洲淮宁湾画像石中也有发现[2]。画像多为组图，例如位于宋小石祠西壁，整幅图像有四层，周公辅成王画像位于第二层。中部一童子立于踏上，头戴山形冠，左一人手持一曲柄伞盖，右侧一人跪拜，两侧各有二人持笏恭立[3]。如图二[4]，画像分两层，上层为

　　[1]　南阳汉画像石馆：《南阳汉代画像石墓》，河南美术出版社，1998年，第27、56页。

　　[2]　王子今：《汉代儿童生活》，三秦出版社，2012年。

　　[3]　蒋英炬主编：《山东汉画像石》，《中国画像石全集1》，山东美术出版社，2000年，第30页。

　　[4]　蒋英炬主编：《山东汉画像石》，《中国画像石全集2》，山东美术出版社，2002年，第107页。

周公辅成王，下层为庖厨，周公辅成王画像中部一童子，右侧一侍者收执伞盖，其余七人持笏分列两侧，左右各四[1]。此类画像多位于最上层，下有宴乐或生活场景，若上部有图案则为西王母画像。"周公辅成王"的故事为真实的历史故事，早在先秦的子书中即有所记载，《礼记》《战国策》《史记·周本纪》《史记·鲁周公世家》《尚书·大传》《淮南子》等史籍皆有涉及，但不同时期在主体思想表达方面则有所侧重，东汉时期画像内容应是遵从东汉时期的政治及伦理思想。

4. 孔子见老子

郑建芳在《论汉代画像石中的孔子见老子》一文中对汉代画像中孔子见老子画像进行相关论述，指出孔子见老子图见于山东、江苏、陕西三省，以山东画像中居多，在嘉祥、微山、济宁、邹城、曲阜等鲁南地区发现最多[2]。在山东所见孔子见老子画像中，一般画像呈现的为项橐以童子形象推轮居中，左右两侧为孔子及老子，或后有执笏立于左右（图三）[3]。与其他图像共同出现的孔子见老子图，其一般位于画像最上端，或上层有西王母画像或天子出驾图，下层为一些生活场景。年代上自西汉晚期至东汉早、中期皆有发现。在史籍资料中孔子见老子的故事多有记载，如《水经注·渭水注》《史记·孔子世家》《史记·老子韩非子列传》《礼记》《庄子·天运》《吕氏春秋》《孔子家语》等。表现孔子谦卑礼让与好学，以及儒家游学风尚。

图二　周公辅成王

图三　孔子见老子

［1］　蒋英炬主编：《山东汉画像石》，《中国画像石全集1》，山东美术出版社，2000年，第21页；《山东汉画像石》，《中国画像石全集2》，山东美术出版社，2000年，第37页。

［2］　郑建芳：《论汉代画像石中的孔子见老子》，《大汉雄风——中国汉画学会第十一届年会论文集》，高等教育出版社，2008年，第111—122页。

［3］　山东省博物馆、山东省文物考古研究所：《山东汉画像石选集》，齐鲁书社，1982年，第133页。

5. 孝子故事

孝子故事在汉代画像石上发现较多，如山东武式祠堂、山东大汶口画像石墓、山东肥城画像石墓、嘉祥宋山一号墓，以及在河南、四川等地亦有发现。涉及孝子众多，幼儿形象故事如孝子赵苟（《孝子传》记载为年五六岁）、孝子孙原觳（《太平御览》记载年十五）等。在汉代，儒家推崇孝道，"孝"关乎一个人的荣誉，对一个人仕途的升迁或罢黜有重要的影响。因此，画像上的"孝"的体现既是当时以儒家思想意识为主导的要求，亦是满足墓主与埋葬死者一类人的需求。

6. 其他故事

其他故事，包括"公孙子都暗射颖孝叔""周文王及其十子""贞夫射书予韩鹏""骊姬害晋太子申"等。例如周文王及其十子图像位于山东东汉武式祠石室后壁东下石画像。画像位于第二层，自左至右依次为周文王及其十子，二层还伴有老莱子娱亲、伯游孝亲故事等。第一层为孝义故事、第三层为日常休闲题材，第四层为日常生活庖厨故事[1]。"公孙子都暗射颖孝叔"历史故事图像位于山东东汉嘉祥县，武式祠前石室后壁东下石画像。画像分为五层，第一层为西王母画像，第二层为仙车画像，第三层为周公子都暗射颖孝叔画像，第四层为车马出行画像，最下层为涉猎图。头戴女冠的公孙子都从身后暗射颖孝叔，其后有三人持笏而立，前有二小孩[2]。"贞夫故事"图像中有孩童的画像11例[3]。一般画像上孩童形象多为一高一矮，有学者认为是限于画面空间，将侍者形象作矮小，但又有学者指出矮小的二人为"孺子"，为贞夫之子。骊姬害晋太子申图案有4例，分别位于山东嘉祥宋山一号、二号以及肥城滦镇画像石、武式祠后壁、泰安大汶口画像石之中[4]。例如山东武式祠汉画像上，图像位于画像第三层。刻画的是骊姬害太子申的故事，左旁边四人，前者跪，左手执带绶，匕首对着自己的喉咙，昂首与右边一弓腰伸右手者相对语，中间一犬倒毙仰卧，右者后一小儿，一婢女左向立；最上层为西王母画像，第二层为周公辅成王画像，最下层为车马出行图像（图四）[5]。骊姬害晋太子申故事始见于《左传》僖公四

---

[1] 蒋英炬主编：《山东汉画像石》，《中国画像石全集2》，山东美术出版社，2000年，第19页。

[2] 蒋英炬主编：《山东汉画像石》，《中国画像石全集2》，山东美术出版社，2000年，第42页。

[3] 陈秀慧：《汉代贞夫故事图像再论》，《南方文物》2017年第4期。

[4] 王恩田：《泰安大汶口汉画像石历史故事考》，《文物》1992年第12期。

[5] 蒋英炬主编：《山东汉画像石》，《中国画像石全集1》，山东美术出版社，2000年，第30、66页。

年："初，晋献公欲以骊姬为夫人，……立之。生奚齐。其娣生卓子。及将立奚齐，既与中大夫成谋，姬谓大子曰：'君梦齐姜，必速祭之。'大子祭于曲沃。归胙于公。公田。姬置诸宫六日。公至，毒而献之。公祭之地，地坟。与犬，犬毙。与小臣，小臣亦毙。姬泣曰：'贼由太子。'大子奔新城，公杀其傅杜原款。……'姬遂谮二公子曰：皆知之。'重耳奔蒲，夷吾奔屈。"[1]《国语》《庄子》《史记·晋世家》及诸多史籍中亦有记载。

图四　骊姬害晋太子中生故事

（二）表现儿童参与劳作的图像

1. 儿童播种

此类幼儿童形象画像发现目前有5幅，山东2幅，四川、陕西、江苏各1幅。如图五，播种图位于整幅图像的最下端，一耕者单手扶犁，一手扬鞭，两耕牛颈上架一横杠曳引耕犁，后跟一少年，似在跟随播种（图五）[2]。

2. 儿童牵牛、迁马

山东滕县出土1幅画像中有儿童牵牛形象。画面分为三层，一层为王公赏乐，二层为狩猎图像，三层右侧有杂伎表演，左侧有一人坐于案前，前有三人各执一禾站立，左方一人扶犁，一牛曳拉，牛前一小孩牵牛导引（图六）[3]。位于四川宜宾县东汉崖墓画像石棺上有两幅相同迎宾图，左面一高冠长服似主人，伸出双手做出迎宾状，后一牵马侍从[4]。有学者根据史料分析研究认为是小儿牵马[5]。

3. 庖厨图

山东微山县出土1块有儿童形象的画像石。画像石图像由四组单元构成。孩童位于左下角，在左下角的单眼灶前，一小孩儿正在添柴，与其他忙碌的大人构成一幅炊烟

［1］　王恩田：《泰安大汶口汉画像石历史故事考》，《文物》1992年第12期。

［2］　中国农业博物馆：《汉代农业画像砖石》，中国农业出版社出版，1996年，第28页。

［3］　中国农业博物馆：《汉代农业画像砖石》，中国农业出版社出版，1996年，第26页。

［4］　宜宾县文化馆：《四川宜宾县崖墓画像石棺》，《文物》1982年第7期。

［5］　付娟：《汉代农业生产画像砖石所见儿童形象解读》，《农业考古》2017年第1期。

图五　儿童播种

图六　儿童牵牛

裊裊的庖厨景象[1]。

4. 捕鱼图

　　江苏睢宁县出土1块有儿童形象的画像石。画面表现江河上车马过桥通行及捕鱼的场面，桥下刻四渔夫驾舟捕鱼，左船一渔夫立船头做撒网状，船尾有一渔鹰，一人手抓鲜鱼，另一人似小孩欢快地挥舞双手[2]。

图七　儿童弓射、捕蝉

（三）日常生活中儿童嬉戏形象

1. 儿童弓射、捕蝉

　　江苏邳县东汉彭城相廖宇画像石墓中一幅图像，画面右侧为一枝叶茂盛的大树，下有六人，一人持弓欲射，一人持杆似戳树上之物，其余孩童仰头注视，两人伸手似指导状（图七）[3]。郑岩先生认为是一副儿童捕蝉图，因为汉代儿童喜捕蝉，王充《论衡·自纪篇》中云："建武三年，充生，为小儿，与侪伦遨戏，不好狎侮。济伦好掩雀、捕蝉、对钱、林熙，

［1］　中国农业博物馆：《汉代农业画像砖石》，中国农业出版社出版，1996年，第121页。
［2］　中国农业博物馆：《汉代农业画像砖石》，中国农业出版社出版，1996年，第70页。
［3］　南京博物院、邳县文化馆：《东汉彭城相缪宇墓》，《文物》1984年第8期。

充独不肯。"[1]河南密县打虎亭东汉墓1号墓南耳室南壁上[2]画像中有儿童骑射形象，画像右侧刻一座重檐歇山顶的仓楼，楼前一驭者以手控马，马上有一儿童作张弓射鸟状，应为墓主人之子。下部为地主收租场景[3]。

2. 逐乐

表现儿童日常生活追逐喜乐场景。画像图案是民间酒肆场景，店内一人作盛酒状，店前一沽酒者。左侧一人推独轮车回首与店主人打招呼离开。左上部一年长者肩部跨一酒罐，与一小孩追逐喜乐[4]。

（四）其他

1. 纺织当中的儿童形象

目前有4幅，江苏铜山县山泉收集1幅、山东滕县龙阳店1幅、徐州清泉山1幅及江苏沛县留城收集1幅[5]。如江苏铜山县山泉收集的画像中，画像左方刻一织机，一织女坐在织机上织布，中部一妇人怀抱一婴儿，并作递给织女状，右侧一妇人在纺车前作纺织状[6]。如山东滕县一幅纺织、垂钓图中下层是以纺织图，左上方一人坐于织布机上织布，其身后有一妇人与一儿童观看，儿童一手拉妇人长裙[7]。

2. 家庭教育中儿童形象

在河南南阳阮堂汉画像石中（图八）[8]，画像有三人，画中男子冠着长褥，左手执棒，右手挥拳，似训斥状，孩童形体较小，惊慌失措，藏于妇人之后，妇人头梳高髻，身着广袖长裙，双膝跪地，做庇护状[9]。

图八　严父教子

［1］　南京博物院、邳县文化馆：《东汉彭城相缪宇墓》，《文物》1984年第8期。

［2］　安金槐、王与刚：《密县打虎亭汉代画像石墓与壁画墓》，《文物》1972年第10期。

［3］　中国农业博物馆：《汉代农业画像砖石》，中国农业出版社，1996年，第51页。

［4］　中国农业博物馆：《汉代农业画像砖石》，中国农业出版社，1996年，第130页。

［5］　中国农业博物馆：《汉代农业画像砖石》，中国农业出版社，1996年，第53、55、60页。

［6］　中国农业博物馆：《汉代农业画像砖石》，中国农业出版社，1996年，第53页。

［7］　中国农业博物馆：《汉代农业画像砖石》，中国农业出版社，1996年，第60页。

［8］　蒋英炬主编：《河南汉画像石》，《中国画像石全集1》，山东美术出版社，2000年，第165页。

［9］　王建中、闪修山：《南阳两汉画像石》，文物出版社，1990年。

3. 休闲场景中的儿童形象

如在东汉河南南阳东汉许阿瞿墓志画像石墓室顶部石条盖板中的形象[1]。画像分为上下两部分：上部是一五岁儿童坐于榻上，其身后有一侍女持扇服饰，其前部有三杂艺表演；下幅是舞乐百戏画面。画像上刻有墓志，墓志主要内容为表达丧子之痛，表达儿童的父母对幼儿离世的悲痛之情，画像图案亦是表达希望许阿瞿在另一世界可以享受生前所享有的生活或生活更为富足[2]。

4. 昭车出行中的儿童形象

河南唐河针织厂东汉画像石墓出土[3]，位于前室、南主室、后室剖面图，画像中画像分为两层，上下连续。上层有一昭车，上有两人，一为驭夫，一应为主人，前面有一人恭贺，人后一位男子拉着一个妇女和一小孩，昭车后面跟从一骑；画面下层与上层首尾相接，有二骑后两昭车。昭车为汉代出行的重要交通工具，此画像中应是孩童与父母一同拜谒路过的承昭车者。

图九　小儿求医

5. 小儿求医画像

山东微山两城乡出土2幅，年代皆为东汉中晚期。其中一副画面分为四层。上层为龙、虎、熊；中层为七个妇人联排而座，右侧一妇人，左侧为六人，有两组妇人似在交谈，两妇人怀抱儿童，六妇人最右侧一妇人抱一儿童似与人面雀身者询问。最下层为一连理树上被猴环绕，两侧有飞鸟，树下中部端座一人，两侧一人作弓射状，右侧旁一马、左侧旁一羊。画像中人面雀身者应寓意扁鹊（图九）[4]。

另外一幅主要为建鼓百戏画面，在图的右端分为两层，上层即为小儿求医，画像中两个高大的大人和一小孩，一人头雀身立于

---

[1]　南阳市博物馆：《南阳发现东汉许阿瞿墓志画像石》，《文物》1974年第8期。

[2]　南阳市博物馆：《南阳发现东汉许阿瞿墓志画像石》，《文物》1974年第8期。

[3]　周到、李京华：《唐河针织厂汉画像石墓的发掘》，《文物》1973年第6期。

[4]　蒋英炬主编：《山东汉画像石》，《中国画像石全集2》，山东美术出版社，2000年，第33页。

右侧[1]。《史记·扁鹊仓公列传》记载："扁鹊名闻天下。过邯郸，闻贵妇人，即为带下医；过雒阳，闻周人爱老人，即为耳目痹医；来入咸阳，闻秦人爱小儿，即为小儿医：随俗而变。"汉代马王堆汉墓出土的简帛之中亦有若干汉代"小儿医"的医疗经验总结。在《三国志·魏书·方技传·华佗》中有记载汉末名医华佗医治的病例，以及在东汉著名医学家张仲景《金匮要略方论·妇人杂病脉证并治第二十二》有《小儿疳虫蚀齿方》等文献中皆有记载，说明汉代已有专门医治小儿病治疗经验[2]。

二、画像石中儿童形象图案分布及其原因

汉代画像石上包含儿童形象的题材于山东、河南、陕西、江苏、四川等地皆有发现，但数量很少，具体不同种类的画像在地区分布上有所差别。山东地区涉及的小儿画像居多，内容多样，既有展示伦理教化的历史典故、孝义故事等，又有儿童参与劳作或儿童嬉戏玩耍的图像，也有涉及汉代"小儿"求医的图像，为我们展现了多样的、不同阶级不同地位儿童的生活状况。历史故事中体现孝、忠、侠、义等思想的儿童图像多见于鲁南地区，这与汉代山东地区的历史地理位置、思想文化影响密切相关。综其原因，有以下三点。

第一，其为儒学思想观念的产物。画像石的发展成熟、东汉时期儒学发展及儒学伦理道德追逐成风的社会风气等促进了展现儒家教化思想的画像题材在画像石墓中的运用。山东南部是孔子的故乡所在地，自儒家发源以来，此地深受儒家思想的影响。汉武帝以后，儒家学说在思想领域的统治地位不断加强，其影响亦深入到生活的多个方面，汉代儒学不仅对社会政治产生重要的影响，也是社会道德的规范和伦理的借条[3]。诸多的具有儒家思想色彩的历史故事的呈现，表明儒家道德与伦理的教化已成为当时人们追逐的风尚，在现实中以此为标准并严格执行。因此，诸多历史故事以画像石为依托，展现于墓内或者墓外祠堂之上，有些历史故事中涉及儿童，而为了展现故事的完整性，根据故事内容需要，不同儿童形象亦被刻画于画像图案之中。

第二，其为统治阶级的政治需求。"汉代祠堂中有关历史故事画像并不是雕刻者或祠堂所有者自由选择和创造出来的，是严格按照当时统治地位的社会意识形态选择和配置于祠堂之上的。换言之，祠堂中的历史画像都有着明确的目的性。"[4]例如，关于"周公辅成王"图像故事内容在东汉时期发现较多，与当时的政治存在较大的关

[1] 李锦山：《鲁南汉画像石研究》，中国水利水电出版社，2007年，第37、67页。
[2] 王子今：《汉代儿童生活》，三秦出版社，2012年，第124页。
[3] 信立祥：《汉代画像石综合研究》，文物出版社，2000年，第119页。
[4] 信立祥：《汉代画像石综合研究》，文物出版社，2000年，第119页。

系。在画像中成王为儿童形象居于中部，周公作为臣子恭谦的立于一侧，一般还有其他辅政大臣立于左右，意为群贤拥护即位。有研究指出：周公辅成王包括三个层面，权臣、天子及宗室是政治实态的体现。王莽时期极力宣扬"周公称王"，画像中周公躬身礼拜的形象及此类故事多出现于画像石刻上在东汉时期，目的是为了重新维护君臣尊卑观念，传达了东汉的政治及教育观念[1]。

第三，其为丧葬思想观念物质载体。相对于汉代事死如事生的丧葬理念，东汉时期墓地上的祭祀建筑发展更为迅速，历史故事题材仅是诸多画像题材中的一部分，但有其自身的作用。这些故事中所展现儒家思想的"仁、义、礼、智、信"，一方面为生者向其所在社会群体展现其孝义，另一方面又有着展示死者高尚的品德。并且有关儒家思想故事图案在墓葬画像石上出现亦表明儒学的教化同样适用于死后世界，死后亦要遵循这一道德标准。

展现日常生活中的儿童形象图案画像相对较少，在山东、江苏、河南、四川、陕西等地皆有发现，具体内容涉及多个方面。时代多为东汉时期。内容涉及到儿童弓射及捕蝉、儿童参与农业劳作、儿童就医、儿童迁马、儿童骑射等。在诸多的场景中不同的儿童形象，其实在某种程度上为我们提供了儿童当时的生活状况信息，而最直接传达的信息是这些墓葬主人的思想意识。如上所述，画像是刻画内容在"大人"丧葬理念为主导下的结果，其主体作用是表达大人的思想意识。一方面一些庄园地主为表现其富有与社会地位，寻求展现生前生活场景或希望死后如同生前一样奢华的生活，根据不同需求，不同类型的人物形象被刻画。另一方面，画像石上有儿童参与劳作图像或与汉代庄园经济发展有一定关系，地主与平民之间贫富差距悬殊，因家庭贫困或其他原因有些儿童便不得不参与其中，亦可以说是封建剥削经济主导下豪强庄园地主阶级生活的写照。

三、儿童形象在汉画像石中的作用

首先是儿童形象在画像图案构成中的作用。涉及儿童形象的画像图案，根据画像图案所表达的内容，儿童在画像图案内容构成中的作用可以分以下几种。第一种为画像以儿童为中心，其余围绕儿童形象存在，这类儿童分身份有两种：一为年幼成王，一为地主的幼儿，如"周公辅成王""许阿瞿"等。第二种为儿童的存在是为辅助构成故事，如展示孝子故事中幼儿形象、赵氏孤儿中幼儿形象及孔子见老子中项橐形象等。第三种为展现现实中的生活场景，儿童作为一种代表要素而存在，如农业劳作中儿童形象或者庖厨场景中的儿童形象，身形较小的儿童形象与大人高大的形象有所区

[1] 高二旺：《汉画"周公辅成王"与汉代政治》，《中州学刊》2017年第3期。

分。第四种为单纯展示儿童嬉戏天性的画面。

其次汉画像用图像记录、展示社会汉代社会生活、传达丧葬思想，既有装饰墓室、对世人教化、展现美德的功能，又可表达对死后世界的展望及对现世的留恋之情，希望死后世界如同现世一样。

汉画像根据图像内容不同、所在祠堂或墓葬画像石位置有所讲究，表达思想内容方面有所不同，而且通过画像又展现出不同社会等级人群之间社会地位的差别。因此，在社会意识及日常生活方面儿童形象的作用体现以下两点。

1. 辅助构成典故、传达教化思想

在山东画像中体现的内容较多，如武氏祠画像石"包罗了三皇五帝等十帝王像、周文王十子和孔门弟子像以及刺客豪侠、孝子贤孙、贞节烈女等故事像，堪称历史故事画廊"[1]。综合画像故事图案为我们传达汉代思想为汉代以儒家思想政治理论和伦理基础的"三纲"[2]，即"君为臣纲，父为子纲，夫为妻纲"及"忠、孝、节、义"道德观念，注重纲常伦理，尤其是注重孝悌之义。诸多的历史典故、孝义故事被刻画在画像之上，且此类画像故事多居于画像上层，或仅次于仙界画像之下，下层多有人间生活场景，体现出注重尊君及孝悌之义，注重伦理道德[3]。"烈女传"则是两汉对女子需注重贞洁刚烈品行观念的体现。这种在墓葬中表现"三纲"伦理道德的意图，另一方面可能是歌颂墓主具有的高贵的品德或与之相匹配。君臣画像置于上层，将君臣之礼置于诸多画像之上，体现尊君思想，表现权力社会下等级观念；其次为伦理教化，表现汉代尊崇儒家孝道风尚下墓主人孝悌思想；最后才是日常生活。表现日常生活画像场景世俗化，内容多样，包括宴饮、庖厨、涉猎、车马出行等，体现"事死如生"的丧葬观念，死者或其家人并不是把死亡看做人生的终点，相反是离世升仙进入另一个世界，希望其存在于一个更好的生活场景之中。

2. 儿童形象出现于画像石上，辅助构成家庭场景，与汉画像中的升仙等题材不同，生动地展现汉代家庭日常生活中儿童形象

"儿童是绝大多数家庭的基本成分，又是整个社会的基本成分。"[4]在画像上刻画与高大的成人图像有别的矮小儿童形象，如南阳阮堂汉画像石上高大形象的父母教育孩子的图像，表现了家庭教育场景。家庭教育为整个人生教育中重要阶段，对于

[1] 吴曾德：《汉代画像石》，文物出版社，1984年，第132页。
[2] 巫鸿：《武梁祠——中国古代画像艺术思想》，生活·读书·新知三联书店，2006年，第239页。
[3] 宋艳萍：《汉画像与汉代社会》，福建人民出版社，2016年，第311页。
[4] 王子今：《汉代儿童生活》，三秦出版社，2012年，第2页。

知识积累、道德教育及品质培养有着十分重要的作用，重视家庭教育展现的是中华民族传统文化中的重要方面之一。《烈女传》中"孟母三迁"即表达了重视儿童教育的观念。[1]范嘉茹在《两汉家庭教育研究》中列举两汉家庭教育的多种形式[2]。汉代家长制已经确立，存在父亲对孩子粗暴严厉的教育方法，文献中也多有父亲严厉教育打骂孩子的记载，母亲则多为慈母形象，这与现代大多数家庭"严父慈母"的教育组合相同，如《汉书·刑法志》中言："鞭扑不可绝于家，刑罚不可废于国。"[3]可知，汉代对于家庭中儿童的教育还是相当严厉的。此外，亦有学者指出常见于纺织题材的一小儿图像与"孟母教子"的故事有关，如枣庄、滕州地区的纺织图中，有一妇女纺织，侧身与一小儿交流的画面，传递的是儒家教育思想，重视幼儿早期教育[4]。"许阿瞿像""小儿行医"等则传达家庭中对儿童的亲情及关爱之情。游戏玩乐是儿童生活的重要活动，两汉儿童的游戏玩乐生活在诸多史籍中有记载，《后汉书·梁冀传》："少为贵戚，逸游自恣，性嗜酒，能挽满、弹棋、格五、六博、蹴鞠、意钱之欢，又好臂鹰走狗，骑马斗鸡"，可知，汉代儿童游戏涉及到掩雀、捕蝉、戏钱，蹴鞠运动，鸠车之乐，竹马之欢，战争游戏，六博棋局等。如在"孔子见老子"图中，一方面展现东汉"游学""好学"之风盛行，另一方面画像中有用鸠车来表现儿童形象的项橐，亦侧面表现出当时儿童"鸠车之乐"与"鸠车之戏"的喜好[5]；"儿童弓射"画像图等则是表现日常生活中儿童嬉戏玩耍的场景，展现儿童好玩的天性。

最后，画像石上展现的儿童形象只是汉代儿童生活的一部分。儿童参与劳作的画像侧面为我们展现的是汉代一些儿童悲苦的生活状况。在汉代，历史书籍多有记载儿童在年幼是就不得不参与劳作的情况，大致可以分为两种。一种为作为雇佣儿童参与劳动，儿童失去双亲或单亲及家庭生活困难所导致，《汉书·王尊传》记载，王尊"少孤，归诸父，使牧羊泽中"；《史记·司马相如列传》可见"幼孤为奴"的说法；《史记·司马相如传下》又"幼孤为奴虏"；王象"为人仆隶"等[6]。一种为农业劳动中学习农业种植操作及知识。范嘉茹[7]、王浩[8]及付娟[9]等人对此有相关论

[1]　钟敬文主编：《中国民俗史（汉魏卷）》，人民出版社，2008年，第291—302页。

[2]　范嘉茹：《两汉家庭教育研究》，河北大学硕士学位论文，2006年。

[3]　（汉）司马迁：《汉书》卷二三《刑法志》，中华书局，1959年，第1091页。

[4]　南阳市博物馆：《唐河针织厂汉画像石墓的发掘》，《文物》1973年第6期。

[5]　王子今：《汉代儿童生活》，三秦出版社，2012年，第69页。

[6]　王子今：《汉代儿童生活》，三秦出版社，2012年，第58页。

[7]　范嘉茹：《两汉家庭教育研究》，河北大学硕士学位论文，2006年。

[8]　王浩：《试论秦汉时期的农民职业教育及其现代意义》，《黑龙江农业工程职业学院学报》2008年第3期。

[9]　付娟：《汉代农业生产画像砖石所见儿童形象解读》，《农业考古》2017年第1期。

述。《管子·小框第十二》载："少而习焉，其心安焉，不见异物而迁焉。是故其父兄之教，不肃而成。其子弟之学，不劳而能。是故农之子常为农。"农业从事的劳动者同样注重对下一代的农事教育，即在幼儿时期便要求与父一同从事农业种植。纺织场景中有儿童参与观看的画面。就纺织而言，汉代上至贵妇、下至一般劳动妇女，大都会纺织，并且劳作时间较长，《汉书·食货志》"女工一月得四十五日"，时间之长亦是女工辛苦劳作的写照，汉代女子大多在很小的时候即学习纺织，纺织技艺亦是成为汉代社会评价妇女的一个重要标准[1]。因此，在汉画像中看到儿童参与农业劳作及在纺织场景中儿童观看纺织的图像可能是体现出注重对幼儿事农或纺织技艺的传授。男童参与播种、牵牛等农事活动，女童参与纺织，亦与"男耕女织"的传统的生活方式相对应。庄园经济的发展，使得庄园地主与农民之间贫富差距加大，而在画像石上刻画地主阶级场面宏大的宴饮、收租及农耕劳作图案，"是借以夸耀其地主庄园的富裕，拥有土地和依附农民众多"[2]的心理，同时画像侧面为我们展示的是以庄园地主阶级或贵族生活场景为主体的部分汉代儿童贫苦生活。

　　综上所述，两汉画像石中有许多画像有儿童形象存在，这些儿童形象一方面根据画像内容在画像中作用有所不同；另一方面这些图像为我们直接传达了古代社会中生者对死者的情感及"事死如生"丧葬观念的体现，又是当时政治、社会意识的真实折射。通过对画像石中儿童形象的画像图案进行分类，可以得知，汉代儿童是社会生活的重要成员，参与社会生活的多个方面。但是有相当一部分是历史故事中的儿童形象图案，其主要目的还是为了传达教化思想，体现的是上层社会人员对世人思想意识方面的约束。儿童参与劳作的画像则为我们传达的内容是多方面，例如儿童的家庭本身贫苦，使得儿童不得不参与劳作，或者是为了学习农业播种知识或技能，从幼儿时期即随从父母耕种等。除此之外，还有一部分涉及儿童形象的画像图案为我们展示的是当时社会日常生活中的儿童形象，有助于我们对两汉社会日常生活的了解。

　　[1]　刘霄：《汉代教育文化》，河南文艺出版社，2008年，第136页。
　　[2]　李发林：《山东汉画像石研究》，齐鲁书社，1982年，第22页。

浅谈考古学视角下的家庭教育

范嘉嘉

（邯郸市曲周县第一中学）

摘要：家庭教育是汉朝教育的一个重要形式，也是这一时期家庭生活的重要组成部分，其教育内容和方法也在一定程度上反映着汉朝的政治、经济和文化风貌。本文以现有的考古资料为基础，从教育的主要内容以及方法入手，勾勒出汉代家庭教育的基本状况，以期为汉代的社会生活提供参考和借鉴。

关键词：汉代；家庭；教育

家庭是社会结构最基本的单元，在中国古代传统的封建宗法制的渲染下，家庭成为社会生活发展最为鲜明的核心与写照。家庭不仅在经济上共享贫富，在政治生活中也是共担荣辱，因而古代社会都十分重视家庭的建设，在这种形势下家庭教育的重要性也在不断提高。关于汉代家庭教育的相关问题，不少研究已经有所涉及，如王文涛的《汉代家庭教育管见》[1]，房占红的《汉代家庭教育的特点及启示》[2]以及郝建红的《论汉代的家训》[3]等，但是关于此问题的考古学视角的专门研究并不多见。本文拟以现有的考古资料为基础，对两汉时期所反映的教育内容以及教育方法进行相关的分析和讨论，以期展现两汉时期家庭教育发展的基本状况。

一、家庭教育的主要内容

家庭教育是古代教育一个十分重要的形式，对个人的成长以及社会的发展有着较大的影响。这一阶段的家庭教育主要包括思想教育、知识教育以及实践教育三个方面。

---

[1] 王文涛：《汉代家庭教育管见》，《河北师范大学学报》教育科学版1999年第3期。

[2] 房占红：《汉代家庭教育的特点及启示》，《集美大学学报》教育科学版2006年第1期。

[3] 郝建红：《论汉代的家训》，《咸阳师范学院学报》2017年第1期。

（一）思想教育

随着汉朝的统一和大一统制度的确立，两汉时期的家庭教育有了进一步的发展。汉代家庭的巩固和建设，依托于家庭的思想教育。这一时期家庭的思想教育主要集中于孝道和忠义思想。

1. 孝道思想

"孝，礼之始也"[1]，中国古代历来重视孝道的教育和传播，孝道教育也成为一个家庭思想教育的基础。此外，汉初的统治者把孝悌作为一项重要的政策大力推行实施。《汉书·文帝本纪》中记载："十二年……孝悌，天下大顺也。"[2]汉武帝时期，这一政策得以进一步巩固和发展。《汉书·武帝本纪》中提到："元光元年冬十一月，初令郡国举孝廉各一人……"[3]通过孝廉推举的人不用通过考试，直接任用。这一制度在当时社会产生了十分重要的影响，并在一定程度上加深了每个家庭对于孝道教育的重视。在现有的考古资料中，有不少的画像石亦或是画像砖都反映了孝文化的内容，如乐山柿子湾东汉墓、泰安大汶口东汉画像石墓等，并且关于孝文化的图像也极为丰富。标本四川乐山市柿子湾崖墓B区M1享堂左壁图像绘有"董永侍父"的孝子故事，画面右侧有一人，左手执锄，右手执扇，应为董永，正给左侧树下鹿车上的老人扇风（图一）[4]。

图一　乐山市柿子湾崖墓B区M1董永侍父的形象

2. 忠义教育

忠义思想的教育也是汉代家庭教育的一个重要内容。"忠"即尽心为人办事，不分对上与对下；"义"即大义、公正、公道。战国时期以来，忠义思想一直为人们所

[1]　郑丹译注：《左传》，中华书局，2012年，第249页。

[2]　（汉）班固：《汉书》，中华书局，1962年，第23页。

[3]　（汉）班固：《汉书》，中华书局，1962年，第30页。

[4]　四川省文物考古研究院、乐山大佛风景名胜区管理委员会：《四川乐山市柿子湾崖墓B区M1调查简报》，《四川文物》2016年第5期。

推崇，随着汉武帝"罢黜百家，独尊儒术"，儒学所倡导的忠义思想不断深入人心，成为家庭思想教育的一个重要部分。汉画像石中有不少和忠义思想有关的图像，如荆轲刺秦、梁节姑姊、鲁义姑舍儿救侄等。四川乐山市柿子湾崖墓B区M1的门楣中绘有"荆轲刺秦王"的历史故事。图像正中有一柱将其分为两部分。最右侧有一人跪地，为秦舞阳；其左侧有两人，一人奋力向前是为荆轲，另一人将其拦腰截住，应为秦国兵士（图二，1）[1]。山东省嘉祥武梁祠出土的画像石中有七人，图像中央为梁节姑姊，右下角为兄长儿，主要描述了梁节姑冲入火场中想要救出兄长的儿子却误救出自己的儿子，于是跳入火海以示其诚的故事（图二，2）[2]。

1

2

图二　忠义思想

1.乐山市柿子湾崖墓B区M1的门楣荆轲刺秦王图像　2.山东济宁市嘉祥县武梁祠梁节姑姊画像

（二）家庭的知识教育

知识教育是家庭教育的核心内容，知识教育对于个人的成长、家庭的发展有着重要意义。在两汉时期经济发展推动下，书馆、书肆的数量逐渐增多，这给家庭的教育及个人的学习带来极大的便利。这一时期家庭的知识教育大体可以分为早期的蒙学教育、后期的经学教育以及家学传授三个方面。

[1]　四川省文物考古研究院、乐山大佛风景名胜区管理委员会：《四川乐山市柿子湾崖墓B区M1调查简报》，《四川文物》2016年第5期。

[2]　蒋英炬主编：《山东画像石》，《中国画像石全集2》，山东美术出版社，2000年。

1. 早期的蒙学教育

蒙学教育主要是指儿童的识字、习字教育。蒙学教育作为家庭知识教育的起点，是个人智力发展的关键。两汉社会十分重视儿童的启蒙教育，一些士族家庭常聘请有名望的教师到家里教导其家族的孩子，传授他们知识。王国维在《观堂集林》中对这一时期儿童的教材进行相关论述："其书用《苍颉》《凡将》《急就》《元尚》诸篇，其旨在使学童识字习字……"[1]这一时期的儿童除了学习基础的识字学习以外还要学习算数，《九章算术》是主要使用的教材之一。考古出土有不少的实物资料，如安徽阜阳县双古堆一号墓出土《苍颉篇》的残简、敦煌马圈湾汉代烽燧遗址出土《苍颉篇》《急救篇》的残简以及九章算术书等。标本安徽阜阳出土的阜阳汉简《苍颉篇》系竹简，包括《苍颉》《爰历》《博学》三篇，图三[2]为苍颉竹简的局部。

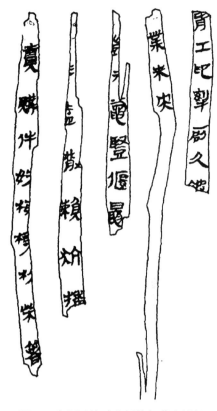

图三　阜阳汉简《苍颉篇》摹本局部

2. 后期的经学教育

两汉时期，研习经书成为一种风气。汉武帝时期"罢黜百家，独尊儒术"，并且推行"贤良文学"之举，公孙弘、董仲舒等儒生均由此举产生。《汉书·儒林传》中记载："自公孙弘以治《春秋》为丞相并封侯，天下学士靡然乡风矣。"[3]在这一制度的影响下，众多儒生通过学习经学成功入世，从而提高了家族声誉和家族地位，致使家庭对经学的教育日渐重视。

在家庭的经学教育中，父亲扮演相当重要的角色，研习的经书也主要为《论语》《春秋》等儒家经典，对此《汉书》中有较多记载。《汉书·刘向传》记载："刘向三子皆好学，长子伋，以《易》教授，官至郡守……"[4]此外，《汉书·王吉传》载："初，吉兼通《五经》，能为驺氏《春秋》，以《诗》《论语》教授，好梁丘

[1]　王国维：《观堂集林》，中华书局，1959年，第179页。

[2]　文物局古文献研究室、安徽省阜阳地区博物馆、阜阳汉简整理组：《阜阳汉简〈仓颉篇〉》，《文物》1983年第2期。

[3]　（汉）班固：《汉书》，中华书局，1962年，第2062页。

[4]　（汉）班固：《汉书》，中华书局，1962年，第1829页。

贺《易》，令子骏受焉。"[1]汉昭帝始元五年（公元前82年）正式下诏举"贤良文学"："其令三辅、太常举贤良各二人，郡国文学高第各一人。"[2]这一制度大大刺激了想要通经入世之人，也进一步推动了家庭对于经学的教育和发展。四川曾家包M2西扇门外绘有男女两人，左侧女子头挽高髻，广袖长服，成站立状，持镜；右侧男子头着帻，广袖长服，跪捧书卷（图四，1）[3]。山东费城县埭庄镇潘家庄出土的画像石中，两人佩剑相对而立，共执一简做阅读状（图四，2）[4]。

图四　捧经图

1.成都曾家包M2西扇门男子捧书画像　2.山东费城出土两人捧经图像

3. 家学传授

家学传授在两汉时期也较为常见。所谓的家学传授就是在家庭教育中代代相传的学说或知识。家学传授的内容也比较丰富，主要有经学、医学、律法及其他生活技能等。关于经学的教育，上文已进行相关讨论，在此不在过多赘述。

《汉书》中有不少关于"子传父业"的记载，如定国"少学法于父，父死，后定国亦为狱吏"[5]，张家山汉简《史律》中也有"史、卜子年十七岁学"[6]的记述，即史和卜的儿子十七岁时就要学习父亲的知识。除了家传律法还有家传医学，如楼护"父世医也，护少随父为医长安……"[7]，此外还有关于家传天文历法的记载，刘瑜"少好经学，尤善图谶、天文、历算之术……子琬，传瑜学，名占侯，能著灾异。"[8]

[1]　（汉）班固：《汉书》，中华书局，1962年，第1798页。
[2]　（汉）班固：《汉书》，中华书局，1962年，第2872页。
[3]　成都市文物管理处：《四川成都曾家包东汉画像砖石墓》，《文物》1981年第10期。
[4]　黄剑华：《从石刻画像看汉代对重儒兴教的崇尚》，《长江文明》2011年第1期。
[5]　（汉）班固：《汉书》，中华书局，1962年，第2843页。
[6]　李学勤：《试说张家山简〈史律〉》，《文物》2002年第4期。
[7]　（汉）班固：《汉书》，中华书局，1962年，第1096页。
[8]　郝建平：《论汉代的家庭教育》，《中国社会历史评论》2004年第2期。

有些家庭主要传授某一知识、学说，有些家庭还会传授生活技能。所谓的生活技能就是教育子孙独立、勤奋，有自主谋生的能力。在楚汉之争中富裕起来的宣曲任氏，在家里要求后辈"非田畜所生不衣食，公事不毕则不得饮酒食肉"[1]，目的是教育和培养子孙生活中要勤俭节约，做事情要勤奋努力。

（三）生产实践的教育

从家庭产生伊始，实践教育就是家庭教育的重要内容。生产实践教育是指在社会生活中，中小家庭（尤其是以农业、手工业和商业为生的家庭）的长辈往往会将其谋生的手段、经验和方法传授给后代，以期提高下一代的生存能力。

两汉时期主要为自给自足的小农经济，以农业为生的家庭常常将农作物种植、培育及收获的过程传授给下一代。《史记·高祖本纪》中有载："高祖为亭长时，常告归之田，吕后与两子居田中耨。"[2]汉画像石中也有不少大人和儿童一起劳作的景象，如江苏睢宁出土的牛耕图、陕西绥德出土的牛耕图等。此外，手工业者也会将其谋生的手段和方法传给子孙后代。赵翼在《廿二史札记》中有云："古人习一业，则累世相传，数十百年不坠。盖良冶之子必学为裘，良弓之子必学为箕，所谓世业也。"[3]两汉时期，商贾的数量有所发展，商人也会将其经商的经验传及子孙。《汉书·东方朔传》记载："……始偃与母卖珠为事……"[4]标本绥德四十铺画像石墓出土的牛耕图绘有两人，右侧一人一手扬鞭策牛，一手挽犁耕田，最左侧为一儿童，手伸进布袋掏种子，似为播种（图五）[5]。

图五　陕西绥德四十铺画像石墓出土的牛耕图

［1］　（汉）班固：《汉书》，中华书局，1962年，第1362页。

［2］　（汉）司马迁：《史记》，中华书局，2013年，第423页。

［3］　（清）赵翼撰，曹光甫校点：《廿二史札记》，上海古籍出版社，2011年，第616页。

［4］　（东汉）班固：《汉书》，中华书局，1962年，第1324页。

［5］　纪玉莲：《绥德东汉画像石概述》，《文物世界》2011年第4期。

二、家庭教育的方法

教育方法主要指在教育过程中采取的措施，以期增进教育效果，实现教育目的。教育方法的选择直接影响到教育效果的好坏，从而影响到家庭教育能否顺利进行。两汉时期家庭的教育方法主要有口头传授、亲身实践和书面教育三种。

（一）口头传授

口头传授是指将自己的理论以口头的方式传授给他人。在汉朝，这是一种较为常见的教育方法，在家庭的启蒙教育以及后期的经学教育中均多选择这一方式。随着察举制和"贤良文学"的不断推进，越来越多的儒生希望可以通经入世，以提高家庭地位。一些经济较为富裕的家庭常聘请有才学的教师来家中对家族的子孙进行教育。"范升字辩卿，代郡人也。少孤，依外家居。九岁通《论语》《孝经》，及长，习《梁丘易》《老子》，教授后生。"[1]"杨政字子行，京兆人也。少好学，从代郡范升受《梁丘易》"[2]对此，汉代画像石上有不少反映口头传授的景象。此外，有些家庭中有才学的父辈常常承担着教育下一代的重任，他们在教育子女的过程中也会选择这一方式。标本山东安丘董家庄出土的画像石，第四层主要刻有五人，一人盘腿而坐，身侧站有两名弟子，左侧有两人跪拜在地，描述了求学的景象（图六，1）[3]。山东邹城郭里出土的画像石描述了讲学的场景，画面中央为教师，身侧跪有两名弟子，其余五名在堂前听讲（图六，2）[4]。

（二）亲身实践

两汉时期的家庭教育非常重视实践教育，在教育的过程中往往会身体力行、亲自示范。此外，在日常生活的教育中，长辈往往需要以身作则，成为子女的行为处事的榜样。

日常生活中，父母是孩子"行走的教科书"，父母的一言一行对孩子来讲是最为形象、最为生动的教育。尹翁归公正廉洁"清洁自守，语不及私，然温良谦退，不以

[1]　（宋）范晔撰，（唐）李贤等注：《后汉书》，中华书局，2000年，第579页。

[2]　（宋）范晔撰，（唐）李贤等注：《后汉书》，中华书局，2000年，第624页。

[3]　黄剑华：《从石刻画像看汉代对重儒兴教的崇尚》，《长江文明》2011年第1期。

[4]　刘培桂、郑建芳、王彦：《邹城出土东汉画像石》，《文物》1994年第6期。

图六　讲学
1.山东安丘董家庄出土的求学画像石　2.山东邹城郭里出土的讲学画像石

行能骄人，甚得名誉于朝廷。"[1]在他的影响下"翁归三子皆为郡守。少子岑历位
九卿，至后将军。而闳孺应至广陵相，有治名。"[2]家庭教育中还注重子孙的实践
教育，常常教其生活技能和生活经验，这种情况下亲身实践的教育效果更好。汉代农
民家庭中，需要教育子女农业生产的经验和技巧，一般会同子女一同进行农业生产，
在农业种植的过程中手把手的教授子女相关内容，让其在耳濡目染的过程中掌握这一
技能。江苏睢宁双沟镇出土的画像石最下层描绘了一家人一起耕作的场景，图像中有
四人，最左侧为一人挽牛，其后有一人挑担；右二有一人扶犁耕耘，身后有一儿童在
播种（图七）[3]。可见，儿童是在长辈实践的过程中观摩、学习、探索并且掌握这
一技能。

[1]　（汉）班固：《汉书》，中华书局，1962年，第2068页。

[2]　（汉）班固：《汉书》，中华书局，1962年，第2069页。

[3]　孟祥勇：《斫雕为朴》，《美苑》2013年第6期。

图七　江苏睢宁双沟出土的牛耕图

（三）书面教育

　　书面教育主要是指长辈以书信、文章或诗词的形式来告诫下一代为人处事的原则和方法。书面教育自古便是教育的一种重要方式，两汉时期的家庭在教育的过程中也常常采用这一委婉的教育方式，以期后人可以容易接受，从而达到更好的教育效果。东方朔曾在《诫子》中谈到："明者处事，莫尚于中，优哉游哉，与道相从……圣人之道，一龙一蛇，形见神藏，与物变化，随时之宜，无有常家。"[1]他以短诗的形式来告诫子孙要秉持中庸的处世态度，做人做事都要把握好分寸。韦玄成在《戒子孙诗》中告诫后人："嗟我后人，命其靡常。靖享尔位，瞻仰靡荒……於戏后人，惟肃惟栗。无忝显祖，以蕃汉室。"[2]在这篇文章中，韦玄成以自身的经验教训来告诫子孙在朝堂之上要心怀敬畏，谨言慎行，不要有愧于显赫的祖先，要尽职尽责的藩卫汉室的安全。还有一些家庭以书面的形式将自己的遗训告知下一代，如何并在《先令书》中"告子恢，吾生素餐日久，死虽当得法赙，勿受。"[3]汉朝时期崇尚厚葬，这给有些家庭带来了严重的经济负担。何并这一行为除了将自己薄葬的遗志告诉后人，还意在告诉他们要养成节俭的行为作风。

[1]　沈德潜：《古诗源》卷二，中华书局，2006年，第21页。

[2]　郑振铎：《中国文学史》，中国文联出版社，2009年。第214页。

[3]　（汉）班固：《汉书》，中华书局，1962年，第3268页。

三、家庭教育所反映的汉代社会

在汉朝"事死如事生"这一观念的影响下，墓葬往往被看做是死后的另一个世界，所以墓葬的装饰大都参照人们生前的日常生活状态。汉画像石作为墓葬的重要装饰，较多反映墓主的生活方式或思想状况，鲜明的体现出这一时期的社会生活。

汉代通经入世制度的推行。随着大一统王朝的逐步形成和建立，其政治制度也在相应的发展和完善。汉武帝时期推行察举制，实行"举孝廉"和"贤良文学"之举，这在一定程度上扩大了选官的范围，让众多儒生看到希望。此外，汉武帝在董仲舒的建议下"独尊儒术"，又进一步推动了这一时期孝文化的传承，掀起了研习经学的浪潮。

家族观念的逐步增强。西汉中期以后，地方豪强以豪取强夺等方式占领了大量的土地和人口，这在一定程度上增强了世家大族的家族观念。各个家族为了继承和发扬其家族的显赫，愈发的重视对子孙后代的家庭教育。对于平民家庭来说，子孙入仕不仅可以提高其自身的地位，还是提高家庭的地位的唯一方法，所以平民的家庭对于后代的教育也相对重视。

纸的发明以及推广以及书馆、书肆的发展。纸的发明为两汉时期教育的发展提供了重要的物质基础。西汉时期已经有了用丝絮造的纸，东汉时期"蔡伦纸"的发明，不仅使用方便而且价格低廉，为这一时期家庭教育的发展提供了便利。此外，这一时期书馆、书肆的数量不断增加，大大方面了儒生的学习，进一步推动了家庭教育的发展。

四、结　语

随着家庭观念的不断深入，两汉时期已经形成了较为成熟的家庭教育体系。在孝文化和忠义思想的引导下，逐渐培养下一代的道德观念和精神素养。在对子孙进行蒙学、经学和家学教育的过程中，逐渐提高其文学素养和知识水平。为了达到教育的效果，长辈选用了口头教育、实践教育和书面教育相结合的方法，从而提高了教学水平。这一系列的家庭教育为后代的通经入世做了必要而基础的准备。此外，越来越多的儒生入仕，也使得更多的家庭看到了家庭教育的重要性，一定程度上又推动了家庭教育的完善和发展。

家庭教育是两汉时期人们日常生活的重要内容，相关的教育内容和教育方式与当时的政治制度、家庭观念的增强以及纸的发明等因素息息相关。家庭教育不仅是家庭教育的重要重要内容，也是两汉经济、政治、文化以及科学技术等方面的鲜明反映，是研究两汉社会不可缺少的重要方面。

两汉蹴鞠发展状况探讨

路灵玉

（南开大学历史学院中国史学系）

摘要：两汉时期是蹴鞠运动发展的一个重要时期，大一统王朝逐步确立，社会秩序相对稳定，民众的娱乐生活水平提高。蹴鞠运动在这一时期得到迅速推广，成为大众喜闻乐见的娱乐活动，并且演化出了不同用途。蹴鞠成为兵技，作为士兵锻炼身体、排兵布阵的训练之法。东汉时期更蹴鞠运动被引入宴饮娱乐活动，配合乐曲和舞蹈，成为两汉乐舞百戏的重要组成部分。两汉的蹴鞠游戏还继承了先秦以来的赌博功用。两汉时期蹴鞠运动的游戏形式的更加多样、游戏规则更加完善，参与人员也更加丰富。这一时期蹴鞠运动的蓬勃发展，也为唐宋时期蹴鞠游戏的兴盛奠定了基础。

关键词：蹴鞠；练兵；乐舞百戏

"蹴鞠"，亦作"蹋鞠""蹴圆"，早在战国时期就在齐地临淄流行开来，是中国古代社会一项重要的娱乐运动。两汉时期是蹴鞠运动发展的一个重要时期。蹴鞠运动不仅为庶民百姓所喜，还得到统治阶层的追捧，进而衍生出不同的用途。

一、全民喜爱的游戏

"蹋鞠"，最早在《战国策·齐策》中就有记载："临淄甚富而实，其民无不吹竽、鼓瑟、弹琴、击筑、斗鸡、走狗、六博、蹋鞠者。"[1]汉初，接秦之弊，约法省禁，轻徭薄赋，与民休息，社会氛围相对宽松。曾在战国流行一时的蹴鞠在汉初再度受到欢迎。蹴鞠游戏已不只在民间流行，也得到王宫贵族的推崇。

西汉名医淳于意曾为公乘项处诊病：

> 太仓公者，齐太仓长，临菑人也，姓淳于氏，名意。少而喜医方术。……安陵坂里公乘项处病，臣意诊脉，曰：'牡疝。'牡疝在鬲下，上连肺。病得之内。臣意谓之：'慎毋为劳力事，为劳力事则必呕血死。'处后蹴踘，要蹶寒，汗出多，即呕血。臣意复诊之，曰：'当旦日日夕死。'即死。[2]

---

[1]　（西汉）刘向集录：《战国策》卷八《齐策一》，上海古籍出版社，1985年，第338页。

[2]　（汉）司马迁：《史记》卷一〇五《扁鹊仓公传》，中华书局，1963年，第2812页。

公乘项处带病蹴鞠，虽有不遵医嘱之嫌，却实是痴迷于蹴鞠不得自拔，最终命丧于此。项处也是有记载以来第一位堪称疯狂的球迷。

《西京杂记》中有汉高祖筑新丰以迎太公一事。刘太公居深宫，宫戒森严，不得斗鸡蹴鞠，一展平生所好，因此郁郁寡欢。刘邦就筑新丰来安置刘太公："太上皇徙长安居深宫，凄怆不乐。高祖窃因左右问其故。以平生所好皆屠贩少年，酤酒卖饼，斗鸡蹴踘，以此为欢。今皆无此，故以不乐。高祖乃作新丰，移诸故人实之。"[1]

《西京杂记》中除了刘太公好蹴鞠之外，还有成帝好蹴鞠，刘歆献弹棋之事。"成帝好蹴鞠，群臣以蹴踘为劳体，非至尊所宜。帝曰朕好之，可择似而不劳者奏之。家君作弹棋以献。"[2]两汉时期蹴鞠游戏在宫廷内流行，宫室之中甚至常设鞠室。《汉书·外戚传》："太后遂断戚夫人手足，去眼，熏耳，饮喑药，使居鞠域中，名曰人彘。"[3]戚夫人就是被关押于鞠域。东汉宫室中也有常设的鞠室。陆机的《鞠歌行》序中有"《汉宫阁》有含章鞠室，灵芝鞠室"[4]之言。

庶民百姓"康庄驰逐、穷巷蹋鞠"[5]，"贵人之家"则"隆豺鼎力，蹋鞠斗鸡"[6]。蹴鞠游戏在两汉时期，都是一项重要的娱乐活动，无士庶之别，自皇帝至庶民，无不喜爱。

二、练兵之法

两汉时期是蹴鞠运动得到极快发展的一个阶段，上至王公贵族，下至平民百姓，都热衷参与。也正是参与人员的增多，使得蹴鞠运动在这一时期衍生发展出更多的游戏形式。蹴鞠作为一项可以多人参与、团体作战的游戏，也在军队中流行，成为一种训练士兵的方法。

"蹴鞠者，兵势也，所以练武士、知有才也。令军事无事，得使蹴鞠。"[7]蹴鞠是一种冲击性、对抗性较强的游戏，可以使士兵进行奔跑、跳跃、摔跤等运动练习，在非战时保持良好的身体素质。而且，军队中进行的蹴鞠是一种团体游戏，往往需要士兵的集体配合，这显然也是培养士兵默契、练习排兵布阵的好方法。"蹋鞠，其法

[1] （晋）葛洪撰，周天游校注：《西京杂记》卷二，三秦出版社，2006年，第88页。
[2] （晋）葛洪撰，周天游校注：《西京杂记》卷二，三秦出版社，2006年，第104页。
[3] （汉）班固：《汉书》卷三《高后纪》，中华书局，1964年，第103页。
[4] （西晋）陆机：《鞠歌行》，《乐府诗集》卷三三《相和歌辞八》，《四部备要》，中华书局据武昌刻本校刊，1979年，第171页。
[5] 桓宽撰，张之象注：《盐铁论》卷七《国疾》，上海古籍出版社，1990年，第98页。
[6] 桓宽撰，张之象注：《盐铁论》卷二《刺权第九》，上海古籍出版社，1990年，第33页。
[7] （宋）李昉等：《太平御览》卷七五四《别录》，中华书局，1960年，第3349页。

律多微意，皆因嬉戏以讲练士，至今军士羽林无事，使得踏鞠。"[1]《汉书·艺文志》中所录得《蹴鞠》二十五篇也归入"兵技巧十三家"中。由此推测，两汉时期，蹴鞠是一种重要的练兵之法，不仅在军队中推广且普遍，而且有系统成文的练习方法。但蹴鞠在军队中的推广，也是一个过程。尚未在春秋战国至西汉初年的文献和出土实物中找到蹴鞠作为练兵之法的记载。所以，在这个时期，蹴鞠很可能还未在军队中得以推广。

《史记·卫将军骠骑列传》记中有霍去病带兵蹴鞠的事迹。

> 去病为人少言不泄，有气敢往。……然少而侍中，贵不省士。其从军，上为遣太官赍数十乘，既还，重车余弃粱肉，而士有饥者。其在塞外，卒乏粮，或不能自振，而去病尚穿域蹋鞠也。事多此类。[2]

这段材料在前文也曾提及，有学者将"其在塞外，卒乏粮，或不能自振，而去病尚穿域蹋鞠也"解释为霍去病在士兵缺食疲乏之时以蹴鞠振奋士气。但太史公此处提及实为批评他少年得重，而"不省士"。在太史公看来，霍去病"有气敢往"，得武帝喜爱，却不顾士兵饥渴，抛弃粱肉，不顾士兵疲乏，仍然蹴鞠取乐。汉初蹴鞠游戏在权贵阶层也十分流行，霍去病作为正值壮年的新贵，自然不会不喜欢。但他不恤士兵，此处的"穿域蹋鞠"只是军中无事闲时取乐而已。依太史公语气来看，尽管蹴鞠风靡一时，此时仍然是只一种娱乐活动，并非军队中的常规军事训练。否则，将在外，士兵"不能自振"，以蹴鞠备战，训练士兵，应该是合乎情理的。经历了汉初的休养生息之后，武帝时期又存在对外战争的军事需要，尚武之风兴起。对抗性强、能够突出展现个人勇武之姿的蹴鞠游戏也不再只是单纯的娱乐活动，甚至逐渐成为武人自荐的一种方式。武帝"常从游戏北宫，驰逐平乐，观鸡鞠之会，角狗马之足"[3]，又有"设御坐於鞠域，观奇材之曜晖"[4]之说。蹴鞠游戏逐渐为时人所重，由汉初单纯的游戏娱乐活动分流，演变出用于训练体能，排兵布阵的军事训练活动，并成为武人一项常规的武备技能。

在《后汉书·礼仪志》中有一段材料：

> 立秋之日，白郊礼毕，始扬威武，斩牲于郊东门，以荐陵庙。……牲以鹿麛。太宰令、谒者各一人，载以获车，驰送陵庙。于是乘舆还宫，遣使者

[1]　（汉）刘歆：《七略》，《昭明文选》卷一一《何平叔景福殿赋》，上海古籍出版社，1986年，第538页。
[2]　（汉）司马迁：《史记》卷一一一《卫将军骠骑列传》，中华书局，1963年，第2939页。
[3]　（汉）司马迁：《史记》卷八《高祖本纪》，中华书局，1963年，第382页。
[4]　（汉）司马迁：《汉书》卷六五《东方朔传》，中华书局，1964年，第2855页。

赉束帛以赐武官。武官肄兵，习战阵之仪、斩牲之礼，名曰貙刘。兵、官皆肄孙、吴兵法六十四阵，名曰乘之。[1]

书此处收录一注，"《月令》，孟冬天子讲武，习射御，角力。"卢植又注《月令》此处，曰："角力，如汉家乘之，引关（阈）蹋鞠之属也。"[2]乘之是立秋之日耀武祀祖的一项重要典礼，环节繁复，除太宰令、谒者各一人，主要参与者是武官和士兵。东汉卢植则在《月令》注中提及，乘之大典还有"引关（阈）蹋鞠"[3]。无论"關"或"閾"，东汉时期，立秋之日举行的以耀武练兵为祭祀内容的千乘大典，包含有蹴鞠这一项活动，说明在东汉时期，蹴鞠成为军队中常见练兵之法。

东汉末年，战乱渐起，好武兴兵之风又起。"三国鼎峙，年兴金革，上以弓马为务，家以蹴鞠为学。"[4]虽与武帝时期着重对匈作战不同，但养兵求将之势颇为类似，可以练兵布阵的蹴鞠游戏再度兴起。

三、乐舞百戏中的蹴鞠表演

"敬其所尊，爱其所亲，事死如事生，事亡如事存，孝之至也"[5]爱其亲，则尊其好。中国的丧葬精神就是"以生者饰死者也"。秦汉时期的丧葬礼俗尤为遵循这一点。因而在营造先人墓葬时，无论地上、地下的礼制建筑或是墓室随葬品的选择都有意贴近墓主人生前的喜好和习惯。作为丧葬建筑的重要组成部分，汉画像石是墓主人自己或两汉时人风俗、信仰、习惯的集中体现。汉画像石中有许多描绘蹴鞠舞蹈动作的图像。这些图像多是乐舞百戏主题图像中的重要组成部分，与之组合的多是执桴击鼓的乐人或是跽坐的观者。因此，可以推断，东汉时期蹴鞠游戏衍生出一种与音乐节奏、舞蹈动作结合的蹴鞠表演。

笔者搜集整理了已公开刊布的汉代画像石中与蹴鞠表演有关的画像石图像（见附表），共计24块[6]。就这些资料来看，画像石中的蹴鞠图像依据其具体舞蹈动作主要

[1] （宋）范晔撰，（唐）李贤等注：《后汉书》卷八九，中华书局，1973年，第3123页。
[2] （宋）范晔撰，（唐）李贤等注：《后汉书》卷八九，中华书局，1973年，第3123页。
[3] （宋）范晔撰，（唐）李贤等注：《后汉书》卷七八，中华书局，1973年，第2680页。
[4] （唐）房玄龄等：《晋书》卷五〇《列传二十》，中华书局，1974年，第1378页。
[5] 王国轩译注：《大学·中庸》，中华书局，2006年，第90页。
[6] 刘朴先生在《蹴鞠汉画像石分类分步研究》和《对汉画像石蹴鞠活动的研究》两文中整理了24块画像石的尺寸、来源、出处等基本资料。本表在此基础上，删掉了依图表中出处未曾找到的图像1块，又增加了《汉画总录》《中国汉画像石全集》《临沂画像石》《洛阳画像石》《南阳画像石》《南阳画像石续》等图录，以及《文物》《考古》《考古与文物》《中原文物》等期刊杂志中发现的与蹴鞠图像有关的汉画像石。

有四类：击建鼓蹴鞠、击悬鼓蹴鞠、甩袖蹴鞠、展臂蹴鞠。这其中，击建鼓蹴鞠的画像石图像，特征最为明显，一共有8块。

　　击建鼓蹴鞠是以舞者之间树建鼓为标志。《隋书·音乐志》有言："建鼓，夏后氏加足，谓之足鼓。殷人柱贯之，谓之楹鼓。……近代相承，植而贯之，谓之建鼓"[1]画像石中的建鼓为圆形，以一杆为支柱，插于鼓座，鼓座一般有兽首做装饰，有些建鼓上还插有一层至多层羽葆作为装饰。击建鼓蹴鞠有两类：一类是比较完整的版本，一般有两位舞者相对而舞，建鼓立于舞者之间，鼓上有羽葆。舞者或双手执枹击鼓，伴乐作舞（图一）；或一人执枹击鼓，一人长袖作舞（图二）。舞者足尖或膝上，有一鞠球，表现其落地或腾空之状。另一类是对这一组合图像简化，比如简化建鼓的装饰、除却鼓上羽葆（图三），或者舞者双手缩于袖间而以长袖击鼓作舞（图四）。

图一　河南南阳王寨汉墓出土，东汉

　　第二类击悬鼓蹴鞠。通常所谓"悬鼓"，有其固定指代，是指鼓型扁平，鼓身侧置，可两面敲击，大多悬挂于鼓架上的一种鼓的形制，如江陵天星观1号楚墓出土者（图五）。本文此处用"悬鼓蹴鞠"来表述，非指上述特定形制的悬鼓，而只是指其鼓侧并无支架的形式，这也可能是石刻简化或地区流行风格所致。绘有击悬鼓蹴鞠图像的画像石共有3块，其中两块出土于陕西绥德，一块发现于陕西神木。这三块画像石中的蹴鞠图像都是两舞者相对而立，双手执枹或巾，作敲击状。两舞者中间，与胸齐高处有一圆形大鼓，鼓四周并无着力点。舞者足下有数量不等的鞠球，鞠球直径小于鼓面直径（图六）。绥德发现的另一块击悬鼓蹴鞠的图像也是两人相对击枹，脚下只有1鞠球（图七）。神木发现的那块画像石中，两舞者也是执枹击鼓，脚下则各有10枚

---

[1]　（唐）魏徵等：《隋书》卷一五《音乐志》，中华书局，1973年，第376页。

图二 河南南阳出土，东汉

图三 山东滕州出土，东汉

图四 河南南阳出土，东汉

鞠球，鼓身略小，鼓面与球面大小相近（图八）。

　　描绘击悬鼓而舞的3块画像石，出土地点相近，都是在陕西；绘画风格相似，击鼓者都是双手执枹，身后有一舞者，手臂伸展，足部踢踏，发髻后甩。与击建鼓蹴鞠图像相比，击悬鼓蹴鞠的图像，鼓身并无其他装饰，造型简略，也应与陕西地区流行的石刻绘画风格有关。

　　刻绘长袖蹴鞠的画像石共有8块，也依照人数分单人和双人。单人表演者长袖飞扬，足尖一鞠球（图九）；或是球在身后，反身后踢（图一〇）；或是舞跳向前，球在身后（图一一）；又或是同时踢踏两球（图一二）。双人舞者相对而舞，足尖有一鞠球（图一三）。

　　长袖蹴鞠图像中的舞者不再执物，上身仅靠手臂带动长袖作翩翩舞姿，下身配合足部专注控球。与蹴鞠者组合的其他人像，或是一同长袖舞蹈，或是奏乐，或是仅作观者。在这些刻画长袖蹴鞠的画像石中，蹴鞠表演是整副画像的"画眼"，它不再仅是乐舞百戏中的一个构成部分。

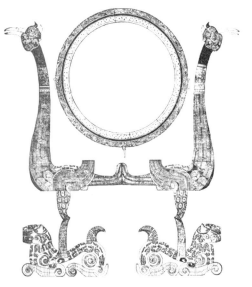

图五　江陵天星观1号楚墓出土凤鸟悬鼓
及鼓槌，战国

图六　陕西绥德出土，东汉

图七　陕西绥德出土，东汉

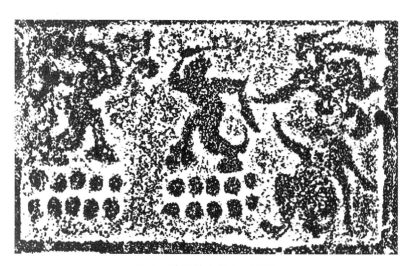

图八　陕西神木出土，东汉

图九　河南嵩山出土，东汉

图一〇　河南南阳草店汉墓出土，东汉

图一一　河南南阳邓州市元庄梁寨墓出土，东汉

图一二　河南南阳石桥东关，东汉

图一三　河南方城出土，东汉

第三类是展臂蹴鞠。舞者伸展手臂，2枚鞠球在手腕处，展臂没有与足部直接接触，球始终在手臂上。但是根据图像描绘的情景来看，执鞠者脚步迈开，似在跑跳，两手各持一球，跳跃舞蹈，很有可能是与足部动作配合。因此，此处也将其收录，单独分为一类。展臂蹴鞠共有5块，全部发现于河南南阳陈棚彩绘墓，依照图中表演者的面部装饰不同，分为两类。第一类展臂蹴鞠图像中，图中表演者五官刻画清晰，手臂伸展或斜张，并利用手臂上下摆动时高低的变化使球滑动，配合身体各部位进行的舞蹈动作（图一四）。另一类图像中，表演者则头戴面具，双臂上也是各有一枚鞠球，似在逗引一动物或配合另一头戴面具的舞者表演（图一五、图一六）。

汉画像石中的蹴鞠图像，比如击建鼓而舞、击悬鼓而舞两类，都是作为乐舞百戏的一部分呈现在画像石中，与其他表演者、伴奏者、伴舞者，或与观众一同组合出现。说明这一时期，以蹴鞠为题材的舞蹈表演，已经成为乐舞百戏中的固定表演形式。除却配合鼓、兽类的蹴鞠表演外，单纯以蹴鞠表演为主题的画像石图像数量也不少，说明蹴鞠表演作为蹴鞠运动的一个成熟的衍生形式，内容完整，有与之配合的乐曲和伴舞。并且，常有单人蹴鞠舞蹈，配合以观众的组合图案，说明这种表演也深受观者喜爱。在河南、山东、陕西、江苏的画像石中均已出现蹴鞠表演，说明蹴鞠游戏

图一四　河南南阳陈棚彩绘汉墓出土，东汉

图一五　河南南阳陈棚彩绘汉墓出土，东汉

图一六　河南南阳陈棚彩绘汉墓出土，东汉

本身普及度较广。以蹴鞠为主题的汉画像石的广泛出现，本身也说明在尊崇"事死如生"观念的两汉时期，蹴鞠运动成为时人日常生活的重要娱乐方式。

四、博戏的游戏形式

在两汉时期，蹴鞠作为博戏的娱乐功能也到到继承和发展。

所谓"博戏"，诚然也是游戏的一种，它以各种游戏譬如六博、斗鸡等游戏的胜负来决定参与者事先下注钱物的归属。有关博戏的传世文献记载，可以追溯到殷商时期。《史记·殷本纪》载："帝武乙无道，为偶人，谓之天神。与之博，令人为行。天神不胜，乃谬辱之。"[1]《穆天子传》也有"（穆王）北入于邴，与井公博，三日而决"[2]的故事。蹴鞠是球类游戏的一种，但博戏中的蹴鞠则是参与者亲身上阵或是根据其他专业赛者的表现来下注，以确定钱、物的归属。

无论是在《战国策》还是《史记》中，蹴鞠一词都是与六博并列出现。"临淄甚富而实，其民无不吹芋、鼓瑟、弹琴、击筑、斗鸡、走狗、六博、蹴鞠者。"此句用词排列严谨工整，芋、瑟、琴、筑皆是乐器，表现临淄人生活富庶、礼乐兴盛；斗鸡、走狗、六博皆是战国时常见的娱乐方式，其中斗鸡、六博皆是博戏的一种。从其遣词造句方式来看，蹴鞠有为博戏之可能。

西汉桓宽的《盐铁论·刺权第九》中曾有"贵人之家……临渊钓鱼，放犬走兔，隆豺鼎力，蹋鞠斗鸡。"[3]其中"隆豺鼎力"一语，常有争议。《汉语大词典》中引"隆豺鼎力，蹋鞠斗鸡"，将"鼎力"一词解释为"举鼎比力"[4]。《盐铁论》中此处为汉武帝时贤良文学之士指责权贵之家手握盐铁、酒榷、均输大权，富比王侯，穷奢极欲的生活，举鼎比力的解释较为合适。"隆豺"之意争议颇多。《盐铁论译

[1]　（汉）司马迁：《史记》卷三《殷本纪》，中华书局，1963年，第104页。

[2]　《穆天子传》卷五，中华书局，1985年，第29页。

[3]　桓宽撰，张之象注：《盐铁论》卷二《刺权第九》，上海古籍出版社，1990年，第33页。

[4]　罗竹风主编：《汉语大词典》，汉语大词典出版社，1986年，第18116页。

注》[1]、《盐铁论新注》[2]和《盐铁论简注》[3]中，都认为"隆"应当为"降"，"降豺"意为降服野兽。王利器在《盐铁论校注》中考证"隆"通"閧"，有喧闹之意。"豺"则通"材"，技能也。"隆豺"即"閧材"，"好斗之才的意思"[4]。但是笔者以为，将"隆"解释为增高更贴近其本义，即使之成长变大之意。比如《战国策·齐策一》中有"失齐，虽隆薛之城至于天，犹之无益也。"[5]《汉书·王莽传》中亦有"臣莽夙夜养育隆就孺子。"颜师古注"隆，长也。成就之使其长大也。"[6]此处"隆豺"则意为使野兽长大；"鼎力"意为举鼎比力。结合此处词性组合，"隆"与"鼎"皆动词，"隆豺鼎力"就可释义为贵人之家饲养牲畜，积蓄财富，以为蹴鞠赌博之用。以蹴鞠比赛的胜负结果作为赌注归属的依据，就是蹴鞠作为战国至秦汉时期赌博方式的游戏规则。常作为赌注的除了钱币，应当还有牲畜等财物。《盐铁论》中此处就是指贵人之家，钓鱼、走狗、打猎，豢养牲畜用以斗鸡、蹴鞠的赌博之戏。而且，蹴鞠曾在战国时商业大都会——临淄流行，齐地临淄又赌风盛行。《庄子·外篇·达生》中有纪渻子为齐王驯养斗鸡以赌博取乐，以及齐威王时田忌赛马的故事。《战国策·齐策》提的"六博蹴鞠"则发生在齐宣王（齐威王之子）时，赌风亦盛。在赌戏盛行的齐地临淄，蹴鞠作为一项十分流行的球类运动，演为赌博游戏方式的一种，也再自然不过。

　　《汉书·外戚传》中有："太后遂断戚夫人手足，去眼熏耳，饮暗药，使居鞠域中，名曰人彘。"[7]《史记·吕太后本纪》中关于这段故事的记载略有不同："太后遂断戚夫人手足，去眼，煇耳，饮瘖药，使居厕中，命曰'人彘'。"[8]两书记载的主要的不同在于，《汉书》作"使居鞠域中"，而《史记》中则作"使居厕中"。为何有此改动？通常观点都是更为赞成《史记》中"使居厕中"的说法，因为汉代"彘"与"厕"有密切的联系。《汉书·武五子传》中有"厕中豕群出，坏大官灶"[9]，颜师古有注："厕，养豕圈也。"在《史记·酷吏列传》中，景帝时去上林

---

　　[1]　北京钢铁学院冶金系工农兵学员：《〈盐铁论〉译注》，冶金工业出版社，1975年，第84页。

　　[2]　盐铁论注释组：《〈盐铁论〉新注》，辽宁人民出版社，1975年，第58页。

　　[3]　马非百译注《盐铁论简注》，中华书局，1984年，第70页。

　　[4]　王利器校注：《盐铁论校注》，中华书局，1992年，第126页。

　　[5]　（西汉）刘向集录：《战国策》卷八《齐策一》，上海古籍出版社，1985年，第338页。

　　[6]　（汉）班固：《汉书》卷九九《王莽传》，中华书局，1964年，第4049页。

　　[7]　（汉）班固：《汉书》卷六七《武五子传》，中华书局，1964年，第3933页。

　　[8]　（汉）司马迁：《史记》卷九《吕太后本纪》，中华书局，1963年，第397页。

　　[9]　（汉）班固：《汉书》卷六三《武五子传》，中华书局，1964年，第3933页。

苑狩猎，"贾姬如厕，野彘卒入厕"[1]。从中可推断，汉时普遍厕中养猪。因此，"人彘"便好理解了。所以传统观点都以为《汉书》中将"厕"换成"鞠域"难以解释，班固此处修改不得当。

但是，班固曾任兰台令史，几乎能查询、掌握所有皇室档案、典籍，在治《汉书》时的改动应当是极为审慎的。正如赵翼《廿二史札记》所云："一代修史，必备众家记载，兼考互订，而后笔之于书。观各史《艺文志》，所载各朝文士著述，有关史事者，何啻数十百种。当修史时，自必尽取之。彼此校核，然后审定去取。其所不取者，必其记事本不确实，故弃之。"对于班固《汉书》与《史记》所载不同的原因，他认为，"即如班固作《汉书》，距司马迁不过百余年，其时著述家岂无别有记载？倘迁有错误，固自当据以改正。乃今以《汉书》比对，武帝以前，如《高祖纪》及《诸王侯年表》、诸臣《列传》，多与《史记》同。并有全用《史记》文，一字不改者。然后知正史之未可轻议也。"[2]此处改动也正是如此。

鞠域，通常理解为蹴鞠之域。颜师古注："鞠域，如蹴鞠之域，谓窟室也。"[3]《礼记·礼运》中有："昔者先王未有宫室，冬则居营窟，夏则居橧巢。"[4]孔颖达注："地高则穴于地，地下则穴于地上，谓于地上垒土而为窟。"由此可见，所谓窟室，则是平地垒土营造的屋子。霍去病塞外蹴鞠中曾言"去病尚穿域蹴鞠"，即在塞外，无专门的鞠域，则掘地建鞠室。《艺文类聚》收录有东汉李尤的《鞠城铭》，其中有云："圆鞠方墙，放象阴阳。法月衡对，二六相当。"[5]"圆鞠方墙，放象阴阳"，所指应当是鞠球为圆形，而蹴鞠的场地上立有方墙围成的鞠室，符合天圆地方之意。由此可见，鞠域与鞠室，本是异字同义，即蹴鞠所用的地上垒成的方形小屋。将戚夫人关于小屋，又为何解？蹴鞠最初为一博戏，以蹴鞠胜负判定下注财物的归属，其游戏方式类似斗鸡之属，而作为赌注的牲畜等则与斗鸡的赛前存放地类似。在比赛时，就将钱物、牲畜或其他可作为赌注的物品存于鞠室，待球进，判定输赢，再从鞠室中取出。彘，猪也，一直是一种重要的牲畜，秦汉时期也是一种珍贵的食材，更是一种财富的象征。将戚夫人关于如蹴鞠之域的窟室，如同蹴鞠之时关押的鸡豚狗彘，所以谓"人彘"。

传统解释中"人彘"有贬低羞辱戚夫人之意，然此字虽不文雅，却也绝非恶语。汉武帝刘彻就曾用名刘彘。因此，囚禁戚夫人于鞠域，则称其为"人彘"也就可以解

[1] （汉）司马迁：《史记》卷一二二《酷吏列传》，中华书局，1963年，第3132页。
[2] （清）赵翼著，王树民校证：《廿二史札记校证》（订补本），中华书局，2013年，第14页。
[3] 《礼记》，《汉魏古注十三经》，中华书局，1998年，第58页。
[4] 《礼记》，《汉魏古注十三经》，中华书局，1998年，第59页。
[5] （唐）欧阳询撰，汪绍楹校：《艺文类聚》，中华书局，1965年，第970页。

释了。

现存的关于蹴鞠的最早文献记载，是马王堆汉墓中发现的帛书《十大经·正乱》，其中有"充其胃以为鞠（鞠），使人执之，多中者赏。"[1]在黄帝战蚩尤的神话传说中，鞠球最早是以手执之，令手下士兵"中"，然后"赏"。无论是踢中、射中抑或是投中，最终中者，得赏。在蹴鞠起源故事最早的版本中，鞠球游戏就伴有中者得赏的物质奖励。且不去考虑如何得"中"，参与求"赏"的士兵，在轮番或是争抢中球时，就伴随有赌博冒险一试的意味。

表一　汉画像石中的蹴鞠图像统计表

序号	出土地点	尺寸（厘米）	图像内容	来源出处
1	河南南阳	165×40	图中两舞者相对而舞，中间有建鼓。足下共有鞠球4枚	《汉画总录》第六册《绥德》，广西师范大学出版社，2012年，第246页
2	河南南阳草店汉墓	168×42	图中右侧一舞者，梳三髻，表演长袖舞，足下有鞠球1枚	《汉画总录》第十二册《南阳》，广西师范大学出版社，2012年，第96—98页
3	河南南阳草店汉墓	137×43	图中两人相对而立，中有一建鼓，两人执桴击鼓，鼓上有羽葆，鼓座为双头兽。建鼓左侧舞者足尖1鞠球	《汉画总录》第十二册《南阳》，广西师范大学出版社，2012年，第99—101页
4	河南南阳王寨汉墓	157×41	图中两人相对而立，中有一建鼓，鼓上有羽葆。两人双手执桴击鼓，足尖各有1鞠球	《汉画总录》第十五册《南阳》，广西师范大学出版社，2012年，第151—153页。
5	河南南阳陈棚彩绘墓	163×42	图中三位舞者每人手持二鞠球，做蹴鞠舞蹈	蒋宏杰、赫玉建、刘小兵、鞠辉：《河南南阳陈棚汉代彩绘画像石墓》，《考古学报》2007年第2期
6	河南南阳陈棚彩绘墓	145×43	图中两位舞者相对而舞，每人手持2鞠球，做蹴鞠舞蹈	蒋宏杰、赫玉建、刘小兵、鞠辉：《河南南阳陈棚汉代彩绘画像石墓》，《考古学报》2007年第2期
7	河南南阳陈棚彩绘墓	175×40	图中间一位舞者长袖作舞，手下有1鞠球	蒋宏杰、赫玉建、刘小兵、鞠辉：《河南南阳陈棚汉代彩绘画像石墓》，《考古学报》2007年第2期
8	河南南阳陈棚彩绘墓	43×134	图中舞者两肩持平，其上各有1鞠球，左侧有一神兽，似虎	蒋宏杰、赫玉建、刘小兵、鞠辉：《河南南阳陈棚汉代彩绘画像石墓》，《考古学报》2007年第2期

---

[1]　湖南省博物馆、湖南省文物考古研究所：《长沙马王堆二、三号汉墓发掘简报》，《文物》1974年第7期。

序号	出土地点	尺寸（厘米）	图像内容	来源出处
9	河南南阳陈棚彩绘墓	166×40	图中左侧者头戴面具，左侧者半跪，双手持平，双臂各有1鞠球	蒋宏杰、赫玉建、刘小兵、鞠辉：《河南南阳陈棚汉代彩绘画像石墓》，《考古学报》2007年第2期
10	河南南阳陈棚彩绘墓	136×42	图中左侧者头戴面具，手臂斜长，右手持一棍状物，左手手腕处有1鞠球	蒋宏杰、赫玉建、刘小兵、鞠辉：《河南南阳陈棚汉代彩绘画像石墓》，《考古学报》2007年第2期
11	河南南阳邓州市元庄梁寨墓	26×106	图中左侧二人伴奏，右侧舞者伸臂舞蹈，脚下有1鞠球	《汉画总录》第十七册《南阳》，广西师范大学出版社，2012年，第36、37页
12	河南南阳市赵寨砖瓦厂	161×42	图中左侧二者为乐人伴奏，中间舞者右手执一长棍状物，脚下有1鞠球	《汉画总录》第十九册《南阳》，广西师范大学出版社，2012年，第46、47页
13	河南南阳石桥东关	167×41	图中左侧二舞者相对而立，长袖舞蹈，中有建鼓，顶有羽葆，左侧鞠球在膝上，右侧鞠球在足尖	《汉画总录》第二十册《南阳》，广西师范大学出版社，2012年，第72—74页
14	河南南阳石桥东关	144×41	图中最右侧舞者长袖舞，脚下有2鞠球	《汉画总录》第二十册《南阳》，广西师范大学出版社，2012年，第75—77页
15	河南南阳百里奚	1469×40	图中左侧似有一建鼓，半残，左侧舞者似双手持桴击鼓，足尖有1鞠球	《汉画总录》第二十册《南阳》，广西师范大学出版社，2012年，第108—109页
16	河南嵩山	396×212	图中最右侧舞者长袖伸展而舞，足尖有鞠球	《河南汉画像石》，《中国画像石全集6》，山东美术出版社、河南美术出版社，2000年，第167页
17	河南方城	170×90	图中间一格两舞者相对而舞，右侧舞者足尖有1鞠球	《河南汉画像石》，《中国画像石全集6》，山东美术出版社、河南美术出版社，2000年，第33页
18	江苏徐州	116×105	图中从上至下分四格，第三格中，从右往左第二个舞者手舞5球，足尖1鞠球	徐州博物馆：《江苏徐州大庙晋汉画像石墓》，《文物》2003年第4期
19	江苏睢宁	100×191	图中右侧一人长袖伸展，足尖有1鞠球	仝泽荣：《江苏睢宁墓山汉画像石墓》，《文物》1997年第9期

续表

序号	出土地点	尺寸（厘米）	图像内容	来源出处
20	山东滕州	82×83	图中上侧两舞者单手倒立，各用头弹1鞠球。其下侧两人相对而立，中间有一建鼓，两人膝上有1鞠球	《山东汉画像石》，《中国画像石全集2》，山东美术出版社、河南美术出版社，2000年，第216页
21	山东滕州	97×94	图中两人相对而舞，中有建鼓，鼓上有装饰，足尖各有1鞠球	《山东汉画像石》，《中国画像石全集2》，山东美术出版社、河南美术出版社，2000年，第216页
22	陕西绥德	不详	图中从左往右第4、5位的舞者双手执桴击鼓，脚下各有1鞠球	《中国汉画研究》第二卷，广西师范大学出版社，2006年，第15页
23	陕西绥德（四十里铺镇）	原石128×37 画像103×33	图中分上下两格，上格第二层三舞妓均梳双丫髻，一手执鼓，一手执巾，击鼙鼓而舞。两人脚下有5鞠球	《汉画总录》第五册《绥德》，广西师范大学出版社，2012年，第18、19页
24	陕西神木	129×34	画中分四格，第二格两个舞人相对而舞，脚下各有10鞠球	《陕西、山西汉画像石》，《中国画像石全集5》，山东美术出版社、河南美术出版社，2000年，第18、19页

北朝时期卤簿相关问题探讨

董雪迎

（天津博物馆）

摘要： 卤簿是古代天子、贵族和高级官吏的出行仪仗，本文在借鉴前人研究成果的基础上，利用出行仪仗俑和出行仪仗壁画等考古学材料，结合历史文献，对北朝时期卤簿的相关问题进行了探讨，首先尝试勾画出了北魏天子"方阵卤簿"的大体形态，其次对东魏—北齐时期出行仪仗俑手执的不同仪仗器具种类进行了推测，并简要探讨了西魏—北周时期的卤簿形态，最后分析了北朝的女官形象及其在卤簿中的作用。

关键词： 北朝；卤簿；陶俑；壁画

"天子出，车驾次第，谓之卤簿"[1]，卤簿即指"古代帝王车马仪仗排列次序制度"[2]，大体形成于秦汉时期[3]，但根据史料[4]和考古发现情况来看，除天子外，宗室和高级官吏也使用卤簿，故而卤簿应是天子、宗室和高级官吏的出行仪仗，组成包括车马、仪仗、鼓吹及随从人员等[5]。关于北朝时期卤簿的情况，历史文献中仅略有记载，无法使我们窥见当时卤簿仪仗的全貌，但北朝墓葬中出土的大量出行仪仗俑和部分高等级墓葬中绘制的出行仪仗图均在很大程度上反映出墓主出行仪仗的相关内容，为研究北朝时期的卤簿提供了丰富的资料；此外，目前对于北朝时期卤簿仪仗的相关研究已取得了一定成果，如杨泓《南北朝墓的壁画和拼镶砖画》[6]、扬之水

---

[1] （清）孙星衍等辑，周天游点校：《汉官六种》，中华书局，1990年，第22页。

[2] 张仲立：《关于卤簿制度的几点研究——兼论周五路乘舆制度特点》，《文博》1994年第6期。

[3] 张爱麾、王炜民：《近三十年来卤簿制度研究综述》，《阴山学刊》2013年第2期。

[4] "……秦并之，揽上选以供服御，其次以赐百官，始有大驾、法驾之制；又自天子以至牧守，各有卤簿焉。汉兴，乃不能监古成宪，而效秦所为。自是代有变更，志有详略。"详见（元）脱脱等：《宋史》卷一百四十九《舆服志一》，中华书局，1975年，第3478页。

[5] 详见《晋书·舆服志·中朝大驾卤簿》。（唐）房玄龄等：《晋书》卷二十五《舆服志》，中华书局，1974年，第757—761页。

[6] 杨泓：《南北朝墓的壁画和拼镶砖画》，《中国考古学论丛》，科学出版社，1993年，第429—437页。

《磁县湾漳北朝壁画墓卤簿图若干仪仗考》[1]、刘未《魏晋南北朝图像资料中的伞扇仪仗》[2]、赵永洪《由墓室到墓道——南北朝墓葬所见之仪仗表现与丧葬空间的变化》[3]、徐岩红《太原北齐墓壁画中的仪仗出行图像分析》[4]等，故本文拟参照前人研究成果，利用陶俑和墓葬图像资料，并结合史料，对北朝卤簿的若干问题进行粗略探讨。

一、北魏时期卤簿形制推测

关于北魏时期帝王和贵族官吏的卤簿情况，在《通典》中有如下记载："后魏道武帝天兴二年（399年），命礼官采古法，制三驾卤簿。一曰大驾，设五辂，建太常，属车八十一乘。平城令、代尹、司隶校尉、丞相奉引，太尉陪乘，太仆御从。轻车介士，千乘万骑，鱼丽雁行。前驱皮轩、阘戟、芝盖、云䍐、指南；后殿豹尾。鸣笳唱，上下作鼓吹。军戎、大祠则设之。二曰法驾，属车三十六乘。平城令、代尹、太尉奉引，侍中陪乘，奉车都尉御。巡狩、小祠则设之。三曰小驾，属车十二乘。平城令、太仆奉引，常侍陪乘，奉车郎御。游宴离宫则设之。天赐二年（405年）初，改大驾鱼丽雁行，更为方阵卤簿。列步骑，内外为四重，列标建旌，通门四达，五色车旗，各处其方。诸王导从在甲骑内，公在幢内，侯在步矟内，子在刀楯内，五品朝臣夹列乘舆前两箱，官卑者先引。王公侯子车旒麾盖信幡及散官裤服，一皆绛黑。"[5]

由此可知首先在天赐二年之前，北魏天子使用的是三驾卤簿，其中的大驾由平城令、代尹、司隶校尉、丞相等官员依次奉引，太仆御从，太尉陪乘，帝车前有皮轩、阘戟、指南等车，后有豹尾车等，其整体形态构成十分类似于《晋书》中记载的"中朝大驾卤簿"[6]。在天赐二年之后，北魏天子大驾改为方阵卤簿，内外四重，"诸王导从在甲骑内，公在幢内，侯在步矟内，子在刀楯内，五品朝臣夹列乘舆前两箱，官卑者先引"，其基本形态应与之前的大驾有所不同。因此本文推测，所谓"诸王导从"应指诸王位于天子车驾前方，并由甲骑护卫，而诸王前方则由侯、公、子及其护

[1]　扬之水：《磁县湾漳北朝壁画墓卤簿图若干仪仗考》，《故宫博物院院刊》2006年第2期。

[2]　刘未：《魏晋南北朝图像资料中的伞扇仪仗》，《东南文化》2005年第3期。

[3]　赵永洪：《由墓室到墓道——南北朝墓葬所见之仪仗表现与丧葬空间的变化》，《汉唐之间文化艺术的互动与交融》，文物出版社，2001年，第427—460页。

[4]　徐岩红：《太原北齐墓壁画中的仪仗出行图像分析》，《文艺研究》2013年第6期。

[5]　（唐）杜佑：《通典》卷六十六《礼二十六·嘉礼十一》，中华书局，1988年，第1848、1849页。

[6]　中朝大驾卤簿由洛阳令、河南尹、司隶校尉、九卿、三公等奉引，帝车由太仆卿御、大将军参乘，车前有象车、司南车、九游车等车，后有豹尾车。

卫和其他官员依据"官卑者先引"的顺序依次排列（图一）。

通过北魏时期的出行仪仗图和出行仪仗俑群，也可以大体看出方阵卤簿的基本形态。北魏时期较为清晰明确的出行仪仗图像有两幅，分别为山西大同北魏太延元年（435年）沙岭M7墓室北壁下栏车马出行图和山西大同智家堡北魏墓棺板画出行图[1]。沙岭M7北壁绘制的车马出行图内容大体为：纵向第一列为6名执缰导骑，第二列为6名骑马吹角的乐手，其后水平的第二行和第七行为手持长矛和弓箭的兵士，一直延续至队伍末尾，第三行和第六行为扛幡持节的兵士，第四行和第五行是表演乐舞百戏的伎乐，中间为墓主马车，其后为头戴鸡冠帽的轻骑兵、甲骑具装的重骑兵和男女侍仆随从（图二）。智家堡北魏墓棺板画出行图内容大体为：墓主牛车绘制于画面中心，牛的左右有两名驭手，牛车左前方为一名甲骑具装的重骑兵、两名轻骑兵和一匹驮物马，牛车前方为表演乐舞百戏的伎乐，牛车后为随从侍者和车辆（图三）。

图一 文献记载中的北魏方阵卤簿示意图

山西大同雁北师院北魏宋绍祖墓（476年）和河南洛阳北魏王温墓（532年）[2]出土的出行仪仗俑群是为数不多的排列较为整齐清晰的北魏出行仪仗俑群。宋绍祖墓出行俑群位于墓室和石椁形成的回廊中，带鸡冠帽的轻骑在队列最前，其后是执兵俑、骑马演奏俑、立姿演奏俑互相夹杂，再后是甲骑具装俑，墓主人牛车位于甲骑具装后，周围以执兵俑护卫，牛车后为甲骑具装俑和鞍马（图四）。王温墓出行俑群位于墓门口处，自西向东，由执兵持盾俑、执兵俑、拱手俑、甲骑具装俑、墓主人牛车、执兵俑、立姿演奏俑和侍女俑依次组成队列。

通过以上对史料、图像和陶俑材料的梳理，关于北魏卤簿的情况可有如下认知：

1.主人乘马车或牛车，为仪仗中心；

2.甲骑具装应距离主人车驾较近，一般在车驾前后；

3.出行仪仗最前方应为引导人员，均骑马，多为轻骑；

[1] 大同市考古研究所：《山西大同沙岭北魏壁画墓发掘简报》，《文物》2006年第10期；刘俊喜、高峰：《大同智家堡北魏墓棺板画》，《文物》2004年第12期。

[2] 大同市考古研究所：《大同雁北师院北魏墓群》，文物出版社，2008年，第76、77页；洛阳市文物工作队：《洛阳孟津北陈村北魏壁画墓》，《文物》1995年第8期。

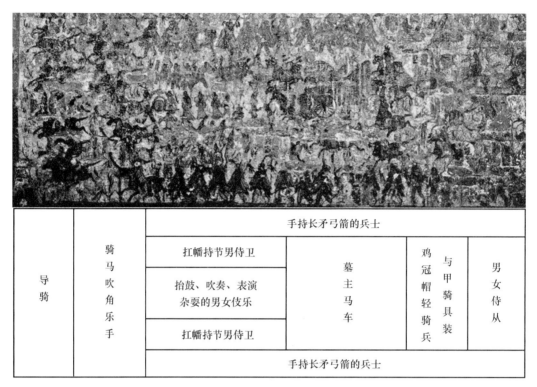

导骑	骑马吹角乐手	手持长矛弓箭的兵士			墓主马车	鸡冠帽轻骑兵	与甲骑具装	男女侍从
		扛幡持节男侍卫						
		抬鼓、吹奏、表演杂耍的男女伎乐						
		扛幡持节男侍卫						
		手持长矛弓箭的兵士						

图二　山西大同沙岭M7北壁车马出行图及其结构示意

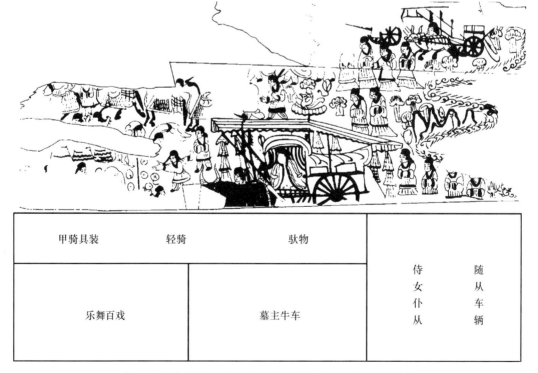

甲骑具装	轻骑	驮物	侍女仆从	随从车辆
乐舞百戏		墓主牛车		

图三　山西大同智家堡北魏墓棺板画出行图及其结构示意

鸡冠帽骑马俑	披铠执兵俑	骑马演奏俑	立姿演奏俑	甲骑具装俑	执兵俑		甲骑具装俑	鞍马
					墓主牛车		
					执兵俑		

图四　宋绍祖墓出行仪仗俑群排列示意图

4. 鼓吹、乐舞百戏及相关人员多在主人车驾前；

5. 手执各类仪仗兵器的兵士多在甲骑具装之前，遵循一定顺序排列；

6. 主人的侍从多为女子，一般在主人车驾后方，应为整个仪仗的队尾；

7. 仪仗中的随行各级贵族官员（主要针对帝王而言）应距离主人最近，遵循"官卑者先引"的顺序，由官职高低决定距离主人车驾远近，且均应乘车或骑马。

由此可以勾画出北魏时期天子方阵卤簿的大体形态：轻骑兵导从，紧跟骑马或步行演奏及表演舞蹈百戏的鼓吹和伎乐；然后是贵族和各级官员的车马以及手执各类仪仗兵器的兵士，其中甲骑具装的重骑兵应在最后；其后为天子车驾，周围应有兵士护卫；天子车驾后为重骑兵或轻骑兵以及女侍从（图五）。其余宗室贵族、各级官员等的出行卤簿也应大体遵循此结构，但根据其身份等级和场合不同，具体随行人员、仪仗兵器种类、车马数量、护卫侍从人数等应有所不同。

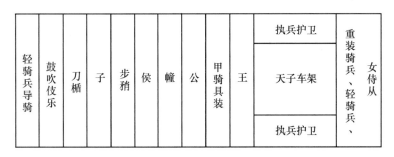

轻骑兵导骑	鼓吹伎乐	刀楯	子	步矟	侯	幢	公	甲骑具装	王	执兵护卫	重装骑兵、轻骑兵、	女侍从
										天子车架		
										执兵护卫		

图五　北魏时期天子卤簿形态推测示意图

二、东魏—北齐时期出行仪仗俑所执仪仗器具推测

"北齐车服制度，多因后魏。"[1]东魏—北齐时期的卤簿的基本形态应大体沿用北魏方阵卤簿；但北齐时期仪卫规模相当大，人员较多、名目复杂[2]，其卤簿的具体

［1］　（唐）杜佑：《通典》卷六十四《礼二十四·嘉礼九》，中华书局，1988年，第1793页。

［2］　（唐）魏徵等：《隋书》卷十二《礼仪七》，中华书局，1973年，第280、281页。

组成情况也应与北魏时期有所区别，这从东魏—北齐墓葬中多种多样的出行仪仗俑中就可窥见一二。东魏—北齐时期的出行仪仗俑主要包括立姿和骑马两大类，根据整体形态等的不同可以分为拱手、执兵、执兵持盾、牵马、立姿演奏、甲骑具装、骑马执物、骑马演奏等八个种类，为方便论述，本文将各类陶俑依据姿势和服饰等的不同分为若干型和亚型，具体如图六所示。

出行仪仗俑群虽生动的再现了东魏—北齐卤簿的大体形态，但由于保存状况不甚良好，大多数陶俑出土时手中所持仪仗兵器都已腐朽或丢失，从而影响卤簿全貌的展现。而这样的缺憾或许可以通过多个墓葬内绘制的大型出行仪仗图得到弥补。目前东魏—北齐时期墓葬发现的较为清晰的出行仪仗图的共有以下几处：河北磁县东魏茹茹公主墓、河北磁县湾漳北齐壁画墓、山西太原北齐娄睿墓、山西太原北齐徐显秀墓和山西忻州九原岗北朝墓[1]。上述各类陶俑的人物形象在壁画中或多或少都有体现，故下文拟将各类出行仪仗俑和出行仪仗图中的人物形象进行对比，以大体推定每类陶俑所执仪仗兵器的情况。

Aa型　拱手俑头戴圆形风帽，上身外披风衣，下着裤，双手拱于胸前（图七，1）。类似形象见于湾漳北齐墓墓道东西两壁壁画中的第13、15、33、49人等，手持的仪仗一种为长矛，同时在矛上系各色旌旗（图七，2），据扬之水先生考证，此类仪仗应为"槊氅"[2]；另一种为班剑（图七，3）。

Ab型　拱手俑头戴小冠，身着交领宽袖袍，有的外罩裲裆，腰束带，下着裤，双手拱于胸前，很多陶俑双手处有孔，原应执物（图七，4、6）。类似装扮姿势的人物形象见于湾漳北齐墓墓道东西两壁壁画中的第16、17人，双手持笏板拱于胸前（图七，5、7）。故Ab型拱手俑可能原执笏板。

A型　执兵俑头戴兜鍪、身披裲裆铠或明光铠（图七，8），此类形象很少在壁画中见到，目前仅有湾漳北齐墓墓道东西两壁壁画中的第42人身披铠甲，手持长幡（图七，9），但和陶俑的相似度并不高。

Bc型　执兵俑头戴三棱风帽，身着圆领窄袖长袍，下着裤，一手握拳执物（图七，10）。类似人物形象见于娄睿墓墓道壁画中的迎宾图（画32），后排第一人衣着与此类陶俑类似，似乎是手执三旒旌旗（图七，11）。

————————

　[1]　磁县文化馆：《河北磁县东魏茹茹公主墓发掘简报》，《文物》1984年第4期；中国社会科学院考古研究所、河北省文物研究所：《磁县湾漳北朝壁画墓》，科学出版社，2003年；山西省考古研究所、太原市文物考古研究所：《北齐东安王娄睿墓》，文物出版社，2006年；《太原北齐徐显秀墓发掘简报》，《文物》2003年第10期；山西省考古研究所、忻州市文物管理处：《山西忻州市九原岗北朝壁画墓》，《考古》2015年第7期。下文与之相关的内容，均不再另注。

　[2]　扬之水：《磁县湾漳北朝壁画墓卤簿图若干仪仗考》，《故宫博物院院刊》2006年第2期。下文与之相关的内容不再另注。

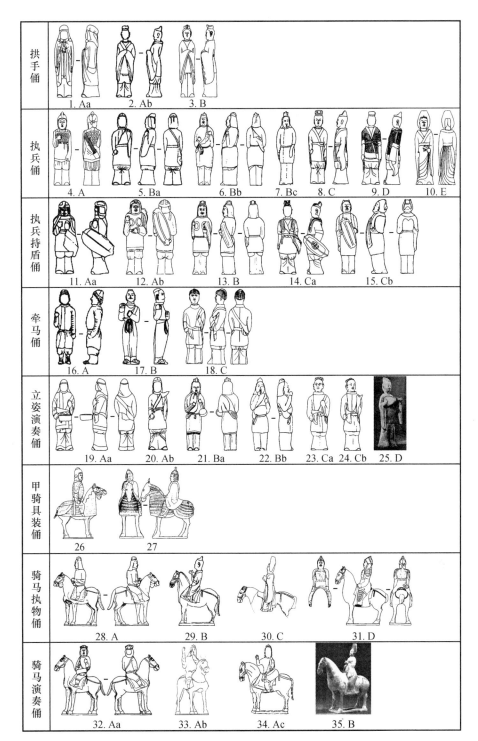

图六 东魏—北齐墓葬出土的出行仪仗俑

1.河北磁县元良墓CMM1:43 2.河北磁县茹茹公主墓1136 3.河南安阳贾宝墓M1:71 4.河南安阳贾宝墓M1:35 5.河北磁县尧峻墓风帽俑 6.山西太原徐显秀墓339 7.山西太原狄湛墓T200WD6-1 8.河南安阳贾进墓M54:84 9.河北磁县赵胡仁CDM:31 10.山西太原南郊热电厂壁画墓34 11.山东济南东八里洼北齐墓23 12.山西太原贺拔昌墓T99HQH22 13.山西太原徐显秀墓254 14.河北磁县东陈村赵胡仁墓CDM1:18 15.山西太原张海翼墓15 16.河北磁县茹茹公主墓牵马俑 17.山东济南东八里洼北齐墓45 18.江苏徐州96甸北M1:10 19.河北磁县元良墓CMM1:61 20.河北磁县高润墓吹奏俑 21.山西太原赵信墓M20:93 22.山西太原贺娄悦墓19 23.河北磁县湾漳墓168 24.河北磁县湾漳墓783 25.山西寿阳库狄回洛墓115 26.山西太原娄睿墓546 27.河北磁县湾漳墓1583 28.山西太原徐显秀墓324 29.河北磁县高润墓骑俑 30.山东寿光贾思同JST014 31.河北磁县湾漳墓1306 32.山西太原徐显秀墓19 33.山西太原娄睿墓601 34.河北磁县高润墓骑马击鼓俑 35.河北磁县湾漳墓540

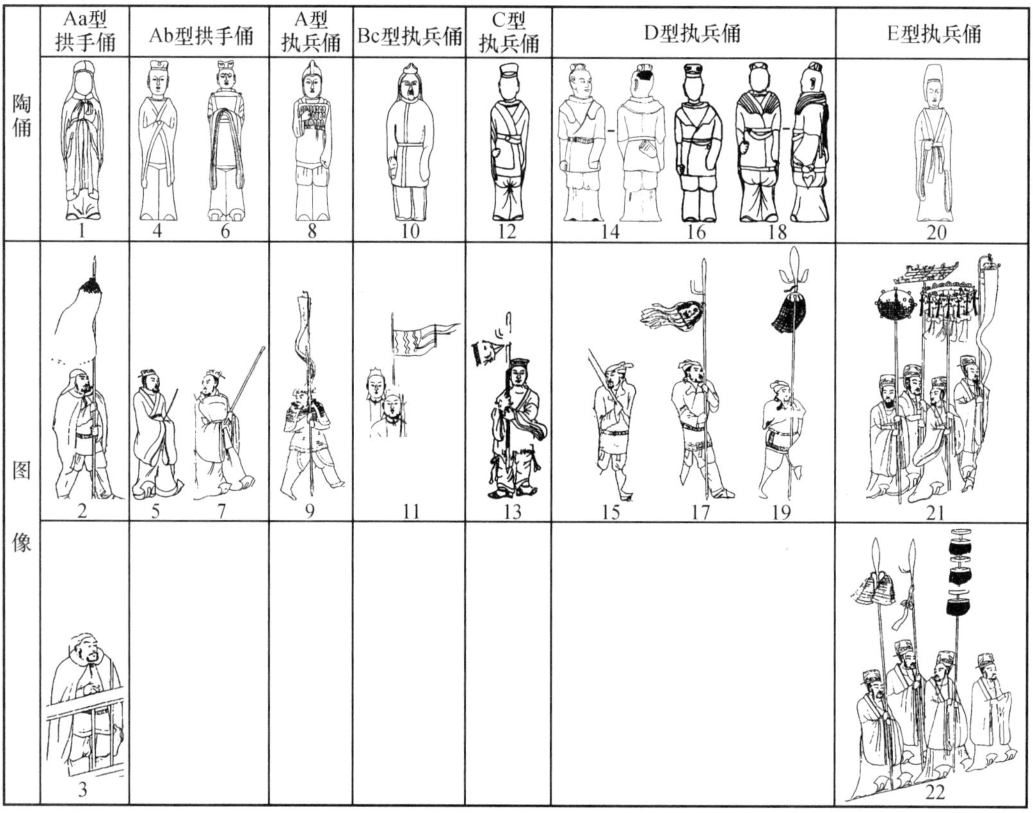

图七　东魏—北齐时期出行仪仗俑所持仪仗推测图1

1. 高润墓拱手俑　2-3. 湾漳墓东壁第15、52人　4. 贾宝墓M1：24　5. 湾漳墓东壁第17人　6. 河北磁县湾漳北齐墓1566　7. 湾漳墓东壁第34人　8. 贾宝墓M1：35　9. 湾漳墓东壁第42人　10. 赵信墓M20：26　11. 娄睿墓画32 12. 元良墓CM1：65　13. 茹茹公主墓东壁第5人　14. 河北磁县湾漳北齐墓828　15. 湾漳墓东壁第14人　16. 茹茹公主86　17. 湾漳墓东壁第18人　18. 元良墓M1：9　19. 湾漳墓东壁第47人　20. 河北磁县湾漳北齐墓428　21-22. 湾漳墓东壁第20-23、30-32人、40人

　　C型　执兵俑衣着与Aa型男拱手俑类似，唯一手握拳，拳心有孔，原应执物（图七，12），此类陶俑数量很多，但并未发现与之完全一致的壁画人物形象，仅在茹茹公主墓墓道两壁壁画中发现类似身着类似衣着、双手持仪仗的人物图像，仪仗为饰有虎头纹彩幡的长戟[1]（图七，13）。

　　D型　执兵俑头扎巾或戴小冠，内着圆领衫，外着翻领半袖衣，下着裤，一手握拳执物（图七，14、16、18）。类似人物形象见于湾漳北齐墓墓道东西两壁壁画中，如第6、10、14人手执松弛状态的弓（图七，15），与此对应的是很多此类陶俑都身背箭箙；第18、43人手执系幡长戟（图七，17），扬之水先生考证此类仪仗为"白虎

[1]　汤池：《东魏茹茹公主墓壁画试探》，《文物》1984年第4期。

幡"；第45、47人手执山字形戟，戟下系盖，盖下析出长穗，此类仪仗为纛（图七，19），扬之水先生考证为"幢"。故D型执兵俑所执仪仗种类较多，有弓、幡、纛（或幢）等。

E型　执兵俑头戴笼冠，身着交领宽袖长袍（图七，20）。类似人物形象在湾漳北齐墓墓道壁画中较为多见，如东西壁第20—23、25—30、31、32、38、40人，手执仪仗种类也较多，包括幡旗、伞盖（华盖）、相风、扇（罩罕）、节、系带长戟、长矛系短旌、短手板或文折等（图七，21、22）。

Ca型　执兵持盾俑头戴风帽或扎巾，身着圆领窄袖衣，多在外着翻领短袖衣，部分袒右肩，腰束带，下着裤（图八，1）。类似人物形象见于湾漳北齐墓墓道东西两壁壁画的第8、12人，手执仪仗为班剑（图八，2）。

A型　骑马执物俑头戴风帽，身着圆领窄袖袍，下着裤（图八，3），多见于晋阳地区。类似人物形象如娄睿墓墓道西壁第二层画17，其中一人手扶殳（图八，4）。

Ba型、Bb型　执兵俑，Ba型、Bb型、D型立姿演奏俑，Ab型、Ac型骑马演奏俑（图八，5—9）为卤簿中鼓吹的组成部分，手持物应为各类乐器。壁画中所见的鼓吹人物图像较少，不如陶俑丰富，如娄睿墓墓道东西壁第三层即绘有四人相对而立吹长角的图像（图八，10），与Bb型立姿演奏俑和Ab型骑马演奏俑的形象十分接近。又如

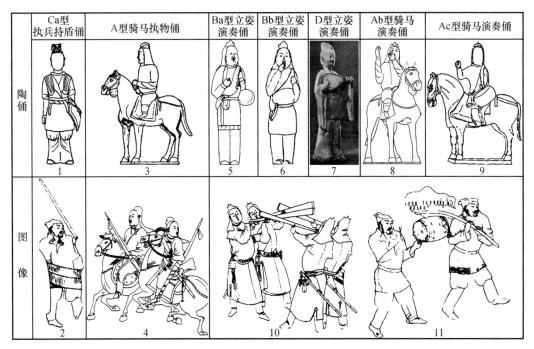

图八　东魏—北齐时期出行仪仗俑所持仪仗推测图2

1. 赵胡仁墓M1：18　2. 湾漳墓东壁第12人　3. 徐显秀墓324　4. 娄睿墓画17　5. 太原南郊39　6. 贺娄悦墓19

7. 库狄迴洛墓115　8. 娄睿墓601　9. 高润墓骑马击鼓俑　10. 娄睿墓画29　11. 湾漳墓东壁第9、11人

湾漳北齐墓墓道东西两壁壁画的第9、11人为击鼓形象，但与立姿击鼓俑略有不同（图八，11）。

关于A型、B型、Cb型执兵持盾俑，牵马俑，甲骑具装俑，B型、C型、D型骑马执物俑目前没有发现类似的壁画图像材料，其所执仪仗还有待分析。同时，某种陶俑与某类或某几类仪仗是否存在对应的组合关系尚未明确，有待更加丰富的考古资料加以证实。

此外根据壁画中不同人物形象在仪仗队列中的位置还可简单判断类似形象的陶俑在墓葬中的排列情况：A型骑马执物俑可能在俑群队列最前，D型执兵俑、Ca型执兵持盾俑、Aa型拱手俑可能在俑群队列相对靠前的位置，Ab型拱手俑，A型和E型执兵俑可能位于俑群队列的后半部分，各种鼓吹俑可能在俑群队列最后，Bc型和C型执兵俑可能穿插在各类陶俑之间，位置不固定。

根据壁画图像资料推测可知，东魏—北齐时期出行仪仗俑所执仪仗器具种类十分丰富，与不同种类的出行仪仗俑共同构成了规模宏大的出行仪仗场面，在一定程度上反映了北齐高等级贵族官吏在现实生活中的卤簿形态，是深入认识东魏—北齐社会相关礼仪制度的重要资料。

三、西魏—北周时期卤簿形态初探

西魏—北周时期的卤簿制度并不详见于文献记载，反映西魏—北周时期卤簿情况的陶俑和图像材料也不是很丰富。

陕西西安韦曲高望堆M1（西魏时期）出土的出行仪仗俑群位于墓葬前室东西两侧，甲骑具装俑和骑马演奏俑在前，多排放置，其后和两侧为男女拱手俑、执兵俑和执兵持盾俑，由于墓葬被盗、坍塌，排列较为混乱（图九）[1]。

宁夏固原北周李贤墓（569年）出土的出行仪仗俑群位于甬道中，依次为甲骑具装俑、风帽拱手俑、小冠拱手俑、笼冠拱手俑、小冠执兵俑各一排，骑马演奏俑和骑马执物俑共两排，间置女拱手俑等其他陶俑（图一〇，1）。此外李贤墓墓道、天井和过洞中还绘有18名执刀站立的武士（图一〇，2）[2]。虽然史料中并没有关于西魏—北周时期卤簿情况的详细记载，但《隋书·礼仪志》中却提到了北周的警卫制度，置多名侍官，掌管宫禁安全，同时"诸侍官，大驾则俱侍，中驾及露寝半之，小驾三分之

---

[1]　西安市文物保护考古所：《西安韦曲高望堆北朝墓发掘简报》，《文物》2010年第9期。示意图为根据墓葬平面图和器物出土位置文字描述手绘。

[2]　宁夏回族自治区博物馆、宁夏固原博物馆：《宁夏固原北周李贤夫妇墓发掘简报》，《文物》1985年第11期。

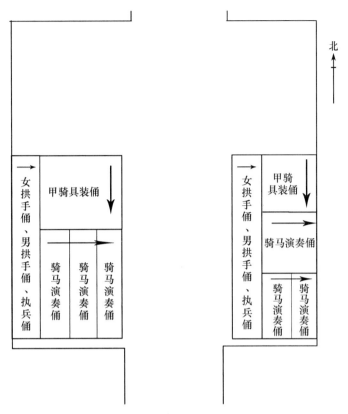

图九　西安韦曲高望堆M1前室陶俑分布示意图（图中箭头表示陶俑的朝向）

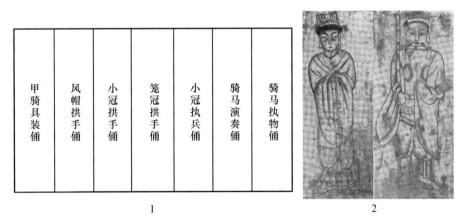

图一○　宁夏固原李贤墓陶俑排列和壁画武士图

1.陶俑排列示意图（女拱手俑等未画出）　2.墓道和第一过洞西壁武士图

一"[1]，亦随行帝王出行，属仪仗的组成部分，李贤墓道内所绘武士，应是此类侍官形象的具体体现。

由于西魏—北周时期相关资料欠缺，目前暂无法了解当时卤簿的具体情况，但根据以上材料可知，北周卤簿中，甲骑具装的重骑兵一般在队列靠前的位置或在队伍一侧，手执仪仗、兵器的仪卫人员则在队列后方。

四、卤簿中的女官形象

通过陶俑和壁画材料可知，北朝时期的卤簿多由手持不同仪仗、兵器和乐器的男子组成，女子则主要为侍女形象，跟随主人身侧，近身侍奉墓主日常起居。但据《南齐书·魏虏传》所载："（后魏）太后出，则妇女著铠骑马近辇左右。"[2]可知北魏时期，皇太后出行，有女子在仪仗中扈从；而对于皇帝、王侯、官吏等，文献中并未有关于其出行仪仗中有女子的明确记载。那么北朝卤簿中是否有女子仪仗的形象？

在北朝墓葬出土的陶俑中，有一类女俑，形体较大，头戴笼冠，面容清秀，上身着交领宽袖衣，腰束带，下身着长裙，或左手提裙，右手握拳放于身侧；或左手自然下垂，右手举于胸腹间握拳（图一一）[3]。这类女俑主要见于邺城和晋阳地区墓主品秩在一品和从一品的高等级墓葬中（如湾漳墓、茹茹公主、娄睿墓、徐显秀墓、高润墓等等），每墓数量从1件至数十件不等。这些女俑的右手拳心均有孔，原应执物，且其持物的姿势与部分男执兵俑十分类似，但她们应不是侍卫形象，因为相关文献中没有女性充任侍卫的相关记载[4]，而联系到帝王卤簿中有各级官吏的相关记载，我们推测这类头戴笼冠的女俑可能为女官形象。

"中国古代的女官从广义上理解应指妃嫔御嫱（即内命妇）和司掌宫中各项事务的宫人；从狭义上理解，则单指内宫中与天子无配偶名分而掌管着上起后妃教育，下至衣食供给的各级女性管理人员。"[5]本文所指的应为狭义上的女官，女官有一定品级并领取俸禄。关于女官的记载最早见于《周礼》，此后历朝历代都设置女官，女官制度的正式确立是在北魏孝文帝时期："高祖（北魏孝文帝）改定内官……后置女

[1] （唐）魏徵等：《隋书》卷十二《礼仪七》，中华书局，1973年，第281、282页。

[2] （梁）萧子显：《南齐书》卷五十七《魏虏列传第三十八》，中华书局，1972年，第985页。

[3] 山西省考古研究所、太原市文物考古研究所：《北齐东安王娄睿墓》，文物出版社，2006年，445页；磁县文化馆：《河北磁县北齐高润墓》，《考古》1979年第3期。

[4] 例如北齐警卫之制，详见（唐）魏徵等：《隋书》卷十二《礼仪七》，中华书局，1973年，第280、281页。

[5] 朱子彦：《帝国九重天——中国后宫制度变迁》，人民大学出版社，2006年，第88页。

图一一　北朝时期的笼冠俑
1.山西太原娄睿墓445　2.河北磁县高润墓笼冠俑

职，以典内事。内司视尚书令、仆。作司、大监、女侍中三官视二品。监，女尚书，美人，女史、女贤人、书史、书女、小书女五官，视三品。中才人、供人、中使女生、才人、恭使宫人视四品，春衣、女酒、女飨、女食、奚官女奴视五品。"[1]北魏时期女官可分为五个品级，北齐时期大体因袭，分为九个品级。关于女官的职责，根据苗霖霖的研究，具体涉及教授后宫诸人文化与技艺、负责后宫的文书及对后宫相关事宜提供建议和咨询、负责皇宫内的饮食安全、在皇帝出行时代为处理前朝奏事、负责宫中礼仪活动的记录、主管后宫疾病以及丧葬事务的官职等等[2]。《通典》还记载了北朝时期女官服饰、发式和首饰制度："（北齐）宫人女官第二品七镊蔽髻，三品五镊，四品三镊，五品一镊，六品、七品大手髻，八品、九品偏髾髻。……又有宫人女官服：二品阙翟；三品鞠衣；四品展衣；五品、六品褖衣；七品、八品、九品，俱

［1］　（北齐）魏收：《魏书》卷十三《皇后列传第一》，中华书局，1974年，第321—322页。
［2］　苗霖霖：《北魏女官制度考略》，《济南大学学报》社会科学版2015年第1期。

青纱公服。"[1]

　　虽然文献中记载的女官的服饰和发饰制度并未提到女官佩戴笼冠，但笼冠是南北朝时期较为常见的首服，男女皆可服用，也应是有一定身份等级的象征[2]。且北朝女官的职责不仅涉及后宫的方方面面，而且部分女官甚至可以参与前朝政务，与国家政治关系密切；同时从笼冠女俑的发现情况来看，不止帝陵（磁县湾漳大墓）有所发现，高等级墓葬中也有一定数量，证明女官不仅存在于帝王后宫之中，在高等级贵族官吏的官署或宅邸中或许也发挥着一定作用。

　　由此，北朝女官是具有一定品秩的女性，其等级地位远非普通侍女和女仆可比，故而很可能和男性官吏、侍卫一道列入帝王或高等级官吏贵族的卤簿中，作为其出行仪仗的组成部分，彰显着她们的身份等级。

　　[1]　（唐）杜佑：《通典》卷六十二《礼二十二·嘉礼七》，中华书局，1988年，第1737、1741页。

　　[2]　如"一人乘马著朱衣，笼冠，六人从后"，为"孝文皇帝中书舍人"。（北齐）魏收：《魏书》卷一百一十二下《灵征志下》，中华书局，1974年，第2956页。

三 | 生产与消费

试论秦的矿业分类与管理

——以相家巷封泥为主

柴 怡 张翔宇

（西安市文物保护考古研究院）

摘要： 20世纪90年代中期，在西安北部相家巷村汉长安城遗址，出土了数以千计的秦代封泥。此次大量秦封泥的发现是继秦兵马俑、秦简、秦木牍之后，秦出土文物的又一重大发现。在整理西安市文物保护考古研究院（原考古所）2002年在相家巷地区进行考古发掘出土的一批秦封泥时，发现了一些与秦的采矿业相关的封泥。本文以这些材料为基础，尝试对秦汉时期的采矿业做一简单的梳理与分析，从中窥视秦汉时期采矿业分布及管理情况。

关键词： 相家巷；秦汉时期；封泥

矿产资源作为重要的自然资源，很早就被人们主动利用。早在距今9000年时人类已开始使用自然金属；距今约6000—7000年在伊朗的Zagrs地区发现了最早的冶金制品；在距今4000年前的克里特岛Mallia出土了石范，表明当时已有了铸造技术。

在中国，仰韶文化晚期在黄河下游就开始冶炼铜锌合金，即黄铜；而马家窑文化已出现了锡青铜，在山西陶寺遗址出土了迄今为止最早的空心铜铸件，在黄河流域尤其是其上游地区的齐家文化及其后的四坝文化出现了较多青铜器。根据现有的材料表明，中国在距今4000年时已进入青铜时代。

铁及铁工具也亦然，目前已知中国最早的人工冶铁出现在三门峡虢国墓地。公元前5世纪，中国进入铁器时代。

由此可以看出，古人对矿产资源的认识、开发及利用在我国有着长远而悠久的历史。尤其是到了春秋至战国中期，金属找矿方法有了突破性进展。铁矿得到了开采，铁器开始使用，矿业管理水平明显提高，采冶名工名匠不断涌现，凿岩技术有创新，新的井巷支护技术代替了旧的技术，表现出多方面的优越性。多种采矿方法进一步完善，矿山提运机械有了新的发展[1]。秦汉时期，在秦统一全国的过程中，就注意到

---

[1] 韩汝玢、柯俊主编：《中国科学技术史·矿业卷》，科学出版社，2007年。

了铁矿采冶及其在社会生活中的地位，并且将创立于先秦时期的官营手工业进一步发展，更加规范和完善起来。

秦对矿业采冶的分类与管理，除了文献中的记载外，考古发现也有所印证，尤其是考古发掘出土的战国秦汉文字材料如竹木简、帛书、封泥等，也多有发现。本文仅以出土的相家巷秦封泥为主要材料，试论述秦在矿业分类上的系统化和管理的规范。

一、相家巷秦封泥发现概况

相家巷遗址位于西安市未央区六村堡乡相家巷村南，汉长安城桂宫遗址的北部（图一）。1996年底，西北大学文博学院与北京古陶文明博物馆共同披露了出土于

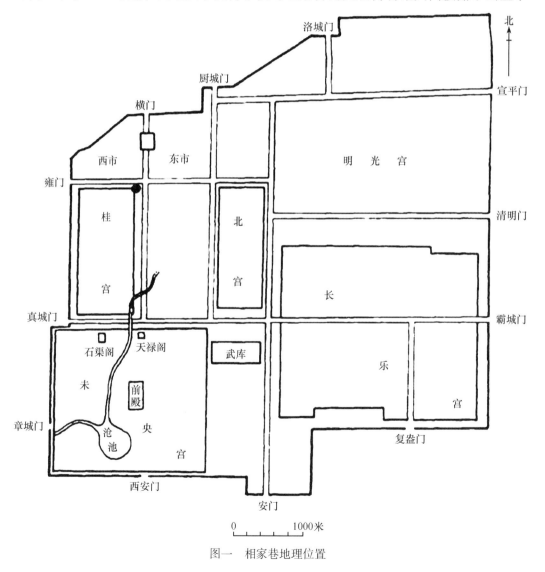

图一　相家巷地理位置

陕西省西安市未央区相家巷南地的大批秦式封泥[1]。1997年春，西安市书法艺术博物馆傅嘉仪在民间渠道得获约700品相家巷遗址出土秦封泥[2]。经过傅嘉仪苦心"调查"，协同西安市文物园林局、西安市公安局使秦封泥出卖者指认了秦封泥出土处，又"根据零星残存封泥渣散落于地表的情况，确定了出土地点"——西安市未央区汉长安城遗址内六村堡乡相家巷村田地。1997年1—3月，西安市文物保护考古研究院（原考古所）对该遗址进行了考古发掘。共布设5米×5米探方7个，实际发掘面积185平方米，经初步整理后将发掘的基本情况发表在《书法报》上[3]。2000年4月27日至5月18日，中国社会科学院考古研究所汉长安城工作队对相家巷遗址进行科学发掘，再次得获秦封泥325品，并首次确认相家巷遗址出土秦封泥的秦代地层关系[4]。

2017年底，西安市文物保护考古研究院对1997年发掘的相家巷封泥资料启动了整理工作，经初步整理，1997年的发掘共发现有字封泥25000多品，无字封泥7000余品。

二、相家巷封泥中有关矿业的内容

近年来，由于早期相家巷出土秦封泥曾大量流失，多位收藏家陆续公布了其收藏的相家巷封泥[5]，社科院考古所汉长安城考古队也公布了经考古发掘出土的相家巷秦封泥，并在地层学上确定了相家巷封泥的埋藏年代[6]。西安中国书法艺术博物馆也分批公布了收藏的相家巷封泥[7]。从这些公布的资料中分析，相家巷秦封泥中关于矿业的内容主要有以下几类：

[1]　周晓陆、路东之、庞睿：《秦代封泥的重大发现——梦斋秦封泥的初步研究》，《考古与文物》1997年第1期。

[2]　傅嘉仪、罗小红：《汉长安城新出土秦封泥——中国书法艺术博物馆藏秦封泥初探》，《收藏》1997年第6期。

[3]　倪志俊：《空前的考古发现，丰富的瑰宝收藏》，《书法报》1997年4月9日。

[4]　中国社会科学院考古研究所汉长安城考古队：《西安相家巷遗址秦封泥的发掘》，《考古学报》2001年第4期。

[5]　周晓陆、路东之：《秦封泥集》，三秦出版社，2000年；周晓陆、陈晓捷、汤超，等：《于京新见秦封泥中的地理内容》，《西北大学学报》哲学社会科学版2005年第4期；周晓陆、刘瑞、李凯，等：《在京新见秦封泥中的中央职官内容——纪念相家巷秦封泥发现十周年》，《考古与文物》2005年第5期。

[6]　中国社会科学院考古研究所汉长安城考古队：《西安相家巷遗址秦封泥的发掘》，《考古学报》2001年第4期；刘庆柱、李毓芳：《西安相家巷遗址秦封泥考略》，《考古学报》2001年第4期。

[7]　傅嘉仪、罗小红：《汉长安城新出土秦封泥——中国书法艺术博物馆藏秦封泥初探》，《收藏》1997年第6期；任隆：《秦封泥官印考》，《秦陵秦俑研究动态》1997年第3期；任隆：《秦封泥官印续考》，《秦陵秦俑研究动态》1998年第3期；傅嘉仪：《历代印匋封泥印风》，重庆出版社，1999年；王辉：《西安书法艺术博物馆藏秦封泥选释》，《文物》2001年第12期。

1. 采金

金应指黄金。《史记·平淮书》中有记载："金有三等，黄金为上，白金为中，赤金为下。"

其一，为"隍采金印""隍采金丞"内容。

西安市文物保护考古研究院发掘的封泥中出土有"隍采金丞"5品，"隍采金印"2品，"隍□采□"1品（图二，1—3）。社科院考古所在相家巷村发掘出土有一品"郢采金丞"，根据其文字细部特征，我们认为其实则应为"隍采金丞"（图二，4）。

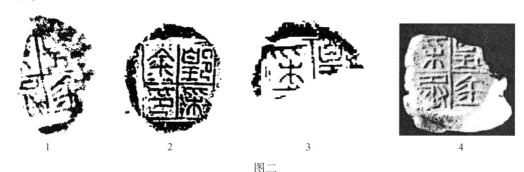

图二

1. "隍采金丞"（T22②：30）　2. "隍采金印"　3. "隍□采□"（傅嘉仪：《新出土秦代封泥印集》，西泠印社出版社，2002年。）　4. "郢采金丞"（社科院考古所发掘）

其二，为"西采金印"，该内容封泥在《秦封泥集》[1]和西安中国书法艺术博物馆的收藏中都有公布。"西"，应指秦汉时期的"西县"。《汉书·地理志》载"陇西郡，秦置"辖西县。《史记·秦本纪》："周宣王乃召庄公昆第五人，与兵七千人，使伐西戎，破之。于是复予秦仲后，乃其先大骆犬丘之地，为西垂大夫。"《正义》引《水经注》解释："秦庄公伐西戎，破之，周悬望于大骆犬丘之地，为西垂大夫。"又引《括地志》："秦州上邽县西南九十里，汉陇西西县是也。"

在相家巷封泥中还出土有"西丞之印""西□□□"等内容的封泥，也说明"西"为一基层行政单位（图三，1—4）。

另外，还出土有"□□金印""□采金印"等内容的封泥，应该也与"采金"的内容相关（图三，5、6）。

2. 采银

银，《说文·金部》中释为"银，白金也"《史记·平淮书》："金有三等，黄

---

[1]　周晓陆、路东之：《秦封泥集》，三秦出版社，1999年。

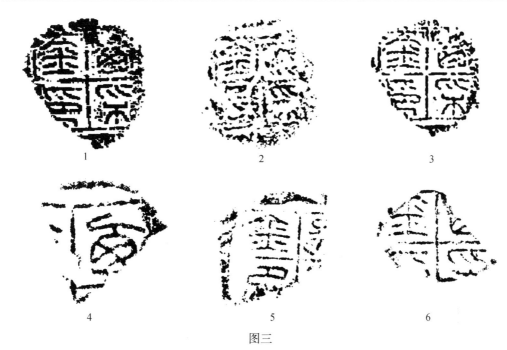

图三

1. "西采金印"（西安中国书法艺术博物馆藏）　2. "西采金印"（H24∶27）

3. "西采金印"（傅嘉仪：《秦封泥集》，上海书店出版社，2017年。）　4. "西□□□"（K1∶650）

5. "□□金印"（H24∶4）　6. "□采金印"（H24∶51）

金为上，白金为中，赤金为下。"据《汉书·食货志》记载："朱提银重八两为一流，直一千五百八十。"《汉书·地理志》也载，犍为郡朱提"山出银"，益州郡律高县贲古出银。可见在秦汉时期，人们已经对银矿的产地有很清晰的认识。

西安市考古院发掘的相家巷H3①∶164，其文为"采银丞印"，应该是掌管银矿开采的官员（图四，1）。另外北京文雅堂收藏有一品"采银丞印"，在《秦封泥汇考》中也收录有"□银□印"的封泥（图四，2）。

在《在京新见秦封泥中的中央职官内容——纪念相家巷秦封泥发现十周年》一文中还收录有"采银"的封泥，结合印面痕迹，也应该是四字封泥，内容为"采银□□"（图四，3）[1]。

3. 采铁

西安市考古院的资料中新出现一品"蜀采铁印"（图五）。《汉书·地理志》载："蜀郡，秦置"。睡虎地秦简《秦律杂抄》中也有记载："大官、右府、左府、

---

[1]　周晓陆、刘瑞、李凯，等：《在京新见秦封泥中的中央职官内容——纪念相家巷秦封泥发现十周年》，《考古与文物》2005年第5期。

图四

1. "采银丞印"（H3①：164）　2. "□银□印"　3. "采银"

右采铁、左采铁课殿，赀啬夫一盾。"

4. 采青

青应为青色矿物颜料。古代金、锡、丹、青都由国家开采、收藏，有官员主持其事。

据《周礼·地官·廿人》："廿人掌金、玉、锡、石之地，而为之厉禁以守之。若以时取之，则物其地图而授之，巡其禁令。"《周礼·秋官·职金》中也记载："职金掌凡金、玉、锡、石、丹、青之戒令。受其入征者，辨其物之媺恶，与其数量，楬而玺之。入其金、锡于为兵器之府，入其玉、石、丹、青于守藏之府。"郑玄注："青，空青也。"空青，即孔雀石，产于川、赣等地，随同铜矿生成，球形，中空，可作绘画颜料。李斯《谏逐客书》中也有言："必秦国之所生然后可，则是……江南金、锡不为用，西蜀丹、青不为采。"

在《秦封泥汇考》一书中也收录有"采青丞印"一品，"采青丞"即为主管采青矿石的官员（图六）。

5. 采赤金

北京文雅堂藏有一品，未公布图片。《史记·平淮书》："金有三等，黄金为上，白金为中，赤金为下。"但"赤金"具体指何种金属，仍有待考证。

图五　"蜀采铁印"（H5④：61）　　　　　　　　　图六　"采青丞印"

　　在整理这批封泥的过程中，我们还发现了许多与采矿相关的封泥，如"采□丞□""□采□□""□采□印"等（图七）。

　　另外，在山东等地还发现了"楚采铜丞""齐采铁印""临淄采铁"等内容的封泥（图八）。[1]虽然山东地区发现封泥的年代可能都在汉代，但这些封泥的发现也充分的说明，在秦汉时期，金、银、铜、铁、青等是采矿的主要对象。

图七

1."采□丞□"（K1∶886）　2."□采□□"（K1∶740）　3."采□丞□"（H5②∶26）
4."□采□印"（H3⑦∶132）

图八　"楚采铜丞"

三、相关认识

　　根据相家巷出土封泥的内容，再结合其他地区的相关内容的发现，我们可以认识到，在战国时期，人们即对采矿业有较为具体的分类，尤其是到了秦汉时期，对采矿业分类更为具体。如《管子·地数》就载："上有丹沙者下有黄金；上有慈石者下有铜金；上有陵石者下有铅、锡、赤铜；上有赭者下有铁，次山之见荣者也。"

　　另外，我们还认识到，秦汉时期政府对采矿有严格的管理制度，应该有专门的机构来分门别类的管理。政府中央有专门的机构和官员来管理各地的各种矿产资源，集中管理、集中分配。

---

[1]　王之厚：《山东省博物馆藏封泥零拾》，《文物》1990年第10期。

秦汉时期的燃料供应与日常生活

——以木炭与薪柴为中心的探讨

夏 炎

（南开大学历史学院中国史学系、南开大学中国社会史研究中心）

摘要：木炭虽然是秦汉时期手工业生产中的主要燃料，但是没有在民众日常生活中得到普遍应用。在日常生活方面，木炭的使用者主要是特权阶层与富人阶层。秦汉时期广大民众日常生活中的主要燃料依然是薪柴。秦汉时期的森林资源十分丰富，整体上并没有出现所谓燃料危机。

关键词：秦汉；燃料；木炭；薪柴；日常生活

关于秦汉手工业生产中普遍使用木炭的结论，已经被大量的考古发现所证实，这里无需赘述。本文所要讨论的是秦汉时期木炭是否被广泛用于民众生活的问题。有的学者在论述木炭在秦汉经济生活中的地位问题时，结论是"秦汉时期，社会的主要燃料是木炭及薪柴""木炭以其'不烟不焰'的优点为人们喜爱，因此被广泛用于民众生活以及手工业生产领域如冶金、制陶、煮盐等诸多方面""木炭在秦汉的社会经济生活中，扮演了极其重要的角色"[1]。这里的"木炭被广泛用于民众生活"的结论便颇为可疑。之所以会产生这样的疑问，是由于笔者曾经对秦汉之后的魏晋南北朝及隋唐时期木炭的使用情况分别进行过初步研究，得出的结论是："由于木炭比薪柴的优点多，已被人们用作生活燃料。但受生产条件和技术的制约，从整体上看，木炭的供应并不十分充足，应该主要在社会上层中使用，其在生活燃料中所占的比重并不大。"[2]可见，直至中古时期（魏晋南北朝隋唐），木炭也并非被广泛用于民众生活。那么，木炭究竟是不是秦汉民众日常生活中的主要燃料呢？当时的广大民众真的都能够轻易得到木炭吗？他们真的可以在日常的炊事、取暖中大量使用木炭吗？而如果"广泛"二字存在偏差的话，那么当时使用木炭的又是哪些人群呢？针对这些疑问，本文将阐发一些个人见解，以期深化对传统社会燃料相关问题的探研。

---

[1] 李欣：《秦汉社会的木炭生产和消费》，《史学集刊》2012年第5期。

[2] 夏炎：《魏晋南北朝燃料供应与日常生活》，《东岳论丛》2013年第2期；《唐代薪炭消费与日常生活》，《天津师范大学学报》社会科学版2013年第4期。

一、秦汉广大民众是否可以轻易得到木炭？

首先，笔者拟通过生产与消费两个角度，对木炭在当时民众日常生活中的比重问题进行探讨。所谓木炭的生产，如果从使用者的角度讲，实际上就是木炭的来源问题。那么，秦汉时期木炭的来源在哪里？广大民众是否可以轻易得到木炭，从而将其应用于日常生活呢？

秦汉时代，民间木炭的来源主要有两个途径，一是独立生产，二是商品交换。

在传世文献中，生产木炭一般又称为"作炭"。然而，关于汉代民间"作炭"的史料可谓凤毛麟角。因此，我们仅能透过这些少而零散的文本叙述，探寻其背后隐藏的历史真相。

西汉窦皇后弟窦广国"年四五岁时，家贫，为人所略卖，其家不知其处。传十余家，至宜阳，为其主入山作炭，暮卧岸下百余人，岸崩，尽压杀卧者，少君独得脱，不死"[1]。这是目前关于汉代从事作炭作业人群的最为详细的记载。学界对"作炭"的"炭"字究竟是木炭还是石炭（煤）之意，尚存在分歧。史料中讲窦广国从幼年时便被家人出卖为奴隶，后经多次易主，被贩卖到宜阳一户人家，为其主人"入山作炭"。这里关于木炭的生产者是否主要是奴隶的问题，不在本文所要探讨的范围之内，姑且不论。本文的关注点是"主人"，即木炭使用者的身份问题。从这段史料可见，这位宜阳主人竟然可以役使"百余人"为其从事木炭生产活动，足见其身份并非普通民众，而是地方的富人阶层。同时，由于木炭的加工需要一定的生产条件和技术水平，因此，一家一户的普通百姓是很难达到这种"自给自足"生产木炭的水平的。

再来看汉宣帝时王褒《僮约》中规定的奴仆必须为其主人从事"焚薪作炭"的劳役事项。[2]《僮约》主要叙述了王褒在四川途经寡妇杨惠家时发生的一段见闻。杨惠丈夫在世时曾购买了一个奴隶取名"便了"。王褒让便了打酒，便了"便提大杖上冢巅曰：'大夫买便了时，但约守冢，不约为他家男子酤酒。'"[3]王褒听罢大怒，决定买下此奴，并通过订立契券的方式，对这个奴隶进行约束管教。在这份契约中，王褒明确规定了奴仆必须从事的若干劳役事项，其中便有辛苦异常的"焚薪作炭"。但是，如便了所说，在其出卖给王褒之前，他的主要工作是"但约守冢"，其中并没有"作炭"一项，这恰好说明像杨惠家这样的小门小户，虽然拥有少数奴隶，但也无法进行难度较大的作炭作业的事实。而王褒所立契约中所列的在一天之内让人不得喘息的种种劳役事项，也并非是便了实际应该从事的工作，其写作的目的仅仅是为了教训管束而已。

[1]　（汉）司马迁：《史记》卷四九《外戚世家》，中华书局，1959年，第1973页。

[2]　（唐）徐坚等：《初学记》卷一九《人部下·奴婢》，中华书局，1962年，第467页。

[3]　（唐）徐坚等：《初学记》卷一九《人部下·奴婢》，中华书局，1962年，第467页。

《淮南子·时则训》："季秋之月……是月草木黄落，乃伐薪为炭，蛰虫咸俯……"[1]这里虽然提到了"伐薪为炭"，但实际上《淮南子》相关记载的来源是《礼记·月令》，两者文字一字不差。此外，《吕氏春秋·季秋纪》中亦有完全一致的记载，当也本于《月令》。可见，所谓季秋"伐薪为炭"是先秦"月令"中的一种固定行为记录，并被后世为理想模式所不断传承。如果不结合具体的历史情境，单单从"伐薪为炭"四字，是无法对这一行为的主体与目的性进行简单判断的。

可见，秦汉时期的广大民众一般无法通过独立生产的方式获得木炭。那么，秦汉的普通民众是否可以通过商品交换的途径获得木炭呢？为了对木炭的生产和消费进行控制，历朝均设有专管木炭的机构与官员，《周礼·地官司徒》中记载有"掌炭下士""掌炭史""掌炭徒"，秦汉有菓丞，北周仿周礼设有掌炭中士、掌炭下士，唐代还专设了木炭使。实际上，历代主管山泽的官员一般也涉及木炭职掌。[2]那么，历代官府为什么要如此重视对木炭的管理呢？答案其实很简单，上述举动的首要动因，就是由于木炭难得。由于木炭的生产需要一定的技术条件与人力，因此，为了保障特权阶层使用木炭的优先权，历代官府才会在木炭的管理上下足功夫，实际上也再次证明了木炭并非普通民众易得之物的结论。此外，官府对木炭的严格管理，在秦汉时代还有一个特殊原因。张家山汉简《二年律令·钱律》有关于"盗铸钱，买铜炭"的律令，《汉书·王莽传》《后汉书·隗嚣传》也记载有关于"不得挟铜炭"的诏书、律令，可见木炭是当时禁止买卖的物资，也就是说没有官府的允许，木炭是不会在市场上自由流通的。从《二年律令》经《汉书·王莽传》再到《后汉书·隗嚣传》，可见官府对于木炭流通的禁令从西汉初年一直贯穿至东汉。在这种情况下，普通百姓是无法通过正常渠道购买到木炭的，可见，秦汉时期的普通民众亦无法通过商品交换的方式获取生活所用的木炭。

通过以上的讨论，秦汉时期的广大民众既不能通过自给自足的方式独立生产日常生活所需的木炭，亦不能通过商品交换的途径得来。那么，秦汉时期木炭既然不是普通民众日常生活所用之物，其主要消费者究竟是谁呢？

---

[1]　何宁：《淮南子集释》，中华书局，1998年，第420页。

[2]　刘翠溶详细叙述了历代山泽管理之官员及其制度演变，参见刘翠溶：《中国历史上关于山林川泽的观念和制度》，《经济成长、所得分配与制度演化》，"中研院"中山人文社会科学研究所，1999年，第28—34页。

二、秦汉木炭的主要消费者究竟是谁？

关于秦汉宫室取暖用炭的问题，已被文献记载和考古发现所证实，是公认的史实。宫室用炭自先秦开始便已是惯例，上文已述，历代官府均对木炭的生产进行严格掌控，其主要目的便是保证宫室优先用炭，而笔者比较关心的是普通民众取暖是否要用木炭的问题。

《新论》卷八《祛弊》："余尝过故陈令同郡杜房，见其举火夜坐，燃炭干墙。"[1]这里"燃炭干墙"的杜房的身份是故陈县令，虽然"故"字说明他已离任，但其身份已然与普通民户划清了界限。可见，杜房"燃炭干墙"的事例无法为民户取暖的普遍性提供充分论据。实际上，在《新论》卷一三《辨惑》中亦有时人用炭的记载："汉黄门郎程伟，好黄白术，娶妻得知方家女。伟常从驾出，而无时衣，甚忧。妻曰：'请致两端缣。'缣即无故而至前。伟按《枕中鸿宝》作金，不成，妻乃往视伟，伟方扇炭烧筒，筒中有水银。妻曰：'吾欲试相视一事。'乃出其囊中药，少少投之。食顷发之，已成银。"[2]我们发现，史料中"扇炭烧筒"的程伟的身份是黄门郎，亦非普通民户，当然也不能用作当时民户取暖普遍性的论据。

汉代私人书信中有"近衣炭"的表达，如安徽天长西汉墓出土的木牍（M19：40-12）有"孟马足下寒时少进酒食近衣炭□病自愈以□□幸甚幸甚"[3]之语。关于这句话，目前已被学者释读为："孟马足下，寒时少进酒食，近衣、炭慎，病自愈以还被，幸甚幸甚。"[4]其中，与本文密切相关的是"寒时少进酒食，近衣、炭慎"数字，这几个字的意思是指："天气很冷的时候可以稍微进一些酒食，但是在穿衣以及烤炭火取暖方面要慎重一些。"[5]那么，天长西汉墓出土木牍上的"近衣炭"三字是否可以作为民众在室内取暖普遍使用木炭的证据呢？我们先来看一看"近衣炭"三字的词语使用方法。范常喜《安徽天长纪庄汉墓书牍考释拾遗》提及："汉代书信简中多见'近衣'一语，也有作'谨衣''调衣''慎衣''足衣'者……"由此可见，'近衣'是当时书信中的习用语，意思是希望收信人天寒时注意添加衣服"，那么，

---

[1]　（汉）桓谭撰，朱谦之校辑：《新辑本桓谭新论》，中华书局，2009年，第31页。

[2]　（汉）桓谭撰，朱谦之校辑：《新辑本桓谭新论》，中华书局，2009年，第57、58页。

[3]　天长市文物管理所，天长市博物馆：《安徽天长西汉墓发掘简报》，《文物》2006年第11期。

[4]　何有祖：《天长汉墓所见书信牍管窥》，《简帛》第三辑，上海古籍出版社，2008年，第266页。

[5]　何有祖：《天长汉墓所见书信牍管窥》，《简帛》第三辑，上海古籍出版社，2008年，第267页。

"近衣、炭"亦当属于汉代私人书信中的一种习语，属于饮食起居方面的祝福语，在当时已然约定俗成，即"注意保重身体"之意。至于对方家是否有炭，则不是写信人关心的问题。因此，在缺乏任何具体的历史情境的情况下，仅从"近衣、炭"这一问候套语中我们是无法轻易得出民众普遍使用木炭的结论的。从另一个角度讲，即使说"近衣、炭"的确是对方实情写照的话，我们再来看一看这封信的主客双方的社会地位。从信的内容来看，是一个叫方被的下属向上级探病的书信。[1]据研究，墓主人叫"谢孟"，方被叮嘱谢孟"近衣、炭"，说明谢孟家有炭和炭炉，可以用之取暖。谢孟是西汉中期东阳县掌握一定权力的官吏[2]，属于特权阶层。实际上，秦汉时期特权阶层在日常生活中使用木炭并不鲜见。因此，以此作为木炭普遍使用的论据则有以偏概全之嫌。

此外，秦汉时期大量的考古发现，也为当时燃料的相关问题研究提供了重要的实物资料。木炭在时人死后生活中的应用，即在墓葬中使用木炭防潮的问题，已是常识，例如曾出土过数万斤木炭的长沙马王堆1号汉墓、北京大葆台汉墓以及长沙渔阳汉墓等较高等级的墓葬案例。经过学者们的共同探研，目前已知，马王堆1号汉墓的主人是汉初长沙丞相轪侯利苍之妻辛追，大葆台汉墓的主人目前虽然没有定论，但肯定是西汉诸侯王无疑[3]，而新近发现的长沙渔阳汉墓的主人则是朝臣女或汉室公主的可能性极大[4]。从这些墓葬的主人身份来看，他们并非普通百姓，而是既富且贵的特权阶层。

又如广西贵县风流岭三十一号西汉墓也出土过木炭，该汉墓不仅规模较大，结构严谨，随葬品也异常丰富，且设有车马坑，并出土了车马器，这都说明墓主人的身份无疑是当时统治阶级。[5]山东章丘市洛庄汉墓陪葬坑4号坑"入口处堆放有约100公斤的木炭"，该墓葬具有诸侯王墓的规模，其年代应在西汉早期。[6]广西贵县北郊汉墓，这一墓葬群虽然都是中小型墓葬，等级也确实比上述"题凑之室"要低，但从中出土的器物亦相当丰富。在广西贵县北郊汉墓（水电M5）发现有木炭充填的那座墓葬

[1]　何有祖：《天长汉墓所见书信牍管窥》，《简帛》第三辑，上海古籍出版社，2008年，第267页。

[2]　天长市文物管理所，天长市博物馆：《安徽天长西汉墓发掘简报》，《文物》2006年第11期。

[3]　王灿炽：《大葆台西汉墓墓主考》，《文物》1986年第2期。

[4]　宋少华：《长沙西汉渔阳墓相关问题刍议》，《文物》2010年第4期。

[5]　广西壮族自治区文物工作队：《广西贵县风流岭三十一号西汉墓清理简报》，《考古》1984年第1期。

[6]　济南市考古研究所、山东大学考古系、山东省文物考古研究所，等：《山东章丘市洛庄汉墓陪葬坑的清理》，《考古》2004年第8期。

中，出土的随葬品以生活实用陶器为主，有壶、罐、釜、井、仓、屋等陶器和铜镜、铜环首刀、铜灯共三十多件[1]。能够拥有这些陪葬品的墓主人肯定不是普通百姓，而是拥有一定财富和社会地位的富人阶层。此外，与该墓葬中木炭填充方式类似的，还有广州市东北郊西汉第四号墓，随葬品也非常丰富，其墓主人亦非寻常百姓。[2]所以，这类墓葬虽然规模不大，但其墓主人仍然属于当地的富人阶层。无论是特权阶层，抑或富人阶层，皆非普通百姓，他们均为社会上的少数人群，因此，在这些人的墓葬中出现木炭用以防潮的现象，绝对不能反映木炭在平民墓中得到普遍应用的事实。

实际上，除了墓葬中用木炭防潮之外，关于时人死亡生活中的用炭问题，我们还可以从其他考古资料中获得线索——遣册中的木炭记录。

所谓遣册，就是书写在竹木简上的随葬物品的清单，这在一些战国秦汉墓葬中多有发现，在多数情况下，遣册中记载的物品与随葬品基本相符。目前，记载有"炭"的遣册极少，最具典型性的是广西贵县罗泊湾一号汉墓出土的书写随葬器物清单的木牍"从器志"。虽然名为"从器志"，实质上就是一部遣册，在这份清单中便有"炭四篮"[3]的记录。关于该墓的墓主人身份，容后再论。有趣的是在其他墓葬中出土的遣册中，虽然没有炭的记载，却记载有薪柴。如萧家草场二六号汉墓出土的遣册34号简上记有"桑薪三束"[4]，在同时出土的随葬品中便有用楸木劈成的木柴一散堆，当与遣册中的"桑薪三束"相对应。又如张家山二四七号汉墓出土的遣册1号简上也记有"桑薪三束"[5]。此外，在江陵凤凰山八号汉墓出土的遣册85号简上记有"牛车一乘，载□□三束"[6]，"三束"前面的二字虽然无法识读，但根据当时出土的牛车一乘上载薪柴的情况，并结合其他遣册中"桑薪三束"的用法，这两个字当为"桑薪"二字。

[1] 广西壮族自治区文物工作队：《广西贵县北郊汉墓》，《考古》1985年第3期。

[2] 广州市文物管理委员会：《广州市东北郊西汉木椁墓发掘简报》，《考古通讯》1955年第4期。

[3] 李均明、何双全编：《秦汉魏晋出土文献：散见简牍合辑》，文物出版社，1990年，第127页。

[4] 湖北省荆州市周梁玉桥遗址博物馆编：《关沮秦汉墓简牍》，中华书局，2001年，第142页。

[5] 《张家山汉墓竹简【二四七号墓】（释文修订本）》将这段简文释读为"□薪三车"。参见张家山二四七号汉墓竹简整理小组编著：《张家山汉墓竹简【二四七号墓】（释文修订本）》，文物出版社，2006年，第189页。刘钊认为"薪"字前面的阙字当为"桑"字。参见刘钊：《〈张家山汉墓竹简〉释文注释商榷（一）》，《古籍整理研究学刊》2005年第3期。田河认为"车"字当为"束"字。参见田河：《张家山二四七号汉墓遣册释文中存在的几个问题》，复旦大学出土文献与古文字研究中心网站，2008年10月21日，http://www.gwz.fudan.edu.cn/SrcShow.asp? Src_ID=529。刘、田的校补结论可从。

[6] 金立：《江陵凤凰山八号汉墓竹简试释》，《文物》1976年第6期。

　　从广西贵县罗泊湾一号汉墓"从器志"中的"炭四篮",再到上述墓葬遣册中的"桑薪三束",便可以发现一些问题。虽然罗泊湾一号汉墓的墓主身份即族属问题至今仍存在分歧,但无论是南越国郡一级的汉人地方高级官吏,还是岭南土著的民族首领,其身份均属于特权阶层,关于这一点毫无疑义。[1]由于墓主的特权身份,在其死后随葬木炭以为日常用度当属正常现象。然而,为什么其他遣册中随葬的生活燃料,没有木炭,而只有薪柴呢?我们先来看一看这几座墓葬主人的身份。萧家草场二六号汉墓的下葬年代为西汉早期,其上限为西汉初年,下限不晚于文景时期。墓葬"墓主生前的身份及社会地位要低于'官大夫'第六级爵,可能是中小地主、商人或第五级爵以下的乡官"[2]。张家山汉简墓主人去世当在西汉吕后二年(公元前186)或其后不久。从葬具和随葬品判断,墓主人身份并不高,随葬的各种古书也暗示墓主人生前是一名低级官吏。可见,在西汉初年,即使是富人阶层或者是低级官吏,在他们的墓葬中也不会轻易出现木炭,只能以薪柴中品质较高的桑薪代替,而木炭的使用者仅仅是像罗泊湾汉墓主人那样的地方大员,至于普通百姓更是难以企及了。

　　既然西汉初年木炭的使用仅限特权阶层,即使是富人或是低级官吏都难以使用,那么上述广西贵县北郊汉墓(水电M5)和广州市东北郊西汉墓的墓主人均为富人阶层,而非特权阶层,为什么在这些墓葬中会出土用以防潮的木炭呢?实际上,如果考虑这些墓葬的时间,问题便会迎刃而解。广州市东北郊西汉墓约为西汉中晚期的墓葬,而广西贵县北郊汉墓的时间则是东汉晚期。由此我们便可以了解到这样一个事实,即随着时间的推移,至西汉中晚期,木炭的使用层面开始出现下移的趋势,由特权阶层扩展到富人阶层,这种趋势一直持续至东汉时期。但是,虽然出现了下移的趋势,其下限依然仅仅停留在富人阶层这一层面,普通百姓依然无法轻易使用木炭作为生活燃料,即使在随后的魏晋南北朝隋唐时代,这种现象依然如此。[3]

　　综上所述,秦汉时期日常生活用炭的消费者主要就是两大阶层,一是特权阶层,二是富人阶层,二者之间在一定情况下可以互相转化。其中,特权阶层包括皇室和各级官吏,他们通过组织人力进行大规模的木炭生产,为其日常生活提供重要燃料,即使在其死后亦能享有高贵的"木炭生活"。《张家山汉简·算术书》中的"负炭"

---

　　[1]　广西壮族自治区文物工作队:《广西贵县罗泊湾一号墓发掘简报》,《文物》1978年第9期;蓝日勇:《试论罗泊湾一号墓墓主身份及族属》,《广西民族研究》1986年第2期;蒋廷瑜:《贵县罗泊湾汉墓墓主族属的再分析》,《学术论坛》1987年第1期。

　　[2]　湖北省荆州市周梁玉桥遗址博物馆编:《关沮秦汉墓简牍》,中华书局,2001年,第185页。

　　[3]　夏炎:《魏晋南北朝燃料供应与日常生活》,《东岳论丛》2013年第2期。《唐代薪炭消费与日常生活》,《天津师范大学学报》社会科学版2013年第4期。

条[1]便反映了普通民众为官府生产木炭的事实。可以这么说,秦汉时期的广大民众不是木炭的主要消费者,而是木炭的主要生产者。与此同时,地方的富人阶层,凭借其雄厚的经济实力,通过使用人力,在官府监管的缝隙中,以自给自足的方式生产自己日常生活所需的木炭。窦广国为其主人入山作炭的故事便是一例。此外,东汉后期崔寔所著《四民月令》中也记载了日益发展起来的大族庄园经济中关于薪炭的生产情况,如"二月,可粜粟、黍、大小豆、麻、麦子等。收薪炭",又如"五月,霖雨将降,储米、谷、薪炭,以备道路陷滞不通"。这些都是富人阶层在日常生活中使用木炭的真实写照。

三、秦汉民众日常生活的主要燃料是薪柴

经过上文的讨论,我们可以确信的一个历史事实是:木炭是秦汉手工业生产中的主要燃料,而并没有在民众日常生活中得到普遍应用。在日常生活方面,木炭的使用者主要是特权阶层与富人阶层。那么,当时普通民众日常生活的主要燃料是什么呢?自然是薪柴。关于秦汉时期薪柴的使用问题,一些学者虽然偶有涉及,但并未作深入探讨[2],因此有必要结合相关史料,对秦汉薪柴的生产与消费问题进行详细解读,以进一步深化对本文上述结论的认识。

薪柴是古代一种重要的生物质燃料,对于生活于山林或及其周边的民众而言,完全可以凭借"靠山吃山"的方式达到自给自足的程度,正所谓"林中不卖薪,湖上不鬻鱼"[3]。刘向撰《列女传》卷二《贤明传·楚老莱妻》载春秋楚国"莱子逃世,耕于蒙山之阳。葭墙蓬室,木床蓍席,衣缊食菽,垦山播种……其妻戴畚莱挟薪樵而来……"这里的"挟薪樵"便反映了早期薪柴的这种自给自足的生产方式。

随着城市与集镇的兴起与发展,那些远离山林的城市、集镇居民欲通过樵采的方式获取生活燃料的难度较大,因此他们获得薪柴的主要途径是购买,由此,薪柴便进入到商品流通领域之中。薪柴得以进入商品流通领域,主要依赖当时的采薪作业人群。根据采薪作业在家庭生计中所占比重的不同,我们可将采薪作业人群分为职业采薪与副业采薪两部分。

---

[1] 张家山二四七号汉墓竹简整理小组编著:《张家山汉墓竹简【二四七号墓】(释文修订本)》,文物出版社,2006年,第148页。

[2] 一些学者认为秦汉"炊事燃料主要有薪、苇、草、炭。其中,薪的使用最为普遍"。参见彭卫、杨振红:《中国风俗通史·秦汉卷》,上海文艺出版社,2002年,第54页。王子今亦有关于秦汉"薪柴消费"的简短专论,参见王子今:《秦汉时期生态环境研究》,北京大学出版社,2007年,第337页。

[3] 何宁:《淮南子集释》卷十一《齐俗训》,中华书局,1998年,第825页。

以采薪作为职业的情况出现得较早，在春秋的越国，就有"苎萝山鬻薪之女，曰西施、郑旦"[1]。当时，采薪往往和贫穷二字挂钩，如楚相孙叔敖死后，其子曾"穷困负薪"[2]，以维持温饱，这样的例子在传统社会不胜枚举。后世便将"负薪"一词指代那些地位低微之人以及贫困的生活处境。然而，我们从孙叔敖之子的事例中发现了一个现象，那就是即使是异常穷苦之家，也能够仅仅依靠采薪作业维持温饱。这一现象一方面说明采薪作业的简单易行，并可在短期获利，个人可赖之维持家庭生计，从而使职业采薪成为可能；另一方面，贩卖薪柴可以获利的现实，也说明当时社会对薪柴的需求量较大，反映出薪柴在人们日常生活燃料中所占的重要地位，这正是本部分所要论证的结论。

具体到汉代的职业采薪情况也可以找到几个例证，如西汉初，朱买臣"家贫，好读书，不治产业，常艾薪樵，卖以给食，担束薪，行且诵书"[3]；又如东汉初，郑弘"少贫贱，以采薪为业"[4]。至东汉末年，"冯翊甲族桓、田、吉、郭及故侍中郑文信等，颇以其各有器实，共纪识之。会三辅乱，人多流宕，而（严）幹、（李）义不去，与诸知故相浮沉，采樵自活。逮建安初，关中始开"[5]。此外，当时的隐士尚子平，"有道术，为县功曹，休归，自入山担薪，卖以供食饮"[6]。虽然目前关于汉代职业采薪的史料仅仅是以上寥寥数笔，但从朱买臣的"不治产业，常艾薪樵，卖以给食"到郑弘的"采薪为业"，从严幹、李义的"采樵自活"到尚子平的"入山担薪，卖以供食饮"，足以说明两汉职业采薪作业人群的生计状态以及采薪作业在其日常生活中所处的重要地位。

此外，与职业采薪人群并存的还有所谓副业采薪群体，我们先来看一看《诗经》中的几句诗。《诗经·豳风·七月》："六月食郁及薁，七月亨葵及菽，八月剥枣。十月获稻，为此春酒，以介眉寿。七月食瓜，八月断壶，九月叔苴。采荼薪樗，食我农夫。"[7]关于诗中的"农夫"的身份问题，可以姑且不论，笔者所关心的是该诗

[1]　周生春：《吴越春秋辑校汇考》卷九《勾践阴谋外传》，上海古籍出版社，1997年版，第147页。

[2]　（汉）司马迁：《史记》卷一二六《滑稽列传·优孟》，第3201页。

[3]　（汉）班固：《汉书》卷六四上《朱买臣传》，中华书局，1962年，第2791页。

[4]　（宋）李昉等：《太平御览》卷四七《地部十二·会稽东越诸山》引《会稽记》，中华书局，1960年，第227页。

[5]　（晋）陈寿撰，（宋）裴松之注：《三国志》卷二三《魏书·裴潜传》注引《魏略·列传》，中华书局，1971年，第674页。

[6]　（梁）萧统编，（唐）李善注：《文选》卷四三嵇康《与山巨源绝交书》注引《英雄记》，中华书局，1977年，第601页。

[7]　十三经注疏整理委员会：《毛诗正义》，北京大学出版社，2000年，第589页。

描写的先秦时期豳地（今陕西旬邑县西）的"农夫"在农业生产之外所从事的一些副业劳作项目，特别是其中的"薪樗"二字颇值得关注。按照一般的理解，"樗"为臭椿，"薪樗"就是采樗木为薪之意。诗中提及的伐薪作业时间是九月，而这与《礼记·月令》所载"季秋之月……草木黄落，乃伐薪为炭"的时间正好相符。也就是说《七月》中的"农夫"在九月所从事的采伐薪樗作业是一年中的规定项目。那么，他们伐薪的目的是什么呢？首先可以肯定的是自给自足，为其日常生活提供必要燃料。此外，从"食我农夫"四字推测，伐薪恐怕不仅仅是只是出于自给自足的目的，而将所获薪柴的一部分用于商品交换满足其他生活需求的可能性相当大。

实际上，这种以贩卖薪柴作为家庭生计补充的形式很早便出现在史籍中。《管子·轻重甲》中记载了这样一则故事："齐之北泽烧，火光照堂下。管子入贺桓公曰：'吾田野辟，农夫必有百倍之利矣。'是岁租税九月而具，粟又美。桓公召管子而问曰：'此何故也？'管子对曰：'万乘之国，千乘之国，不能无薪而炊。今北泽烧，莫之续，则是农夫得居装而卖其薪荛，一束十倍。则春有以傳耜，夏有以决芸。此租税所以九月而具也。'"[1] 故事中齐国的农夫通过贩卖薪柴而获利，但是很显然，这些农夫并不是职业的采薪者。故事虽然具有偶然性，但农夫们所贩卖的薪柴只不过是作为家庭生计的重要补充，从这个意义上讲，我们可以将这种薪柴的生产形式称之为副业采薪。汉代晁错在其《论贵粟疏》中有这样一段话："今农夫五口之家，其服役者不下二人，其能耕者不过百畮，百畮之收不过百石。春耕夏耘，秋获冬藏，伐薪樗，治官府，给徭役……"[2] 在这段描述小农一年生产生活的记录中，我们发现，除去"春耕，夏耘，秋获，冬藏"的农业生产与"治官府，给徭役"各种徭役之外，晁错还特别指出了"伐薪樗"一项独特的作业活动。可见，在汉初一些农民的家庭生计结构中，采薪作为一项副业已成为当时家庭生计的重要补充。只不过在记载两汉历史的史籍中，关于这种以采薪为副业人群的记录亦相对稀少，使我们无法窥见这一作业人群的活动实态。但是有一点我们是确信的，即秦汉时期对薪柴的需求量是相当巨大的。当时所谓"通邑大都"一年间就要流通"薪藁千车"[3]，其他地区对薪柴的需求量亦可想而知。社会所需的大量薪柴不可能是无源之水，肯定是由各地的采薪者所提供的。采薪群体的普遍与秦汉社会对薪柴需求的巨大，共同论证了本文所设定的结论，即秦汉民众日常生活的主要燃料依然是薪柴，而非木炭。

---

[1]　（清）黎翔凤撰，梁运华整理：《管子校注》卷二三《轻重甲》，中华书局，2004年，第1420页。

[2]　（汉）班固：《汉书》卷二四上《食货志上》，中华书局，1962年，第1132页。

[3]　（汉）司马迁：《史记》卷一二九《货殖列传》，中华书局，1982年，第3274页。

四、结语——兼谈传统社会前期燃料问题的研究方法

自内藤湖南提出"唐宋变革论"假说之后，学界对此众说纷纭。无论该假说成立与否，就笔者看来，唐宋之间的确存在着某种分割传统社会的界标。就本文所讨论的日常生活燃料问题而言，在宋以前，从先秦，经秦汉魏晋南北朝而至隋唐，民众日常生活的主要燃料依然是薪柴，木炭仅仅在社会上层中使用。而在宋以后，至于是否发生了如宫崎市定所言的煤炭的"燃料革命"[1]，在此暂不讨论，而木炭的确在民众的日常生活中逐渐得到了普及。[2]

此外，从传世文献的多寡之别上，宋代亦是一条分水岭。在宋以前，传世文献相对较少，对于传统社会前期的历史研究，在解读传统史料的基础上，亦要借助陈寅恪先生所谓的"新材料"与"新方法"，方能取得新的突破。而宋以后的史料则逐渐增多，以致浩如烟海，一人尽其一生之力亦不能卒读。正因为宋以前的传世文献较少，而关于日常生活燃料的记录则更为稀少，因此我们在解读零散史料、论证史实的过程中，就更需要结合具体历史情境，具体问题具体分析，切不可轻易草率地下结论。一方面，我们绝不能犯以偏概全的毛病，这样只能离历史真实越来越远。另一方面，我们也不能在面对几条孤证时而踟蹰不前，因为文本叙述之所以会在历史上留下一段记录，无论是史家的有意或无意，终会为后人提供某种信息。在这些信息的背后，一定隐藏着一些历史线索。而发掘历史线索，解明历史难题，揭示历史变迁过程，正是历史学家的任务。

最后，还要谈一谈关于燃料消费与森林资源变迁的问题，而这一点也与宋代这个分水岭密切相关。一般认为，燃料消费要消耗大量木材，人类的这一行为势必导致森林资源的减少，进而造成燃料危机。关于这一点，笔者也持赞同意见。然而，正如笔者在上文强调的那样，历史研究需要具体问题具体分析，切不可以偏概全。虽然随着人口增殖、农业发展以及城镇聚落的不断兴起，人类对于森林的破坏力不断增强。但是相较于明清以后的毁林形势，宋以前的森林资源虽有不同程度的破坏，局部地区也或多或少出现了所谓燃料危机，但这仅仅是区域性的问题，历代的森林资源总体上依

[1] 〔日〕宫崎市定：《宋代的煤与铁》，《东方学》第13辑，1957年。

[2] 许惠民：《北宋时期煤炭的开发利用》，《中国史研究》1987年第2期；许惠民、黄淳：《北宋时期开封的燃料问题——宋代能源问题研究之二》，《云南社会科学》1988年第6期；许惠民：《南宋时期煤炭的开发利用——兼对两宋煤炭开采的总结》，《云南社会科学》1994年第6期。

然保持良好^[1]。关于生活用燃料消费与森林资源破坏的关系，蓝勇等曾经估算过人地比率数据，认为由于人地比率不大，即使在唐代长安这样的大都市"每人年均耗薪材约为1000斤左右，影响森林仅为0.0005平方公里"^[2]。唐代尚且如此，那么唐之前的情况则当更为乐观^[3]。切不可站在现代人的角度，用所谓的生态思想，对寥寥数条相关史料进行简单解读，而应结合具体的历史情境，从史料中挖掘出符合时代特征的历史面相。一言以蔽之，在宋以前，各地的森林资源尚比较丰富，尤以南方为甚，燃料来源整体上并没有出现严重的短缺，亦不会从整体上直接造成燃料的供应紧张。

附记：本文原文以《秦汉时期燃料供应与日常生活——兼与李欣博士商榷》为题，刊于《史学集刊》2014年第6期，此次做了若干修订与改动。南开大学历史学院考古学及博物馆学系刘尊志教授对本文的写作多有助益，在此谨致谢忱。

基金项目：国家社科基金一般项目《汉唐〈异物志〉整理与研究》（15BZS043）；中央高校基本科研业务费专项资金资助项目《人与自然互动的历史叙述：中古地志辑佚与研究》（63182031）；教育部人文社会科学重点研究基地重大项目"魏晋南北朝日常生活"（14JJD770026）。

---

　[1]　据樊宝敏等估算，从远古至隋唐，国土森林覆盖率从64%下降至33%。参见樊宝敏：《中国历代森林覆盖率的探讨》，《北京林业大学学报》2001年第4期。然而，这种缺乏系统数据的统计方式是否科学，尚待进一步研究。
　[2]　蓝勇：《燃料换代历史与森林分布变迁——以近两千年长江上游为时空背景》，《中国历史地理论丛》，2007年第2辑。
　[3]　史念海：《历史时期黄河中游的森林》，《河山集》二集，生活·读书·新知三联书店，1981年。王子今亦认为："从总体上看，秦汉时期依然是森林繁育的年代，林区的规模与形势，往往为今人所难以想象。"参见王子今：《秦汉时期生态环境研究》，北京大学出版社，2007年，第339页。

汉代农作物的考古发现与认识

张 凤

（河南省文物考古研究院）

摘要：考古发现的汉代农作物信息主要包括谷物遗存和在其他遗物上留下来的文字记述。谷物遗存多来源于陶容器储物（如仓、罐）、仓储建筑遗址、仓窖遗迹，以及一些遗址的植物考古采样结果等；文字信息常见于墓葬出土的陶仓、壶、罐的表面，以及竹简木牍上的相关记载。根据考古发现，汉代农作物的种类无外乎粟、黍、麦（大、小、荞麦）、稻、大豆、小豆等。但是，仅依靠以上信息或者某个遗址的分析结果，还不能解决粮食结构或者某类作物在农业生产及生活中的比重等问题。汉魏时期是我国古代粮食结构与农业生产技术的重要转型期，很多问题还需要进一步细化研究，需要多学科、多种技术手段的综合运用。

关键词：汉代；农作物；考古发现；粮食结构；综合研究

中国古代粮食种类常以"五谷"代称。"五谷"一词初见于《论语·微子》："四体不勤，谷物不分"。战国以后，"五谷"被普遍认识，但是"五谷"的组成却有所不同，可大致分为三类，每类中的作物排序还不甚一致：①指黍、稷、麻、麦、豆；②黍、稷、豆、麦、稻；③稻、秫（稷）、麦、豆、麻。[1]《汉书·食货志上》："种谷必杂五种，以备灾害。"颜师古注曰："五谷，谓黍、稷、麻、麦、豆也。"与第一类五谷的组成相同。虽然诸文献记载有较多分歧，不过"五谷"的基本组成不外乎黍、稷、麦、豆、稻、麻的不同排列组合。关于"稷"存在不同认识：①"稷"就是"穄"，是不黏的黍[2]，也称为糜子；②"稷"是粟，与"穄"不是同一个字[3]。本文认可第二种认识，即"稷"就是粟，也称为"禾"，今多称"小米""谷子"。

---

［1］ 梁家勉主编：《中国农业科学技术史稿》，农业出版社，1989年，第119页。

［2］ 中国农业科学院南京农学院，中国农业遗产研究室：《中国农学史》（上），科学出版社，1984年，第36页；唐启宇：《中国农史稿》，农业出版社，1985年，第29页；陈文华：《中国古代农业科技史图谱》，农业出版社，1991年，第40页。

［3］ 梁家勉主编：《中国农业科学技术史稿》，农业出版社，1989年，第56、57页；游修龄：《论黍和稷》，《农业考古》，1984年第2期。

汉代的主要粮食作物已经包括以上这六种，不过稻是南方主要作物，北方虽有种植，但是相对较少；麻逐渐退出粮食作物的行列，成为主要纤维作物。粟、黍从商周时期一直是北方的主要粮食作物；到了战国时代，菽的重要性迅速增加，和粟并列成为主要粮食[1]。西汉中期以来，有学者认为谷物比重呈现出"小麦比重增大、菽比重降低"的趋势，小麦在食物构成中的比重完成了历史性的转变。[2]但是，汉代小麦的地位是否已经超越黍、粟、菽，成为粮食结构中的首要组成，还需要细化研究和多方面求证。

一、考古发现的农作物信息种类

考古发现的汉代农作物信息主要包括谷物遗存，以及在其他遗物上留下来的文字记述。

（一）实物遗存

汉代谷物遗存多来源于陶容器储物（如仓、罐）、一些遗址的植物考古采样结果，以及一些仓储建筑遗址、仓窖遗迹，如汉河南县城内的仓、囷遗迹[3]、陕西省华阴市汉"京师仓"遗址[4]等。这些作物遗存发现时多已炭化或者硅化，主要种类有粟、黍、稷、麦（大、小、乔麦）、稻、大豆、小豆、青稞等（表一）[5]，种类多且杂，为了便于统计汉代各种粮食作物的比重，下面主要以洛阳烧沟汉墓和西安地区汉墓出土的谷物遗存为例做一说明。洛阳烧沟汉墓出土的983件陶仓中表面书写谷物名称的有53件，仓内有作物实物的有14件，其中3件里面残存的是黍（壳），5件里面是谷子，即粟，6件里面是稻（壳）[6]。据《西安东汉墓》报告附录一《西安地区两汉墓葬出土陶仓内植物遗存的鉴定和分析》，西安地区汉墓出土的陶仓中45件内存有植物遗存，经鉴定种类有粟、黍、大豆、小豆、大麦、小麦、稻谷、大麻、薏苡和板栗，

---

[1]　张波、樊志民：《中国农业通史·战国秦汉卷》，中国农业出版社，2007年，第159页。

[2]　彭卫：《关于小麦在汉代推广的再探讨》，《中国经济史研究》2010年第4期。

[3]　郭宝钧：《洛阳西郊汉代居住遗迹》，《考古通讯》1956年第1期；黄展岳：《1955年春洛阳河南县城东区发掘报告》，《考古学报》1956年第4期。

[4]　陕西省考古研究所：《华仓考古队汉华仓遗址勘查记》，《考古与文物》1981年第3期；陕西省考古研究所华仓考古队：《汉华仓遗址发掘简报》，《考古与文物》1982年第6期。

[5]　统计表中资料的公布时间范围从20世纪50年代至2008年。

[6]　洛阳区考古发掘队：《洛阳烧沟汉墓》，科学出版社，1959年，第156—159页。

其中以粟的出现比例最高，为44%，其次是黍，为29%[1]。从以上两例看，汉代常见的粮食作物还是粟、黍占比重大些。

相关植物考古材料以山东邹城邾国故城遗址[2]为例，通过采样、分析，得出了春秋、战国至西汉主要农作物数量百分比和出土概率，春秋时期以小麦和粟为主，小麦更具优势地位，其次是大豆；战国时期，粟的数量有较大增幅，小麦则有所收缩，但二者的出土概率依然保持了一致；西汉时期，几种主要作物的比重顺序是小麦、粟、大豆、小豆、黍。以此为基础，作者认为在东周—西汉的进程中，小麦是具有优势的。但是据实验分析，西汉小麦的尺寸较现在小麦小，约为现在小麦的60%，若考虑是为粒食还是粉食为主，目前还没有直接有力的证据。

表一　粮食作物遗存统计表

年代	作物	地点	文献出处
西汉	粟	陕西咸阳马泉	《陕西咸阳马泉西汉墓》，《考古》1979年第2期
汉	稻	陕西西安	《西安市东郊汉墓中发现的带字陶仓》，《考古》1963年第4期
东汉	粟	陕西西安卷烟材料厂	《陕西卷烟材料厂汉墓发掘简报》，《考古与文物》1997年第1期
西汉	谷子	河南洛阳西郊	《洛阳西郊汉墓发掘报告》，《考古学报》1963年第2期
西汉	谷子	河南洛阳涧滨	《洛阳涧滨古文化遗址及汉墓》，《考古学报》1956年第1期
西汉	粟	河南洛阳烧沟	《洛阳烧沟汉墓》，科学出版社，1959年，第112页
西汉	粟	山西辉县铁路饭店	《辉县地方铁路饭店工地汉墓发掘简报》，《中原文物》1986年第2期
汉	粟	山西平陆	《山西平陆枣园村壁画汉墓》，《考古》1959年第9期
汉	谷子	山西平陆茅津	《山西平陆出土的汉代农作物》，《农业考古》1984年第1期
汉	谷子	山西平陆寨头	《山西平陆出土的汉代农作物》，《农业考古》1984年第1期
汉	谷子	山西平陆盘南	《古代诗词与农史研究》，《农业考古》1984年第1期
西汉	粟	山东茌平南城庄	《山东省茌平县南陈庄遗址发掘简报》，《考古》1985年第4期
西汉	谷子	山东临沂金雀山	《山东临沂金雀山九号汉墓发掘简报》，《文物》1977年第11期
西汉	谷子	江苏徐州奎山	《江苏徐州奎山西汉墓》，《考古》1974年第2期
西汉	小米	江苏邗江胡场	《扬州邗江县胡场汉墓》，《文物》1980年第3期
西汉	粟	江苏仪征胥浦	《江苏仪征胥浦101号西汉墓》，《文物》1987年第1期
西汉	粟	湖北荆州萧家草场	《关沮秦汉墓清理简报》，《文物》1999年第6期

［1］　赵志军：《西安地区两汉墓葬出土陶仓内植物遗存的鉴定和分析》，《西安东汉墓（下）·附录一》，文物出版社，2009年，第1077—1085页。

［2］　马方青：《山东邹城邾国故城（2015）东周至西汉植物考古观察》，山东大学2017年硕士学位论文，第62、63页。

续表

年代	作物	地点	文献出处
西汉	小米	湖北光化	《光化五座坟西汉墓》，《考古学报》1976年第2期
西汉	粟/小米	湖北江陵凤凰山	《湖北江陵凤凰山西汉墓发掘简报》，《文物》1974年第6期
西汉	粟/小米	湖北江陵凤凰山M168	《湖北江陵凤凰山一六八号汉墓发掘简报》，《文物》1975年第9期 《江陵凤凰山一六七号汉墓发掘简报》，《文物》1976年第10期
西汉		湖北江陵凤凰山M169	《江陵凤凰山一六八号汉墓》，《考古学报》1993年第4期
西汉	粟	湖南长沙马王堆	《长沙马王堆一号汉墓》（下集），文物出版社，1973年，第221页
西汉	粟	广西贵县罗泊湾	《广西贵县罗泊湾一号墓发掘简报》，《文物》1978年第9期
汉	粟	广西贵县	《广西贵县汉墓的清理》，《考古学报》1957年第1期
汉	粟	四川成都	《成都凤凰山西汉木椁墓》，《考古》1959年第8期
汉	粟	内蒙乌兰布和	《乌兰布和沙漠的考古发现和地理环境的变迁》，《考古》1973年第2期
汉	谷子	甘肃敦煌马圈	《敦煌马圈湾汉代烽燧遗址发掘简报》，《文物》1981年第10期
汉	粟	甘肃敦煌悬泉置	《甘肃敦煌汉代悬泉置遗址发掘简报》，《文物》2000年第5期
汉	粟	新疆民丰尼雅	《新疆文物调查随笔》，《文物》1960年第6期
西汉	粟	新疆于田圆沙	《新疆克里雅河流域考古调查概述》，《考古》1998年第12期
西汉	黍	河南洛阳烧沟	《洛阳烧沟汉墓》，科学出版社，1959年，第155页
西汉	黍	河南洛阳西郊	《洛阳西郊汉墓发掘报告》，《考古学报》1963年第2期
西汉	黍	河北满城	《满城汉墓发掘报告》，文物出版社，1980年，第126页
西汉	黍	江苏邗江胡场	《江苏邗江胡场五号汉墓》，《文物》1981年第11期
西汉	黍	江苏海州	《海州西汉霍贺墓清理简报》，《考古》1974年第3期
汉	黍	陕西西安	《西安任家坡汉陵从葬坑的发掘》，《考古》1976年第2期
西汉	黍	陕西咸阳马泉	《西安任家坡汉陵从葬坑的发掘》，《考古》1976年第2期
汉	黍	山西平陆盘南	《山西平陆出土的汉代农作物》，《农业考古》1984年第1期
汉	黍	山西平陆西延	《山西平陆出土的汉代农作物》，《农业考古》1984年第1期
汉	黍	山西平陆茅津	《山西平陆出土的汉代农作物》，《农业考古》1984年第1期
汉	黍	山西平陆寨头	《山西平陆出土的汉代农作物》，《农业考古》1984年第1期
汉	黍	山西平陆七里波	《山西平陆出土的汉代农作物》，《农业考古》1984年第1期
汉	黍	内蒙古乌兰布和	《乌兰布和沙漠的考古发现和地理环境的变迁》，《考古》1973年第2期
汉	黍	内蒙古扎赍诺尔	《文物考古工作三十年 1949—1979》，文物出版社，1979年，第75页
西汉	黍	湖南长沙马王堆	《长沙马王堆一号汉墓》（下集），文物出版社，1980年，第35页
东汉	黍	广东广州	《广州市龙生冈43号东汉木椁墓》，《考古学报》1957年第1期
西汉	稷	河南洛阳西郊	《洛阳西郊汉墓发掘报告》，《考古学报》1963年第2期
西汉	稷	江苏海州	《海州西汉霍贺墓清理简报》，《考古》1974年第3期
西汉	稷	江苏连云港新华	《海州西汉霍贺墓清理简报》，《考古》1974年第3期

续表

年代	作物	地点	文献出处
西汉	黍稷	陕西咸阳马泉	《陕西咸阳马泉西汉墓》，《考古》1979年第2期
汉	稷	陕西宝鸡	《宝鸡市金河砖瓦厂汉墓》，《文物资料丛刊（4）》，文物出版社，1981年，第237页
东汉	糜子	陕西眉县白家村	《陕西眉县白家村东汉墓清理简报》，《考古与文物》1997年第5期
汉	糜子	甘肃敦煌悬泉置	《甘肃敦煌汉代悬泉置遗址发掘简报》，《文物》2000年第5期
西汉	稷	甘肃敦煌马圈湾	《敦煌马圈湾汉代烽燧遗址发掘简报》，《文物》1981年第10期
汉	稷	甘肃武威磨嘴子	《甘肃武威磨嘴子汉墓发掘》，《考古》1960年第9期
汉	稷	山西平陆盘南	《山西平陆出土的汉代农作物》，《农业考古》1984年第1期
汉	稷	山西平陆西延	《山西平陆出土的汉代农作物》，《农业考古》1984年第1期
汉	稷	山西平陆茅津	《山西平陆出土的汉代农作物》，《农业考古》1984年第1期
汉	稷	山西平陆寨头	《山西平陆出土的汉代农作物》，《农业考古》1984年第1期
汉	稷	山西平陆七里波	《山西平陆出土的汉代农作物》，《农业考古》1984年第1期
西汉	小、大麦	河南洛阳西郊	《洛阳西郊汉墓发掘报告》，《考古学报》1963年第2期
西汉	小麦	江苏扬州邗江甘泉	《扬州西汉"妾莫书"木椁墓》，《文物》1980年第12期
西汉	小、大麦	湖南长沙马王堆	《长沙马王堆一号汉墓》（上集），文物出版社，1980年，第35页
西汉	小麦、大麦、青稞	甘肃敦煌马圈湾	《敦煌马圈湾汉代烽燧遗址发掘简报》，《文物》1981年第10期
汉	麦	甘肃敦煌悬泉置	《甘肃敦煌汉代悬泉置遗址发掘简报》，《文物》2000年第5期
汉	小麦	新疆民丰尼雅	《新疆文物调查随笔》，《文物》1960年第6期 《新疆民丰大沙漠中的古代遗址》，《考古》1961年第3期
汉	小、大麦	新疆若羌楼兰故城	《新疆出土的古代农作物简介》，《农业考古》1983年第1期
汉	麦	新疆于田圆沙	《新疆克里雅河流域考古调查概述》，《考古》1998年第12期
汉	小麦	内蒙古蹬口县	《乌兰布和沙漠的考古发现和地理环境的变迁》，《考古》1973年第2期
西汉	粳稻	河南洛阳烧沟	《洛阳烧沟汉墓》，科学出版社，1959年，第112、155页
西汉	稻米	河南洛阳西郊	《洛阳西郊汉墓发掘报告》，《考古学报》1963年第2期
西汉	稻	河南辉县铁路饭店	《辉县地方铁路饭店工地汉墓发掘简报》，《中原文物》1986年第2期
西汉	稻	河北满城	《满城汉墓发掘报告》，文物出版社，1980年，第288页
汉	糯稻	陕西西安	《西安任家坡汉陵从葬坑的发掘》，《考古》1976年第2期
汉	粳稻	陕西宝鸡	《宝鸡市金河砖瓦厂汉墓》，《文物资料丛刊》（4），文物出版社，1981年，第237页
西汉	稻	江苏徐州奎山	《江苏徐州奎山西汉墓》，《考古》1974年第2期

续表

年代	作物	地点	文献出处
西汉	稻	江苏邗江胡场	《江苏邗江胡场五号汉墓》，《文物》1981年第11期
西汉	稻	江苏邗江甘泉	《扬州西汉"姜莫书"木椁墓》，《文物》1980年第12期
西汉	稻	江苏徐州东甸子	《徐州东甸子西汉墓》，《文物》1999年第12期
东汉	稻	安徽寿县马家堌堆	《安徽寿县茶庵马家古堆东汉墓》，《考古》1966年第3期
西汉	稻壳	安徽霍山砖瓦厂	《安徽霍山县西汉木椁墓》，《文物》1991年第9期
西汉	稻	湖北荆州萧家草场	《关沮秦汉墓清理简报》，《文物》1999年第6期
西汉	稻穗	湖北江陵凤凰山	《江陵凤凰山一六七号汉墓发掘简报》，《文物》1976年第10期
西汉	籼稻	湖北云梦大坟头	《云梦大坟头一号汉墓》，《文物资料丛刊》（4），1981年，第15页
西汉	稻	湖南长沙马王堆	《长沙马王堆一号汉墓》（下集），文物出版社，1973年，第221页
汉	稻	广西合浦	《广西合浦县堂排汉墓发掘简报》，《文物资料丛刊》（4），文物出版社，1981年，第237页
西汉	稻	广西贵县罗泊湾	《广西贵县罗泊湾一号墓发掘简报》，《文物》1978年第9期
西汉	稻壳	广西贵县风流岭	《广西贵县风流岭三十一号西汉墓清理简报》，《考古》1984年第1期
汉	籼稻	广东广州	《谈谈石峡发现的栽培稻遗迹》，《文物》1978年第7期
东汉	稻壳	广东广州皇帝岗	《广州西村皇帝冈42号东汉木椁墓发掘简报》，《考古》1958年第8期
汉	稻	贵州兴义	《贵州兴义、兴仁汉墓》，《文物》1979年第5期
汉	稻	四川西昌	《西昌坝河堡子大石墓发掘简报》，《考古》1976年第5期
东汉	粳稻	江西南昌	《江西省博物馆馆藏农业科技文物目录》，《农业考古》1981年第1期
西汉	大豆	湖南长沙马王堆	《长沙马王堆一号汉墓》，文物出版社，1980年，第35页
西汉	大豆、小豆	河南洛阳烧沟	《洛阳烧沟汉墓》，科学出版社，1959年，第112、155页
西汉初	大豆	贵州赫章	《汉代人的饮食生活》，《农业考古》1982年第1期

（二）文字记录

有关谷物的文字一般见于墓葬出土的陶仓、壶、罐的表面，以及竹简木牍上记载的相关历史信息。这种在陶器上书写谷物文字及吉言的现象以洛阳最为常见，西安也有少量发现[1]。

---

[1] 程学华：《西安市东郊汉墓中发现的带字陶仓》，《考古》1963年第4期。

　　洛阳集中出土带字陶仓的墓葬或遗址有十余处[1]。陶仓上的文字内容多为农作物种类名称及吉语,如"大豆万石""粟万石""小麦万石"等。这些陶仓文字记录下的作物名称有:麦、大麦、小麦、稻、稻穰、大豆、小豆、粱米、粱、黍粟、黍米、麻、大麻、禾、大米、小米、粱粟、黄粱粟、白粱粟、糜;白米、麦糳;稻种、黍种、粟种。这些陶仓上的文字记录麦、豆、米,还有大、小之分。粱、粱粟、禾都是对粟的不同称呼。糜,是黍的一个变种,籽实不粘者为糜子。穰,指稻麦等有芒的谷物,另说是大麦的一种。"白米""麦糳"指上等的白米。"稻种""黍种""粟种"等,表示当时人们已经有意识对作物种子进行挑选,并单独精细储藏。

　　有的带字陶仓里还贮藏有谷物。据对烧沟汉墓出土的53件带字陶仓的统计,仓内遗留有实物的有14件,但是实物与仓上的文字名称并不完全相符。如烧沟M97:16,陶仓字为"枣万石",而仓内是黍壳;M632:210陶仓,字为"小豆□□",仓内是稻壳;M632:147陶仓,字为"麻",仓内是稻壳。实物与仓内实物也有相符的情况,如烧沟M74:21陶仓,字为"禾",仓内为谷壳;M82:60陶仓,字为"粟万石",仓内为谷壳。由此可见,墓葬出土的这些陶仓上的文字并不完全代表仓内真正储藏的实物,只能作为当时存在某种作物的依据,但并不能以此判断各种类在当时的粮食结构中所占的比重。文字名称、数量多是表示人的愿望,或是一种随葬习俗。西汉中期至东汉早期,汉墓中流行用模型明器象征现实生活,"大豆万石"等夸张的文字代替了实物;到了东汉中晚期,甚至用"皆食太仓"等文字代替"××万石",现实与理想差距越来越大。所以这些文字并不能代表当时粮食结构及产量、储藏量等信息,更直接地反映的是一种葬俗。

　　简牍类文字信息,如湖南马王堆一号汉墓出土了一份记载随葬品的"遣册",其上记述了墓主随葬的各类粮食果蔬等,其中粮食种类有:稻、鲜(籼)、秫、麦、

---

　　[1]　洛阳区考古发掘队:《洛阳烧沟汉墓》,科学出版社,1959年,第259—269页;洛阳市文物工作队:《洛阳金谷园车站11号汉墓发掘简报》,《文物》1983年第4期;河南省文化局文物工作队:《洛阳西汉壁画墓发掘报告》,《考古学报》1964年第2期;贺官保:《洛阳老城西北郊81号汉墓》,《考古》1964年第8期;河南省文化局文物工作队:《河南新安铁门镇西汉墓葬发掘报告》,《考古学报》1959年第2期;洛阳市第二文物工作队:《洛阳高薪技术开发区西汉墓(GM646)》,《文物》2005年第9期;洛阳市第二文物工作队:《洛阳邮电局372号西汉墓》,《文物》1994年第7期;洛阳市第二文物工作队:《洛阳春都花园小区西汉墓(IM2354)发掘简报》,《文物》2006年第11期;洛阳博物馆:《洛阳金谷园新莽时期壁画墓》,《文物资料丛刊》(9),文物出版社,1985年,第163—173页;洛阳市第二文物工作队:《洛阳五女冢267号新莽墓发掘简报》,《文物》1996年第7期;洛阳区考古发掘队:《洛阳烧沟汉墓》,科学出版社,1959年,第113页;中国社会科学院考古研究所洛阳发掘队:《洛阳西郊汉墓发掘报告》,《考古学报》1963年第2期。

菽、麻等[1]。敦煌汉简、居延汉简中也有关于麦、粟、黍、穈的记载[2]。但是这些总体上也只是作物种类存在的证据。

二、相关认识与思考

根据考古发现的各类谷物遗存，汉代黄河流域主要粮食作物种类有粟、黍、麦（大、小、乔麦）、稻、大豆、小豆、青稞等。通过对西安汉墓45件陶仓内的农作物做统计分析，粟、黍所占的比例远大于小麦，即使大豆的比例也高于小麦[3]；从西汉中期到东汉中期，粟与黍的比例并没有下降的趋势[4]。这样的统计结论与邾国故城遗址的采样分析结果不甚相同，与传统史学研究也不相一致。

传统史学研究者多认为，在汉代麦与粟才是当时主要旱作粮食作物。甚至，汉代以粟、麦为粮食作物之首[5]，黍的地位下降，黍的种植则由于麦子的推广逐渐减少[6]，"汉代最重要的谷物是禾与麦"[7]，也即粟与麦。

由上文，文字记述更多反映的是葬俗而不能作为粮食结构、产量、储藏量等方面的主要依据。对于农作物实物遗存的研究结果，陶器储藏随葬与遗址采样分析及农史研究结论都不一致。这提醒了我们，汉代小麦的在粮食结构中地位、推广程度等问题，是一个复杂的、多学科的研究课题，不宜一蹴而就，以偏概全，需要多方面、多角度、多手段综合考虑运用。

近十几年，碳、氮同位素的技术也逐渐运用于考古学，能够在某种程度上判断先民的饮食结构（素食或是肉食，主食小麦还是小米）的相关问题，同时也能反映出粮食结构等问题。但是，目前国内碳、氮同位素研究更侧重于先秦与史前时期农业起源问题、水稻的种植、小麦的东渐等问题。事实上，汉魏时期是我国古代粮食结构与农业生产技术的重要转型期，很多问题还需要进一步细化研究。

[1] 湖南省博物馆、湖南省文物考古研究所：《长沙马王堆一号汉墓》（上集），文物出版社，1973年，第154页。

[2] 陈功：《敦煌汉简中的农业》，西北师范大学硕士学位论文，2012年。

[3] 赵志军：《西安地区两汉墓葬出土陶仓内植物遗存的鉴定和分析》，《西安东汉墓》（下）·附录一，文物出版社，2009年，第1077—1085页。

[4] 根据赵志军文中提供的材料对比得出。

[5] 唐启宇：《中国农史稿》，农业出版社，1985年，第247页。

[6] 张波、樊志民：《中国农业通史·战国秦汉卷》，中国农业出版社，2007年，第158页。李根蟠：《中国古代农业》，商务印书馆，1998年，第45页。

[7] 许倬云著，王勇译：《汉代农业——中国农业经济的起源及特性》，广西师范大学出版社，2005年，第79页。

　　近几年，笔者通过对谷物加工工具——圆形石磨的相关研究[1]，初步认识到石磨的发展从形制结构上可分为两大阶段：第一阶段为自春秋战国出现到汉魏时期，第二阶段是隋唐至明清时期。区别主要是下料口和磨盘形态的变化，这不但关乎磨谷技术，甚至加工对象和成品可能都有所变化。出于加工对象的考虑，我们还对十几例不同时期的石磨进行了淀粉粒采样分析，目前结果似乎不完全支持磨是小麦加工需求的产物这一传统观点。因此，目前来讲，小麦在中国的出现至普及经历了一定过程。先秦时期只是中国小麦种植的初期发展阶段[2]。西汉中期小麦种植虽然被政府诏令推广，但实际推广和种植规模还有待考察。与粟、黍相比，汉代小麦在粮食结构中还未占绝对优势，但是也不能否认小麦已经开始成为粮食结构及饮食来源的重要成分。

---

［1］　张凤：《古代圆形石磨相关问题研究》，《华夏考古》2016年第2期。

［2］　靳桂云：《中国早期小麦的考古发现与研究》，《农业考古》2007年第4期。

汉代家鸡饲养与消费的考古学观察

李冬静

（南开大学历史学院考古学与博物馆学系、南开大学中国社会史研究中心）

摘要：汉代的家鸡饲养业已较为成熟，已有圈养与放养两种饲养方式，饲养场所也很多样。东汉时期随着庄园经济的发展，北方可能已经出现规模较大的养鸡场。汉代家鸡不仅为人们提供肉食、蛋类等生活资料，随着饲养业的兴盛，斗鸡活动也盛行。此外，鸡在医药、殖财、随葬与祭祀等方面都发挥着重要作用。本文在考察汉代家鸡考古材料的基础上结合文献记载，研究汉代鸡的饲养场所、饲养方式与消费利用等情况，进而探讨家鸡在社会生活中的作用与地位。

关键词：考古材料；汉代；家鸡；饲养

鸡是"六畜"之一，中国养鸡的历史可追溯到新石器时期，商周时期养鸡业初步兴起，殷、西周的墓葬中已经常见用鸡随葬。至秦汉时，养鸡业进一步发展，家鸡饲养业已经成为家庭经济中不可缺少的部分，关于家鸡的考古材料更是十分丰富，为研究汉代家鸡提供了实物基础。

对于汉代家鸡饲养，学界已有一些研究成果。张勇、刘超从徐州地区出土的汉代陶明器出发，探讨汉代徐州的包括家禽饲养在内的农业经济[1]。王文涛将考古材料与史料相结合，研究汉代河北家禽家畜饲养的状况[2]。江屿分析河南出土的汉代陶塑动物，并结合史料提出汉代养鸡业已进入昌盛期[3]。杨海林、武仙竹将六畜之外的动物分为四类，并在"羽族"类中介绍了中国古代鹤、鸭、鹅、鹰、鹬等家禽的饲养情况。[4]朱天舒统计了部分汉墓出土的陶俑，认为汉代家庭理想的畜产情况是一两只猪、一只狗和三两只鸡。[5]王蔚波对河南地区汉唐墓葬出土的陶鸡俑的造型做了深入

[1]　张勇、刘超：《从徐州汉墓出土明器看汉代农业经济》，《淮海工学院学报》人文社会科学版2010年第3期。

[2]　王文涛：《汉代河北家庭副业试论》，《文物春秋》2003年第2期。

[3]　江屿：《河南出土汉代陶塑动物研究》，郑州大学硕士学位论文，2011年。

[4]　杨海林、武仙竹：《试论中国古代六畜之外的动物蓄养》，《三峡论坛》2013年第4期。

[5]　朱天舒：《试析汉陶家禽家畜模型》，《考古与文物》1996年第1期。

研究，总结了陶鸡从汉至唐的造型变化[1]。朱章义对成都石羊乡出土的王莽时期斗鸡图进行了介绍与分析[2]。综上，目前汉代家鸡的研究主要有两类：一是将其作为家禽的一部分探讨，一是对陶鸡的模型明器进行研究。本文以汉代家鸡为研究对象，探究其饲养与消费概况，并进一步讨论家鸡在社会生活中的作用和地位。

一、汉代陶鸡俑

在汉代的考古材料中，关于鸡的材料占比最大的就是造型丰富的鸡俑，其中以陶鸡俑为大宗。一般来说每个墓葬出土陶鸡1—4件，有的甚至更多，常常成对出现。以洛阳烧沟汉墓为例，已发掘的225座墓葬中有25座墓出土陶鸡，共47件，每墓大多都出2件，个别墓葬出1件或3件。出土2件的多为一雌一雄组合随葬，雄鸡多高冠长尾，雌鸡多矮冠短尾，雌鸡稍矮，如M1037：4A、4B（图一）；但也有出两件雄鸡而无雌鸡的墓，如M161、M134；还有出两件雌鸡的墓，如M146、M1029、M1036。[3]此外，随葬成年陶鸡与陶雏鸡组合的情况也十分常见，如河南洛阳东关夹马营路M15，墓内出土两件成年陶鸡和三件陶雏鸡[4]。南阳辛店熊营汉墓M1出有2件陶鸡，形制相似，大小不同[5]。

图一　洛阳烧沟汉墓M1037陶鸡组合

1.M1037：4A（雌鸡）　2.M1037：4B（雄鸡）

汉墓出土陶鸡不仅数量丰富，造型也十分多样。立姿陶鸡是最为常见的造型，其腿部和足部做出各种形态，有做出腿、爪的仿生造型，也有简化的底座型，如河南孟

[1] 王蔚波：《试论河南汉唐陶鸡造型及其相关问题》，《文物鉴定与鉴赏》2017年第4期。

[2] 朱章义：《成都石羊乡出土王莽时期斗鸡图》，《农业考古》1999年第1期。

[3] 洛阳区考古发掘队：《洛阳烧沟汉墓》，科学出版社，1959年，第140、141页。

[4] 洛阳市文物工作队：《洛阳东关夹马营路东汉墓》，《中原文物》1984年第3期

[5] 南阳市文物考古研究所：《河南南阳市辛店熊营汉画像石墓》，《考古》2008年第2期。

津县天皇岭东汉墓地所出陶鸡，腿足部造型为各种形制的底座：M3∶12，公鸡，两腿分离，圆筒状底座（图二，1）；M3∶13，两腿分离，六边形托板状底座（图二，2）；M4∶10，两腿相连，长方形托板状底座（图二，3）；M6∶16，两腿相连，锯齿形托板状底座（图二，4）[1]。另外一种造型为卧姿陶鸡，多为子母鸡，母鸡两翼、腹下或背部有小鸡，如河南济源西窑头村M10出土3件造型相同、大小不一的子母鸡，母鸡胸前羽下并排伏卧7只雏鸡，露出7只雏鸡头（图三，1）[2]。云阳巴阳镇佘家嘴墓葬M2∶35，母鸡作蹲伏状，背上和前腹部各有一只雏鸡（图三，2）[3]。在南方汉墓中，这种子母鸡的组合十分常见，且多于雄鸡组合，而北方子母鸡俑相对较少。卧姿陶鸡还有独自伏卧的造型，雌雄皆有，如河南方城县平高台遗址M153∶7，身体肥硕，翅膀稍凸，双足短尖叉开，为一雌鸡，似作下蛋状（图三，3）[4]；河南泌阳板

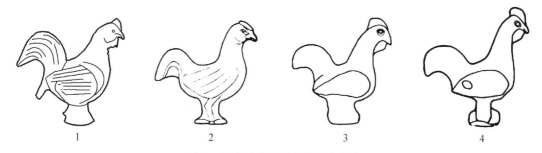

图二　河南孟津县天皇岭所出陶鸡

1. M3∶12　2. M3∶13　3. M4∶10　4. M6∶16

图三　子母鸡与卧状公鸡

1. 河南济源西窑头村M10褐釉子母鸡　2. 云南巴阳镇佘家嘴墓葬M2∶35　3. 河南方城县平高台遗址M153∶7

［1］　郑州大学历史学院、洛阳市文物考古研究院：《河南孟津县天皇岭东汉墓》，《考古》2016年第12期。

［2］　李彩霞：《济源西窑头村M10出土陶塑器物赏析》，《中原文物》2010年第4期。

［3］　厦门大学三峡考古队、重庆市文化局"三峡办"、云阳县文物保护管理所：《2000年云阳巴阳镇佘家嘴墓葬发掘报告》，《重庆库区考古报告集·2002卷》（下），科学出版社，2010年，第1537页。

［4］　河南省文物考古研究所、南阳市文物考古研究所：《河南方城县平高台遗址汉墓发掘简报》，《华夏考古》2007年第4期。

桥M14出土一卧状公鸡[1]。

汉代陶鸡俑数量丰富、造型多样，是汉代家禽模型的大宗。除陶鸡俑外，汉墓中出土的鸡俑还有竹木、釉陶、石等其他材质，如山东临沂金雀山汉墓M10[2]、甘肃武威汉墓M48、M49出土木鸡俑[3]。材质不同的鸡俑具有相同的文化内涵，墓葬是人们死后灵魂生存的世界，汉人奉行"事死如生"的丧葬理念，汉墓中鸡俑的数量远远多于鸭、鹅、鸽等其他家禽，这一定程度上说明了家鸡在家禽饲养业中的主体地位，在汉代在社会生活中扮演着重要的角色。

二、汉代家鸡的饲养

汉代家鸡饲养方面的考古材料主要集中于汉墓出土的模型明器与画像砖（石），包括陶圈厕、陶院落、画像石、画像砖、壁画，此外还有鸡蛋、鸡骨、鸡俑等遗存，从中可管窥汉代家鸡饲养的大致情况。

（一）北方地区家鸡饲养的场所

1. 庭院

三门峡南交口出土一陶质院落M17：64（图四），院落平面呈纵长方形，四周起

图四　三门峡南交口M17：64
1. 全景图　2. 俯视图

［1］　河南省文化局文物工作队：《河南省泌阳板桥古墓葬及古井的发掘》，《考古学报》1958年第4期。

［2］　临沂市博物馆：《山东临沂金雀山周氏墓群发掘简报》，《文物》1984年第11期。

［3］　甘肃省博物馆：《武威磨嘴子三座汉墓发掘简报》，《文物》1972年第12期。

墙，院内有两个纵长方形高阁楼，靠前门一侧的阁楼前方有三只家禽和一人。两只鸡翘尾低首，作啄食状，后者体较肥大，头部已残，难以断定种属，或为看护正在啄食中的幼子之母鸡，或为鸭、鹅之类；人上肢展开，手臂已残，身着袍，当为看护家禽者或仆俑；阁楼背靠的院墙上卧一鸡，为戏飞其上。院内右后部有一横长方形高阁房，还置有陶狗、陶灶、陶井各一[1]。这一模型包含人物、禽畜、井、灶等内容，生动地展现了汉代家庭饲养家鸡的日常生活。此模型未设置圈厕或鸡舍，应是直接将家鸡放养于庭院之中。

2. 圈厕

北方地区汉墓出土一些带鸡的圈厕与房屋模型，有的将陶鸡与陶猪共同放置于猪圈之中，有的圈厕设置有鸡舍，鸡舍的位置多在圈的一角。前者如河南南阳桐柏万岗出土陶圈M5：17，平面呈方形，圈墙有檐，一角有一陶屋，圈内发现有猪、鸡、鸭等[2]。后者如禹县东十里村出土陶圈M1：7，平面呈正方形，三面围墙，另一面为三层阁楼建筑，应为厕所，阁楼顶部第一层的正面挡墙和第二层的两壁隔有若干方格，格内饰鸡，应是鸡舍，圈内置有1猪2鸡（图五，1、2）。[3]除陶猪圈外，汉墓中还出土有带厕所与猪圈的陶屋，更加完整地展现了当时的家鸡饲养的场景。河南郑州南关M159出土陶屋（图六），由门房、仓房、阙、正房、厨房、厕所、猪圈等六个部分组成，大门向北，门房东为一高大的阙，门内是一四合院，院右侧为仓房，左侧为厨房，院南与门房对应处为正房，正房西侧为厕所（图五，2），厕所之下为猪圈，圈中卧伏一陶猪，厕所房脊伏有鸡3只、雏鸡5只[4]。这些材料说明，北方常将鸡与猪一同饲养，有的直接在圈内同时养猪和鸡，有的则在圈厕设鸡舍，鸡舍位置较高，这与鸡择高而栖的习性有关。

3. 鸡房、桀与鸡圈

甘肃武威磨嘴子东汉墓M49出土一木质鸡房，为饲鸡的木质明器。此外，鸡房前放置一工字形木架，有木鸡两只栖息于上（图七，1）。[5]甘肃武威磨嘴子2003年发

　　[1]　河南省文物考古研究所：《三门峡南交口》，科学出版社，2009年，第284页。
　　[2]　河南省文化局文物工作队：《河南桐柏万岗汉墓的发掘》，《考古》1964年第8期。
　　[3]　河南省文物研究所：《禹县东十里村东汉画像石墓发掘简报》，《中原文物》1985年第3期。
　　[4]　河南省文化局文物工作队：《郑州南关159号汉墓的发掘》，《文物》1960年第Z1期。
　　[5]　甘肃省博物馆：《武威磨嘴子三座汉墓发掘简报》，《文物》1972年第12期。

图五　陶猪圈及其鸡舍

1.河南禹县东十里村M1：7　2.河南禹县东十里村M1：7局部（鸡舍）

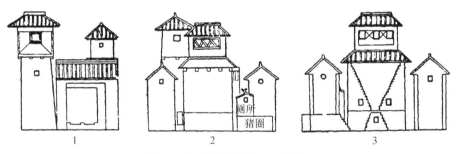

图六　河南郑州南关M159陶屋

1.陶屋正视图　2.陶屋断面图　3.陶屋纵剖面图

掘的M6也有类似的木架（图七，2）。[1]孙机以毛传"鸡棲于弋为桀"将此种木架定名为"桀"。[2]陕西勉县老道寺东汉中期墓葬M1出土陶四合院模型，为细泥灰陶，由19个单体建筑组合成，平面为126平方厘米，主体四合院以宅门、院墙、左右厢房、正楼为单元，偏院包括偏门、佣人房、家畜家禽圈（图八，2）。鸡圈长32厘米、宽26厘米、高9.6厘米，后端13.2厘米为平顶封闭。平顶内靠后2厘米处，有两朵横的斗拱托

［1］　甘肃省文物考古研究所、日本秋田县埋藏文化财中心、甘肃省博物馆：《2003年甘肃武威磨嘴子墓地发掘简报》，《考古与文物》2012年第5期。

［2］　孙机：《汉代物质文化资料图说》，上海古籍出版社，2011年，第226页。

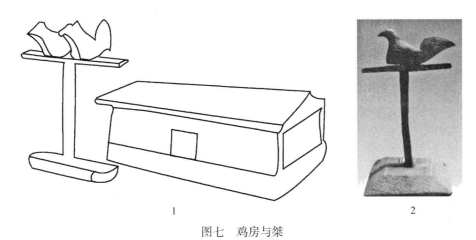

图七 鸡房与桀
1. 甘肃武威磨嘴子M49出土鸡房与桀 2. 甘肃武威磨嘴子M6出土桀

一根替木支撑着平顶。斗拱下有一根长仿木。平顶前部为露天圈，似鸡在圈内的活动场地。前部圈壁正中装有闸式提板。正南外壁下部，开有高1.2厘米、宽1.8厘米的圈门，当提板拉开时，鸡可以自由出入。内壁圈门有宽6厘米、高6.6厘米的框，中部开长方孔，插入闸式活动提板，可自如开启、关闭圈门（图八，1）。[1]鸡房、桀与鸡圈都是专为饲养家鸡而舍，不依托圈厕，也非在庭院随意饲养，是汉代家鸡饲养成熟化的表现。

（二）南方地区家鸡饲养的场所

1. 庭院

成都羊子山东汉墓所出画像砖，院墙为方形，一座大栅栏门开于院南墙西侧。门内为前院，院中有鸡，二进以北为内院，绕以回廊。北堂三间，悬山顶，有插拱承托前檐。堂上主客对坐，堂下双鹤起舞。东侧南小院有井、桌、炊具等，应为东厨。北面跨院内有一望楼，楼下系猛犬一只（图九）。[2]此画像中亦未见禽畜舍，推测是采用放养方式，将鸡饲养于庭院中。

2. 带有窦洞的圈栏

广州汉墓4007：2，为一陶院落，正面是一座上下两层的建筑，前面蹲坐一犬，

［1］ 郭清华：《陕西勉县老道寺汉墓》，《考古》1985年第5期。
［2］ 孙机：《汉代物质文化资料图说》，上海古籍出版社，2011年，第223页。

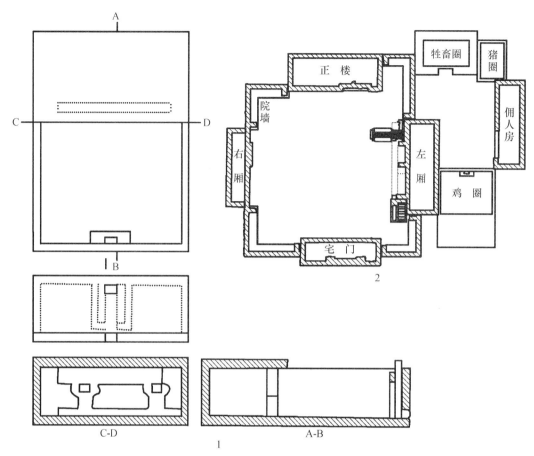

图八　陕西勉县老道寺出土鸡圈与宅院
1.陶鸡圈　2.宅院平面图

图九　成都羊子山东汉墓出土庭院画像

后部为较高建筑，应为两层，但没有造出楼板，上层实为厕所，下层后墙开圆形窦洞，可知是作为畜舍使用。后院是横长方形的圈栏，被矮墙等分为两格，其中一格内有一鸡伏地，后壁有窦洞以供进出，外面一格有门楼（图一〇）。鸡圈在南、北方皆有发现，形制大同小异，说明汉代已经采用圈养方式养鸡，这样可减少鸡的活跃度，积肥增肉，提高生产效率。

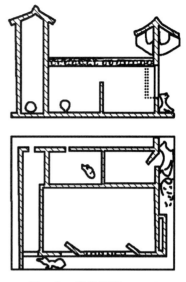

图一〇　广州汉墓4007∶2

3. 专门的饲养设施：鸡房与埘

南方的陶鸡房在四川、湖南等地区都有出土，以湖南最多，大致有平面呈长方形和平面呈圆形两种形制。一种为平面呈长方形的屋型鸡房，湖南资兴东汉墓出土此型鸡房两件，平面为长方形，悬山顶，出土时屋内有陶鸡1只[1]。此种形制的鸡房与北方地区出土鸡房相同。另外一种形制为平面呈圆形的圆球形鸡房，皆为平底，顶正中多有一提手，在舍身下部一侧有一供鸡进出的长方形门。如湖南郴州市东郊汉墓出土的一件陶鸡房，内有陶鸡4个（图一一）。[2]同类形制的鸡房在湖南耒阳、衡阳也有出土[3]，其中湖南衡阳荆田村出土的陶鸡房M1∶13还带有底足，形制为圆柱形体，锥形尖顶，平底，器身一面开正方形小门，门两边塑有门框，门口底到器地刻画梯形纹饰，出土时内藏一只小鸡（图一二）。[4]一些报告中常称这类饲养家鸡的设施为"埘"，但其他学者对"埘"的含义有不同理解。广州汉墓M4016∶23，为一陶院落，建筑的主体部分为一较高的二层楼，主楼两侧是较高的单层平房，前后院四角处设置"厢房"，后院是圈栏，内有一槽及两只猪。后院左边的"厢房"为禽舍，后壁开窗穴四眼，上面的两个窗穴中各有一鸡，下面两个窗穴各有一鸭，头伸出窗外[5]。孙机先生引《尔雅·释宫》："鸡栖于弋为榤，凿垣而栖为埘"，认为广州汉墓的窗穴为"埘"，笔者赞同这种说法。由此，凿墙而建的禽舍即为"埘"，而一些报告中所称的"鸡埘"应称为"鸡房"或"鸡舍"。

[1]　湖南省博物馆：《湖南资兴东汉墓》，《考古学报》1984年第1期。
[2]　湖南省博物馆：《湖南郴州市东汉墓发掘简报》，《考古》1982年第3期。
[3]　熊传新：《湖南战国两汉农业考古概述》，《农业考古》1984年第1期。
[4]　衡阳市文物工作队：《湖南衡阳荆田村发现东汉墓》，《考古》1991年第10期。
[5]　广州市文物管理委员会、广州市博物馆：《广州汉墓》（上），文物出版社，1981年，第357页。

图一一　湖南郴州陶鸡

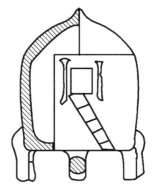

图一二　衡阳荆田村M1∶13

4. 鸡笼

　　鸡笼的考古材料在南北方都有发现。四川彭县义和公社出土集市画像砖，下排从左至右有四组画像，第二组中，一人立于鸡笼前，手指鸡笼，面向笼后的买鸡人问话（图一三）。[1]山东省诸城市前凉台村一汉代墓葬发现庖厨画像，画像中部画有41个正在忙碌的厨夫、仆役，在这41个人物形象之间，散落有各种用具，其中包括鸡笼（图一四，1）。[2]

图一三　四川彭县义和公社出土集市画像砖

---

　　[1]　四川省文物管理委员会：《四川彭县义和公社出土汉代画像砖简介》，《考古》1983年第10期。

　　[2]　蒋英炬主编：《山东汉画像石》，《中国画像石全集1》，山东美术出版社，2000年，第41页。

图一四　山东诸城市前凉台村画像石局部
1.鸡笼　2.烫鸡毛

（三）南北方家鸡饲养的异同比较

南方地区与北方地区家鸡饲养既有共同之处，但也在许多方面存在差异，具体分析如下。

南北方家鸡饲养的相同点：

（1）南北方饲养家禽的方式相同，鸡房、鸡圈栏等设施的出现，说明圈养家鸡已较为普遍，圈养为家鸡提供了舒适干净的生存环境，便于家鸡更好的饮食与休息，积肥增产。但放养家鸡并没有消失，两种方式并行。

（2）南北方家鸡饲养使用的设施有相似之处，南北方的屋形鸡房、鸡圈等设施较相似，且都使用鸡笼作为饲养、储存家鸡的用具。

南北方家鸡饲养的特殊性：

（1）南北方饲养家鸡的设施有一定的特殊性。北方使用桀作为鸡栖息的场所，南方则在墙壁造出鸡埘；北方会将家鸡与猪等家畜一同饲养于圈厕之中；南方的圆球形鸡房在北方较少见；北方有的在厕角高处设鸡舍，而南方则在圈栏下设窦洞供鸡出入，北方所出汉代陶楼，一般均不在楼内安排畜栏等设施，专为禽畜出入设置的窦洞也较少见，这可能是因为鸡的品种、习性不同所致。

（2）从南北地区汉墓出土的陶家禽模型数量可以看出，虽然家鸡在汉代各地的家禽饲养与消费中都占据主导地位，但与北方相比，南方鸡所占的比重较小，鸭、鹅等其他家禽所占比重比北方更高。

（3）东汉时期，地主庄园经济得到发展，在家鸡饲养业中则表现为家鸡饲养的规模化，这一点在北方地区尤为明显。内蒙古和林格尔东汉中晚期大墓后室南壁壁画，展现出一处庄园景色。庄园图中有若干房舍及马厩、牛圈、羊圈。牛圈旁围出一片菜田，有2人正在畦中锄草培土。屋宇、厩圈、菜田四周筑墙。墙外的空地上，猪、鸡成群（图一五）。[1] 刘向：《列仙传·祝鸡翁》中，记载了洛阳人祝鸡翁"养鸡百余年，鸡有千余头，皆立名字。暮栖树上，昼放散之，欲引，呼名即依呼而至。卖鸡及子得千余万，辄置钱去"[2]。其真实性已无处可考，但可以说明当时北方家鸡饲养的规模已不再仅局限于家庭之中，大型的养鸡场已经出现。

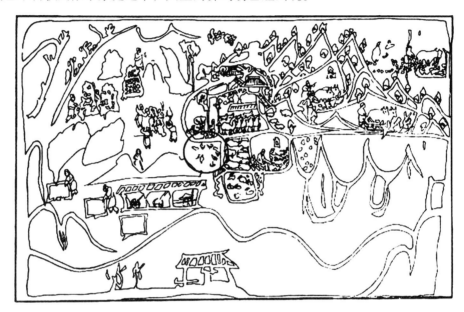

图一五　和林格尔东汉墓后室南壁庄园图

（四）家鸡的繁殖与喂养

汉代时鸡的繁殖，已包括鸡的交配、下蛋、孵卵等各个方面，都在考古材料中有所体现。陕西绥德延家岔墓墓门右立柱上的画像，分为三层，其上层画像中为一立柱，立柱一侧立一执笏的人，另一侧为鸡、鸭、狗，还有一对正在交配的雌、雄鸡（图一六）。[3] 河南方城县平高台遗址M153：7（见图三，3），出土一母鸡俑，呈卧状，后像一蛋，可能是刚下蛋后，也可能正在孵化小鸡。[4] 此外，山东章丘洛庄

［1］　孙机：《汉代物质文化资料图说》，上海古籍出版社，2011年9月，第226页。

［2］　王叔岷撰：《列仙传校笺》，中华书局，2007年，第85—88页。

［3］　汤池主编：《陕西、山西汉画像石》，《中国画像石全集5》，山东美术出版社，2000年，第27、139页。

［4］　河南省文物考古研究所、南阳市文物考古研究所：《河南方城县平高台遗址汉墓发掘简报》，《华夏考古》2007年第4期。

汉墓[1]、湖南长沙马王堆汉墓[2]、徐州翠屏山[3]与凤凰山汉墓[4]都有鸡蛋大量出土，说明此时家鸡繁殖量较大。

汉代家禽喂养的考古资料，根据内容可分鸡喂鸡、人喂鸡、鸡觅食等。各地汉墓都有子母鸡俑出土，如前所述，母鸡背部、双翅下、腹下往往有多只小鸡，表现了母鸡保护、喂养小鸡的生活场景，如重庆万州大坪M149：9（图一七），母鸡作匍匐状，小鸡站立母鸡背部，母鸡回首对喙，呈喂食状。[5]人喂鸡、鸡觅食的画面在各地画像石中都有所体现。如陕西绥德四十里铺墓门右立柱的画像，画面分为四格，

图一六　绥德延家岔墓门右立柱上层画像
（局部）

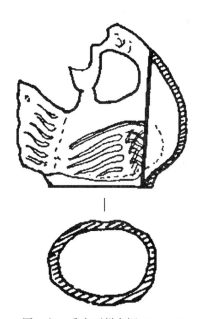

图一七　重庆万州大坪M149：9

　　[1]　济南市考古研究所、山东大学考古系、山东省文物考古研究所，等：《山东章丘市洛庄汉墓陪葬坑的清理》，《考古》2004年第8期。

　　[2]　湖南省博物馆、中国科学院考古研究所、文物编辑委员会：《长沙马王堆一号汉墓发掘简报》，文物出版社，1972年，第10页。

　　[3]　徐州博物馆：《江苏徐州市翠屏山西汉刘治墓发掘简报》，《考古》2008年第9期。

　　[4]　徐州博物馆：《江苏徐州市凤凰山西汉墓的发掘》，《考古》2007年第4期。

　　[5]　重庆市文物局、重庆市移民局：《万州大坪墓地》，科学出版社，2006年，第160页。

图一八　陕西绥德四十里铺墓门右立柱画像局部

第三格为喂鸡图，一人在中间，左手作撒米喂鸡状，右手执网后扬作套鸟状，面前为三只家禽，身后有苍鹰踏兔（图一八）[1]；甘肃嘉峪关新城汉墓M1前室西壁南侧所出第30号画像砖，为一扬场图，麦场前有一男一女，男的手中持杈，女的抱麦走来，场上有粮堆五个，还有鸡在觅食；同墓所出第39号砖，为一汲水图，一人迁井绳从井中汲水，井左右有槽，有一牛、二马在槽中饮水，还有二鸡前来，上方有一排树，画上有朱红书写的"井饮"二字，展现了家禽家畜饮水觅食的日常生活[2]。

三、汉代家鸡的消费

（一）食用鸡卵与鸡肉

食鸡卵是汉代家鸡利用的重要方面，并已经对鸡卵进行了简单的加工。各地汉墓中出土不少鸡蛋遗存，山东章丘洛庄汉墓的4号祭祀坑中发现有鸡蛋一箱[3]；马王堆一号墓发现一竹笥鸡蛋，约有40个[4]；徐州凤凰山汉墓[5]、翠屏山汉墓[6]和重庆万州金狮湾M14[7]也发现有鸡蛋壳。此外，重庆万州柑子梁墓群M4出土卵石4个，M4：10—2~5，长5厘米左右，其颜色有灰、红、白花等，红色可能是经过加工的鸡蛋，白花可能是松花蛋之类[8]。

汉代家鸡已经是人们的肉食主要来源之一，捕鸡、褪鸡毛、宰割家鸡以及烹煮

［1］　汤池主编：《陕西、山西汉画像石》，《中国画像石全集5》，山东美术出版社，2000年，第27、139页。

［2］　嘉峪关市文物清理小组：《嘉峪关汉画像砖墓》，《文物》1872年第12期。

［3］　济南市考古研究所、山东大学考古系、山东省文物考古研究所，等：《山东章丘市洛庄汉墓陪葬坑的清理》，《考古》2004年第8期。

［4］　湖南省博物馆、中国科学院考古研究所、文物编辑委员会：《长沙马王堆一号汉墓发掘简报》，文物出版社，1972年，第10页。

［5］　徐州博物馆：《江苏徐州市凤凰山西汉墓的发掘》，《考古》2007年第4期。

［6］　徐州博物馆：《江苏徐州市翠屏山西汉刘治墓发掘简报》，《考古》2008年第9期。

［7］　南京市博物馆、南京市文物研究所：《万州金狮湾墓群（二期）发掘报告》，《重庆库区考古报告集·2002卷》（上），科学出版社，2010年，第663页。

［8］　洛阳市第二文物工作队、重庆市文物局：《万州柑子梁墓群发掘简报》，重庆市文物局、重庆市移民局：《重庆库区考古报告集·2001卷》（中），科学出版社，2008年，第1028、1029页。

鸡肉等场景都在考古资料中有所体现。如上文提到的绥德四十里铺墓门右立柱画像中第三格的人一手喂鸡、一手执网后扬套鸡，形成一幅十分生动的捕鸡画面（图一八）。[1]山东省诸城市前凉台村汉墓的庖厨画像，画像上方为悬挂肉食的横梁，包括鸡肉等，并有一人执刀切割悬挂的肉，下有41个厨夫、仆役，其中有厨夫烫鸡毛的图像（见图一四，2）。[2]河南郑州密县打虎亭东耳室北壁东侧所出画像石，为一庖厨图，上部右侧为一高柄双层架，架左为屋顶形橱柜，柜侧跽坐一人，手执长筷，搅动圆盘内物。下部右端一扁腹笼，笼内有鸡、鸭等。笼左一人正在宰鸡，砖上一盆概为接鸡血用。宰鸡人后放已宰之禽。笼左跽坐一人执鸡，似欲放入盆中浸烫。左上一人跪坐几旁，在刮鱼鳞、剖鱼腹。几侧放已洗净之鸡鸭（图一九）。[3]此外，汉墓中出土的宰鸡俑，生动地再现了汉代人们宰杀家禽的场景，如河南济源西窑头村M10出土的宰鸡俑（图二〇），俑头戴平顶帽，身着无袖上衣，下身着宽短裤，腰系围裙，跪于地上，左手持一似已被宰杀褪过毛的鸡，右手握一长匕，上身前倾，呈宰割

图一九　河南密县打虎亭汉墓庖厨图

[1]　汤池主编：《陕西、山西汉画像石》，《中国画像石全集5》，山东美术出版社，2000年，第27、139页。

[2]　蒋英炬主编：《山东汉画像石》，《中国画像石全集1》，山东美术出版社，2000年，第41页。

[3]　王建中、赵成甫、魏仁华主编：《河南汉画像石》，《中国画像石全集6》，河南美术出版社，2000年，第33页。

图二〇　河南济源西窑头村M10宰鸡俑

状。[1]更加常见的是墓葬出土的陶灶，其上往往模印着鸡、鸭等家禽肉食和各种炊具，反映了现实厨灶生活中，人们烹煮家禽的场景，如河南陕县刘家渠M88∶21，圆头形陶灶，灶面模印有鸡、鸭、鱼、蝎子、蜥蜴、老鼠、案、耳杯、小盘、勺、悬钩等。[2]

除上述实物材料外，还有不少带文字记载的材料，如马王堆3号墓的遣册中有"炙鸡一笥""翟（濯）鸡一笥""卵一笥，九百枚""土鸡五十"等[3]。战国时已经有《孟子·尽心上》："五母鸡，二母彘，无失其时，老者足以食肉矣。"[4]到了汉代，《盐铁论·散不足篇》云富人"祈名岳，望山川"时"椎牛击鼓"，中者"屠羊杀狗"，贫者"鸡豕五芳"[5]。《文选·赠张徐州稷诗》李注引谢承《后汉书》，汉代人多以鸡、黍待客。[6]由此可知，在汉代，牛肉最为珍贵，其次是羊肉、狗肉，对于普通家庭来说，鸡、猪是主要的肉食来源，是农耕收入以外主要的食物补充。

（二）由鸡而来的娱乐生活——斗鸡

斗鸡在春秋战国时期已经流行，《战国策·齐策一》云："临淄甚富而实，其民无不吹竽、鼓瑟、击筑、弹琴、斗鸡、走犬、六博、蹋鞠者。"[7]汉代斗鸡之风更盛，《汉书·张汤传》："上自处置其里，居冢西斗鸡翁舍南。"《史记·平淮书》载，汉代"世家子弟富人或斗鸡走狗马，弋猎博戏"[8]。《西京杂记·卷二》记载：

[1]　李彩霞：《济源西窑头村M10出土陶塑器物赏析》，《中原文物》2010年第4期。

[2]　黄河水库考古工作队：《河南陕县刘家渠汉墓》，《考古学报》1965年第1期。

[3]　湖南省博物馆、湖南省文物考古研究所：《长沙马王堆二、三号汉墓·第一卷：田野考古发掘报告》，文物出版社，2004年，第57、58、60、66页。

[4]　万丽华、蓝旭译注：《孟子》，中华书局，2007年，第299页。

[5]　陈桐生译注：《盐铁论》，中华书局，2015年，第290—329页。

[6]　孙机：《汉代物质文化资料图说》，上海古籍出版社，2011年，第392页。

[7]　（西汉）刘向：《战国策》，中华书局，2006年，第128页。

[8]　（西汉）司马迁：《史记》，中华书局，1959年，第1437页。

"太上皇徙长安，居深宫，凄怆不乐。高祖窃因左右问其故，以平生所好，皆屠贩少年，酤酒卖饼，斗鸡蹴鞠，以此为欢，今皆无此，故以不乐。高祖乃作新丰，移诸故人实之，太上皇乃悦。"[1]刘邦出身于平常家庭，其父亲平生好斗鸡蹴鞠，可见斗鸡不仅是当时富人的娱乐活动，在民间也十分流行。

汉代斗鸡风气的盛行体现于各地汉墓出土的斗鸡图上。斗鸡图在汉代十分常见，画面有的仅有两鸡相斗，有的则在鸡后画斗鸡手，有的还画有观众。如郑州市登封少室山东麓少室东阙出土的斗鸡图，两鸡伸颈啄斗，左侧为一虎[2]。郑州新通桥汉画像空心砖墓出土一斗鸡图，画像中两鸡交颈啄斗，后面各立一人，伸手做对话状（图二一）。[3]成都石羊乡M6出土了一小陶罐刻有斗鸡图（图二二），共二鸡四人，二只斗鸡喙相对，右侧斗鸡收腹团身，右爪在前，左爪在后，尾上翘，尾末自然下垂，长颈平直，喙平直向前作进攻状。左侧斗鸡微下蹲，收腹，左爪向前伸，颈向上，头、喙微向下，鸡尾自然下垂作应战状。两斗鸡之后均立一斗鸡手，斗鸡手均作赶鸡吆喝状，头戴尖形巾饰，身着交领广袖长袍，腰间似系有带，斜插一曲尺形带把物。右侧斗鸡手左手抱于胸前，右脚向前跨出半步。左侧斗鸡手右脚向前跨，右手交于胸前，左手前伸执一圆形带刺物。左侧斗鸡手后还有二人，第一人坐姿，衣着讲究，身着交领长袍，长袍上似有许多装饰物或图案，头戴尖形巾帽，注视着斗鸡场面，可能是裁判。第二人站立，身着交领长衣，下似穿裙，右手交于胸前，左手执一桃形物，

图二一　郑州新通桥汉画像空心砖墓出土斗鸡图

图二二　成都市石羊乡M6陶罐

[1]　（东晋）葛洪：《西京杂记》，中华书局，1983年，第11、12页。

[2]　王建中、赵成甫、魏仁华主编：《河南汉画像石》，《中国画像石全集6》，河南美术出版社，2000年，第37页。

[3]　郑州市博物馆：《郑州新通桥汉代画象空心砖墓》，《文物》1972年第10期。

左脚向前跨半步，面向斗鸡场面，应是观众。[1]这幅斗鸡图包括两只斗鸡、两个斗鸡手、一裁判、一观众，十分生动地再现了汉代斗鸡场景。

（三）其他用途：医药、殖财、随葬与祭祀

汉代人已经发现了鸡的医用价值。长沙马王堆汉墓出土了大量医书，马王堆汉墓帛书整理小组对其进行整理，并出版了《五十二病方》，其中有25条食养疗法，包括"一，亨（烹）三宿雄鸡二，洎水三半，孰（熟）而出，及汁更洎，以食……"[2]，类似的记载屡见不鲜，说明汉代人对鸡的医药价值已经有所认识。

汉代家庭饲养的鸡不仅可供给家庭成员食用，还往往拿到集市上贩卖，补贴家用，增加财富积累。如前所列，四川彭县义和公社汉代画像砖，下排从左至右的第二组画像，便是一副"贩鸡图"，买家立于鸡笼前，手指鸡笼，笼后为买鸡人[3]。文献记载也有洛阳人祝鸡翁，通过鸡的养殖与贩卖发家致富[4]。

很多汉墓出土陶、铜鼎或其他容器内有鸡骨，如马王堆一号墓随葬的鼎、盘、竹笥等容器中盛有禽骨，包括鸡和鸟类[5]。应是作为肉食用以随葬。此外，一些墓葬的前堂出有家禽骨骼，可能是用来祭祀的，如河南济源市西窑头村M10，为前堂后室墓，在前堂后部即后室门前铺一草席，草席上有一堆家禽骨骼与羊、乌龟骨架并出，还有釉陶樽和釉陶耳杯各一[6]。河南南阳英庄汉画像石墓主室门楣上刻画了鸡的图像（图二三），画中中间为一柄插放在器座上的大伞，伞柄两边有盛满东西的二盘、二樽，樽之外侧各刻画鸡一只，画面左右各有两人。原报告认为此为斗鸡图[7]，而王建中则认为这是一幅祭祀图，此幅画面中，右边尾毛、鸡冠硕大的应是雄鸡，左边应是雌鸡。画面左侧一人持戟侍立，另一人戴冠着长衣，右腋下夹持一物似棓（驱鬼的器具）。右侧一人侍立，另一人细腰，长裙曳地，似为女子，左手挂杖，杖的上端似刻饰有物，可能是鸠，汉王朝对七十以上的老人要赐给刻有鸠的拐杖，即王杖，故此人

[1]　朱章义：《成都石羊乡出土王莽时期斗鸡图》，《农业考古》1999年第1期。

[2]　陈建明：《马王堆汉墓研究》，岳麓书社，2013年，第415页。

[3]　四川省文物管理委员会：《四川彭县义和公社出土汉代画像砖简介》，《考古》1983年第10期。

[4]　王叔岷：《列仙传校笺》，中华书局，2007年，第85—88页。

[5]　湖南省博物馆、中国科学院考古研究所、文物编辑委员会：《长沙马王堆一号汉墓发掘简报》，文物出版社，1972年，第10页。

[6]　李彩霞：《济源西窑头村M10出土陶塑器物赏析》，《中原文物》2010年第4期。

[7]　南阳地区文物工作队、南阳县文化馆：《河南南阳县英庄汉画像石墓》，《文物》1984年第3期。

图二三　南阳县英庄汉画像石墓主室门楣画像

为一老年女性。他引用东汉泰山太守应劭著《风俗通义·祀典》的说法，"俗说鸡鸣将旦，为人起居。门亦昏闭晨开，扞难守固，礼贵极功，故门户用鸡也。"又曰"雄著门，雌著户，以和阴阳……由此言之，鸡主以御死辟恶也。"由此提出，古时用鸡祭祀门户，祭祀门户是汉代五祀中的首祀。双扇为门，单扇为户，雄鸡用来祭祀门，雌鸡用来祭祀户[1]。

四、结　语

汉代采用放养与圈养两种方式饲养家鸡，由此产生了不同的饲养场所，有将家鸡放养于庭院中；有的与家畜一同饲养于带圈的厕所之内，或在圈内或厕所设置禽舍；有的则设置专门的鸡舍、鸡圈。此外，南方与北方饲养的场所也有其特殊性。东汉时期，北方地区已有规模较大的家鸡饲养业。汉代家鸡的基本用途是为人们提供食用的鸡蛋和鸡肉，在此基础上，又发展出娱乐、医药、殖财、随葬与祭祀等用途，鸡不仅能打鸣报时为人们的生产、生活提供便利，还满足了人们衍生的消费性需求，成为汉代家庭与社会不可缺少的部分。

---

[1]　王建中、赵成甫、魏仁华主编：《河南汉画像石》，《中国画像石全集6》，河南美术出版社，2000年，第61页。

四 | 服章与器用

汉代服饰基本形式的考古学观察

徐 蕊

（河南博物院）

摘要： 本文在系统整理汉代服饰考古资料的基础上，主要利用考古类型学和历料考据的研究方法，通过对汉墓遣册中的服装类型记录和形象服饰考古资料的分析，观察总结出汉代服装的基本形式、风格、特点及其发展变化的规律。

关键词： 汉代；服装形式；考古学

服装形式研究是服饰研究的基础。研究服装形式通常有两种方法，一种是通过对文献记录的考证，一种是通过观察考古发现的实物及其图像。随着考古工作的开展，特别是近十几年考古发掘的丰硕成果，为古代服饰研究提供了丰富的实物资料，大大推进了古代服饰各项研究。汉代服饰考古资料主要是指与汉代服饰相关的遗物，包括遣册的记录、陶俑、木俑、壁画、帛画、画像石、画像砖、器物上的纹饰和彩绘以及服饰实物等。服装指穿着的衣服，按身体部位可分为首服、身服、足服等。本文是对服装基本形制的研究，主要包含身服和首服。这两部分最能体现服装的基本特征和变化，而且绝大部分考古资料都显示身服和首服的特征和内容。汉代服装存在地域和民族的差异。因篇幅所限，本文主要探讨的是汉代大中原区域华夏文明为主体的服装的基本形式。

一、汉代服装主要考古资料

1.服装实物

湖南长沙马王堆汉墓[1]、湖北江陵凤凰山一六八号汉墓[2]、甘肃武威磨嘴子汉墓[3]等出土。

---

[1]　湖南省博物馆、湖南省文物考古研究所：《长沙马王堆二、三号汉墓》，文物出版社，2004年。

[2]　湖北省文物考古研究所：《江陵凤凰山一六八号汉墓》，《考古学报》1993年第4期。

[3]　甘肃省博物馆：《武威磨嘴子三座汉墓发掘简报》，《文物》1972年第12期。

2. 遣册

湖南长沙马王堆汉墓；湖北江陵凤凰山一六八号汉墓、江苏连云港海州西汉侍其繇墓[1]与陶湾黄石崖西汉西郭宝墓[2]、广西罗泊湾一号墓[3]、湖北江陵张家山247号汉墓[4]等出土。

3. 俑

湖南长沙马王堆汉墓、陕西西安地区汉墓[5]、江苏徐州地区汉墓[6]、山东临沂汉墓[7]、湖北江陵汉墓及河南[8]、河北[9]等地汉墓出土材料。

4. 壁画

陕西西安壁画墓[10]，河南洛阳壁画墓[11]、苌村壁画墓[12]、密县打虎亭汉墓[13]，另有河北安平壁画墓[14]等壁画材料。

---

[1]　南波：《江苏连云港市海州西汉侍其繇墓》，《考古》1975年第3期。

[2]　连云港市博物馆：《连石港市陶湾黄石崖西汉西郭宝墓》，《东南文化》1986年第2期。

[3]　广西壮族自治区博物馆：《广西贵县罗泊湾汉墓》，文物出版社，1988年。

[4]　张家山二四七号汉墓竹简整理小组：《张家山汉墓竹简【二四七号墓】（释文修订本）》，文物出版社，2006年。

[5]　陕西省文管会、博物馆，咸阳市博物馆杨家湾汉墓发掘小组：《咸阳杨家湾汉墓发掘简报》，《文物》1977年第10期；郑洪春：《陕西新安机砖厂汉初积炭墓发掘报告》，《考古与文物》1990年第4期；陕西省考古所：《西安北郊汉代积沙墓发掘简报》，《考古与文物》2003年第5期；王学理、吴镇烽：《西安任家坡汉陵从葬坑的发掘》，《考古》1976年第2期。陕西省文物管理委员会：《陕西长安洪庆村秦汉墓第二次发掘简记》，《考古》1959年第12期。

[6]　徐州博物馆、南京大学历史学系考古专业：《徐州北洞山西汉楚王墓》，文物出版社，2003年；徐州博物馆：《江苏铜山县李屯西汉墓清理简报》，《考古》1995年第3期；徐州博物馆：《徐州狮子山兵马俑坑第一次发掘简报》，《文物》1986年第12期。

[7]　沂金雀山汉墓发掘组：《山东临沂金雀山九号汉墓发掘简报》，《文物》1977年第11期；临沂市博物馆：《山东临沂金雀山周氏墓群发掘简报》，《文物》1984年第11期；临沂市博物馆：《山东临沂金雀山九座汉代墓葬》，《文物》1989年第1期；银雀山考古发掘队：《山东临沂市银雀山的七座西汉墓》，《考古》1999年第5期；临沂市博物馆：《临沂的西汉瓮棺、砖棺、石棺墓》，《文物》1988年第10期。

[8]　河南省文物考古研究所：《河南济源泗涧沟墓地发掘简报》，《华夏考古》1999年第2期；南京大学历史学院、信阳师范学院历史文化学院、洛阳市文物考古研究院：《河南洛阳市瞿家屯汉墓C1M9816发掘简报》，《考古》2016年第1期。

[9]　河北省文物研究所：《燕下都"6"号遗址汉墓发掘简报》，《文物春秋》1990年第3期。

[10]　西安市文物保护考古所：《西安理工大学西汉壁画墓发掘简报》，《文物》2006年第5期。

[11]　洛阳市第二文物工作队：《洛阳汉墓壁画》，文物出版社，1996年。

[12]　荥阳市文物保护管理所、郑州市文物考古研究所：《河南荥阳苌村汉代壁画墓调查》，《文物》1996年第3期。

[13]　河南省文物研究所：《密县打虎亭汉墓》，文物出版社，1993年。

[14]　河北省文物研究所：《安平东汉壁画墓发掘简报》，《文物春秋》1989年第1期。

5. 画像石（砖）

河南南阳画像石墓[1]、郑州与洛阳画像砖墓[2]、江苏和山东沂南画像石墓[3]、武氏祠画像石[4]等材料。

这些考古资料通过不同类别、不同墓葬、在不同地区之间的相互印证，展现出汉代服装的基术形式。

西汉服装考古资料主要是遣册、服装实物、陶俑、木俑、帛画等类别，主要包括湖南长沙马王堆汉墓和湖北江陵凤凰山一六八号汉墓等出土的服装实物、帛画、遣册和俑；陕西汉阳陵及杨家湾汉墓出土陶俑；江苏徐州汉墓出土陶俑；另有各地零散出土的西汉俑。壁画如西安交大和洛阳卜千秋墓西汉晚期壁画等。西安地区是西汉京城和帝陵所在地，也是当时的政治经济文化中心，这里所发现的陶俑和西汉晚期壁画资料，反映的是西汉宫廷及京城地区的服装风貌，可以说代表了西汉时期正统、标准的服装样式和风格。从地区来看，湖南、湖北、江苏、山东南部等地资料十分丰富，如湖南长沙马王堆汉墓，湖北江陵凤凰山汉墓、江苏徐州汉墓、山东临沂汉墓等，都发现有大量的木俑、陶俑、帛画等，这些资料保存较好。上述地区与先秦楚文化有着深厚的渊源关系，其中徐州一带又是西汉开国皇帝刘邦统治集团的故乡，对汉代服饰文化产生了深远的影响，也奠定了汉代服装形式的基础。

新莽时期是汉文化由西汉向东汉的转折期，其服饰考古材料在这一时期前后，无论是材料本身的形式还是所反映的服装都发生了明显的变化，是西汉至东汉包括服装在内的物质与精神文明变化的重要过渡时期。南阳郁平夫人冯君孺人墓、偃师辛村新莽壁画墓等几座墓葬，有明确的纪年，较好地反映了新莽时期的服装风格。

东汉时期考古材料主要是画像石和壁画。河南是东汉文化的核心区域。南阳地区是东汉开国皇帝光武帝刘秀的故乡，经济发达，很多豪强地主在这里建造了豪华的画像石墓，留下了大量制作精美的画像石。东汉都城洛阳，现今已发现许多壁画墓。其

[1] 南阳地区文物队、南阳市博物馆：《唐河汉郁平大尹冯君孺人画像石墓》，《考古学报》1980年第2期；周到、李京华：《唐河针织厂汉画像石墓的发掘》，《文物》1973年第6期。《南阳汉画像石》编委会：《唐河县电厂汉画像石墓》，《中原文物》1982年第1期；蒋宏杰、赫玉建、刘小兵，等：《河南南阳陈棚汉代彩绘画像石墓》，《考古学报》2007年第2期；南阳博物馆：《河南南阳军帐营汉画像石墓》，《考古与文物》1982年第1期；南阳博物馆：《河南南阳英庄汉画像石墓》，《中原文物》1983年第3期；吕品、周到：《河南新野新出土的汉代画像砖》，《考古》1965年第1期；郑州市博物馆：《郑州新通桥汉代画像空心砖墓》，《文物》1972年第10期。

[2] 河南省文化局文物工作队：《洛阳西汉壁画墓发掘报告》，《考古学报》1964年第2期。

[3] 聊城市文物管理委员会：《山东阳谷县吴楼一号汉墓的发掘》，《考古》1999年第11期。

[4] 诸城县博物馆：《山东诸城汉墓画像石》，《文物》1981年第10期。

他材料如山东、江苏、安徽、陕西等地区也发现了数量众多的画像石，这些画像石和壁画的内容题材广泛，图像中表现的人物数量多、身份复杂，结合"事死如事生"的理念，这些图像中的服装表现较为全面地反映了东汉世俗生活的服装。

除上述大中原汉文化的核心区域外，在汉代边疆地区也发现了许多与服装相关的器物或壁画材料，这些资料一方面反映出汉文化在周边地区的传播，同时也反映了当地独具特色的土著服饰文化，还可以看出由于汉文化的传入，对当地服装形制产生的冲击，进而推动的一些融合性的变化。所以对汉王朝边疆地区服装考古资料的研究，有助于探寻汉族服装文化与边疆民族服装的融合。限于篇幅，本文不做深入涉及。

二、汉墓遣册中记录的服装名称及形式考证

汉墓遣册记录了当时人们对于服装的一些称谓，反映出汉代服装的基本形式。出土遣册的汉墓主要有：西汉早期长沙马王堆三号墓[1]、西汉文景时期江陵凤凰山一六八号汉墓[2]，西汉中期连云港海洲侍其繇墓[3]，西汉中晚期陶湾黄石崖西汉西郭宝墓[4]、西汉末期江苏仪征胥浦101号西汉墓[5]。

从这些遣册中可以看到西汉时期服装的基本形式，首服有冠、帻、巾；身服有禅衣、复衣、襦、裳、裙、袴、袍、襜褕等。

马王堆一号与三号墓、西汉西郭宝墓、凤凰山一六八号汉墓遣册中有关于首服的记录，提到的有"冠"（图一）、"帻"（图二）、"巾"。

禅衣：上述各墓遣册中基本都有出现，是西汉使用非常普遍的服装类型。一般较为素雅，可能多为穿在外衣内的服装。其材质有帛、绪、布等，色彩有白、霜、青、阑、绀等。马王堆汉墓出土的素纱禅衣（图三）即是这种类型。

复衣：上述各墓遣册中基本都有出现，是西汉使用非常普遍的服装类型。相对禅衣而言，复衣为有表有里的双层或多层衣。禅和复应是针对厚薄而舌的，复衣形式与禅衣基本相同（图四）。

襦：上述各墓遣册中基本都有出现。上衣，根据遣册记载，襦也有单、复，长、短之分。

裳：马王堆三号墓出土遣册记录有"素常（裳）二""堤禅便常（裳）二"。裳

[1]　湖南省博物馆、湖南省文物考古研究所：《长沙马王堆二、三号汉墓》，文物出版社，2004年，第43—72页。

[2]　金立：《江陵凤凰山八号汉墓竹简试释》，《文物》1976年第6期。

[3]　南波：《江苏连云港市海洲侍其繇墓》，《考古》1975年第3期。

[4]　连云港市博物馆：《连云港市陶湾黄石崖西汉西郭宝墓》，《东南文化》1986年第2期。

[5]　扬州博物馆：《江苏仪征胥浦101号西汉墓》，《文物》1987年第1期。

图一　马王堆汉墓出土士冠

图二　甘肃武威磨嘴子62号墓男主人所载冠帻

图三　马王堆汉墓出土的素纱禅衣

图四　马王堆一号汉墓出土复衣

应是指下衣，但出土遣册中不见关于裙的记录。而晚于该墓的其他几座墓的遣册都不见有"裳"的记录，但"裙"的记录很普遍。推测可能是与裙类似的服装，不同时期的称谓不同。

裙：江陵凤凰山一六八号汉墓出土了和遣册记录"麻裙"一致的实物（图五）。由此可知，裙是一种下衣。在江陵凤凰山八号墓出土遣册中有关于"禅裙"和"複裙"的记载。

袴：遣册中普遍出现。汉代服装常见的下衣类型，也有单、复，大、小之分（图六）。

袍：西汉文景时期的凤凰山八号墓和西汉末期江苏仪征胥浦101号墓出上遣册有关于袍的记录。在与"袍"记录同墓出土的遣册中没有关于"襦"和"裙（或裳）"的记录。袍应是穿着的外衣。汉代袍应指上下连体的服装。

图五　江陵凤凰山一六八号汉墓麻裙

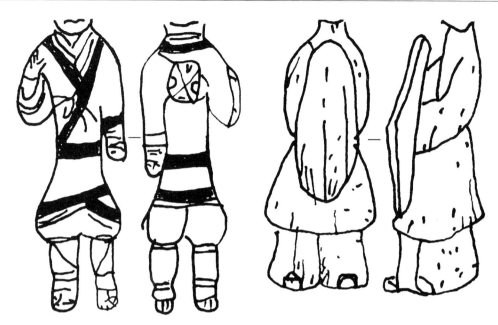

图六 汉代着下衣的人物图像

襜褕：在江苏连云港西汉中期海洲侍其繇墓和陶湾黄石崖西汉中晚期郭宝墓的遣册中出现了"襜褕"的记录，并提到"长襜褕"和"短襜褕"。在记录"襜褕"的遣册中未见有"袍"的记录。同理，记录"袍"的遣册未有关于"襜褕"的记录。这应是不同地域服装称谓的不同。而在记录"袍"和"襜褕"的遣册中，也有"禅衣""复衣"的记录，可知襜褕是与"禅衣"和"复衣"不同的服装（图七）。

所有遣册的记录中未见有"深衣"的记录，可见当时"深衣"并不是服装款式的名称，只是上下相连服装的总称。此外，在马王堆三号汉墓遣册的服装记录中提到"楚服""汉服"，可见在当时服装已经有楚、汉形式的区分，抑或反映出地域及时代差别。

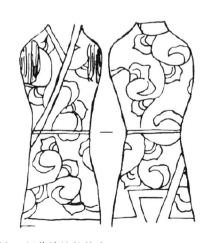

图七 汉代襜褕的款式

三、形象考古资料反映的汉代服装基本形式及其演变

汉代服装考古资料中较多为形象资料，这些资料直观展示了汉代服装的基本形式。总体来看，女子发式为挽髻，服装为深衣，上衣下裙；男子首服为挽髻后戴冠、巾帻或巾帻与冠搭配使用，服装为深衣，上衣下裙或裤。

1. 汉代女子服装基本形式及其演变

汉代女子服装相关考古资料多数反映的是侍女、贵妇、舞乐女等身份女性。

女子首服形式：汉代女子头发多挽髻，西汉早期的发式简单朴实，发髻的位置普遍较低，多为背后或头后挽髻，几乎不见头顶挽髻。背后挽髻较多，头后挽髻较少。西汉中期仍以背后挽髻和头后挽髻为主，但头后挽髻较早期增多。西汉晚期是女子发式的一个转变期，女子发式逐渐趋于丰富活泼，头顶挽髻开始流行，而早、中期的背后和头后挽髻的发式则几乎不见。西汉晚期以后，经新莽时期，历东汉早中期直到东汉晚期女子发式都以头顶高髻为主，但高髻的种类和装饰日渐丰富。从发髻的数量上看有单髻、双髻、三髻；从发髻的装饰看有包巾、插多笄、戴胜、戴布条、戴花冠（多鬟髻）等，并且有些仍然保留自西汉晚期流行的在高发髻中留出一缕的，即分髾的风尚。

女子身服形式：汉代女子身服有上下连体的深衣（袍）和上下衣分开的上衣下裙和上衣下裤等形式。西汉早期多为束裹缠绕的深衣，衣襟很长，绕体数周或绕至腰后，拖地或长至足上。衣服整体较紧，即深衣或裙在下体膝部内收。其中长束裹身深衣延续了战国楚服深衣的特点，在西汉初期还存在；而在西汉中期就很少见了，且多为绕体一周；西汉中期以后这种深衣就基本消失。西汉中期的女子服装延续西汉早期的服装风格，衣服仍较贴身，但束裹得没有早期那么紧。西汉晚期女子服装较前期有了较明显的变化，即深衣在膝部不再内收，衣服总体感觉是较合体。东汉女子服装以宽袖长袍或上短襦下长裙为主，服装在前后期的差别主要也是宽松程度上的变化。东汉女子服装整体的发展趋势是衣身和衣袖的宽大程度逐渐加大。另外，新莽至东汉早期延续了西汉晚期的风格，服装显腰身，还算合体，以细腰长裙为尚；而东汉后期女子服装无论身份高低，衣服都变得很宽大，已不显腰身，不惜使用大幅布料，即便是劳动女仆的衣袖也很肥大。

2. 男子服装基本形式及其演变

男子首服：汉代男子首服多挽髻后戴巾、帻、冠、帽等。冠是汉代男子首服中占主体的类别。西汉中晚期开始出现，使得汉代男子首服由单独戴冠，转变为冠帻搭配

的形制。汉代男子首服的总体发展是向简化、方便的方向发展。自西汉至东汉，越往后期，发饰越简单，等级和礼制的区分度越小，礼制的约束逐渐减弱，巾、帻、进贤冠、武弁大冠等占据了东汉男子发饰的绝大比例。东汉晚期日常生活中，男子首服简化为最常见的三种，即身份较低或非正式场合，贵族首服——巾帻（平上帻、介帻）、文官所戴的进贤冠、武官所戴的武弁大冠。

汉代男子军服的首服与常服不同，有着单独的体系，明显地继承了秦制。秦始皇陵兵马俑中发式为前额中分挽髻，有些再加颏、冠。西汉早期咸阳杨家湾汉墓、徐州狮子山汉墓的兵马俑和西安汉阳陵、永城芒砀山梁王墓地、徐州北洞山汉墓等的随葬俑，都继承了秦军男子发式前额中分的特点，但中分后挽髻的方式与秦时相比有所不同，并且在挽髻后有些加戴了红色的绛袙、武弁。西汉中晚期后，与帻搭配的武弁属军服特有的首服，在军服中普遍使用，而在常服中基本不见。

男子身服：汉代男子身服与女子的在款式上差别不大。主要差别表现在色彩和纹饰上。其款式也由西汉时期的绕体数周的长深衣逐步演变为宽松的长袍。常服与军人、武士等的军服差别明显，如绑腿的使用。西汉晚期也是男子服装的重要转变期，较突出的特点是上着长襦、下穿长裤的服装使用较之前普遍，整体着装要求不如前期那么严格。东汉时期男子地位较高者仍普遍着宽袖长袍，但着襦裤者增多，侍从、小吏、杂耍人、平民及奴仆等地位较低者则普遍着上衣下裤。小吏阶层即便着袍，袍的长度也不拖地，多露出里面的裤子。

四、汉代服装形式的性别与等级差异

汉代男女服装差别不明显。特别是西汉前期的俑，很难从服装上分出性别，多是通过发式来辨识俑所代表人物的性别；西汉后期以后，男女服装差别日益明显，主要表现在服装的色彩、纹饰等方面。女子服装比男子服装的发展变化快，更具有鲜明的时代性。

将相同身份级别属不同时期的服装进行比较，能更清晰地反映出时代变化；将同时期不同等级的服装相对比，可体现出服装所反映的等级性。在进行考古类型学研究时，将服装和发式根据穿着者的身份按等级区分开来，女子分为贵族、侍女、舞乐女、平民及女奴、身份不明确者；男子分为贵族、侍从、军人、平民及奴仆等。由于资料的限制，有些类别或某段时期的资料过于缺少。总体看来，汉代服装是有等级区别的，多表现在服装的面料、纹饰、色彩、头饰等细节方面，而在款式上差别不明显。但是，一些特殊阶层如军人、艺伎等的服装与常服明显不同。

五、汉代服装基本形式的形成与发展

汉代服装的基本形式是在继承先秦楚服及秦服装的特点，部分吸收了先秦其他诸侯国服装的基础上发展起来的[1]。第一次打破了之前服装长期存在的南北服装文化分野的局血，使南北文化相融合，构成了汉代服装的基本框架。这种融合是对之前服装不同地域特色的整合。总体来看，汉代服装已形成以两京地区服装为核心，统领全国服装的发展态势。

以女子服装形式为例，西汉时期无论是在京都西安地区，还是两湖、江苏、山东、河南、河北等地，其服装的款式和风格大体是一致的，女子发式以背后、头后挽髻为主；服装以束裹深衣为主，均体现出严肃、拘谨的服装风格。东汉时期，以京都洛阳地区为主导，女子发式以高髻为主，服装以宽松长袍或上襦下宽松长裙为主，各地区风格上趋于一致，均体现出轻松活泼、宽大随意的服装特点。服装虽然表现多样，但仍是属于一类服装形式下的细节差异。

从整个中原地区来看，汉代服装基本形式的整体发展变化表现得较为统一：女子发式由低到高；男子发式由传统戴冠，向戴帻或冠帻搭配等较为随意的发式转变；女子发饰呈现由少到多，由朴素到繁杂的转变；男女服装则由西汉早期的紧身束裹，发展到西汉中后期的合体，至东汉开始变得宽松，直至发展到东汉晚期的肥大；服装整体风格是由严肃拘谨向轻松活泼转变。可见，汉代中原汉族服装不断发展，并逐步完成了一统。

六、结　　语

汉代服装基本形式是在继承先秦及秦代服装形式的基础上发展创新而形成的，最明显的创新特征是，服装对身体束缚程度减弱，礼制约束减弱，伴随的是自由度增强，如男子首服帻的出现并被广泛使用。如果放宽视野，扩展至全国，可以发现中原地区兴起的汉代服装形式也广泛使用在中原之外的边疆地区，如西南巴蜀地区汉墓[2]、贵州地区汉墓出土的俑[3]，北部内蒙古和林格尔汉墓[4]、东北辽阳汉魏墓壁

---

[1]　徐蕊：《汉代妇女服饰二题》，《江汉考古》2008年第3期。

[2]　重庆市文化遗产研究院、大渡口区文物管理处：《重庆市大渡口区大树林汉墓发掘简报》，《四川文物》2014年第6期。

[3]　贵州省博物馆：《贵州赫章县汉墓发掘简报》，《考古》1966年第1期。

[4]　盖山林：《和林格尔汉墓壁画》，内蒙古人民出版社，1977年。

画[1]中的人物。可见,汉代服装作为汉代物质文化生活的一个重要组成部分,其发展与中原汉文化的形成和传播的过程是基本一致的,多元一体的发展脉络应是汉代服装发展的总体趋势。

补记:本文已发表于《博物院》2019年第1期。

---

[1]　辽阳市文物管理所:《辽阳发现三座壁画墓》,《考古》1980年第1期;王增新:《辽阳市棒台子二号壁画墓》,《考古》1960年第1期。

考古视野下的汉代日常生活服饰

徐　蕊

（河南博物院）

摘要： 本文在系统整理汉代服饰考古资料的基础上，利用考古类型学研究方法，结合文献，对考古视野下的汉代日常生活服饰进行了探索，梳理出汉代日常生活服饰款式、风格、特点及发展演变规律。

关键词： 考古；汉代；服饰

近代考古工作的开展，为古代服饰的研究提供了丰富而真实的实物资料，大大推进了古代服饰的研究。服饰包括服装和饰品，从身体部位可分为首服、身服、足服等，内容十分庞杂。本文对服饰的研究，具体指的是首服和身服。首服包括发式和发饰，具有较强的时代性，变化快而明显。我国古代很重视发式及发饰在不同级别及不同场合的使用，并且绝大部分有关服饰的图像考古资料都有涉及头部。服装指服饰考古资料中人物所穿着的服装，它是服饰中最核心且最突出表现服饰特点及内涵的内容。汉代服饰考古资料主要是指与汉代服饰相关的遗物，包括遣册的记录、陶俑、木俑、壁画、帛画、画像石、画像砖、器物上的纹饰和彩绘，以及服饰实物等。

同其他通过考古资料研究古代物质文化、复原历史的研究一样，通过服饰考古资料研究汉代服饰也有一定的局限性。本文所提及的汉代日常生活服饰，简言之就是汉代当时的人在生活中所穿着的服饰，包括不同身份的汉代人在不同场合所穿着的服饰。考古资料是否真实地反映了汉代日常生活服饰？汉代人日常生活服饰和我们在墓葬中见到的殓服、随葬的服饰一样吗？与今天所看到的俑和画像材料上人物穿着的服饰完全相同吗？这些问题是本文在论述前首先需要考虑清楚的。

一、服饰考古资料与汉代日常生活服饰的关系

汉代服饰考古资料，根据穿着者的身份，可分为：①图像资料中历史人物和想象的仙人所着的服饰（多见于画像石、壁画）；②死者穿着的殓服（马王堆汉墓等）；③生者在生活中不同场合的着装（画像石、壁画、俑等）。

第一类不在本文研究范畴。

第二类死者的殓服，即汉墓中死者所穿着的服饰。笔者认为这类服饰中纵然存在为死者特别制作的有别于生者着装的殓服，如玉衣等。但在汉代丧葬"事死如事生"思想的指导下，汉代殓服中仍有相当一部分与生者着装无明显差别，有些甚至就是死者生前穿过的服饰。这点已经被考古发现所证实，如在江陵凤凰山一六八号汉墓[1]中发现的死者所穿的麻鞋有磨损痕迹，所穿麻夹袜袜底纳补丁四处，说明是死者生前曾穿用过的。汉墓出土的遣册当中也经常见到随葬"故"（旧）衣的记载，如马王堆三号墓"遣册"记载"素系尉二，其一故"[2]即随葬手套二双，其中一双是旧的。江陵凤凰山八号墓出土遣册中，常见对应"新"衣物名称，如"新白禅衣一""新素禅襦一""新素袴一""新□袍二""新锦袍一""新素裚一"等[3]，而出现的"故"衣物名称，如"故布禅衣二""故素禅襦一""故纱複袴一""故锦袍一""故缣裚一"等，这些旧禅衣、旧禅襦、旧复裤、旧锦袍、旧缣裙等，说明该墓中可能随葬了死者生前穿过的衣服或是墓主敛服中也有旧衣。对于随葬的服饰实物，这类资料在使用中需以了甄别。

第三类，汉代生者现实生活中穿着的服饰。这类服饰可分为礼仪活动中穿着的礼服（如军礼服、丧礼服、祭祀礼服等）、家居生活中穿着的便服、劳作服、艺人演出服等类别。汉代服饰考古资料中大部分都是反映这类生者生活服饰的，它们广泛出现于壁画、帛画、画像砖石、俑和器物纹饰以及随葬的服饰实物中。这部分内容是本文的研究对象的主体。笔者认为这类资料应是较为真实地反映汉代现实生活服饰的基本资料。

二、主要汉代日常生活服饰考古资料的整理

1. 服饰实物

湖南长沙马王堆汉墓[4]；湖北江陵凤凰山一六八号汉墓[5]；甘肃武威磨嘴子汉墓[6]等。

[1] 湖北省文物考古研究所：《江陵凤凰山一六八号汉墓》，《考古学报》1993年4期。

[2] 湖南省博物馆、湖南省文物考古研究所：《长沙马王堆二、三号汉墓》，文物出版社，2001年，第43—72页。

[3] 金立：《江陵凤凰山八号汉墓竹简试释》，《文物》1976年第6期。

[4] 湖南省博物馆、湖南省文物考古研究所：《长沙马王堆二、三号汉墓》，文物出版社，2004年。

[5] 湖北省文物考古研究所：《江陵一六八号汉墓》，《考古学报》1993年第4期。

[6] 甘肃省博物馆：《武威磨嘴子三座汉墓发掘简报》，《文物》1972年第12期。

2. 遣册

湖南长沙马王堆汉墓；湖北江陵凤凰山一六八号汉墓、江苏连云港海州西汉侍其繇墓[1]、江苏连云港市陶湾黄石崖郭宝墓[2]、广西罗泊湾一号墓[3]、湖北江陵张家山247号汉墓[4]等。

3. 俑

湖南长沙马王堆汉墓、西安地区汉墓[5]、徐州地区汉墓[6]、山东临沂汉墓[7]、湖北江陵汉墓，以及河南[8]、山西、河北[9]等地的汉墓。

4. 壁画

陕西西安壁画墓[10]，河南洛阳壁画墓[11]、河南苌村壁画墓[12]、河南密县打虎亭

[1] 南波：《江苏连云港市海州西汉侍其繇墓》，《考古》1994年第8期。

[2] 连云港市博物馆：《连云港市陶湾黄石崖西汉西郭宝墓》，《东南文化》1986年第2期。

[3] 广西壮族自治区博物馆：《广西贵县罗泊湾汉墓》，文物出版社，1988年。

[4] 张家山二四七号汉墓竹简整理小组：《张家山汉墓竹简【二四七号墓】（释文修订本）》，文物出版社，2006年，第189页。

[5] 杨家湾汉墓发掘小组：《咸阳杨家湾汉墓发掘简报》，《文物》1977年第10期；郑洪春：《陕西新安机砖厂汉初积炭墓发掘报告》，《考古与文物》1990年第4期；陕西省考古所：《西安北郊汉代积沙墓发掘简报》，《考古与文物》2003年第5期；王学理、吴镇烽：《西安任家坡汉陵从葬坑的发掘》，《考古》1976年第2期；陕西省文物管理委员会：《陕西长安洪庆村秦汉墓第二次发掘简记》，《考古》1959年第12期。

[6] 徐州博物馆、南京大学历史学系考古专业：《徐州北洞山西汉楚王墓》，文物出版社，2003年；徐州博物馆：《江苏省铜山县李屯西汉墓清理简报》，《考古》1995年第3期；徐州博物馆：《徐州狮子山兵马俑坑第一次发掘简报》，《文物》1986年第12期。

[7] 临沂金雀山汉墓发掘组：《山东临沂金雀山九号汉墓发掘简报》，《文物》1977年第11期；临沂市博物馆：《山东临沂金雀山周氏墓群发掘简报》，《文物》1984年第11期；临沂市博物馆：《山东临沂金雀山九座汉代墓葬》，《文物》1989年第1期；银雀山考古发掘队：《山东临沂市银雀山的七座西汉墓》，《考古》1999年第5期；临沂市博物馆：《临沂的西汉瓮棺、砖棺、石棺墓》，《文物》1988年第10期。

[8] 河南省文物考古研究所：《河南济源泗涧沟墓地发掘简报》，《华夏考古》1999年第2期；南京大学历史学院、信阳师范学院历史文化学院、洛阳市文物考古研究院：《河南洛阳市瞿家屯汉墓C1M9816发掘简报》，《考古》2016年第1期。

[9] 河北省文物研究所：《燕下都"6"号遗址汉墓发掘简报》，《文物春秋》1990年第3期。

[10] 西安市文物保护考古所：《西安理工大学西汉壁画墓发掘简报》，《文物》2006年5期。

[11] 洛阳市第二文物工作队：《洛阳汉墓壁画》，文物出版社，1996年。

[12] 郑州市文物考古研究所、荥阳市文物保护管理所：《河南苌村汉代壁画墓调查》，《文物》1996年第3期。

汉墓[1]，河北安平壁画[2]等。

5.画像石（砖）

河南南阳画像石墓[3]、郑州洛阳画像砖墓[4]、江苏、山东沂南[5]等地画像石、武氏祠画像石[6]等。

汉代服饰考古资料在时期、地域及类型分布上是不平衡的。西汉的资料主要是遣册、服饰实物、陶俑、木俑、帛画等。具体主要包括长沙马王堆汉墓和江陵凤凰山一六八号汉墓出土的服饰实物、帛画、遣册和俑；陕西汉阳陵及杨家湾陶俑；徐州汉墓出土的俑；以及各地零散出土的西汉俑；西汉晚期西安交大和洛阳卜千秋墓壁画等。其中西安地区作为西汉京城及西汉帝陵所在地，是西汉全国的政治经济文化中心，这里所发现的陶俑和西汉晚期壁画资料，应当是反映的西汉宫廷及京城地区的服饰风貌，可以说这里的服饰代了西汉时期正统、标准的服饰样式和风格。湖南、湖北、江苏、山东南部等当时受楚文化影响较深的地区，资料也十分丰富，如湖南马王堆汉墓，湖北凤凰山汉墓、江苏徐州汉墓、山东临沂汉墓等，都发现有大量的木俑、陶俑、帛画等，这些资料保存较好，种类丰富，为研究西汉楚文化的服饰风格提供了实物资料。同时，由于楚文化与汉文化特殊的渊源关系，这些资料也反映了汉文化服饰的重要特征，也应属于典型的汉代服饰；另外，诸如河南、河北等较多继承黄河流域先秦北国服饰的地区，也有服饰考古资料的发现。

新莽时期虽然很短，但由于这一时期是发展着的汉文化的转折时期，是寻找西汉与东汉包括服饰在内的物质与精神文明变化的重要过渡时期。南阳郁平夫人冯君孺人墓、偃师辛村新莽壁画墓等几座墓葬的服饰考古资料，因有明确的纪年，较好地反映了新莽时期的服饰风格。

---

[1]　河南省文物研究所：《密县打虎亭汉墓》，文物出版社，1993年。

[2]　河北省文物研究所：《安平东汉壁画墓发掘简报》，《文物春秋》1989年第1期。

[3]　南阳地区文物队、南阳市博物馆：《唐河汉郁平大尹冯君孺人画像石墓》，《考古学报》1980年第2期。周到、李京华：《唐河针织厂汉画像石墓的发掘》，《文物》1973年第6期；南阳汉画像石编委会：《唐河县电厂汉画像石墓》，《中原文物》1982年第11期；蒋宏杰、赫玉建、刘小兵，等：《河南南阳陈棚汉代彩绘画像石墓》，《考古学报》2007年第2期；南阳博物馆：《河南南阳军帐营汉画像石墓》，《考古与文物》1982年第1期。南阳博物馆：《河南南阳英庄汉画像石墓》，《中原文物》1983年第3期；吕品、周到：《河南新野新出土的汉代画像砖》，《考古》1965年第1期；郑州市博物馆：《郑州新通桥汉代画像空心砖墓》，《文物》1972年第10期。

[4]　河南省文化局文物工作队：《洛阳西汉壁画墓发掘报告》，《考古学报》1964年第2期；沈从文：《中国古代服饰研究》，上海书店出版社，2011年。

[5]　聊城市文物管理委员会：《山东阳谷县吴楼一号汉墓的发掘》，《考古》1999年第11期。

[6]　诸城县博物馆：《山东诸城汉墓画像石》，《文物》1981年第10期。

东汉时期的资料主要是画像石和壁画。河南是东汉文化的核心区域，是研究东汉服饰的一个非常重要的地区。这里的材料丰富，年代涉及广泛，可以单独形成东汉服饰发展的主线。河南南阳地区是东汉开国皇帝光武帝刘秀的故乡，这里经济发达，很多豪强地主在这里建造了豪华的画像石墓，留下了大量制作精美的画像石。东汉都城河南洛阳地区，发现了许多东汉时期的壁画墓。这些画像石和壁画题材广泛，涉及人物数量多和身份杂，较全面地反映了东汉世俗生活的服饰。其他地区如山东、江苏、安徽、陕西等地区也发现了数量众多的画像石，大大丰富了东汉服饰的种类，为深入研究服饰的等级、使用场合等问题提供了实物资料。

此外，在汉代边疆地区也发现了许多汉墓，其中也不乏与服饰相关的器物或壁画材料，这些资料一方面反映了汉文化在这里的传播，同时当地独具特色的土著民族的土著文化，由于汉文化的传入，对当地传统的民族服饰文化产生一定影响，所以对边疆地区服饰考古资料的研究，有助于探寻汉族服饰文化与边疆民族服饰的融合。由于篇幅所限，本文不做深入涉及。

三、汉代典型的日常生活服饰的样式

从总体来看，汉代基本的日常生活服饰为，女子发式为挽髻，服装为深衣和袍或上衣下裳；男子首服为挽髻后戴冠、巾帻或巾帻与冠搭配使用，服装为深衣、袍或上衣下裤。

1. 女子日常生活服饰

汉代女子服饰考古资料发现的多是反映侍女、贵妇、舞乐女等身份的。汉代女子服装的等级差别在款式上表现不明显，多区别在华丽程度。

女子首服：汉代女子头发多挽髻，西汉早期的发式简单朴实，发髻的位置普遍较低，多为背后或头后挽髻，几乎不见头顶挽髻。背后挽髻较多，头后挽髻较少。至西汉中期，仍以背后挽髻和头后挽髻为主，但头后挽髻较早期增多。西汉晚期，是女子发式的一个转变期，女子发式开始变得丰富活泼，头顶挽髻开始普遍流行。而早、中期的背后和头后挽髻的发式则几乎不见。西汉晚期以后，经新莽时期，历东汉直到东汉晚期女子发式都以头顶高髻为主，但高髻的种类和装饰日渐丰富，从发髻的数量上看有单髻、双髻、三髻；从发髻的装饰看有包巾、插多笄、戴胜、戴布条、戴花冠（多鬟髻）等，并且有些仍然保留自西汉晚期流行的在高发髻中留出一缕的即分髻的风尚。

女子身服：汉代女子身服有上下连体的深衣（袍）和上下衣分开的上衣下裙和上衣下裤等形式（图一）。西汉早期多为束裹缠绕的深衣，衣襟很长，绕体数周或绕至

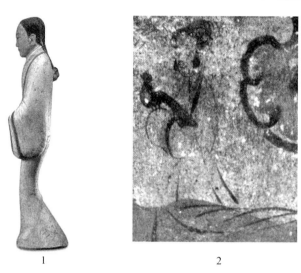

图一　汉代女子服饰的发展

1.西汉前期女俑　2.西汉晚期壁画中夫人图　3.东汉晚期壁画中女性

腰后，拖地或长至足上。衣服整体较紧，即深衣或裙在下体膝部内收。其中长束裹深衣延续了战国楚服深衣的特点，在西汉初期还存在，而在西汉中期就很少见了，且多为绕体一周，西汉中期以后这种深衣就基本消失。西汉中期的女子服装继续延续西汉早期的服装风格，衣服仍较贴身，但束裹得没有早期那么紧。西汉晚期女子服饰较前期有了较为明显的变化，即深衣在膝部不再内收，衣服总体感觉是合体。东汉女子服装以宽袖长袍或上短襦下长裙为主，服装在前后期的差别主要也是宽松程度上的变化。东汉女子服装整体的发展趋势是衣身和衣袖的宽大程度逐渐加大。新莽至东汉早期还延续了西汉晚期的风格，服装显腰身，还算合体，以细腰长裙为尚；而东汉后期女子服装无论身份高低，衣服都变得很宽大，已不显腰身，不惜使用大幅布料，即便是劳动女仆的衣袖也很肥大。

2. 男子日常生活服饰

男子首服：汉代男子首服多挽髻后戴发饰如巾、帻、冠、帽等。冠是汉代男子首服中占主体的类别。最突出的特点是西汉中晚期帻的出现，正是帻的出现，使得汉代男子首服由单独戴冠，转变为冠帻搭配的形制。汉代男子首服的总体是向简化、方便的方向发展。自西汉向东汉越往后期，发饰越简单，等级和礼制的区分度越小，礼制的约束逐渐减弱，巾、帻、进贤冠、武弁大冠等占了东汉男子发饰的绝大比例。在东汉晚期日常生活中男子首服简化为最常见的三种，即身份较低或非正式场合贵族首服——巾帻（平上帻、介帻）；文官所戴的进贤冠；武官所戴的武弁大冠（图二）。

汉代男子军服的首服与常服不同，有着单独的体系，明显地继承了秦制。秦始皇

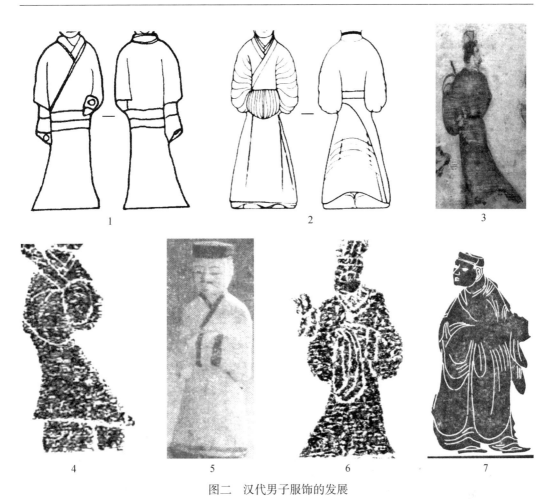

图二　汉代男子服饰的发展

1.西汉早期　2.西汉中期　3.西汉晚期　4.王莽时期　5.东汉早期　6.东汉中期　7.东汉晚期

陵兵马俑中发式为前额中分挽髻，有些再加帻、冠。西汉中前期咸阳杨家湾汉墓、徐州狮子山汉墓、北洞山汉墓的兵马俑和西安汉阳陵以及永城芒砀山梁王墓地等的随葬俑，都继承了秦军男子发式前额中分的特点，但中分后挽髻的方式与秦时相比有所改进，并且在挽髻后有些加戴了红色的绛袙、武弁。西汉中晚期后，与帻搭配的武弁属军服特有的首服，在军服中普遍使用，而在常服中基本不见。

男子身服：汉代男子身服与女子的在款式上差别不大。差别主要表现在色彩和纹饰上。其款式也为西汉时期的绕体数周的长深衣，逐步演变为宽松的长袍。常服与军人、武士等的军服差别明显，如绑腿的使用。西汉晚期也是男子服装的一个重要转变期，较突出的特点就是上着长襦下穿长裤的服装的使用较之前普遍，整体着装要求不如前期那么严格。东汉男子地位较高者仍普遍着宽袖长袍，但着襦裤者增多，侍从、小吏、杂耍人、平民及奴仆等地位较低者则普遍着上衣下裤。在小吏阶层即便着袍，但袍的长度也不拖地，多露出里面的裤子。

四、汉代日常生活服饰的特点及演变

（一）汉代日常生活服饰是汉族服饰的定型与发展

汉代是汉民族形成与发展的重要时期，也是传统汉族文化和各种习俗、社会心理等得以整合定型的重要时期。汉代国家不仅在版图、经济政治和文化方面都实现了一统，而且这种一统渗透入社会的各个方面，表现在服饰方面，就是汉族服饰整体形制及审美风格的定型与发展，并向外辐射其强大的影响力。

汉代服饰表现出中国服饰史上的第一次融合，这种融合是对之前汉族服饰不同地域特色的整合。作为汉代服饰核心内容的汉族服饰，其渊源是在继承先秦楚服及秦服饰的基础上，部分吸收了先秦其他诸侯国服饰的基础上发展起来的[1]。汉代服饰第一次打破了中国服饰长期存在的南北服饰文化分野的局面，使南北文化水乳交融，构成了汉代服饰的基本框架。汉代服饰在总体上形成以两京地区服饰为核心，统领全国服饰的发展态势。

西汉时期无论是在京都西安地区，还是两湖、江苏、山东、河南、河北等地，其服饰的款式和风格是一致的，女子发式以背后、头后挽髻为主；服装以束裹深衣为主，均体现出严肃、拘谨的服饰风格。东汉时期，总体来看仍是以洛阳京都地区为主导，女子发式以高髻为主，服装以宽松长袍或上襦下宽松长裙为主。各地区风格上趋于一致，均体现出轻松活泼、宽大随意的服饰特点。服饰虽然变化多样，表现得异彩纷呈，但仍是属于一种服饰风格体系下形式上的变异。

在整个中原地区，汉族服饰的整体发展变化表现得较为统一：女子发式由低到高；男子发式由传统戴冠，向戴帻或冠帻搭配等较为随意的发式转变；女子发饰呈现由少到多，由朴素到繁杂的转变；男女服装则由西汉早期的紧身束裹，发展到西汉中后期的合体，至东汉开始变得宽松，直至发展到东汉晚期的肥大；服饰整体风格是由严肃拘谨向轻松活泼转变。可见，汉代中原汉族服饰完成了一统。

将汉代服饰考古资料放入整个中国古代服饰发展体系中，如果单纯从出土资料来说，汉以前服饰在各地区的差异性较明显，未形成服饰在全国范围内的统一。且汉之前中原各种族及汉民族的各组成元素还未凝结为一个坚固的个体，更谈不上汉族文化和汉服饰的定格。而汉之后无论是紧承东汉风格的魏晋服饰，还是略显开放之美的唐代服饰，或是以素雅为尚的宋代服饰，抑或是融入民族服饰风格的清代服饰，都不难看出，汉代汉族服饰以儒家思想为主导，尽占天时地利人和的优势，统领了中国二千

---

[1] 徐蕊：《汉代妇女服饰二题》，《江汉考古》2008年第3期。

多年传统服饰发展的方向，奠定了中国服饰发展史的基调。

此外，中国古代传统文化在汉代时，还未受到其他外国文化的影响（虽然在汉代佛教已经传入中国，但其对中国本土文化及服饰的影响很小，未产生明显的影响，可以说是较为纯净），而汉代正是处在这一纯净环境中的最后阶段，汉代服饰是对之前中国本土服饰的整合。换言之，汉代服饰就是传统汉族服饰的总结。

另外，在内蒙古、广东、广西、新疆等汉代的边疆民族文化交融地区，通过服饰的比较也可看出汉族服饰在中原地区整合定型后，开始对周边民族辐射出的强大的感召力，影响了周边民族服饰的发展。

（二）两汉日常生活服饰的差异

由汉代服饰考古资料的类型分析可以看出，西汉与东汉的服饰无论是女子发式、男子冠式、服装的款式、风格、服饰的审美追求等方面都存在着明显的差异，主要表现在：

1. 女子发式的转变

西汉女子发式以背后挽髻和头后挽髻为主，发式装饰较少；而东汉女子发式以头顶高髻为主，发髻装饰较多。

2. 男子发式的转变

西汉中晚期男子首服帻的出现，导致了两汉男子首服的明显差别。由西汉晚期前的单独戴冠转变为东汉时期的冠帻搭配或单独戴帻。此外，西汉与东汉男子冠式几乎不重样，即西汉的冠式在东汉不见，东汉的冠式在西汉不见。

3. 服装款式的转变

西汉男女服装均以束裹的深衣为主，而东汉男女服装以宽松长袍或上衣下裳为主。

4. 服饰风格的转变

西汉服饰风格是严肃拘谨、东汉服饰风格是自由随意。

关于西汉与东汉服饰风格发生明显变化的原因，在此仅作一些初步的探讨。文化的发展与政治经济的发展密不可分。经过西汉前期和中期近二百年的发展，至西汉晚期，经济已较为繁荣，这也带动了文化的快速发展，而此时汉政府与西域、西南等众多民族的交往，与南越百族的进一步融合，以及与北方匈奴的长期对抗碰撞为汉文化注入了新鲜血液。加之西汉末年皇权势力日渐减弱，这一时期京都传统的服饰已无法控制多元化服饰文化强大的发展势头，汉代服饰风格在西汉末期开始出现一些大的变化。东汉建立之后，人们的思想观念上发生了较大变化，并日渐活跃起来。加之东汉地方豪强势力的膨胀，庄园经济和物质文化的发展，使得各地区的服饰呈现出异彩纷呈的局面。

（三）汉代日常生活服饰发展的转变期

西汉与东汉的服饰存在着明显的转变，具体表现在上述四个方面。如果再深入研究这种转变的时期，可以发现是在西汉中晚期，具体表现这种转变的资料是河南洛阳的西汉卜千秋墓壁画和西安理工大学壁画墓、西安曲江汉墓壁画中的人物服饰。在这两座墓的壁画中女子发式已经不见背后挽髻和头后挽髻的发式，而为头顶高髻；女子服装也由之前的束裹深衣，变得较为合体，衣服下摆已自然打开，由之前的"八"变为"丨丨"；男子发式也在西汉中晚期发生转变即进贤冠、▉形冠和帻的出现及普遍使用；男女服装也在西汉晚期改变了前期紧身束裹的风格，下衣开始自腰下自然打开，不再如前期那么拘谨。汉代服饰的另一个转变期是东汉晚期，这一时期的转变主要是服饰风格的转变与种类的丰富，如女子发式及发饰在东汉晚期种类突然增多，出现了戴多笄、戴布条、簪花等多种装饰；男女服装变得不再以合体为本，而变得以宽大基本，衣身宽大，衣袖广博，可以看出其向魏晋时期褒衣博带转变的迹象。

（四）汉代日常生活服饰的性别与等级差异

汉代男女服装开始出现差别，但差别不明显。特别是西汉前期的俑，很难从服装上分出性别，多是通过发式来辨识俑的性别；西汉后期以后，男女服装开始出现差别，主要表现在服装的色彩、纹饰等方面。女子服饰比男子服饰的发展变化快，更具有鲜明的时代性。

因服饰具有等级性，相同身份级别不同时期的服饰进行比较，才能更清晰地反映出其时代变化；相同时期不同等级的服饰相比，可体现出服饰所反映的等级性。因此在进行考古类型学研究时，先将服装和发式根据穿着者的身份按等级分开，女子分为贵族、侍女、舞乐女、平民及女奴、身份不明确者；男子分为贵族、侍从、军人、平民及奴仆等。但有些资料或某段时期的资料因过于稀少或变化不明显（如东汉男子服装），无法再细分，仅从总体上探讨其风格上的变化。总体看来，汉代服饰是有等级区别的，多表现在服饰的面料、纹饰、色彩、头饰等细节方面，而在款式上差别不明显。这也许与考古资料的局限性有关。此外，一些特殊阶层如军人、艺人等的服饰与常服明显不同。

五、结　语

　　汉代日常生活服饰是在继承先秦及秦代的服饰的基础上发展创新，最明显的创新特征是，服饰对身体束缚的程度减弱，自由度增强，男子首服帻的出现和广泛使用。汉代日常生活服饰的发展与社会发展的整体大趋势相一致——在继承战国楚服和秦代服饰的基础上发展而来；其发展与社会发展的整体大趋势相一致（自西汉中晚期开始出现较为明显的变化，东汉与西汉存在着明显差异，总体向着更加简化、方便实用的方向发展，身份等级的差异逐渐缩小，礼制的影响逐渐减弱）；如果放宽视野，扩展至全国，可以发现中原地区兴起汉代服饰也广泛使用在中原之外的边疆地区，如西南巴蜀地区汉墓[1]、贵州汉墓出土的俑[2]、北部内蒙古和林格尔汉墓[3]、东北辽阳汉魏墓壁画[4]中人物等。可见，汉代服饰作为汉代物质文化生活的一个重要组成部分，其发展与中原汉文化的形成传播的过程是趋于一致的，多元一体的发展脉络是汉代服饰发展的总体趋势。

---

　　[1]　白九江：《重庆市大渡口区大树林汉墓发掘简报》，《四川文物》2014年第6期。

　　[2]　贵州省博物馆：《贵州赫章县汉墓发掘简报》，《考古》1966年第1期。

　　[3]　盖山林：《和林格尔汉墓壁画》，内蒙古人民出版社，1978年。

　　[4]　辽阳市文物管理所：《辽阳发现三座壁画墓》，《考古》1980年第1期；王增新：《辽阳市棒台子二号壁画墓》，《考古》1960年第1期。

汉代舞服的考古学研究

王 方

摘要：本文通过对两汉时期舞蹈形象考古材料的系统梳理，以形制、款式及搭配为标准，将汉代的舞蹈服饰分为交领式长服、交领式中长服、对襟式上衣、披风式上衣、连体衣、裸身裤装几个大类。在此基础上重点探讨了汉代舞服的时代特征与区域特点，并就汉代舞服与常服的关系、舞服与舞蹈的关系问题进行理论思考。

关键词：汉代；舞服；舞蹈

舞蹈是以人类肢体动作作为表现手段的一种艺术形式，既是对人类情感的表达，也是对社会生活的提炼和升华。"无论什么时代，无论什么民族，艺术都是一种社会的表现"[1]，舞蹈艺术自然也不例外，它在人类社会发展初期就已萌芽，并伴随人类社会的演进而发展。舞服，即舞蹈服饰的简称，它是舞蹈艺术的重要辅助和道具。舞蹈是动态的艺术，在没有影像技术的历史时期，这种艺术很难为后人欣赏。因此，借助舞服所表现出的舞蹈姿态的瞬间便成为我们探究古代舞蹈艺术的重要线索。

舞服是以用途作为分类标准的一种服饰门类，其基本形式来源于生活而不囿于生活。因此，舞服既有作为服饰的物质属性，也有作为艺术化服饰的精神属性，其文化属性是多元的。对古代舞服的研究，既属于物质文明的研究，也属于精神文明和社会生活的研究，它所反映的古代社会是立体而丰满的。

汉代是中国古代俗乐舞的重要发展时期，乐舞成为汉代社会生活的重要组成部分。不同于两周礼乐制度下"陈清庙、协神人"的雅舞体系，汉代的民间俗舞发展繁荣，表演形式多样、舞蹈名目繁多，既有像"公莫""巴渝""鞞舞""鞸舞""铎舞""拂舞""白纻"这样的"杂舞"[2]，也有像"掷剑""跳丸""寻橦""走索""戏车""马伎""鱼龙曼衍""东海黄公"等这样的角抵百戏。两汉时期还设

---

[1] 〔德〕格罗塞著，蔡慕辉译：《艺术的起源》，商务印书馆，2008年，第39页。

[2] 《全唐诗》卷二十二《舞曲歌辞》载："自汉以后，乐舞浸盛，有雅舞，有杂舞……杂舞者，公莫、巴渝、鞶舞、鞞舞、铎舞、拂舞、白纻之类是也。"《全唐诗》，中华书局，1960年，第284页。

立有"乐府""黄门鼓吹""大予乐""太乐"这样的乐舞管理机构。显然,乐舞成为当时社会各个阶层青睐和喜爱的娱乐形式。汉代历史文献中保存有大量有关音乐舞蹈的文字记载,甚至出现像《舞赋》这样讨论舞蹈的专门作品,考古发现的汉代乐舞图像更是不胜枚举。

需要说明的是,考古发现所见的汉代乐舞多是由歌者、舞者、乐队伴奏、观者、侍从等组成的多人活动场面,鉴于文章主题,本文主要以乐舞场面的舞者服饰为考察对象。另一方面,由于汉代乐舞和百戏尚未完全分离,存在"俳优歌舞杂奏"的局面,因此百戏也作为本文考察的对象。此外,由于有关汉代舞服的考古发现多图像而实物较少,有关舞服的质地、纹饰等暂且不列入本文的探讨范围。

一、汉代舞服的考古发现

舞服是舞蹈的重要辅助,与舞蹈相始终,汉代的舞服自然也多可通过考古发现中的舞蹈图像得以表现。乐舞杂技在汉代普遍地、广泛地出现在陶器、铜器、玉器、漆木器、画像砖石、墓室绘画等各种类型的汉代遗迹遗物中。就表现舞服形象的精细程度而言,俑、少量铜塑雕像、玉雕舞人以及一部分保存较好的壁画和画像石是舞服研究的主要材料。需要说明的是,汉代虽然也出土有服饰实物,但未见明确为舞蹈用途的服饰,故不作为研究内容。本文拟围绕其中保存较好、舞服形象清晰的考古发现作简要梳理。

汉俑数量众多,多数为陶质,也有少量漆木制品。前者贯穿两汉始终,后者多见于西汉早期的长江以南地区和西汉中晚期的连云港、扬州一带。舞俑,同样也是陶制较多,且制作精细、形象传神;漆木制稀少,且木俑身躯多以简略的弯曲线条表示舞蹈动作,有的身躯外着衣。作为随葬明器,乐舞俑多与侍俑共出于墓葬中,表现出墓主日常生活的场景。有的舞俑的与鼓吹俑、演奏俑等成套成组出现,也有单独出现的情况。西汉随葬舞俑的墓葬大多等级较高,出土数量较多,场面较大,舞服刻画得也较细致,如陕西西安汉景帝阳陵四号建筑遗址出土的女舞俑;江苏徐州地区的北洞山汉墓、狮子山汉墓、驮篮山汉墓、龟山二号汉墓等几座诸侯王级别的墓葬出土的陶舞俑;湖南长沙马王堆一号汉墓和马王堆三号汉墓两座侯级墓葬出土的木舞女俑。其他中小型墓葬如陕西扶风务官村窑院组汉墓、南郑龙岗寺一号汉墓、河南洛阳西郊汉墓、烧沟墓地M14和M23、北郊苗南新村M528、涧西七里河M55、济源市泗涧沟M8、M24,江苏徐州顾山一号墓、江山汉墓、李屯汉墓等出土的舞女陶俑;江苏扬州邗江姚庄M101、平山养殖场汉墓、邗江胡场汉墓、仪征烟袋山汉墓等出土的舞女伎乐木俑。东汉时期墓葬表现日常生活的陶制明器增多,随葬乐舞百戏俑也变得非常普遍,集中分布在两个地区,并且各有特色。一是以河南洛阳、南阳、济源、三门峡为中心的豫陕甘地区，该地区的东汉墓葬多出土成组的伎乐俑、俳优俑和乐舞俑；二是以川渝为中心的鄂湘川渝滇黔地区，该地区的东汉舞俑多为独立出现，舞姿、服饰风格类似，表现的当是同一类型的舞蹈。

汉代的铜塑雕像包括独立的铜像和铜器上的人物构件两种类型，前者数量较少，多为踞坐人像，未见舞蹈人像；后者集中分布在滇黔地区的滇文化铜器上。这些铜器集中出土于云南晋宁石寨山墓地、江川李家山墓地、昆明羊甫头墓地等规模较大的墓葬中。青铜器种类包括贮贝器、扣饰、杖头装饰、铜剑饰等。

汉代玉器中最常见的舞蹈形象即玉舞人，它是战国西汉时期玉组佩中的重要构件，基本造型差异不大，主要表现为舞女"翘袖折腰"的姿态，即一只手臂上举过头，另一只手臂置于腹前。目前发掘出土的汉代玉舞人约50件，也有一些传世品，时代多为西汉时期。虽然汉代玉舞人发型、五官刻画模糊，服饰轮廓却基本可见，为汉代舞服研究的重要资料。

墓室绘画中的乐舞图像主要来自三个部分。一是墓室中的帛画，主要流行于西汉早期，数量不多，比较典型的如山东临沂金雀山M9出土的帛画、湖南长沙马王堆三号墓出土的帛画，其中可见乐舞人物。二是墓室壁画，出现于西汉中期，新莽东汉以后开始流行，数量增多，其中表现墓主日常生活的场景中有很多宴饮乐舞的人物。就目前发现来看，西汉时期表现乐舞百戏的壁画主要发现于陕西关中地区，如西安理工大学壁画墓、西安曲江新区翠竹园一号墓、靖边老坟梁墓地中的几座壁画墓；新莽东汉时期表现乐舞百戏的壁画较多，以洛阳为中心的中原地区，以西安为中心的关中地区，以辽阳为中心的东北地区，以内蒙古、陕北为中心的北方地区，河西地区，鲁南、苏北、皖北、豫东交接地带为中心的东方地区均有发现[1]，保存较好的如河南密县打虎亭汉墓，山东东平物资局壁画墓，内蒙古鄂托克凤凰山一号墓、乌审旗嘎鲁图壁画墓，陕西靖边东汉壁画墓，辽宁辽阳棒台子二号墓。三是墓葬内的陶器、漆木器、铜器等器物上表现的乐舞图像，数量不多，如河南洛阳金谷园西汉晚期M11出土陶尊上的乐舞人物、河南荥阳东汉墓出土陶仓楼上的彩绘乐舞人物、江苏连云港海州侍其繇西汉晚期墓出土漆奁上的乐舞图、甘肃武威磨嘴子汉墓出土漆樽上残存的乐舞画像、广西贵县罗泊湾西汉早期墓出土提梁漆绘铜筒上的乐舞纹饰等。

汉代画像石、画像砖中也有大量的表现乐舞场景的图像，根据相关研究，全国大部分省区均出土有画像石，大致集中在四个地区，即"山东、苏北、皖北、豫东区，豫南、鄂北区，陕北、晋西北区，四川、滇北区"[2]。汉画像砖墓主要集中分布在河

[1]　黄佩贤：《汉代墓室壁画研究》，文物出版社，2008年，第30页。

[2]　中国社会科学院考古研究所：《中国考古学·秦汉卷》，中国社会科学出版社，2010年，第529页。

南和四川两省[1]。各个区域的画像石、画像砖都出土有数量不等的表现乐舞百戏的现实生活题材，其中分布主要集中在苏鲁豫皖交界区、河南南阳、四川等三个地区[2]。以上画像砖石中的乐舞百戏图大部分刻画相对简练，舞服细部漶漫不清，个别刻画细致、线条清楚的乐舞百戏图像可资使用。

此外，汉代的陶制模型明器诸如宅院、陶仓楼、陶灯上也多有表现乐舞百戏场面的陶塑人物，如河南灵宝张湾汉墓出土的水上楼阁模型、洛宁东汉墓出土陶楼上等均有乐舞人像。图形印章上也有部分表现乐舞的图像。但鉴于以上两种汉代遗物中的乐舞人物在表现技法上相对简练古朴，对舞服研究的意义不大，故而不作为本文的重点研究对象。

二、主要形制、款式及搭配

汉代的舞服基本上以上衣为主体，采用上衣下裤的搭配，也有少部分上衣下裙、上身赤裸下身着裤的搭配，还有一种上下连体的紧身衣。

1. 交领式长服

基本延续了战国时期深衣的服装体系，上下连属，基本全部为交领式，在领、袖、襟、裾、下摆等处的款式略有差别，衣的下缘长可及地。内衣不可见，从个别下摆处可见内部裤装。款式大致有以下诸型。

A型　整体紧窄裹身，上下基本为直筒状。领口开口较高，有宽领缘。袖窄而长，两袖筒上臂处各有一道细线。束腰位置较高。前襟细长，绕身两周，形成曲裾。下摆呈直筒状，无外撇，前后均平齐。标本为山东济南无影山M11出土的2件舞俑，年代为西汉早期（图一）[3]。

B型　整体紧窄贴身。领口开口较低，领缘较窄。袖口宽而长。束腰位置较低，近臀部。前襟细长，绕身两周。下摆呈大喇叭形外撇，内外襟下缘斜裁呈两尖角。标本为汉景帝阳陵四号建筑遗址出土陶舞女俑，年代为西汉早期（图二）[4]。

C型　整体紧窄贴身。领口开口较高，领缘较窄，领口有凸起的堆领。袖口宽而

---

[1]　中国社会科学研究院考古所：《中国考古学·秦汉卷》，中国社会科学出版社，2010年，第536页。

[2]　顾雅男：《汉代乐舞百戏画像石研究》，山西师范大学硕士学位论文，2013年。

[3]　济南市博物馆：《试谈济南无影山出土的西汉乐舞、杂技、宴饮陶俑》，《文物》1972年第5期；夏鼐：《无产阶级文化大革命中的考古新发现》，《考古》1972年第1期。

[4]　汉阳陵考古陈列馆编：《汉阳陵考古陈列馆》，文物出版社，2004年，第86、87页；汉阳陵博物馆：《汉阳陵》，文物出版社，2016年，第47页。

图一　济南无影山汉墓出土舞俑

长，两袖筒上臂处各有一道细线。束腰位置较低，近臀部。下摆呈大喇叭形外撇，内外襟下缘斜裁呈两尖角向后拖垂，下摆后侧为圆弧形内凹，可见内层宽肥裤腿。可分为两个亚型。

Ca型　前襟细长，绕身数周。标本如徐州北洞山汉墓出土的舞俑2560[1]和驮篮山汉墓出土的部分舞女俑，年代为西汉早期（图三）[2]。

Cb型　前襟较短，长仅及身后。标本如徐州北洞山汉墓出土的舞俑2514[3]和驮篮山汉墓出土的部分舞女俑，年代为西汉早期（图四）[4]。

D型　整体宽松。领口开口较高。阔袖。束腰位置适中。衣长及地，下摆呈大喇叭形外撇。可分为三个亚型。

Da型　下摆外撇，下缘裁剪为大小不同的四个尖角，上广下狭，形若燕尾。标本如西安汉杜陵陵区出土的一对连体玉舞人的服饰，年代为西汉宣帝时期（图五）[5]。

---

［1］　徐州博物馆、南京大学历史学系考古专业：《徐州北洞山西汉楚王墓》，文物出版社，2003年，第75页。

［2］　中国国家博物馆、徐州博物馆编：《大汉楚王——徐州西汉楚王陵墓文物集粹》，中国社会科学出版社，2005年，第154页。

［3］　徐州博物馆、南京大学历史学系考古专业：《徐州北洞山西汉楚王墓》，文物出版社，2003年，第74页。

［4］　中国国家博物馆、徐州博物馆编：《大汉楚王——徐州西汉楚王陵墓文物集粹》，中国社会科学出版社，2005年，第151页。

［5］　刘云辉、刘思哲、王保平：《汉杜陵陵区新出土的玉杯和玉舞人》，《文物》2012年第12期。

图二　汉景帝阳陵四号建筑遗址出土舞俑　　　　　　图三　驼篮山汉墓出土舞俑

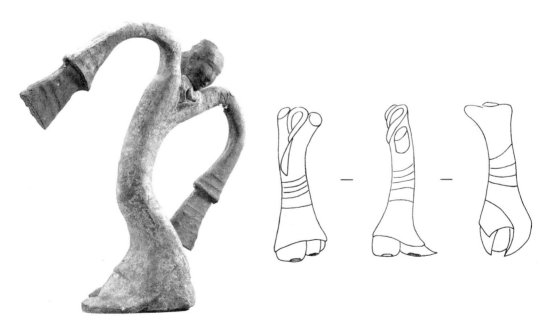

图四　徐州驼篮山汉墓出土舞俑　徐州北洞山汉墓出土舞俑

　　Db型　下摆外撇，下缘平直。多宽肥长袖。标本如徐州龟山M2出土的舞女俑，年代为西汉中期（图六）[1]。扶风官务村窑院组M1出土的舞女俑，年代为新莽时

　　［1］　南京博物院、铜山县文化馆：《铜山龟山二号西汉崖洞墓》，《考古学报》1985年第1期。

图五　杜陵陵区出土玉舞人正背面

期[1]。广州汉墓出土舞女俑，年代为东汉（图七）[2]。

　　Dc型　下摆拖地，两侧上翘形似鱼尾，多长袖。标本如神木大保当汉墓M1画像石上的舞女形象，年代为东汉中期晚段（图八）[3]。

　　E型　整体宽松。领口开口较高，显露出内衣的圆领。阔短袖，袖口呈花瓣形喇叭状外撇。束腰位置适中。衣长及地，下摆呈大喇叭形外撇，下缘多有花瓣形装饰。根据内衣袖筒是否为长袖，可分为两个亚型。

　　Ea型　袖筒下部长袖。标本如绵阳三台郪江紫荆湾M10出土舞女俑（M10：1），年代为东汉晚期（图九）[4]。

　　Eb型　袖筒下部无长袖。标本如彭山崖墓女俑，年代为东汉中晚期（图一〇）[5]。

　　［1］　周原博物馆：《陕西扶风县官务汉墓清理发掘简报》，《考古与文物》2001年第5期。

　　［2］　广州市文物管理委员会、广州市博物馆：《广州汉墓》，文物出版社，1981年，第432页，图版一六〇。

　　［3］　陕西省考古研究所、榆林市文物管理委员会办公室：《神木大保当——汉代城址与墓葬考古报告》，科学出版社，2001年，第50页，图六〇。

　　［4］　四川省文物考古研究院、绵阳市博物馆、三台县文物管理所：《三台郪江崖墓》，文物出版社，2007年，第104页。

　　［5］　南京博物院：《四川彭山汉代崖墓》，文物出版社，1991年，第61—63页。

图六　龟山二号汉墓出土舞俑　　　　　　　　　图七　广州汉墓出土舞俑

2. 交领式中长服

　　该型上衣长度自臀部至膝部以下不等，当时又称作长襦。这类上衣一般搭配合裆阔腿裤，个别可见底部带有类似刀刃的舞鞋（图一一）。款式可分以下两型。

　　A型　整体紧窄贴身。领口开口较低，领缘较窄。袖口宽而长。束腰位置较低，近臀部。下摆过膝，露出内侧宽肥裤腿。

　　Aa型　前襟较短，长仅及身后。下摆内外襟下缘斜裁呈两尖角。标本为汉景帝阳陵四号建筑遗址出土陶舞女俑，年代为西汉早期（图一二）[1]。

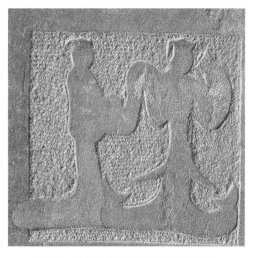

图八　神木大保当M1右门柱画像石

　　Ab型　前襟细长，绕身两周。下摆下缘平齐。标本为汉景帝阳陵四号建筑遗址出土陶舞女俑，年代为西汉早期（图一三）[2]。

　　B型　整体较宽松。领口开口较高，领缘较窄。袖口宽而长。束腰位置适中。下摆

---

[1]　汉阳陵考古陈列馆编：《汉阳陵考古陈列馆》，文物出版社，2004年，第74页。

[2]　汉阳陵考古陈列馆编：《汉阳陵考古陈列馆》，文物出版社，2004年，第74页。

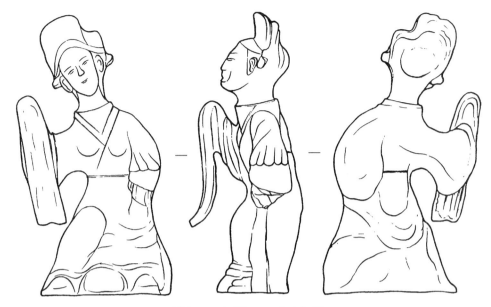

图九　三台郪江M10出土舞俑

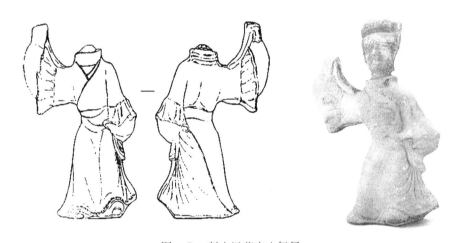

图一〇　彭山汉墓出土舞俑

图一一　西安理工大学壁画墓舞蹈人物（左）、东平后屯壁画墓舞蹈人物（右）

图一二　汉景帝阳陵四号建筑遗址出土舞俑

图一三　汉景帝阳陵四号建筑遗址出土舞俑

及膝。下着阔腿裤。标本为洛阳偃师辛村壁画墓中舞女图像，年代为新莽时期（图一四）[1]。东平后屯壁画墓M1南壁壁画上的乐舞人物，年代为新莽至东汉早期（图一五）[2]。洛阳偃师北窑乡出土男舞俑，年代为东汉。洛阳烧沟西M14出土女舞俑，年代为东汉早期[3]；北郊苗南新村M528出土男俑，年代为东汉中期[4]；东北郊汉墓出土女舞俑，年代为东汉中期[5]；涧西七

图一四　偃师辛村壁画墓舞女形象

里河M55出土舞俑，年代为东汉中晚期至东汉晚期（图一六）[6]。

［1］　洛阳市第二文物工作队：《洛阳汉墓壁画》，文物出版社，1996年，第133页。

［2］　山东省文物考古研究所、东平县文物管理所编：《东平后屯汉代壁画墓》，文物出版社，2010年，彩版二五。

［3］　洛阳市文物工作队：《洛阳烧沟西14号汉墓发掘简报》，《文物》1983年第4期。

［4］　洛阳市第二文物工作队：《洛阳苗南新村528号汉墓发掘简报》，《文物》1994年第7期。

［5］　洛阳市文物工作队：《洛阳东北郊东汉墓发掘简报》，《文物》2000年第8期；洛阳市文物管理局主编：《洛阳陶俑》，北京图书馆出版社，2005年。

［6］　洛阳博物馆：《洛阳涧西七里河东汉墓发掘简报》，《考古》1975年第2期。

图一五　东平后屯壁画墓舞女形象

图一六　洛阳涧西七里河M55出土舞俑

图一七　昆明羊甫头M698出土舞人扣饰

3. 对襟式上衣

主要出现在云贵高原的滇文化分布区，一般与裙装搭配。衣长及膝，袖宽，长及肘部，类似七分袖。两襟不闭合，无束腰，可见内衣形态。领部折角为弧形，下摆折角方直，前后均平齐。自领口向下至下摆有连续的窄缘。下身着条纹裙。标本如昆明羊甫头墓地M698出土的铜扣饰上的乐舞人物，年代在西汉早中期（图一七）[1]。

4. 披风式上衣

形似披风的上衣也出现在云贵高原的滇文化分布区。披风覆盖双肩，于胸前系结，披风狭长拖地。内侧是形似现代泳衣的紧身衣，上臂、腿部均裸露，跣足。腕部戴钏，腰部束带，腹部正中有一扣饰。目前所见为晋宁石寨山M17出土的4件舞蹈铜人，年代在西汉早中期（图一八）[2]。

---

[1]　云南省文物考古研究所、昆明市博物馆、官渡区博物馆：《昆明羊甫头墓地》，科学出版社，2005年，第446页，图三七六（5）。

[2]　云南省博物馆编：《云南省博物馆馆藏精品全集》，云南人民出版社，2008年，第18—21页。

图一八　晋宁石寨山M17出土铜舞人及线图

5. 连体衣

目前发现的紧身连体衣多为陶塑或画像，刻画简单，服饰细部未知。整体形象为上下连体，紧窄贴身。标本如洛阳偃师北窑乡出土的杂技俑，年代在东汉（图一九）[1]。洛阳市涧西区出土的杂技俑，年代在东汉晚期[2]。洛阳东北郊出土的杂技俑，年代在东汉中期（图二〇）[3]。

6. 裸身裤装

为男性舞人所服，上身裸露，下身有的着犊鼻裤，标本如密县打虎亭M2中室券顶壁画所绘两位男性百戏舞者，年代在东汉晚期（图二一）[4]。另有一部分着宽肥长裤，标本如洛阳烧沟西M23出土的百戏俑，年代在东汉中期（图二二）[5]。

[1]　洛阳市文物管理局主编：《洛阳陶俑》，北京图书馆出版社，2005年，第26页。

[2]　洛阳市文物管理局主编：《洛阳陶俑》，北京图书馆出版社，2005年，第26页。

[3]　洛阳市文物管理局主编：《洛阳陶俑》，北京图书馆出版社，2005年，第26页。

[4]　河南省文物研究所：《密县打虎亭汉墓》，科学出版社，1993年，第269—312页；徐光冀主编：《中国出土壁画全集·河南卷》，科学出版社，2012年，第85页。

[5]　洛阳区考古发掘队：《洛阳烧沟汉墓》，科学出版社，1959年，第142页；河南博物院编：《河南古代陶塑艺术》，大象出版社，2005年，第203页。

图一九　洛阳偃师北窑乡出土杂技俑　　　　图二〇　洛阳市东北郊出土杂技俑

图二一　密县打虎亭M2壁画百戏舞者

图二二　洛阳烧沟西M23出土百戏俑

三、汉代舞服的时代与区域特点

　　概览以上舞服诸多类型款式，交领式长服和交领式中长服贯穿于两汉始终，可以看作是汉代舞服的基本形式，且多以裤装搭配；对襟式上衣和下裙、披风式外衣和紧身衣的舞服搭配为云贵高原滇文化舞蹈的舞服，紧身连体衣，裸身裤装的搭配则是特定乐舞百戏的着装形式。因此，后三者当属于汉代舞服中的非主流形式。

　　交领式长服中的A、B、C型只流行于西汉早期，且A型在年代上应该早于B、C型。山东济南无影山M11出土舞俑所穿的A型交领式长服，紧窄贴身，有细长绕身的曲裾，下摆直筒状平齐，诸多细部款式显示出战国晚期至西汉早期楚地舞女的服饰风格（图二三）；而窄长的袖筒并在上臂处装饰有两条细线的做法则接近战国早中期齐地舞服的风格，如章丘绣惠女郎山、临淄赵家徐姚等地出土的舞俑（图二四）。因此笔者认为，A型交领式长服当是汉代舞服的早期形态，保留有战国时期的诸多服饰特点。B型交领式长服主要流行于西汉帝都长安地区，其较低的束腰位置，以及呈大喇叭形外撇的下摆，都是汉代新出现的服装款式，应当可代表西汉早期舞蹈服饰的标准形态。C型交领式长服具有较高的领口和凸起的堆领，下摆处巧妙地运用内外层的斜裁尖角形成错落缤纷的视觉效果，下摆后侧的圆弧形内凹既有效地解决了长服行动不便的缺陷，也极具装饰效果，该型舞服可以说既吸收了当时主流的服装款式，也保留了当地既有的服装特色，区域性显著。交领式长服中的D型自西汉中期至东汉晚期广泛流行于全国各地，是汉代舞服中流行时间最长、分布范围最广的舞服款式之一。陶俑、壁画、画像石、玉舞人等材料均可见身着类似款式的乐舞人物。可以看到，舞服整体

图二三　长沙仰天湖楚墓出土木俑

图二四　临淄赵家徐姚出土陶俑

由紧窄转向宽肥，下摆外撇程度有逐渐加大的趋势。需要说明的是，由于目前考古材料所见的乐舞图像在细部表现上的效果有限，具有类似款式的舞服在西汉中期大多还应是上下连属的长服，西汉晚期以后当有相当一部分是上衣下裙的搭配，毕竟从服装剪裁的角度来看，如若实现外撇的大下摆，裙装在剪裁时更具可操作性。此外，这类型服饰虽然基本结构比较统一，但细部特征方面应当存在地域差异，如Da型和Dc型舞服，其下摆的不同款式应该即反映出陕北和关中地区的特点。囿于图像材料在写实效果方面的局限性，其他地区的地域特征目前还难于概括。E型交领式长服的最突出特点在于喇叭形袖口的"华袂"和下缘不平齐、呈花瓣状装饰性很强的下摆，主要流行于新莽东汉时期的川渝地区，具有极强的时代和地域特点。特别说明的是，从泰兴凉水村、彭山等汉墓出土舞俑来看，"华袂"当是外服的袖口特征，"华袂"以下的袖筒当属于内服，换言之，具有"华袂"的外服应属半袖服。[1]

　　交领式中长服也是广泛流行于两汉时期的舞服基本类型，其中，西汉前期主要为A型交领式中长服，上衣较长，长度在踝关节以上，下身搭配宽肥裤装。目前发现不多，仅在西安郊区帝陵附近有发现。西汉中晚期以后，B型交领式中长服普及开来，目前可见在全国各地均有发现。该型长度在膝部及以下，均不见绕襟款式。多数都是搭配裤装。

---

　　[1]　《后汉书·文苑列传》描写有舞女起舞时的服饰状态："金石类，丝竹群分。被轻桂，曳华文，罗衣飘摇，组绮缤纷。纵轻躯以迅赴，若孤鹄之失群；振华袂以逶迤，若遊龙之登云。"见（宋）范晔撰，（唐）李贤等注：《后汉书》卷八十下《文苑列传》，中华书局，1965年，第2642页。《云笈七签·禀生受命》云："锦帔华袂，紫羽飞裙。"见（宋）张君房编：《云笈七签》卷三十一，中华书局，2003年，第706页。

对襟式舞服即对襟式上衣与筒裙的搭配，披风式舞服即以拖地大披风为主体的舞服系统，两者均为西汉早中期西南滇文化的特有服饰传统。这两种舞服极具地方特色，无论是服装的整体结构、搭配还是相关佩饰，都与汉代中原中心区域的交领式舞服有着根本的不同。这两种舞服在当地其他身份的人群中比较常见。滇文化风格的舞服在西汉中期以后消失。

连体衣和赤裸上身下着裤装两种舞服装扮严格意义上说属于汉代百戏专用的服装。连体衣主要适用于倒立、反弓、柔术等动作幅度较大的杂技类项目；上身赤裸、下身着裤的装扮则为俳优艺人的专属百戏服装，目前所见身着这类俳优舞服的艺人均为男性，多从事建鼓舞、驯兽、角抵等百戏项目。考古发现汉代百戏始自西汉中晚期，其中连体衣和裸身下裤的舞蹈装扮则以新莽东汉时期居多。

凡是种种，不难发现，汉代舞服的发展趋势大体有两个特点：一是舞服种类逐渐增多，二是同类服饰区域间的款式差异逐渐减小。具体表现如下：西汉早期盛行交领式长服的A、B、C型、交领式中长服的A型和对襟式舞服；西汉中期至西汉晚期主要流行交领式长服的D型、交领式中长服的B型、对襟式和披风式舞服；新莽东汉时期盛行交领式长服的D、E型、交领式中长服的B型、连体衣和裸身裤装。西汉早期保留了较多战国时期的服饰特点，自西汉中晚期起逐渐形成了具有汉代服饰特点和舞蹈特点的舞服体系。

四、相关问题探讨

汉代舞服虽然随着时代的发展出现过一些变化，且在发展中尤其是西汉早期还存在一些地方特点，但通过与同时期的常服对比不难看出，不同阶段的舞服基本都是在当时当地的服饰风格下衍生出来的，具有当时当地一般常服的基本特点。作为具有表演性质的服饰，汉代不同时段不同地域的舞服均是通过不同款式与特殊装饰来突出其区别于日常服饰的特殊用途。这些特殊的款式和装饰主要体现在如下几个方面。

第一，袖口处。除了上文提到的川渝地区舞服袖口特有的"华袂"外，长袖是汉代舞服最常见的装饰，交领式长服和中长服均可见到；同时也是汉代舞服与常服最显著的标志。如徐州驮篮山和北洞山楚王墓出土的女俑，侍女俑和舞女俑的服装样式基本相同，唯舞女双袖颀长，标明其特殊的舞女身份（图二五）。广州南越王墓出土的舞女玉佩，虽发型极具百越地区的地方特色，但挥动着的曲折长袖表明该地的乐舞文化与中原地区有极强的相似性（图二六）。以长袖指代舞服也屡见于两汉文献，成为汉代舞服的代名词，如傅毅《舞赋》云："罗衣从风，长袖交横。骆驿飞散，飒擖合并。"[1] 其实，长袖舞服在战国时期已经很常见，如山东章丘女郎山、临淄赵家徐

[1]　费振刚、胡双宝、宗明华辑校：《舞赋》，《全汉赋》，北京大学出版社，1993年，第281页。

图二五　徐州北洞山汉墓、驼篮山汉墓出土侍女俑与舞女俑服饰对比

图二六　广州南越王墓出土舞女玉佩

姚等地出土的陶俑，另传洛阳金村东周墓出土的舞女玉佩，均身着长袖舞服，我们熟悉的"长袖善舞"一语即出自战国韩非子。特别注意的是，从目前所见汉代材料看，交领长服中的长袖在西汉早期多是衣袖的延长部分，西汉中期以后多是从袖口处另外续接一条水袖；交领中长服的长袖则大多从袖口处附接水袖并且在端口固定木杆以便控制水袖（图二七）。这种差异反映出舞服的时代变化以及适用的不同的舞蹈动作。

第二，下摆处。形态多样、错落复杂的装饰性下摆也是汉代舞服区别于常服的基本特点之一。B、C、Da型交领式长服的下摆均看见内外交错的若干狭长尖角，有如燕尾，此类舞服当即文献中所说的"袿衣"，该尖角即"袿衣"之"髾"（图二八）。《释名·释衣服》："妇人上服曰袿，其下垂者，上广下狭，如刀圭也。"[1] 傅毅《舞赋》云：

[1]　（东汉）刘熙撰，（清）毕沅疏证，王先谦补：《释名疏证补》，中华书局，2008年，第173页。

图二七　南阳出土画像石乐舞人物

"华袿飞髾而杂纤罗"[1]，《汉书·司马相如传》颜注："髾谓燕尾之属"[2]。有着"华袂"袖口的E型交领式长服，其下摆也富于装饰性，多数并不平齐、表现为花瓣状，并有窄细的下摆缘。Dc型交领式长服的鱼尾形翘起下摆（图二九）是陕北特色的舞服款式。据有关学者统计，陕北地区发现的类似舞服共计有28例[3]。即使有的舞服下摆没有任何装饰，也可通过其形态看到与常服的显著区别，例如徐州龟山二号崖墓所出舞俑与同出的立俑、坐俑服饰完全相同，但喇叭形下摆的外撇程度更大[4]。

第三，前襟处。西汉早期的舞服还有一个区别于常服的重要特点，就是有着细长的前襟，绕身数周形成富有装饰效果的曲裾深衣（图三〇）。类似的曲裾深衣在战国时期并不鲜见，上至贵族女性下至普通侍从均可穿着，秦至西汉早期这种曲裾服的前襟有继续加长的趋势，并且成为舞服的特殊款式。

图二八　袿衣之髾　　　　　　　　　　　　图二九　鱼尾形翘起下摆

[1]　费振刚、胡双宝、宗明华辑校：《舞赋》，《全汉赋》，北京大学出版社，1993年，第281页。

[2]　（汉）班固：《汉书》卷五十七上，中华书局，1962年，第2541页。

[3]　郑红莉：《陕北汉代画像石中所见舞蹈图试析》，《陕西历史博物馆馆刊》第16辑，三秦出版社，第306页。

[4]　南京博物院、铜山县文化馆：《铜山龟山二号西汉崖洞墓》，《考古学报》1985年第1期。

第四，内外服的搭配效果。经笔者实地考察，西汉早期的徐州驮篮山和北洞山出土的乐舞陶俑中，隐约可见双袖筒上臂处有一细线（图三一）。年代稍早的济南无影山汉墓舞俑也有类似的细线（见图一）。年代更早的临淄赵家徐姚舞女俑也可见双袖的细线（见图二四）。这种现象暗示此类舞服可能是由内外两层搭配穿着。内衣长袖，下摆也有"髾"；外衣半袖，下摆之"髾"与内衣相错。内外互补形成舞女特有的装饰效果。

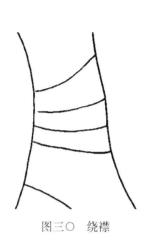

图三〇　绕襟

图三一　徐州驮篮山汉墓出土乐俑

由是可见，两汉时期的舞服基本都是在常服款式的基础上稍加改造和修饰形成特有的装饰效果，与常服的区别不大，尚没有形成专门的演艺服饰。演艺服饰作为现代艺术的提法，与其相对的是生活服饰。汉代舞服与常服的区别，再次印证了这样一种理论："生活服饰总是演艺服饰的基础和源泉，演艺服饰又总是在生活服饰的基础之上产生、创造和发展而来""总是或这样或那样地内在着生活服饰的基因"[1]。就汉代中原与滇文化为代表的边远地区相对比舞服风格，应代表了两种完全不同的服饰系统，即以交领右衽为代表的中原服饰系统和对襟、披肩式多元混合的滇文化服饰系统。可见两汉服饰的年代和区域差别远大于舞服与常服的差别，换言之，相较于不同时代、不同地区的服饰差别，同一地区不同用途的服饰是大同而小异。

"舞蹈服饰是舞蹈形象最外显的形象造型"，因此，它的存在和发展终究要立足于舞蹈艺术本身、辅助舞蹈对精神世界的表达需求[2]。汉代舞服的时代变化和款式特点正是顺应汉代俗舞的多样化发展而出现的。如上文所述，就交领式上衣而言，其总体发展趋势是由紧窄到宽松，由长可及地逐渐缩短至膝部，这种变化突破了传统服

[1]　张琬麟：《舞蹈服饰论》，中国社会科学出版社，2005年，第229页。
[2]　张琬麟：《舞蹈服饰论》，中国社会科学出版社，2005年，第20、21页。

装样式对舞蹈的束缚，为舞蹈动作的多样化发展开辟了更多的空间。发展至新莽东汉时期，连体衣的出现更是为顺应动作幅度更大、更灵活的百戏而设计的；男性俳优直接将上身袒露、大腹便便的样子也同样是为达到调谐滑稽的艺术效果。从这个角度来看，新莽东汉时期的舞服已经初具专门演艺服饰的雏形。汉代盛行的"长袖舞"，即是通过舞动长袖来表现各种舞蹈姿态，抒发舞者的内心情感。但同样是长袖，表现的舞蹈风格也有不同。如上文提到的，交领长服中的长袖均是衣袖的延长部分。身着类似舞服的舞者，其舞姿更多的是以腰部和长袖为主，表现婉约娴静的舞蹈风格，即战国至秦汉早期普遍流行的"翘袖折腰"之舞，正如崔骃在《七依》中所描述的："振飞縠以舞长袖，袅细腰以务抑扬"[1]。交领中长服的长袖在袖口附接水袖并且固定木杆，可以更好地控制水袖，使得长袖表现出如扬、甩、撩、抖、绞、拖等更多的视觉效果[2]，这种舞蹈已经更像是百戏中的动作，更注重腿部的跨越腾跳和步法，除了"舞"的美，还要求"技"的难度，表现出热烈奔放的舞蹈风格。此外，除了舞服本身的款式变化，西汉晚期以后还出现了诸如巾、绋、扇、建鼓、盘鼓、铍、铎等舞蹈道具，丰富了汉代乐舞百戏的表演形式，在一定程度上推动了汉代乐舞艺术的发展。

由上，目前考古材料所见汉代舞服材料反映的应是当时俗舞的大致情况，而有关汉代祭祀舞蹈、宫廷舞蹈所穿着的舞服情况，还有待更丰富翔实的文献考古资料来印证。

补记：本文已发表于《博物院》2019年第1期。

［1］ 费振刚、胡双宝、宗明华辑校：《七依》，《全汉赋》，北京大学出版社，1993年，第305页。

［2］ 苏丹：《从汉画看汉代女乐舞蹈的形态特征》，《南都学坛》2001年第4期。

图像中的汉代生活用玉

李银德

（徐州博物馆）

我国玉器的使用已经有8000年的历史，自新石器时代历夏、商、周，至两汉臻至巅峰。汉代玉器广泛运用于礼仪、装饰、生活和丧葬等诸方面。有关汉代玉器的使用制度，《后汉书·礼仪志》有简略的记载，无法窥其全貌，而且记载的只是帝王等祭、礼、丧等重要的礼仪制度。以满城汉墓发掘[1]为标志的近60年汉代诸侯王、列侯和贵族墓葬的考古发掘，出土了大量的汉代玉器，获得许多珍贵的实物资料，对汉代装饰、丧葬玉器有了全新的了解。

虽然墓葬中出土玉器的具体位置明确，但是一些玉器会受到其他或相同玉器组合的叠压，甚至一些玉器特别是装饰用玉本身在棺内发生过位移，当然也受到发掘现场客观环境的制约，或是不免受到发掘人员主观意识的影响，更有多数墓葬已遭盗掘，不易将每件（组）玉器的原位置完全、准确地复原。因此，想要详细了解当时使用状况和具体的组合也并非易事。幸运的是汉代的图像已经比较丰富，汉代的壁画、玉器纹饰、俑塑、画像砖石、帛画、织绣上都不乏玉器的图像，特别是反映装饰和生活用玉的图像较多，能够反映出汉代日常生活中使用玉器的一些面貌，可以帮助我们更直观、深入全面地认识汉代玉器的使用状况。这里仅对图像中所反映汉代玉器使用情况做粗略的梳理，以期丰富我们对汉代日常用玉的认识。

一、图像中的璧璜

早在山西夏县西阴村新石时代遗址的庙底沟文化彩陶中，一件已然残破的陶钵出现"悬璧纹"图案[2]。悬璧或称"璧翣"，见于《礼记·明堂位》中的"周之璧翣"，郑玄注："周又画缯为翣，戴以璧，垂五采羽于其下，树於簨之角上。"汉代的图像中玉璧出现的频率极高，玉璧的一大用途是用于悬挂。悬璧屡见于汉代帛

---

[1]　中国社会科学院考古研究所、河北省文物管理处：《满城汉墓发掘报告》，文物出版社，1980年。

[2]　王仁湘：《仰韶悬璧：一个猜想中的发现》，《中国文物报》2007年3月23日第七版。

画、画像砖石中，如山东沂南画像石墓中有多幅悬璧的图像（图一，1）[1]；其至树木也有束帛悬璧，徐州韩山西汉早期刘女宰墓墓门（图一，2）和睢宁官山竖穴岩坑墓壁的画像即都为嘉树悬璧（图一，3）[2]。汉代建筑的门阙等以玉璧为装饰在图像中多有反映，如重庆巫山的东汉墓中常常发现铜鎏金圆形装饰，在横跨双阙间的屋顶下，刻着"天门"二字，其下为玉璧，璧垂双绶带，璧是全器的中心和重点（图一，4）。[3]而山东滕州出土的画像石上，双阙间也出现玉璧图案（图一，5）。[4]《汉书·外戚传》"璧带往往为黄金釭，函蓝田璧，明珠、翠羽饰之"。这是说成帝时赵倢伃（飞燕）所居昭阳舍，墙壁的横木出如带者亦装饰蓝田玉璧。

武帝时期其至连和氏璧也悬挂起来。据《汉书·西域传·赞》记载，汉武帝"兴造甲乙之帐，落以随珠和璧"。荀悦《前汉纪·孝武皇帝纪》作："造甲乙之帐，络以隋珠荆璧。"这是武帝向西域诸国使者炫耀汉帝国强盛，帐内用缨络悬挂随和珠、和氏璧等稀世珍宝的情形。

室内豪华的装饰还有玉璜。悬挂玉璜不见于文献记载，可能璧翠一词是悬玉装饰的总称，也包括玉璜。悬璧屡见于汉画像石图像中，山东沂南画像石墓、徐州汉画石中就有多幅悬璜的图像（图一，6）。实物也表明玉璜用于宫殿装饰，徐州狮子山楚王墓出土一件的玉璜，长33厘米、宽9.2厘米、厚0.65厘米，堪称汉代玉璜之最，不适合佩带，而且素面（图一，7），符合悬挂玉璜的特征[5]。

湖南长沙马王堆一号汉墓彩绘 T 形帛画中，可清晰地看出装饰的玉璧和玉璜（图一，8）："帛画下部的图像，最显著的是两条青色和赤色的龙分列左右，而交互穿过画面带的巨大玉璜……"[6]，虽然对于帛画的解读并不完全一致，但是对璧、璜图像的认识并无歧义。这表明当时列侯的室宇内可以用璧璜进行装饰，诸侯王等则更不待言。在河南洛阳西汉晚期烧沟M61前后室隔梁两侧三角形透雕砖前壁的彩绘壁画"傩舞绶璧"图中，即以绶带悬挂青玉谷纹璧（图一，9）[7]。根据这座墓葬的规模，显然墓主的身份远不及王侯。

---

[1] 孙机：《几种汉代的图案纹饰》，《文物》1982年第3期。

[2] 李银德：《西汉非木椁类画像石墓和早期石刻画像》，《沂南北寨汉墓画像石艺术论文集》，诗联文化出版社，2007年，第153—160页。

[3] 赵增殿、袁曙光：《"天门"考——兼论四川汉画像砖（石）的组合与主题》，《四川文物》，1990年第6期；赵增殿、袁曙光：《"天门"续考》，《中国汉画研究》第一卷，广西师范大学出版社，2004年，第27—34页。

[4] 山东省博物馆、山东省文物考古研究所：《山东画像石选集》，齐鲁书社，1982年，第330页。

[5] 狮子山楚王陵发掘队：《徐州狮子山西汉楚王陵发掘简报》，《文物》1998年第8期。

[6] 湖南省博物馆、中国科学院考古研究所：《长沙马王堆一号汉墓》，文物出版社，1973年。

[7] 黄明兰、郭引强：《洛阳汉墓壁画》，文物出版社，1996年，第95、97页。

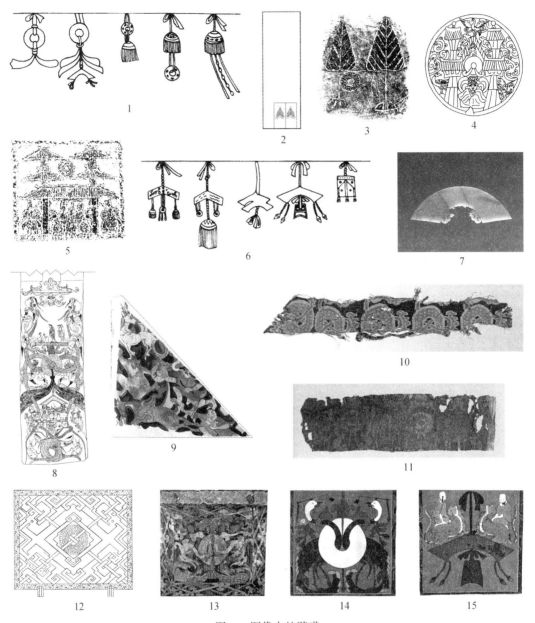

图一　图像中的璧璜

1.沂南画像石墓中悬璧图像　2.徐州韩山刘婷墓墓门嘉树悬璧　3.睢宁官山竖穴岩坑墓壁的嘉树悬璧
4.重庆巫山东汉墓铜鎏金圆形饰中的悬璧　5.山东滕州出土画像石双阙间的玉璧　6.山东沂南汉画石中悬璜图像
7.徐州狮子山楚王墓出土的大玉璜　8.湖南长沙马王堆一号汉墓T形帛画中的玉璧和玉璜　9.河南洛阳烧沟M61绶
带悬挂青玉谷纹璧　10.楼兰故城孤台东汉墓地出土穿带变体璧纹锦　11.洛浦县山普拉汉晋墓地出土绛地环璧兽
纹织锦　12.长沙马王堆一号汉墓漆屏风上的谷纹玉璧　13.长沙马王堆1号墓朱地彩绘棺足挡的二龙穿璧图
14.沙子塘1号墓彩绘漆棺头挡的绶带悬璧　15.沙子塘1号墓彩绘漆棺足挡的绶带悬璜

　　汉魏的织锦也多用玉璧图案。新疆楼兰故城孤台墓地出土的东汉穿带变体璧纹残锦（图一，10），洛浦县山普拉墓地出土汉—晋绛地璧兽纹织锦残片，都以璧为纹饰主题。[1] 值得一提的是后者绛色地兽面璧纹锦袋，系用汉代高档丝织品锦制成，纹样残存2个玉璧及瑞兽等。玉璧上织以蓝色纹样，表明是青玉谷纹璧（图一，11）。玉璧的右侧有向璧的瑞兽，左侧有鬃毛直立、眦目张口的兽面。在楼兰故城城郊墓葬及尼雅遗址1号墓地3号墓也出土有类似的织锦。

　　湖南长沙马王堆汉墓出土了两件明器漆屏风。一号汉墓出土的木胎漆屏风，下有足座承托，以浅绿色油彩描绘纹饰，中心部位画两条绸带相交穿于一件大谷纹玉璧，周围绘几何方连纹（图一，12）[2]；另一面绘有蛟龙穿梭于云气雾海之间。三号墓出土的一件漆屏风[3]，一面中部也饰素面玉璧及柿蒂纹、绶带等。《西京杂记》记载的"玉屏""琉璃屏风"可能就是这种镶嵌玉（琉璃）璧或由玉（琉璃）装饰的屏风，而并非是用整玉雕琢的屏风。

　　玉璧用于饰棺更是较为常见，长沙马王堆1号墓朱地彩绘棺的足挡绘二龙穿璧图（图一，13）[4]，沙子塘1号墓出土的彩绘漆棺头挡正中绘有一个绶带悬挂的巨大玉璧，璧下垂着流苏，两只戴冠鹤鸟以长颈穿过璧孔（图一，14）；足挡绘饰巨大的玉璜、钟、虎豹及神人等（图一，15）[5]。

二、图像中的佩玉

　　佩玉在春秋后期发生了较大的变化，佩玉之风从社会上层蔓延到普通贵族，有些权贵的伎乐侍女也穿戴佩玉。[6] 林巳奈夫著引春秋后期铜俑的佩玉，腰左右都有环佩，右腰有2环、左腰有1环，环上结绶（璲）（图二，1）[7]。战国时期已经出现少数反映当时玉器佩戴的图像。河南洛阳涧西区战国墓出土玉人身上雕刻的佩玉为单组

[1]　新疆维吾尔自治区文物局编：《丝路瑰宝——新疆馆藏文物精品图录》，新疆人民出版社，2011年，第195、196页。

[2]　湖南省博物馆、湖南省文物考古研究所：《长沙马王堆一号汉墓》（上集），文物出版社，1973年，第93—96页。

[3]　湖南省博物馆、湖南省文物考古研究所：《长沙马王堆二、三号汉墓》，文物出版社，2004年，第157、160、161页。

[4]　湖南省博物馆、湖南省文物考古研究所：《长沙马王堆一号汉墓》（下集），文物出版社，1973年，彩版36。

[5]　湖南省博物馆：《长沙砂子塘西汉墓发掘简报》，《文物》1963年第2期。

[6]　孙华：《试论周人的玉佩——以北赵晋侯墓地出土玉佩为中心》，《玉魂国脉》，北京燕山出版社，2002年；刘国祥、于明主编：《名家论玉（二）》，科学出版社，2009年。

[7]　〔日〕林巳奈夫著，杨美莉译：《中国古玉研究》，艺术图书公司印行，1997年，第104页。

图二　战国玉组佩图

1. 春秋后期铜俑的佩玉　2. 洛阳涧西区战国墓玉人身上的组佩　3. 湖北荆州纪城M1∶31木俑身上的组佩　4. 武昌义地楚墓M6∶21、22木俑身上的组佩　5. 六安市霉洲战国墓出土铜擎灯俑（M566∶1）身上的组佩　6. 江陵马山一号战国墓出土佩饰　7. 信阳市长台关楚墓彩绘漆俑身上的组佩　8. 江陵杨场战国墓出土骨鞡及珠佩饰

型玉佩（图二，2），上端为玉璧，下端垂璜形佩。[1]湖北江陵武昌义地楚墓M6出土2件彩绘木俑身上佩戴的佩玉，佩挂胸前的成串佩饰，左右各一串，有环、珠、璜、环等；M6∶21胸前组佩与M6∶22相同但排列顺序有别（图二，3）。[2]荆州纪城出土的两件彩绘木俑，胸前佩戴两串佩饰，也由珠、管、环、璜组成（图二，4）。[3]这类将单组以二组或二组以上的玉佩串联起来，可以成为很长的组佩。而将两串单组上端系结在一起，就成为类似的双组玉佩，河南信阳市长台关楚墓彩绘漆俑就是如此

[1]　洛阳文物工作队：《洛阳出土文物集萃》，朝花出版社，1990年。

[2]　江陵县文物局：《湖北江陵武昌义地楚墓》，《文物》1989年第3期。

[3]　湖北省文物考古研究所：《湖北荆州纪城一、二号楚墓发掘简报》，《文物》1999年第4期。

（图二，5）。[1]而安徽六安市鹭洲战国墓出土铜擎灯俑（M566∶1）腰带腹部悬挂璧（环）、橄榄形珠（觿）、璜形佩和玉环各一件，其系挂方式较为特别，即组带自珠向下分为三股分别系璜形饰的两端及中部，并在右端串系一环（图二，6）[2]，达到"改玉改行"观玉容的效果，显然是早期玉佩功能的延续。马山一号墓墓主腰带左侧系佩饰，佩饰用组带穿系，组带上部是双股，一股套着一颗圆形琉璃珠，珠下系结，在末梢处打一个结；另一股套绕的组带上端穿套一件玉管，玉管下打结（图二，7）。[3]江陵杨场出土组带上系有一颗蜻蜓眼琉璃珠和一件骨觿（图二，8）。这两件是组带完好保持原貌的战国组佩实物，但是玉组件明显减少。

佩玉至秦因战兵不息，于是解去鞶佩，以采组连结于燧，称之为绶。西汉史料中没有关于组佩的记载，东汉"至孝明皇帝，乃为大佩，冲牙双瑀璜，皆以白玉"。据此复原是由双珩、双璜、琚瑀、冲牙、琨珠组成的"大佩"，为帝王在大典时佩戴，而图像所见两汉日常玉佩有单佩和单组型组玉佩两类。

（一）单环（璧）佩

单佩是指以单件玉器作为佩饰的玉器，在秦汉间使用较为普遍。《史记·项羽本纪》记载刘邦赴项羽鸿门宴，"沛公北向坐，张良西向侍。范增数目项王，举所佩玉玦以示之者三，项王默然不应。"这里亚父范增所佩玉玦即为单佩。秦始皇陵出土铜车马坑[4]中的驭手俑也佩戴单佩，一号铜车御官俑其"腰部佩着青铜剑和佩环，佩带的位置是环佩于俑的腰际右侧，环上饰白色谷粒纹（图三，1），表示为白玉环。

单佩也是汉代日常生活中较为普遍的佩玉。近年颇受关注的海昏侯刘贺，被废帝后的身份为故昌邑王，《汉书·武五子传》云："臣敞数遣丞吏行察。四年九月中，臣敞入视居处状，故王年二十六七，为人青黑色，小目，鼻末锐卑，少须眉，身体长大，疾痿，行步不便。衣短衣大绔，冠惠文冠，佩玉环，簪笔持牍趋谒。"可见刘贺见张敞时佩戴的便是单环佩。

安徽阜阳涡阳县石弓山西汉竖穴岩坑墓出土一件男性玉人形佩[5]，器呈扁圆形，正中有圆形穿孔，上下贯通全身。玉人头戴向右侧外伸下垂的冠帽，脑后阴线刻丝发

[1] 河南省文物研究所：《信阳楚墓》，文物出版社，1986年，第79页。
[2] 安徽省文物考古研究所、六安市文物管理局：《安徽六安市白鹭洲战国墓M566的发掘》，《考古》2012年第5期。
[3] 湖北省荆州地区博物馆：《江陵马山一号楚墓》，文物出版社，1985年。
[4] 秦兵马俑博物馆、陕西省考古所：《秦始皇陵铜车马发掘报告》，文物出版社，1998年，第57页。
[5] 阜阳市博物馆、阜阳市文物管理处：《安徽涡阳稽山汉代崖墓》，《文物》2003年第9期。

压于冠下，脸部用阴线刻出五官，身着交领右衽宽袖着地长袍，腰间系一玉璧（环）形佩（图三，2）。东汉的画像石中也有单佩的图像，如江苏睢宁双沟汉画像石（图三，3）、山东曲阜窑瓦头汉画像石墓汉画石中都有绶环相佩（图三，4），都是女性的绶带上穿玉环的画面。[1]值得注意的是临沂白庄东汉画像石墓前室过梁北壁支柱"上一半蹲状胡人，左手掐腰，右肩扛柱，右手抚柱"[2]，胡人的腹部也悬挂一件玉璧，绶带上有波浪形纹饰，与一般胡人形像雕刻双乳和圆形脐眼明显不同（图三，5）。徐州汉画像石艺术馆收藏的一幅祠堂山墙画像石上，自上而下有三层画面，下层画面的主体有三

图三　单环（璧）佩

1. 秦始皇陵一号车铜御官俑佩环示意图　2. 安徽阜阳涡阳县石弓山玉人腰部系璧　3. 睢宁双沟汉画像石中的绶环相佩　4. 曲阜窑瓦头汉画像石中的绶环相佩　5. 临沂白庄东汉画像石墓上的胡人悬挂玉璧　6. 徐州汉画像石中的绶环相佩

［1］　孙机：《周代的组玉佩》，《文物》1998年第4期。

［2］　管恩洁、霍启明、尹世娟：《山东临沂吴白庄汉画像石墓》，《东南文化》1999年第6期。

人，其中男女二人都有二件绶环相佩，位置分别为腹部、左胯部（图三，6）。

《古今注》所言"緺绶之间，得施玉环"，是说通常男性朝服以环用于连接绶带。汉代在衣服间装饰以环璧也被认为是生活奢靡的表现，如《盐铁论》极力抨击及当时"富者皮衣朱貉，繁露环佩。中者长裾交袆，璧瑞簪珥"反之我们又可见当时佩戴环璧之风极盛。

（二）单组型玉佩

正如有学者指出，"自春秋晚期起，组玉佩不再套于颈部，而系在革带上"[1]，春秋晚佩玉的装饰重点由人体胸腹下移至腹腿部，上端固定在腰带上以代替蔽膝。秦汉以后佩戴位置由身前向两侧、佩玉组件由大变小、组合由复杂向简单转化。西汉中晚期组玉佩已不多见，朝服普遍用绶。

汉代出土的单组型玉佩无论是组佩的数量、还是每套组佩的组件多寡都以广州南越王墓为最。南越王赵眜墓中共出土组玉佩11套[2]，墓主南越王佩戴的组玉佩由32件多种质料的饰品组成，其中以玉饰品为主，有玉璧、玉璜、玉套环、玉人、玉珠、壶形玉佩、兽首形玉饰等。其次有陕西窦氏墓出土两套结构完整的玉组佩[3]，西安大白杨汉墓出土一套组玉佩[4]，西安北郊井上村新莽时期墓葬出土的一套组佩[5]，广州市西村凤凰岗出土的玉组佩，徐州骆驼山段翘墓出土玉组佩等[6]。其余各地虽然也有出土但多因盗扰而散乱或残缺，如安徽巢湖北山头曲阳君墓[7]出土41组件玉器，覆盖在人体上，有璧、璜、环、佩、觽等，应是散乱的组玉佩，组玉佩的套数和组合方式已无法复原。徐州狮子山楚王墓出土玉璜近90件[8]，玉质精良，雕琢工艺精湛，应属楚王生前的多璜组玉佩，可惜因盗扰散乱，不能复原。徐州韩山刘婼墓也出土散乱的组玉佩，残存数量达19件，原组合情况不明。[9] 上述这些组玉佩的组件数量较多，

[1] 孙机：《周代的组玉佩》，《文物》1998年第4期。
[2] 广州市文物管理委员会、中国社会科学院考古研究所、广东省博物馆：《西汉南越王墓》，文物出版社，1991年。
[3] 西安市文物保护考古所：《西安西郊窦氏墓（M3）发掘报告》，《文物》2004年第6期。
[4] 西安市文物保护考古所：《西安文物精粹·玉器》，世界图书出版西安公司，2004年，页145。刘云辉核对这批玉器出自大白杨，而不是三桥镇。
[5] 刘云辉：《陕西出土汉代玉器研究》，《陕西出土汉代玉器》，文物出版社、众志出版社，2009年，第19、20页、245页图版224。
[6] 徐州博物馆：《古彭遗珍》，国家图书馆出版社，2011年，第176—179页。
[7] 安徽省文物考古研究所 巢湖市文物管理所：《巢湖汉墓》，文物出版社，2007年。
[8] 狮子山楚王陵发掘队：《徐州狮子山西汉楚王陵发掘简报》，《文物》1998年第8期。
[9] 徐州博物馆：《徐州韩山西汉墓》，《文物》1997年第2期。

其中南越王赵眜的组佩长度达到60厘米，无疑还保留着东周遗风。据《汉书·隽不疑传》记载，武帝末年"不疑冠进贤冠，带具剑，佩环玦，褒衣博带，盛服至门，上谒"。这表明隽不疑使用的单组佩由环、玦组成，组件的数量仅为2件。

迄今汉墓出土的女性玉舞人中有3件身上佩戴着组佩。南越王墓出土的玉舞人本身虽为组玉佩的组成部分，但其腹部也佩戴组玉佩。组佩由玉环和玉璜组成，环上璜下，璜下饰有流苏（图四，1）。舞人的身份属舞伎或妾婢之类，这种由环和璜组成的简单佩饰，可能是当时地位不高的年轻女性组玉佩的真实写照。江西南昌市东郊永和大队畜牧场汉墓出土的玉舞人，腰腹间佩戴一璧一璜并饰流苏的组佩（图四，2）[1]；江苏盱眙东阳汉墓出土的玉舞人腰间所系玉组佩（图四，3）[2]则与江西女舞人的组佩基本相同。3件玉舞人的玉佩都是璧（环）璜组合，组佩的组件已经大为减少，基本都是二件组合。除了身份因素外，应为当时女性佩玉的实际情形，也是当时女性流行的组佩样式。

蒙古国诺音乌拉匈奴墓出土的西汉晚期长寿绣，其中二幅残件都有装饰组玉悬挂的情形，图案也基本相同。即中间为一倒置的柿蒂叶瓣，两侧有对称悬挂的佩玉，在抽象风下两组流苏间以绶悬挂横置的觿形佩，觿尖部向内侧；流苏下为一横置之珩（璜），珩下绶左右侧各饰三组羽（穗）状纹，绶穿珩而下（图四，4）[3]。过去有学者曾认为汉代"觿形玉佩不属于组玉佩的组成部分，而是单独佩戴的佩玉"[4]，从此绣品图像中可以看出，至少在西汉晚期人们的观念中觿形佩仍可在组佩中使用。

徐州北洞山出土的一件彩绘陶俑（WK2:20）右侧腰下系一组佩[5]，组佩由方形带扣1、玉管5、玉璜1、玉牌2件和最下端可能是1件玉珠，共10件组成，这也是汉代图像中最复杂的玉组佩（图四，5）。所有玉佩组件都为白玉，绶带均为红色。组佩连缀的方式是，方形玉扣穿在腰带上，扣下系绶，绶自上而下穿四节玉管。第一节玉管上方左侧出歧绶系一玉管一梯形玉牌，右侧出二歧绶穿半璧形璜的两端；第二节玉管下方左侧出歧绶系一梯形玉牌，绶最下端为白玉珠。这是反映身份较高的王室近侍"郎中"佩戴组玉佩的珍贵图像资料。

[1]　古方主编：《中国出土玉器全集9》，科学出版社，2005年，第68页。

[2]　李银德：《中国玉器通史·秦汉卷》，海天出版社，2014年，第69页。

[3]　邝杨华：《西北地区出土双头鸟纹刺绣纹样初探》，《考古与文物》2013年第2期。

[4]　卢兆荫：《玉觿与觿形玉佩》，《文物天地》1995年第1期。

[5]　徐州博物馆、南京大学历史系考古专业：《徐州北洞山西汉楚玉墓》，文物出版社，2003年，彩版四五。

图四　单组形佩图

1. 南越王墓出土玉舞人佩戴的组玉佩　2. 南昌市东郊永和大队畜牧场汉墓出土的玉舞人佩戴的组佩　3. 盱眙
东阳汉墓出土玉舞人系戴的玉组佩　4. 诺因乌拉出土鸟纹刺绣复原图案　5. 徐州北洞山汉墓出土彩绘陶俑
（WK2：20）系戴的玉组佩

三、图像中的服饰缀玉

（一）服饰缀玉

徐州北洞山西汉楚王墓出土的彩绘女跽坐俑（2356）[1]，外衣为曲裾袍服，领、

---

[1]　徐州博物馆、南京大学历史系考古专业：《徐州北洞山西汉楚玉墓》，文物出版社，
2003年，第69页，图五八：1、彩版一九：1。

襟边缘皆镶白玉珠、后颈及前襟饰流苏（图五，1），极为华美艳丽。这是在衣缘等部位的镶珠，是服饰中缀玉镶珠的形象资料。

《西京杂记》记载："汉帝送死皆珠襦玉匣，匣形如铠甲，连以金缕。"似说汉帝使用珠襦作为丧服。《汉书·外戚传下》："共王母及丁姬棺皆名梓宫，珠玉之衣非藩妾服，请更以木棺代，去珠玉衣。"这是说珠玉衣为帝后和王后盛服，非诸侯王妾所能穿著。据《汉书·霍光传》记载："王（刘贺）闻召，意恐，乃曰'我安得罪而召我哉！'太后被珠襦，盛服坐武帐中，侍御数百人皆持兵，期门武士陛戟，陈列殿下。"如淳曰："以珠饰襦也。"晋灼曰："贯珠以为襦，形若今革襦矣。"这是记载废刘贺的庄重场合，太后穿珠襦盛服坐武帐中，表明珠襦是高贵的华服，不是丧服或不仅仅是丧服。珠襦是以珠玉装饰的襦，方法是饰珠或贯珠。北洞山出土彩俑身上彩绘镶珠的服饰，虽非贯珠而成，但符合以珠饰襦的基本特征，或即珠襦或珠襦的一种式样。

稍晚的例子有新疆昭苏县波马古墓出土北朝缀金珠绣织品残片[1]，虽然穿缀的是金珠（图五，2），或许为我们提供珠襦的另一种参考式样。

山东定陶灵圣湖汉墓出土竹笥中袍服的后背以十字纹带缀玉璧（图五，3）[2]，是玉器饰服的一个新例证，拓宽了我们对汉代玉器装饰衣服的视野。

在装饰玉器中有不少图像反映汉代女性佩戴耳珰的方法，有簪珥、系坠和塞入法。簪珥、系坠的方法较易理解，但成都六一一所东汉墓出土陶女俑所戴系坠并非悬挂，而是直接嵌于耳垂穿内，贴耳处为扁圆片饰，其下两耳分别穿系坠珠5、6颗[3]（图五，4）。耳珰尺寸长一般在1.5—2厘米、直径最细处也在0.3厘米左右，穿入耳垂内似乎极为困难，但事实上四川陶俑、河南洛阳卜千秋汉墓壁画都显示其以细端塞入耳垂的穿孔中（图五，5）。[4] 广州东汉墓出土的陶歌舞俑（5080：133）耳上戴花形耳环，环正面作菊花形，中一平蕊，外围八瓣，环圆形扣达耳后，环上镶嵌圆珠八颗（图五，6）。[5]

[1] 新疆维吾尔自治区文物局编：《丝路瑰宝——新疆馆藏文物精品图录》，新疆人民出版社，2011年，第272页。

[2] 山东省文物考古研究所、菏泽市文物管理处：《山东定陶县灵圣湖》，《考古》2012年第10期。

[3] 2018年10月笔者摄于成都市博物馆。

[4] 黄明兰、郭引强：《洛阳汉墓壁画》，文物出版社，1996年，图版六。

[5] 广州市文物管理委员会、广州市博物馆：《广州汉墓》（上），文物出版社，1981年，第432页；广州市文物管理委员会、广州市博物馆：《广州汉墓》（下），图版一六〇。

图五　服饰缀玉

1. 徐州北洞山楚王墓彩绘女踞坐俑（2356）领、襟缘镶缀白玉珠　2. 昭苏县波马古墓出土北朝缀金珠绣织为残片

3. 山东定陶灵圣湖汉墓出土袍服的后背以带缀璧　4. 成都六一一所东汉墓出土陶女俑耳垂穿孔所戴系坠

5. 河南洛阳卜千秋汉墓壁画耳垂穿孔中所戴为耳珰　6. 广州东汉墓出土陶歌舞俑（5080∶133）耳孔所戴的花形耳环

（二）贝带

贝带最初应为武士装饰所用。《穆天子传》卷二记载："天子乃赐赤乌之人□，丌默乘四，黄金四十镒，贝带五十，珠三百裹。"《淮南子·主术训》曰："赵武灵王贝带、鵔寿鸟而朝。"[1]《史记·佞幸列传》记载："故孝惠时，郎、侍中皆冠鵔鸃，贝带，傅脂粉。"师古曰："以鵔鸃毛羽饰冠，海贝饰带。"故系贝带乃为武士的装束，不过郎、侍中都是帝王的近侍，又傅脂粉，已非斩将搴旗的武士。又《汉书·匈奴传上》孝文前六年（公元前174年）遗匈奴书曰："汉与匈奴约为兄弟，所以遗单于甚厚。……黄金饬具（贝？）带一，黄金犀毗一，绣十匹，锦二十匹，赤绨、绿缯各四十匹，使中大夫意、谒者令肩遗单于。"[2]说明黄金带扣并装饰贝的带具在西汉文帝时曾作为国礼赠送单于，其珍贵程度可见一斑。

汉代的黄金带具、玉带具，文献中多称为贝带，但是贝怎样排列镶缀在腰带上？

---

[1]　《战国策·赵策》："（赵武灵）王赐周绍胡服衣冠，具（贝）带，黄金狮比，以傅王子也。"见（西汉）刘向集录：《战国策·赵策二》，上海古籍出版社，1978年，第670页。

[2]　（汉）班固：《汉书·匈奴列传上》，中华书局，1962年，第3758页。

过去考古发掘出土复原时进行的诸多排列，舛误甚多。如徐州狮子山楚王墓西耳室（W1）出土金扣缀贝腰带复原误作三排贝排列[1]，广南越王墓琉璃贝则误作"珠襦"的一部[2]，长沙咸家湖曹女巽墓出土2件透雕驼纹玉带扣和12件玉贝，玉贝则误作佩戴的玉饰[3]，或复原排列玉贝成柿蒂形[4]。这些舛误的原因是墓葬遭受盗扰和器物相互叠压关系复杂，缺乏正确的参考资料也是原因之一。徐州北洞山西汉楚王墓墓道壁龛出土了大量彩绘陶俑，西二龛2件彩绘陶俑都使用了贝带。其中WK2：1腰束红带，腰带正中有一对带扣，带身缀白玉贝及白珠。具体为共缀9个玉贝，两贝间有2圆珠，圆珠间上下有紫色叶尖形饰，上下叶尖穿过二珠之间。每贝四角外又有4珠（图六，1）。俑的腹部下垂组带，右腿外侧悬绶带，绶带上印章有"郎中"二字。WK2：20彩俑所束腰带也形象、直观地展现了镶贝的情况。网格纹的黑色带扣，红色皮带上缀镶8颗玉贝。[5]白色玉贝横行排列，以墨线勾画中间的凹沟，省略了沟两侧齿状纹和沟两端的穿孔（图六，2）。事实上徐州北洞山汉墓出土玉熊、狮子山汉墓出土玉豹、河南南阳东汉墓出土陶狗的颈项也都有类似的缀贝束带，其缀贝的方法也基本相似。这些图像说明汉代贝带较多使用的是单排缀贝的装饰方法。

陕西咸阳西汉阳陵20号从葬坑所出武士俑的战袍腰带上，有横置两排很小的海贝保留着贝带的原貌（图六，3）[6]。江苏盱眙大云山江都王刘非墓内出土二件鎏金镶透雕玉龙玉贝带[7]，其中一件有57件白玉贝和1件玉扣舌，贝孔内有金丝残留；另1件有44件红玛瑙贝，可能即司马相如《子虚赋》中"罔玳瑁，钩紫贝"，贝孔中也有金丝残留。表明贝以金丝缀于腰带。从出土现场（图六，4）观察应为上下两件玉贝尖端相对、两排玉贝竖排在腰带上。这表明汉代高级贝带是以金丝缀两排玉贝作为装饰的，徐州狮子山楚王墓出土的黄金贝带所缀贝的排列方法亦当如是。

［1］ 邹厚本、韦正：《徐州狮子山西汉墓的金扣腰带》，《文物》1998年第8期。

［2］ 左骏：《从长沙西汉曹嫂墓出土"龙马玉珩"谈起》，《湖南省博物馆馆刊》（第三期），第307—315页。

［3］ 长沙市文化局：《长沙咸家湖西汉曹嬱墓》，《文物》1979年第3期。

［4］ 左骏：《浅谈"贝带"》，《中国历史文物》2006年第6期。

［5］ 徐州博物馆、南京大学历史系考古专业：《徐州北洞山西汉楚玉墓》，文物出版社，2003年，彩版四五。

［6］ 陕西省考古研究所汉陵考古队：《汉景帝阳陵南区从葬坑发掘第二号简报》《文物》1994年第6期。

［7］ 南京博物院编：《长相忘——读盱眙大云山王陵》，译林出版社，2013年，第428—447页。

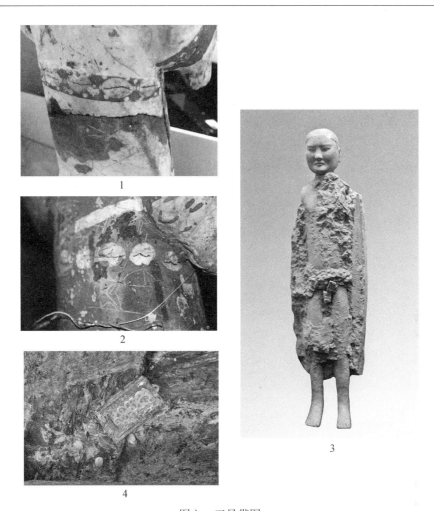

图六　玉贝带图

1.徐州北洞山楚王墓彩绘"郎中"俑（WK2：1）腰带缀白玉贝及白珠　2.徐州北洞山楚王墓彩绘陶俑
（WK2：20）腰带缀白玉贝　3.西汉阳陵20号从葬坑武士俑战袍腰带上的两排海贝　4.盱眙大云山江都王刘非墓
玉贝带出土情况

四、图像中的玉具剑

（一）玉后

徐州北洞山汉墓壁龛内出土的二件双手执兵俑（WK1：3、WK3：24）[1]，所佩
剑的玉饰包含了玉剑首、剑后、剑格、剑璏和剑珌，珌略模糊。既是玉具剑镶嵌位置

----

[1]　徐州博物馆、南京大学历史系考古专业：《徐州北洞山西汉楚王墓》，文物出版社，
2003年，彩版三四：1、彩版三六：1。

的形象说明，也表明西汉早期剑后仍偶有使用（图七，1）。《周礼·考工记》中有"桃氏为剑……中其茎，设其后"的记载。后即镖（图七，2），亦即剑茎上的玉环状装饰。后在考古发掘中多有发现，西安市长安区黄良镇古城村发掘的一座秦代墓葬中出土的一把铜剑上，发现首、后、格、璏、珌五种不同的玉剑饰[1]；成都羊子山172号墓，出土2副玉具剑，其中一副玉具剑由玉剑后、珌、璏组成，茎上并有青玉色小玉四瓣，这四瓣玉合成茎上的两个凸棱[2]。2002年重庆市小田溪墓群M12又出土玉具剑2，M12∶108由玉剑首、后、璏、格和珌五种剑饰组成[3]。

虽然图像中有玉后，但截至目前考古发掘出土的汉代玉具剑中，尚未发现玉后，相信今后考古发掘能够出土汉代玉后实物。

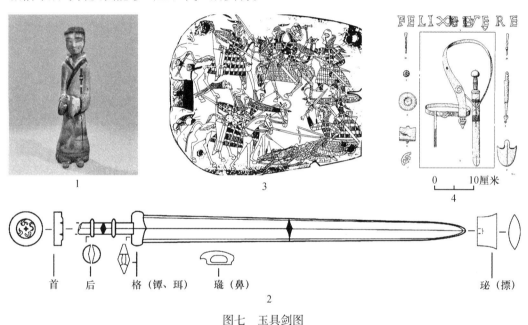

图七　玉具剑图

1.徐州北洞山楚王墓壁彩绘双手执兵俑（WK1∶3）的镶玉后佩剑　2.玉具剑镶嵌位置示意图　3.撒玛尔罕城附近奥拉特墓地出土"浴血沙场"图骨板带扣　4.法国里昂 Lugdunum Burial 出土罗马剑饰及复原图

[1]　刘云辉：《陕西出土汉代玉器》，文物出版社、众志美术出版社，2009年，第27页。

[2]　四川省文物管理委员会：《成都羊子山第172号墓发掘报告》，《考古学报》1956年第4期，第1—20页。

[3]　方刚：《重庆与四川出土玉具剑的初步研究》，《中国玉文化玉学论丛·四编》（下），紫禁城出版社，2006年，第718—730页。

（二）璏式佩剑法

孙机先生根据伊朗、希腊、意大利和南西伯利亚出土匈奴黄金带鐍、贵霜王伽腻色迦像、萨珊王沙普一世像、黑海北部出土银壶上的希腊武士都采用璏式佩剑法[1]，指出璏式佩剑法起源于中原，辐射至东北、西南；后由月氏、匈奴等部落通过南北丝路，传至中亚和地中海。这是较早揭示丝绸之路汉文化西传的卓越识见。

20世纪六七十年代分别在乌兹别克斯坦撒玛尔罕城附近发现了奥拉特墓地与卡拉卡扬"奥克斯河神庙"。前者曾出土一块"浴血沙场图"骨板带扣（图七，3）和一套璏、镖、首。其中"浴血沙场图"骨板原是一幅艺术线刻画，后被改制成带扣。画面人物上下分两栏，能看清佩剑方式的共有两人，另有两人遮掩了佩带，还有两人只能看见剑柄和穿膛的长剑。从形制上看，这六人的佩剑形制基本相同，皆是锐锋、长腊、窄镡、长柄、菌首，与河北燕下都、秦始皇陵和汉阳陵出土[2]的并无二致。图中战士佩剑的方式，亦是鞘璏朝外，内穿腰带，挎在左侧，鞘口朝前。在剑鞘末端，还能找到矩形的摽。这些证据，表明了其中可能的东亚因素。同样的佩剑附件亦出现在卡拉卡扬"奥克斯河神庙"的浮雕、壁画之中。两处遗存的年代学界颇有分歧，倾向于公元一、二世纪。罗马人在吸收的同时，对东方式璏和佩带法做了改进；再继承斜挎传统，将武装带与剑璏有机结合，最终形成了罗马璏式佩剑法（图七，4）。因此，有学者强调从杜拉·欧罗巴斯和里昂墓葬（Lugdunum Burial）出土的璏及相关附件看，这种佩带方式似被命名为罗马璏式佩剑法较为妥当[3]。

五、图像中的玉容器

尽管生活用玉在画像砖、石和壁画中应该有较多的反映，但由于玉制容器极为珍罕，帝王使用的情况不会形诸图像；而且玉制容器与其他材质的容器因造型相同不易辨认，只有彩色壁画略可分辨。

---

[1]　孙机：《玉具剑与璏式佩剑法》，《考古》1985年第1期。

[2]　河北省文物管理处、北京钢铁学院压力加工专业：《河北易县燕下都44号墓发掘报告》，《考古》1975年第4期。陕西省考古研究所、始皇陵秦俑坑考古发掘队：《秦始皇陵兵马俑坑一号坑发掘报告（1974—1984）》，文物出版社，1988年。汉阳陵博物馆：《汉阳陵博物馆》，文物出版社，2007年。

[3]　李韬：《浅析杜拉·欧罗巴斯的冲突考古学——续论璏式佩剑法的西传及古丝路军事交流》，《欧亚学刊》第十辑，2012年，第292—310页。

（一）玉角杯

河南洛阳西汉晚期烧沟M61后室山墙壁画"对饮者"图，左侧一人右手持角杯欲饮（图八，1）[1]，其角杯造型与广州南越王墓玉角杯颇为近似（图八，2）。

图八　玉容器图

1. 洛阳烧沟M61后室壁画"对饮者图"　2. 广州南越王墓出土玉角杯　3. 临沂白庄汉画像中的深腹杯　4. 湖南安乡县西晋刘弘墓出土神兽纹樽　5. 洛阳朱村汉墓壁画"宴饮图"中的樽　6.《隶续》中柳敏碑阴的"六瑞图"

[1]　黄明兰、郭引强：《洛阳汉墓壁画》，文物出版社，1996年，第92、93页。

（二）深腹杯

深腹杯在战国和西汉非常流行，其材质有玉、铜、漆、滑石、陶等，其中仅狮子山西汉楚王墓的墓道西耳室就出土玉深腹杯2件，但在东汉则非常少见，尤其是中原地区几乎不见。但在山东临沂白庄东汉画像石墓中室南壁东门楣等二处各有一人右手执深腹杯[1]。杯外口沿有宽箍内饰斜线纹；腹部饰菱格纹；下部杯足握于手中，亦饰斜线纹（图八，3），与狮子山楚玉墓出土的兽面勾连纹玉深腹杯造型相同。两人冠式各异，或佩剑或长髯。

（三）玉樽

湖南安乡县西晋刘弘墓出土神兽纹樽，其年代应为东汉时期，樽身饰西王母、羽人、龙、虎及熊等（图八，4）。洛阳朱村汉墓壁画显示这类樽为食器[2]，樽内有勺，表明内盛液态羹类食物（图八，5）。当然玉樽极其尊贵，应用于盛酒。

上述举例的汉代璧瑗、佩玉、服饰缀玉、玉具剑和玉容器图像，当然还不能概括汉代日常生活中使用玉器的全貌，但其不仅使我们直观地了解当时使用的具体情形，还可以帮助我们澄清或修正过去的错误认识，增加新的认知。当然，正如有学者指出那样，在"以图证史"中，存在图像传统中程式滞后和意义飘忽的两个陷阱[3]。这种陷阱在汉代图像中也并非不存在，如《隶续》中柳敏碑阴雕刻的六瑞图和益州太守碑阴的五玉图，虽出自东汉，但反映出东汉人对六瑞等的理解和认识就完全出于想象（图八，6）。因此我们在解读汉代图像时，不孤立看图，不失于穿凿，应尽可能别求史证，特别要注重参考考古发掘出土的实物资料，力求最大限度地探求历史的真实面貌。

---

[1]　管恩洁、霍启明、尹世娟：《山东临沂吴白庄汉画像石墓》，《东南文化》1999年第6期；临沂市博物馆编：《临沂吴白庄汉画像石墓》，齐鲁书社，2018年。

[2]　黄明兰、郭引强：《洛阳汉墓壁画》，文物出版社，1996年，第190页。

[3]　缪哲：《以图证史的陷阱》，《读书》2005年第2期。

秦汉时期铜器功能的转变及其原因探析

朱 津

（郑州大学历史学院）

摘要：铜器的生产和管理基本贯穿了中国几千年历史的发展，其中秦汉时期是一个重要时代节点，即铜器的职能由先秦时期的礼仪性、政治性功能转变为经济功能。这种转变既是物质文化面貌的演化，更是中国古代社会制度的重大变革，其主要原因包括秦汉时期新礼制的诞生、社会经济的发展，以及文化思想的演进等方面。

关键词：铜器；功能转变；动因

青铜器是进入文明时代的必备要素之一，至少从公元前17世纪开始，铜器的生产和管理便成为国家的重要活动，先秦时期作为国之大事的"祀"和"戎"的物质体现，青铜器的重要性不言而喻。秦汉时期，中国进入大一统的帝国时代，随着社会政治和经济的发展，青铜器的种类和职能发生了巨大的转变。本文在学界研究的基础上，探究秦汉时期铜器功能的转变及其原因。不当之处，敬请方家指正。

一、秦汉时期铜器的主要类别

秦汉时期铜器的主要类别，《中国考古学·秦汉卷》对秦汉时期的青铜器种类有较为详细的分类[1]，分别为：手工工具、兵器武备、车马机具、日用器皿、家用器具、梳妆用具、装饰用品、钱币、计量器具、社会与科学文化用品、丧葬与宗教迷信用品、杂品及部件等十二大类，基本囊括了秦汉时期的所有铜器。

对于秦汉时期铜器的定位，俞伟超先生有精辟的总结："在秦汉时代的四百四十年间，中国古代的青铜艺术渡过了最后的辉煌。从世界范围内的青铜时代来观察，古代中国的青铜艺术占有最重要的地位。到了铁器时代后，秦汉时期的青铜艺术已处在秦汉文化总体中的次要位置，而古典世界的青铜雕像在当时的青铜艺术中则独步天下；但在青铜的工艺美术成就方面，秦汉青铜器却是最突出的。即使就青铜雕像的

---

[1] 中国社会科学院考古研究所：《中国考古学·秦汉卷》，中国社会科学出版社，2010年，第643页。

造型艺术魅力而言，秦汉时期走着与古典世界不一样的艺术道路，主要以田园般的朴素和诚实的温情，表现了平易的风采和含蓄的魅力。"[1] 由此可知，秦汉时期是我国古代青铜艺术的最后高峰，那么对于该时期铜器的历史地位，还需要用长时段的眼光进行观察，分析各类铜器在社会发展中的作用。其中手工工具、兵器在夏商周时期以石器和铜器为主流，进入秦汉以后，随着铁器化的全面展开，至少在西汉中期左右已被铁器所完全取代。车马器在秦代以秦始皇陵的铜车马[2] 为代表，西汉以后多作为小型的明器出现在墓葬中。装饰用品多为小件器物，如铜簪、铜环等，虽然在秦汉以后的整个帝国时代都有一定发现，但其功用较为简单，在整个社会发展史中占据的地位并不高。家用器具见有炉具、灯具、餐饮用具等，汉代炉具中以博山炉为代表，这种器具同时又可能具备一定的宗教色彩，灯具中较为著名的有山西朔县汉墓出土铜灯[3]、满城汉墓出土的长信宫灯[4] 等，实用性和艺术性兼具，但数量相对较少。至于餐饮用具中的案、耳杯和部分日用器皿等，则逐渐被选材相对容易而又美观的漆器所取代，魏晋以后随着瓷器的兴起，此类物品以铜作为材质的现象则更加罕见。从整个帝国时代的铜器种类看，钱币、梳妆用具中的铜镜、计量器具和宗教用品等在整个帝国时代均有一定数量的发现。

钱币的铸造在秦汉以后为历代统治者所重视。秦始皇平定天下后，便在全国统一发行半两钱。入汉以后，从高祖刘邦到景帝刘启，货币改革一直在推行，发行的钱币有半两钱、榆荚钱、文帝半两等，汉武帝时期经历了三铢钱、赤仄五铢、郡国五铢的过渡，最终在元鼎四年全国统一发行了五铢钱，最终稳定了西汉一代的货币制度[5]。西汉时期的铸币量十分惊人，《汉书·食货志》载："自孝武元狩五年，三官初铸五铢钱，至平帝元始中，成钱二百八十亿万余云"[6] 这在考古发现中也得以证明，自西汉中期以后，墓葬中随葬铜钱的现象十分普遍，自五铢钱发行后，大多数汉墓中均能见到铜钱随葬，南昌海昏侯墓便出土了近十吨的铜钱[7]，中小型墓中也经常能随葬数

[1] 俞伟超：《秦汉青铜器概论》，《古史的考古学探索》，文物出版社，2002年，第215、216页。

[2] 秦始皇兵马俑博物馆、陕西省考古研究所：《秦始皇陵铜车马发掘报告》，文物出版社，1998年。

[3] 平朔考古队：《山西朔县秦汉墓发掘简报》，《文物》1987年第6期。

[4] 中国社会科学院考古研究所、河北省文物管理处：《满城汉墓发掘报告》，文物出版社，1980年，第258页。

[5] 西汉铸币的详细过程参见《汉书·食货志》和《史记·平准书》。

[6] （汉）班固：《汉书》卷二十四《食货志》，中华书局，1962年。

[7] 江西省文物考古研究所、南昌市博物馆、南昌市新建区博物馆：《南昌市西汉海昏侯墓》，《考古》2016年第7期。

十枚乃至上百枚铜钱，足见汉代发行铜钱之多。

　　铜镜从战国时期开始成为墓葬中常见的随葬品之一，其时代性较明确，往往成为墓葬断代的标尺性信物之一。西汉早期铜镜制作水平已十分成熟，通过考古发掘资料表明，临淄应是当时的铸镜中心之一，铸镜遗址中出土有大量铸造草叶纹铜镜的镜范。[1] 东汉中晚期以后，中国应该形成了南、北两个铸镜中心[2]，北方常见变形四叶纹、简化博局纹、连弧纹镜，而南方流行画像镜和神兽镜。唐代则是古代铜镜发展史上的另一个高峰期，铜镜在唐代社会文化中的地位较高，唐德宗的贞元九年（793年）为了解决铜料不足和钱荒的问题，下令禁止铸造铜质器物，但铜镜除外。《全唐文·请禁铸铜器杂物奏》载："诸州府公私诸色铸造铜器杂物等，伏以国家钱少，损失多门。兴贩之徒，潜将销铸，每销钱一千为铜六斤，造写器物，则斤直六百余。其利既厚，销铸遂多，江淮之间，钱实减耗。……臣请自今已后，应有铜山，任百姓开采，一依时价，官为收市。除铸镜外，一切不得铸造。及私相买卖，其旧器物，先在人家，不可收集。破损者仍许卖入官所，贵铜价渐轻，钱免销毁。"[3] 由此可见铜镜在汉唐时期是铜器生产的重要内容之一。宋元时期，这种现象得以延续，最有代表性的便是湖州镜。

　　历代王朝对计量器具还是比较重视的，秦汉以降，大多数正史中的《律历志》对此均有相对明确的规定。度量衡器的质地多为铜质，这与古人较早发现铜本身的稳定性有关，《汉书·律历志》载："铜为物之至精，不为燥湿寒暑变其节，不为风雨暴露变其形。"[4] 根据考古资料显示，秦汉时期发现的尺度[5]、度量器[6] 多为铜质。另外，宗教贯穿着人类发展的历史，自秦汉以后，宗教用器也有较多的铜制品，如秦汉时期铜有羽人、摇钱树等。铜佛像在南北朝时期开始大量出现，并一直持续至明清时期。需要指出的是，铜质的宗教用品特别是铜佛像虽然在古代中国的社会中有一定的比例，但从社会发展的角度看，宗教在历代社会中基本没有占据过社会主导的作用，甚至是由于其阻碍了国家政治和社会经济的正常运转，出现过著名的"三武灭佛"事件。

　　由此可知，自秦汉以后铜器的功用已发生了重大的转变，总体来看是从先秦时期

---

　　[1]　中国山东省文物考古研究所、日本奈良县立橿原考古学研究所：《山东省临淄齐国故城汉代镜范的考古学研究》，科学出版社，2007年。

　　[2]　孔祥星：《中国古代铜镜》，文物出版社，1984年，第113页。

　　[3]　（清）董浩：《全唐文》卷六一二《请禁铸铜器杂物奏》，中华书局，1983年，第6185页。

　　[4]　（汉）班固：《汉书》卷二十一《律历志》，中华书局，1962年。

　　[5]　白云翔：《汉代尺度的考古发现及相关问题研究》，《东南文化》2014年第2期。

　　[6]　西汉度量器多为铜质，东汉时有较多铁器。姜波：《秦汉度量衡制度的考古学研究》，《中国文物科学研究》2012年第4期。

的政治礼仪功能转变为经济、文化功能，其中经济功能是最主要的。这种转变有着多方面的原因，主要体现在三个方面，即社会经济的发展、新礼制的出现以及社会思想文化的进步。

二、古代商品经济的发展促使铜的职能转化

先秦两汉的经济面貌，大致以春秋晚期为界，前一阶段是从国家诞生的夏王朝开始，后一阶段又可分为两个时期，第一个时期为春秋晚期到汉武帝时期，第二时期则是汉武帝以后，突出表现在手工业和商业的发展，其核心便体现在货币制度的逐步完善。

商品经济的媒介是货币，《史记·殷本纪》有"厚赋税以实露台之钱"；《史记·平准书》载："虞夏之币，金为三品：或黄或百或赤，或铁货布或刀或龟背。"这些文献记载都说明了夏商时期存在铜和铁的货币，当然这种记载与目前的考古发现不符，吕思勉先生在《先秦史》一书中也否认了这些记载[1]。

在商代已有原始货币的出现，即贝币，但其作为严格意义上的货币而存在，学界对此也是持否认态度。陈旭先生就认为："从考古现象观察，则可以判断海贝作为随葬品并不是货币，而是装饰品。"[2]夏商时期的商品交换均为物物交换形式，《尚书·酒诰》载："其艺粟稷，奔走事厥考厥长，肇牵车牛远服贾，用孝厥父母。"《孟子·公孙丑下》载："古之为市也，以其所有易其所无者，有司治之耳。"[3]孟子所说的"古时"应指的是战国以前的时期。

西周时期，货币形态尚在萌芽之中，生产者之间的交换，主要也是以物换物的形式[4]。随着铸铜业的发展，出现了具有货币职能的铜贝，其使用单位为"朋"，也有以"寽"为单位称量货币铜[5]。但从诸多出土青铜器的铭文中可发现，西周时期铜货币的流通功能并不发达，主要用于贵族之间或上下级之间的转让、馈赠和支付，如德方鼎铭文"佳（唯）三月，王才（在）成周，……王易（锡）徝（德）贝廿朋，用乍（作）宝尊彝"[6]，也有少量的表示商品媒介的，如陕西董家村出土的卫盉，铭文记载了用贝八十朋买田一千亩，贝三十朋买田三百亩[7]。

[1] 吕思勉：《先秦史》，上海古籍出版社，1982年，第323页。
[2] 陈旭：《夏商文化论集》，科学出版社，2000年，第188页。
[3] 万丽华、蓝旭译注：《孟子》，中华书局，2007年。
[4] 蔡锋：《中国手工业经济通史·先秦秦汉卷》，福建人民出版社，2005年，第367页。
[5] 田昌五、漆侠主编：《中国封建社会经济史·第一卷》，齐鲁书社，1996年，第138页。
[6] 马承源：《德方鼎铭文管见》，《文物》1963年第11期。
[7] 岐山县文化馆、陕西省文管会：《陕西省岐山县董家村西周铜器窖藏发掘简报》，《文物》1976年第5期。

春秋末年，随着铁器开始更多地出现在生产领域，社会生产力有了进一步的提高，战国时期各国又盛行变法，促使了社会分工的进一步细化，特别是前期的手工业生产出现私营化，这就直接导致了商业的兴起。春秋时期的陶朱公范蠡便是该时期商人的代表。[1] 战国时期，商业有了进一步发展，《史记》中记载了多名以富而得名者，如猗顿从事盐业而富甲一方，乌氏倮以畜牧业而发家，白圭以"居积趋时为务"，邯郸郭纵、赵国卓氏、宛城孔氏以及鲁国邴氏均以铁致富等。[2] 货币作为商品交流的媒介至少在战国时期已比较流行，从目前的考古资料看，各国基本都有铸币，而且各国货币相互之间也进行流通。关于钱币在国家中地位的确立，《汉书·食货志》有明确的记载："黄金方寸，而重一斤；钱圜函方，轻重以铢。布帛广二尺二寸为幅，长四丈为匹。故货宝于金，利于刀，流于泉，布于布，束于帛。"[3]《汉书·食货志》还记载了春秋时期单穆公对钱币发行和国家稳定之间关系的认识，认为国家发行钱币应兼顾大、小钱，不能一味颁布大钱而忽视小钱，这样会导致百姓会失去他们的钱财从而使国家开支出现困难，百姓出现流亡。[4] 这就说明了至少在汉代以前人们就认识到钱币的发行对维护国家的稳定有重要的作用，当然这种认识是在商品经济发展到一定程度才会出现，东周以来社会经济的发展和社会分工的细化便促进了这一进程。

秦汉帝国建立后，随着铁器全面化发展和牛耕技术的提高，社会经济进入飞速发展的时期，土地私有买卖也成为一种常态，商品交易的现象十分普遍。人们也认识到各地区的主要物产，司马迁在《史记·货殖列传》中描述了当时商业发达的情景："夫山西饶材、竹、旄、玉石，山东多鱼、盐、漆、丝、声色，江南出楠、梓、姜、桂、金、锡、连、丹砂、犀、玳瑁、珠玑、齿、革，龙门、碣石北多马、牛、羊、旃、裘、筋、角；铜、铁则千里往往山出置。此其大较也。皆中国人民所喜好，谣俗被服饮食奉生送死之具也。故待农而食之，虞而出之，工而成之，商而通之""汉

―――――――――

　　[1]　陶朱公在辅佐越王勾践灭掉吴国后，"乃乘扁舟，浮于江湖，变名易姓，适齐为鸱夷子皮，之陶为朱公。朱公以为陶天下之中，诸侯四通，货物所交易也。乃治产积居。……后年衰老而听子孙，子孙修业而息之，遂至巨万。故言富者皆称陶朱公"。见（汉）司马迁：《史记》卷一百二十九《货殖列传》，中华书局，1959年，第3257页。

　　[2]　（汉）司马迁：《史记》卷一百二十九《货殖列传》，中华书局，1959年，第3260页。

　　[3]　（汉）班固：《汉书》卷二十四下《食货志下》，中华书局，1962年，第1149页。

　　[4]　《汉书·食货志下》载："周景王时患钱轻，将更铸大钱，单穆公曰：'不可。古者天降灾戾，于是乎量资币，权轻重，以救民。民患轻，则为之作重币以行之，于是有母权子而行，民皆得焉。若不堪重，则多作轻而行之，亦不废重，于是乎有子权母而行，小大利之。今王废轻而作重，民失其资，能无匮乎？民若匮，王用将有所乏，乏将厚取于民，民不给，将有远志，是离民也。且绝民用以实王府，犹塞川原为潢洿也，竭亡日矣。王其图之。'"

兴，海内为一，开关梁，弛山泽之禁，是以富商大贾周流天下，交易之物莫不通，得其所欲，而徙豪杰诸侯强族于京师。"[1]在西汉一代至少形成了19个商业发达的城市，其中以长安和洛阳为"中心都会"，其余17个统称都会，即长安、洛阳处于全国一西一东最大都会地位，其他地方各与之形成联络网点，同时各都会又与其附近地区商业活动相联系，这样就在全国形成10个大经济区，即关中区、河东区、河内区、燕赵区、河南区、齐鲁区、梁宋区、三楚区、南越区、颍川南阳区。[2]

先秦至两汉时期，人们对于钱币的重视还体现在对官员俸禄的发放、租赋的收取等方面，这表明了钱币在各阶层人们心中地位的逐渐提升。中国的租赋，在春秋时期及以前主要是力役，战国时期才包括了实物，到了汉代则主要是用钱了[3]。马克思在《资本论》中提出，"在商品生产达到一定水平和规模时，货币作为支付手段的职能就会越出商品流通领域。货币变成契约上的一般商品，地租、赋税等等由实物交纳转化为货币支付。"[4]以货币形式交纳租赋便是汉代商品经济发展到一定程度的明证。《孟子》所说的"有布缕之征，粟米之征，有力役之征"[5]描述的就是战国时期收取租赋的类型。对于官员的薪酬和俸禄，战国时期主要是以粟米为主，这在文献中有多处显示。《论语·雍也》载："原思为之宰，与之粟九百，辞。子曰：'毋！以与尔邻里乡党乎！'"[6]而两汉时期的俸禄则主要是铜钱，《汉书》中便有多处记载，如东方朔"武帝初即位，待诏公车……，奉一囊粟，钱二百四十。"[7]再如贡禹"……拜为谏大夫，秩八百石，奉钱月九千二百。……又拜光禄大夫，秩两千石，奉钱月万二千。"[8]

控制度量衡也是国家稳定社会的重要内容，特别是在商品经济逐渐发达的秦汉时期，统一度量衡是国家必然的选择，同样度量衡在中国历代多使用铜器也是和铜具有稳定性不易生锈有一定的关系。从历史的发展进程看，度量衡的统一对国家的富强、稳定有极其重要的作用，其中秦国的崛起便有商鞅统一度量衡的因素在内，《战国策·秦策三》载："夫商君为孝公平衡权，正度量，调轻重，决裂阡陌，教民耕战，

――――――――

[1] （汉）司马迁：《史记》卷一百二十九《货殖列传》，中华书局，1959年，第3253、3254页。

[2] 李剑农：《先秦两汉经济史稿》，中华书局，1962年，第199—202页。

[3] 彭信威：《中国货币史》，上海人民出版社，1965年，第70页。

[4] 中共中央马克思恩格斯列宁斯大林著作编译局：《马克思恩格斯选集》第二十三卷《资本论》，人民出版社，1995年。

[5] 万丽华、蓝旭译注：《孟子》卷十四《尽心下》，中华书局，2006年，第332、333页。

[6] 张燕婴译注：《论语》第六《雍也》，中华书局，2007年，第71页。

[7] （汉）班固：《汉书》卷六十五《东方朔传》，中华书局，1962年，第2842、2843页。

[8] （汉）班固：《汉书》卷七十二《王贡两龚鲍传》，中华书局，1962年，第3073页。

是以兵动而地广，兵休而国富，故秦无敌于天下。"[1]秦始皇显然认识到这个问题，一扫六合后便统一了度量衡，这对后世产生了极为重要的影响。汉承秦制，对度量衡一直是中央统一管理和铸造，《汉书·律历志》载："量者，职在太仓，大司农掌之。"[2]同秦代相比，度量器具在汉代时具有较大的发展，突出表现在量器在民间已广泛使用，秦量多为官方收取赋税、发放俸禄、分配口粮之用，而汉代中的渑池宫铜升、上林共府铜升、杨氏铜椭量等应当为某些宫廷贵族、大姓人家所专用的量器。从铭文上看，秦代铜量多为秦始皇或秦二世的诏书，而汉代的铜量铭文则无定规，此外在形制方面秦量基本为椭圆形，汉量则形制多样，应是满足不同需要而铸造的。[3]这种现象的根本原因依然是社会经济的进一步发展，使得社会分工更加细化所造成的。

三、新礼制形成与青铜器功能的转化

随着秦始皇统一六国，建立了中央集权制的统一帝国，使得周代的礼乐制度完全衰落。汉承秦制，虽然在汉初高祖刘邦为了稳定统治基础，采取了郡国分制的政治制度，但随着汉景帝平定七国之乱和汉武帝推行"推恩令"，使得诸侯王的权力名存实亡。与此同时，汉武帝使董仲舒"罢黜百家、独尊儒术"，推行"三纲五常"的思想，汉代的礼仪制度完全成熟，新礼制的产生必定会造就新的物质文化面貌。

汉代新礼制的核心是维护皇帝至高无上的权威，这在都城的建制和陵墓的设置方面表现得淋漓尽致。特别是在陵墓方面，汉代帝陵沿袭战国以来的风格，修建高大的封土，并在秦始皇陵的基础上进一步完善了祭祀制度。这与先秦时期体现身份等级的方式截然不同，商周时期的青铜器是体现等级身份的主要方式，即墓葬中随葬鼎、簋数量的不同，标志着其等级的差异，其中国君身份是随葬"九鼎八簋"，而到了汉代体现其身份的则是封土的高度[4]、陵园建筑以及相关的祭祀活动，地下埋葬部分主要是玉衣制度[5]。由此可知，商周时期的等级体现主要是埋于地下，"服务"于死者；而秦汉时期则注重地上建筑，其目的是维护帝王的权威和国家的统治，主要是为生者

[1]　缪文远、罗永莲、缪伟译注：《战国策》，中华书局，2007年，第25页。

[2]　（汉）班固：《汉书》卷二十一《律历志》，中华书局，1962年。

[3]　邱光明：《中国历代度量衡考》，科学出版社，1992年，第245页。

[4]　《白虎通·崩薨》明白地说明了封土的高度和植树的种类："天子坟高三仞（周代一仞为八尺；西汉为七尺；东汉为五尺六寸），树以松；诸侯半之，树以柏；大夫八尺，树以栾（一种落叶乔木，又叫灯笼树）；士四尺，树以槐；庶人无坟，树以杨柳。"

[5]　《后汉书·礼仪志》载："诸侯王、列侯、始封贵人、公主薨，皆令赠印玺、玉柙银缕；大贵人、长公主铜缕。"见（晋）司马彪：《后汉书》卷九十六《礼仪志下》，中华书局，1965年，第3152页。

进行祭祀和瞻仰所用。这就使得商周时期的大量礼器失去了其原有的作用，即以铜鼎为代表的青铜器礼仪功用的丧失。

当然，先秦时期的青铜文明根深蒂固，这种文化面貌的衰退则经历了较长的一段时间。汉代建立以后，叔孙通修汉仪，便吸纳了较多的周礼因素，贾谊等人为了稳定社会思想，也极力推行褒周过秦的政治主张，《过秦论》便是其中的代表作。这也就是使得在汉初的一段时间内，周礼文化仍然大量存在，在汉武帝以后周代的礼制文化迅速衰落，逐渐形成了汉家自有的制度。汉宣帝便对时任太子的汉元帝说过："汉家自有制度，本以霸王道杂之，奈何纯任德教，用周制乎！且俗儒不达时宜，好是古非今，使人眩于名实，不知所守，何足委任！"[1]另外，从两汉诸侯王墓出土铜器的情况也可以很好的证明这一过程。[2]西汉早期的徐州狮子山楚王墓、山东长清双乳山汉墓均出土有铜列鼎，并伴出有大量的铜乐器，这种现象在西汉中期便开始衰落，中山靖王刘胜墓出土的铜鼎、铜钫的形制和数量均开始变小，西汉晚期的诸侯王墓则很少有完整的铜礼器和乐器组合了。东汉诸侯王墓的随葬品更是以生活化的陶质模型明器为主，铜器仅有少量的车马器具和饰件等。当然，以上现象是一种普遍化的规律，从《后汉书·礼仪志》的记载中，还可以看到东汉皇帝死后实行"大丧"礼时，太常要进行"太牢奠"，这还是对周礼中用鼎制度的一种延续。

周代的礼仪制度在西汉中期以后便开始衰落，汉家的新礼制已逐渐取代旧有礼制，虽然王莽篡政后，一度追求恢复古礼，但由于不适合社会发展的规律，最终以失败告终。此后的历代帝王均是以汉代统治思想为基础，建立符合王朝的礼仪制度，用来体现其身份和地位。南北朝时期可能是以墓葬规模、陶俑数量的多少、壁画内容等方面体现[3]；隋唐时期墓葬的等级在墓葬形制方面有突出表现[4]。总的来说，自秦汉以后铜器已不再是礼制方面的反映，铜器的功能已发生了重大的转变。

四、社会文化、思想的发展导致铜器铸造的多样化

纵观先秦两汉的社会文化，其重要的转变时期是在战国时期。战国时期的诸子百家直接造就了公元前3世纪前后的思想大解放和百花争放的局面，商周时期那种庄重、神秘的青铜器类在战国时期发生了巨变。正如李泽厚先生所说："殷周以来的远古巫术宗教传统在迅速消失，失去神圣的地位和纹饰的位置。再也无法用原始的、非理性

---

[1]　（汉）班固：《汉书》卷九《元帝纪》，中华书局，1962年，第278页。

[2]　刘尊志：《两汉诸侯王墓研究》，社会科学文献出版社，2012年，第189—195页。

[3]　韦正：《魏晋南北朝考古》，北京大学出版社，2013年，第91页。

[4]　齐东方：《唐代的丧葬观念 习俗与礼仪制度》，《考古学报》2006年第1期。

的、不可言说的怖厉神秘来威吓、统辖和管理人们的身心了。"战国时期的青铜器的"两种式样恰好准确地折射出当时新旧两种体系、力量和观念的消长兴衰,反映着旧的败亡和新的崛起"[1]。

汉代文化的形成是充分融合了楚地及其他六国文化,特别是楚地浪漫的文化色彩对汉文化有重要的影响。虽然董仲舒进行了"罢黜百家、独尊儒术",但汉代的新儒学本身就是对战国时期多家思想的融会贯通,因此汉代的社会文化具有极大的包容性。汉武帝时期,汉代文化的内涵基本形成,在此之后的壁画墓、画像砖和画像石墓的多种题材便是汉文化的集中反映,主体内容是以儒家的道德节操为基础,包含了多种历史故事、神话幻想、现实图景和人们追求吉祥富贵生活的愿望等。反映在两汉的青铜器上,最具代表性的无疑是铜镜了,这种文化传统形成后,一直影响至唐宋时期。

铜镜在我国古代长期流行的原因,应该是人们已经习惯性地把当时的文化艺术和社会思想表现在最为常用的日常梳妆用器之上。每个历史阶段的铜镜纹饰都有很大的不同,而这些纹饰的主要来源便是各个时期的社会思想,随着汉代以后社会文化的发展以及对外交流的日益普遍,人们对艺术和美的追求也在不断发展,唐代的瑞兽葡萄镜等镜类便是在吸取外来因素的基础上产生的。当然铜镜的广泛流通离不开日益盛行的工商业,至少从西汉晚期开始,铜镜私铸或私营的现象便十分普遍,铜镜铭文上的各类广告语逐渐流行,后世的湖州镜便是这一现象的典型代表。

综上所述,秦汉以后的青铜器铸造类别已发生了重要的转变,这也代表着铜器职能的转化。其中铜钱和度量衡的生产是国家始终严格控制的部分,铜镜则是代表了人们对艺术和思想审美的追求,铜佛像则是国家在意识形态领域的部分体现。因此,中国自秦汉时期所开启的帝国时代,铜器的职能主要是表现在社会经济方面,文化和思想领域则是次要方面,这种转变在汉武帝时期已经完成,突出的标志便是"铜官"的设立和"货币官铸"的全面实施。

---

[1]　李泽厚:《美的历程》,生活·读书·新知三联书店,2009年,第48页。

汉代青铜泥筩研究

吕　健

（江苏师范大学历史文化与旅游学院）

摘要： 两汉时期的墓葬中常见一类小型青铜容器，根据其特征学界将其定名为"泥筩"，系盛装封泥泥料的容器，因体积小巧便于携带逐渐得到普及。以往学界对其展开的研究不够细致、全面，本文通过收集出土材料，对泥筩进行考古学观察，进而得出其清晰的演进序列，进一步明确这类器物的性质以及其在汉代使用的状况。

关键词： 汉代；泥筩；青铜容器；封泥

一、 "泥筩"的发现与定名

两汉时期的墓葬与遗址中发现过一类体量较小的青铜容器，一般呈直筒状，直径3—4、通高约10厘米左右，有的有盖，还有的附有铁链及小"杵形器"。对这类器物的命名发掘报告可谓五花八门、不一而足，有的称之为"筒形器"[1]、有的称之为"铜圆盒"[2]、"小铜盒"[3]，也有的将其定名为"铜筩"[4]、"铜奁"[5]的。总体来看，称为"筒形器"的占多数。大多简报或报告中没有对这类器物的具体用途作过推断，个别研究者根据器物出土位置判断是"墓主人生前用作装香料的实用器皿"[6]。不过，从有的"筒形器"内装有"细泥""杏红色棒状物"等来看，应该是两汉时期盛装封泥泥料的容器。据此，孙机先生首先对该类器物进行了考释与"正

---

[1]　河北省文物研究所：《河北阳原县北关汉墓发掘简报》，《考古》1990年第4期。

[2]　山东省文物考古研究所：《山东日照海曲西汉墓（M106）发掘简报》，《文物》2010年第1期。

[3]　扬州市博物馆：《扬州市郊发现两座新莽时期墓》，《考古》1986年第11期。

[4]　南京市博物馆、南京市六合区文化局：《南京六合李岗汉墓（M1）发掘简报》，《文物》2013年第11期。

[5]　宜城市博物馆编：《楚风汉韵——宜城地区出土楚汉文物陈列》，文物出版社，2011年，第90页。

[6]　吴玮：《王莽时期的小铜盒》，《中国文物报》1990年3月1日第4版。

名"，指出这种铜盒正是汉代的泥料容器，应该称为"泥䇛"[1]，并在其名物考释的专著《汉代物质文化资料图说》中作了更为详尽的考述[2]。此后，学界多沿用其说，将此类器物名为"泥䇛"。因此类器物并不是特别多见[3]，研究者对此讨论不多，目前所见有王偈人认为泥䇛是汉代某些具有一定经济实力和身份地位的人，为了保管作为收藏品的封泥而设计出的保管容器[4]，很显然此论属于臆测，他将未使用的泥料与钤盖了印章的封泥混为一谈，而且提出了汉代有收藏"封泥"的现象。对此，赵宠亮《也说泥䇛》[5]一文从器物定名、时代、分布范围和用途方面一一作了驳议。笔者认为，《也说泥䇛》文章资料收集较为全面，而且从文献、考古资料等方面详细讨论了泥䇛的用途，其说可从，但仍有一些细节需要补充。

《说文》："䇛，断竹也"。"䇛"是断竹制成，显然是一种中空的容器，只是有大小之分，考古所见的秦汉墓中就有不少竹筒类器物，用途各不相同[6]；湖北江陵凤凰山一六八号汉墓出土的竹筒带有墨书，可知其主要用于盛装酒食[7]。颜师古注《急就篇》云："䇛者，本用竹䇛，其后转用金玉杂物，写竹状而为之，皆所以盛膏泽者也。"王子今先生认为，秦汉时期竹器的普及导致其他质地的器物出现了模仿器的现象，并指出颜师古的注释正说明了铜、漆、陶等筒形器的渊源所在。[8]同时，他还提到湖南长沙金塘坡汉墓发现的"圆筒形器"[9]就是模仿竹筒制作的，实际上这是一件典型的东汉时期的"泥䇛"，对照颜师古注"皆所以盛膏泽者也"可知，封泥的泥料在制作完成后正是"膏"的状态，所以目前所谓的"泥䇛"确有可能是模仿竹筒而来的。但无论如何，迄今所见最早自名"䇛"的器物为前凉时期[10]，两汉时期它们的准确定名应该是什么呢？

据笔者收集到的考古资料，确有一件青铜筒形器刻有铭文，即江苏盱眙金马高速

---

[1]　孙机：《从泥䇛谈起》，《中国文物报》1990年3月29日。

[2]　孙机：《汉代物质文化资料图说（增订本）》，上海古籍出版社，2008年，第324—328页。

[3]　此处所指的不多见限于目前公开发表的考古资料，据笔者统计，目前所见者约为30例，尚包含西晋及前凉时期的3件器物，但在各地博物馆的收藏中，这种筒形器并不鲜见，相关问题下文还会提及。

[4]　王偈人：《泥䇛浅议》，《东南文化》2013年第3期。

[5]　赵宠亮：《也说泥䇛》，《东南文化》2014年第2期。

[6]　云梦县文物工作组：《湖北云梦睡虎地秦汉墓发掘简报》，《考古》1981年第1期。

[7]　纪南城凤凰山一六八号汉墓发掘整理组：《湖北江陵凤凰山一六八号汉墓发掘简报》，《文物》1975年第9期。

[8]　王子今：《秦汉名物丛考》，东方出版社，2016年，第126、127页。

[9]　湖南省博物馆：《长沙金塘坡东汉墓发掘简报》，《考古》1979年第5期。

[10]　秦烈新：《前凉金错泥䇛》，《文物》1972年第6期。

M31中发现的铜筩[1]。该墓葬已遭盗扰，器物出土于木棺外侧，呈直筒状、有盖，盖顶部与器身外侧各有一环状钮，直径3.8厘米、通高10.2厘米。器身底部刻有铭文，因锈蚀故辨认非常困难，笔者将铭文摹写以后发现尚有可释读之字，即"□□朱陈之印书□"。观察铭文布局，至少应有8字，前两字难以释读，中间一行"朱陈"二字应为人名，因该墓未出印章无法与之比对；"之印"二字较为清晰，也是重要的提示信息，至少说明这件器物与"用印"有关，最后一行疑为两字，上部可能为"书"，最后一字磨灭难辨。"印书"二字连称见于汉代简牍资料，如史语所重新整理出版的《居延汉简（壹）》中收录一件帛书残片，上书"……张掖……印书"[2]，此处的印书当指"以印加于书"，即"钤盖印章"的行为，这种表达与金马高速M31所出筩形器铭文基本一致（图一）。此外，尚有一件传世的带铭文的青铜筩形器可作为佐证，该器现藏于日本，器身直筒状、口径4厘米、高9厘米，上盖及器身各有一弦钮且刻有铭文，上盖为一"迟"字、器身为"迟中兆"三字，筩内尚存段状泥条（图二）[3]。推测三字应为器主姓名，上盖的"迟"字为姓氏，这种表述也符合汉代一般铜器铭文叙述规律。至此，可以得出较为明确的结论：上文举证的这类小型的青铜筩形器都应是储存封泥泥料的容器，虽然目前还不能明确它在当时的名称，但从传世史料记载再加上其类似竹节筒状的特征分析，可以沿用当前学界都比较认可的"泥筩"之名。

图一　江苏盱眙金马高速M31出土"泥筩"底部铭文
（南京博物院陈刚先生提供照片）

---

[1]　该墓葬的资料尚未发表，承南京博物院考古研究所陈刚先生惠准使用并提供线图及照片。
[2]　简牍整理小组编：《居延汉简（壹）》，《历史语言研究所专刊》，2014年，第71页。
[3]　〔日〕桥本开：《泥筩（汉时代）》，《金石书学》2016年第20期，第44页。

图二　现藏于日本的刻铭"泥筩"

二、青铜泥筩的类型学观察

目前发现的两汉时期泥筩均为小型青铜容器，总体来看器形较为一致，多作直筒型，有盖，器身通高多在10厘米左右，个别晚期的器物也不超过20厘米。赵宠亮《也说泥筩》一文对考古资料进行了较为全面的收集，但他并未对所有器物作类型学分析，笔者在其研究的基础上进一步全面收集资料，试对这类器物作类型学的研究。此外，除两汉时期的遗物以外，还有几件属于西晋、前凉时期，由于此类器物演变规律并不大，延续时间也与简牍书写方式相始终，故本文亦将其收入，统一做考古学角度的观察。

据笔者统计，迄今公布的泥筩资料约30件，除1件出土于陕西淳化汉代洪崖宫遗址外[1]，其余均为墓葬出土，但有几件器物仅为简单报道，发掘者未提供器物照片或线图，下文将以有图像及线图资料的器物为中心进行分类。此类器物有纹饰者较少，本文的讨论集中在器形的差别方面，较少涉及纹饰的变化，且因器物整体形制变化不大，故不分亚型。

A型：均为直筒形，有盖，平底，直径在3—4厘米、通高10厘米左右，依据器身的钮及所附"杵形器"等差别可分为以下四式。

Ⅰ式：5件。直筒形，口部略有区别，有的作敛口，均为平底，器身无环状钮，盖上有一环钮，典型器物为河北阳原县北关汉墓出土，口径4厘米、高8.4厘米。[2]其他还有山西朔县赵十八庄一号汉墓[3]、并穴木椁墓[4]、洛阳五女冢新莽墓[5]、西安北

［1］　姚生民：《陕西淳化县程家堡村汉洪崖宫遗址》，《考古与文物》1992年第4期。

［2］　河北省文物研究所：《河北阳原县北关汉墓发掘简报》，《考古》1990年第4期。

［3］　山西省平朔考古队：《山西省朔县赵十八庄一号汉墓》，《考古》1988年第5期。

［4］　屈盛瑞：《山西朔县西汉并穴木椁墓》，《文物》1987年第6期。

［5］　洛阳市第二文物工作队：《洛阳五女冢新莽墓发掘简报》，《文物》1995年第11期。

郊石碑寨村汉墓[1]出土者（图三）。

Ⅱ式：16件。直筒形，大多为直口，平底，盖顶及器身均有一环状钮，保存较好的泥筩可见有细小铁链链接两处环钮，应是为了便于穿系携带，大多器物连接处的铁链已锈蚀，仅部分残留可见。少数器身有纹饰及鎏金。典型者如个旧黑蚂井M34出土者，器物直筒状、有盖，盖上及器身均錾刻精美的兽纹及三角纹等图案，盖顶及器身均有钮，钮之间以细小的铁链相连接，直径4厘米、通高11厘米[2]。其他还有淳化汉代洪崖宫遗址[3]、日照海曲M106[4]、常州恽家墩汉墓[5]、扬州邗江姚庄M101[6]、南京六合李岗M1[7]、扬州市郊新莽墓[8]、长沙五里牌M007[9]、金马高速M31[10]、

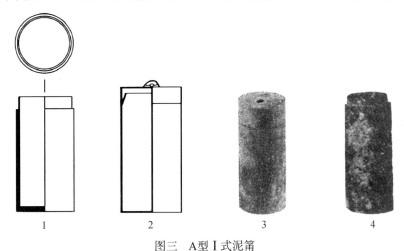

图三　A型Ⅰ式泥筩
1.朔县并穴M1　2.阳原县北关汉墓　3.朔县赵十八庄M1　4.西安石碑寨汉墓

　　［1］　陕西考古所汉墓工作组：《西安北郊清理一座东汉墓》，《文物》1960年第5期。

　　［2］　云南省文物考古研究所、云南哈尼族彝族自治州文物管理所、个旧市博物馆：《个旧市黑蚂井墓地第四次发掘报告》，科学出版社，2013年，第91页。

　　［3］　姚生民：《陕西淳化县程家堡村汉洪崖宫遗址》，《考古与文物》1992年第4期。

　　［4］　山东省文物考古研究所：《山东日照海曲西汉墓（M106）发掘简报》，《文物》2010年第1期。

　　［5］　江苏常州博物馆：《江苏常州兰陵恽家墩汉墓发掘简报》，《南方文物》2011年第3期。

　　［6］　扬州博物馆：《江苏邗江姚庄101号西汉墓》，《文物》1988年第2期。

　　［7］　南京市博物馆、南京市六合区文化局：《南京六合李岗汉墓（M1）发掘简报》，《文物》2013年第11期。

　　［8］　扬州市博物馆：《扬州市郊发现两座新莽时期墓》，《考古》1986年第11期。

　　［9］　湖南省博物馆：《长沙五里牌古墓葬清理简报》，《文物》1960年第3期。

　　［10］　现存南京博物院，线图由南京博物院陈刚先生提供，谨致谢忱。

平壤贞柏里M2、辽阳苗圃地M20[1]、大连营城子M12[2]、宜城郑集镇赤湖台包子墓[3]、望都二号汉墓[4]、长沙金塘坡东汉墓[5]、徐州土山M1[6]等（图四、图五）。

Ⅲ式：2件。直筒形，敛口、平底，盖上及器身各有一环钮，二钮间以铁链穿系，同时还附有一件"铜匕"。东汉司徒刘崎墓出土1件，口径3.2厘米、通高10厘米、所附铜匕长11.4厘米[7]；另一件为洛阳烧沟M1038出土，口径2.8厘米、底径3厘米、高10.7厘米、所附铜匕长11厘米[8]（图六）。

Ⅳ式：目前仅见1件，邳州新河西晋墓群M1出土[9]，器身直筒型，平底，盖顶钮作短匕状，匕的长度约为器身的二分之一，器身无钮（图七）。

A型的年代，Ⅰ式开始出现于西汉武帝晚期，流行于昭宣时期直至新莽；Ⅱ式是两汉时期泥筩的主流形态，也是目前可见资料的绝对多数，自昭宣时期到东汉末期依旧存在；Ⅲ式出现于东汉中晚期，绝对年代从刘崎墓来看在东汉顺帝阳嘉三年（135年）前后，烧沟汉墓M1038的绝对年代也在东汉末期；Ⅳ式为考古资料所仅见，时代明确，为西晋时期，这种器形在两汉时期未见。

B型：2件，作口大底小的筒状，与A型相比器物整体尺寸略大，高度均大于10厘米，依据钮的不同可分两式（图八）。

Ⅰ式：1件。河北满城汉墓M1出土，口大底小，盖顶有环钮，平底、圈足，通体有方格纹及凤鸟纹装饰，口沿、圈足、环钮处皆有鎏金，口径5.5厘米、圈足径2.9厘米、通高14.5厘米[10]。

Ⅱ式：1件。广西合浦凤门岭汉墓群M23出土，口大底小的筒形，有盖，盖上及筒身各有一环钮，可用于穿系，但报告中未见铁链或腐朽痕迹，平底，盖径4.7厘米、底

[1] 辽宁省文物考古研究所：《辽宁辽阳苗圃墓地西汉砖室墓发掘简报》，《文物》2014年第11期。

[2] 吴青云：《大连营城子墓群考古获重要发现》，《中国文物报》2009年8月14日。

[3] 宜城市博物馆编：《楚风汉韵——宜城地区出土楚汉文物陈列》，文物出版社，2011年，第90页。

[4] 河北省文化局文物工作队：《望都二号汉墓》，文物出版社，1959年，第9页。

[5] 湖南省博物馆：《长沙金塘坡东汉墓发掘简报》，《考古》1979年第5期。

[6] 现藏南京博物院，照片由南京博物院陈刚先生提供，谨致谢忱。

[7] 杜葆仁、夏振英、呼林贵：《东汉司徒刘崎及其家族墓的清理》，《考古与文物》1986年第5期。

[8] 洛阳区考古发掘队：《洛阳烧沟汉墓》，科学出版社，1959年，第183页。

[9] 南京博物院、徐州博物馆、邳州市博物馆：《江苏邳州煎药庙西晋墓地M1发掘简报》，《东南文化》2018年第2期。

[10] 中国社会科学院考古研究所、河北省文物管理处：《满城汉墓发掘报告》（上册），文物出版社，1980年，第78页。

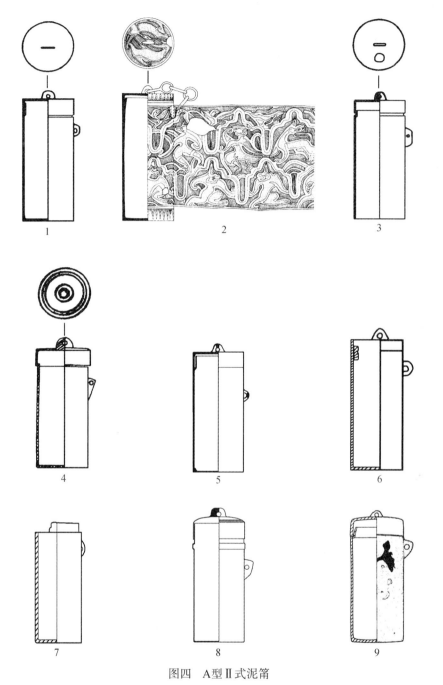

图四　A型Ⅱ式泥筩

1. 日照海曲M106　2. 个旧黑蚂井M34　3. 常州挥家墩汉墓　4. 邗江姚庄M101　5. 南京六合李岗M1
6. 扬州市郊新莽墓　7. 淳化汉代洪崖宫遗址　8. 盱眙金马高速M31　9. 辽阳苗圃地汉墓

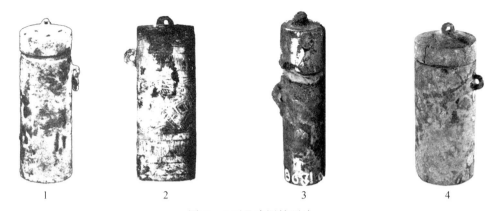

图五　A型Ⅱ式泥箭照片

1. 望都二号汉墓　2. 长沙金塘坡汉墓　3. 徐州土山M1　4. 望宜城赤湖台包子墓

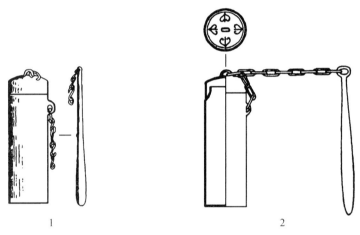

图六　A型Ⅲ式泥箭

1. 洛阳烧沟汉墓M1038　2. 东汉司徒刘畸墓

径3.8厘米、通高12.8厘米[1]。

B型的年代，Ⅰ式出土于满城汉墓，墓主为西汉中山靖王刘胜，时代为汉武帝元鼎四年（公元前113年），该器纹饰精美器表有鎏金，体型亦较A型为大，符合刘胜诸侯王的身份，亦为目前材料中仅见；Ⅱ式出现了两个钮，可用于穿系便于携带，根据墓葬年代推断，时代为西汉晚期偏早阶段。

C型：1件。山东邹城西晋刘宝墓出土。简报称之为"铜铿"，圆筒形、子母口，口部有左右对称的双钮，内有铁链的痕迹，上盖为象鼻形捏手，捏手内亦有铁链残

---

[1]　广西壮族自治区文物工作队、合浦县博物馆：《合浦凤门岭汉墓——2003—2005年发掘报告》，科学出版社，2006年，第29页。

痕，平底。直径8.4厘米、通高17.7厘米。[1] 从器形及相邻出土物
多文房用具分析此器非"铜铨"，而应为储存泥料的"泥筩"。从
此器体量分析，不同于A、B两型，应为置于室内的常用器具，不
利于携带。

C型泥筩因墓主身份明确而时代较为明晰，该墓的埋葬时间为
西晋永康二年（301年），故器物的绝对年代要早于墓主下葬时间。

D型：1件。系1966年由陕西省博物馆征集而来，此器盖已
佚，器身呈竹筒状下附三蹄形足，外饰金错龙虎纹，通高11.7厘
米、口径7.9厘米，器身自铭有东晋穆帝升平年号，研究者认为器
物实际属于前凉时期。该器体量亦较AB两型为大，与C型性质近
似亦有区别，这是目前仅见的三足型泥筩，此器的使用者应为宫廷
机构，器身装饰精美（图九）[2]。

图七　A型Ⅳ式泥筩

综上可知，泥筩这类器物主要流行于两汉时期，魏晋时因未完
全摒弃简牍这种书写材料，是故封泥这种缄封方式也得以保留，
致使在两晋及以后时期仍然有泥筩发现。西晋中晚期[3]直至东汉
末期，AB两型的泥筩较为盛行，是泥筩的主流形态，东汉以降，
则出现了CD两种新形态，但此时已是简牍文书行政的尾声期，所
以泥筩类器物极少发现。但是在两汉时期，封泥作为文书行政的必需辅助品而大量使
用，虽然目前所见的考古材料仅30处左右，但不排除西汉早期已经出现这种器物的可
能，相信今后的考古工作会有新的发现。器物的分布范围方面，王偈人认为"……考
古出土的泥筩多集中在北方的墓葬里……但南方也有零星分布，说明泥筩并不仅存在
于小范围内，而是在全国许多范围内都有发现"[4]，赵宠亮也持此说[5]，笔者表示
赞同。笔者整理了出土泥筩分布情况：出土的两汉时期泥筩可谓遍布汉代全境，按照
当时的政区概念，不仅都城长安及楚、胶东、长沙、江都等诸侯王国有泥筩出土，连
远在海滨的辽东郡、乐浪郡、合浦郡亦有发现，这当然与封泥的普遍使用、存在是密
不可分的，这也从侧面说明，泥筩是汉代比较常见的文房用具。

除以上列举的考古资料以外，很多博物馆也收藏有汉代的泥筩，只是器物多为零
散征集而来，并非考古发掘品，且收藏机构不仅限于国内，海外的一些博物馆也收藏
有汉代泥筩。比如英国布里斯托尔市立美术馆藏有1件，盖顶纹饰不明，器身刻有菱形

［1］　山东邹城市文物局：《山东邹城西晋刘宝墓》，《文物》2005年第1期。

［2］　秦烈新：《前凉错金泥筩》，《文物》1972年第6期。

［3］　确切地说，从目前的考古材料来判断，青铜材质的泥筩最早出现在西汉武帝时期。

［4］　王偈人：《泥筩浅议》，《东南文化》2013年第3期。

［5］　赵宠亮：《也说泥筩》，《东南文化》2014年第2期。

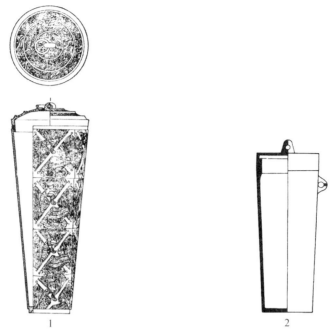

图八　B型泥筩

1.B型Ⅰ式：河北满城汉墓　2.B型Ⅱ式：合浦凤门岭M23

图九　C、D型泥筩

1.C型：山东邹城西晋刘宝墓　2.D型：前凉错金泥筩

纹、神兽图案等；又如法国巴黎吉美博物馆也藏有一件刻纹近似的泥筩[1]。国内的文博单位更多，如徐州博物馆藏有1件汉代泥筩，器身刻有孔雀等禽鸟类纹饰，筩内还有

---

[1]　吴小平、蒋璐：《汉代刻纹铜器考古研究》，浙江大学出版社，2015年，第72、73页。

残留的尚未使用的泥料[1]。此类例证较多，不再一一列举。

　　笔者在整理考古资料时，发现很多整理者对小型泥筩的性质不敢确认，但有一类体量稍大的铜器有时候也会被误定为"泥筩"，这个现象应该引起我们的注意（图一〇）。如秦烈新在讨论前凉错金泥筩时曾经提到："1961年在山西太原东太堡村出土的汉代铜器中，有一件器物原简报上称为筒形器，形制与此泥筩（指前凉错金泥筩）相似，同出亦有封泥一块。"[2] 秦先生认为太原东太堡M1出土的铜筒形器，可能是泥筩。王子今在论述汉代"筒形器"之时对此件器物也有提及。[3] 证之东太堡汉墓的原报告，描述如下："筒形器 1件。圆口，外折领，唇内突，平底，上下等宽，颈下饰铺首，未见环，底下于壁间附三个兽首足。余皆素面，通高19.7厘米、口径9厘米、壁厚0.5厘米。此器置于1号锺内，其中又装着五块马蹄金。"[4] 从器形来看，此器厚重、体量大，与陕西咸阳马泉西汉墓出土的"三足提梁筒形器"[5] 类似，应当是秦汉之际较常见的酒水器铜樽之属，不应该是装泥料的泥筩。至于秦文中提到的与"筒形器"同出的封泥，简报描述为"封泥。一块，残长2.5厘米、宽1厘米、厚0.7厘米。正面存篆文2，背面平，似有细绳捆扎过之痕迹。它与1号锺内的半两钱、马蹄金共存。可能是当年随葬时装好钱以后封置所用的"[6]。简报的叙述非常清晰，通过比较我们得知，东太堡M1出土的这件铜筒形器被置于1号铜锺内，发现的封泥有文字痕迹，可知属于

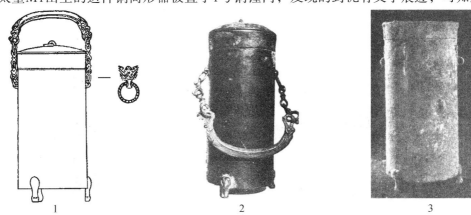

图一〇　几件误定为"泥筩"的资料图片

1.咸阳马泉西汉墓筒形器　2.清涧战国"封泥筩"　3.太原东太堡"筒形器"

[1]　现存徐州博物馆。

[2]　秦烈新：《前凉金错泥筩》，《文物》1972年第6期。

[3]　王子今：《秦汉名物丛考》，东方出版社，2016年，第124页。

[4]　山西省文物管理工作委员会、山西省考古研究所：《太原东太堡出土的汉代铜器》，《文物》1962年第1期。

[5]　咸阳市博物馆：《陕西咸阳马泉西汉墓》，《考古》1979年第2期。

[6]　山西省文物管理工作委员会、山西省考古研究所：《太原东太堡出土的汉代铜器》，《文物》1962年第1期。

封缄后钤盖了印章的泥块，也就是说这块封泥正如发掘简报所述那样是封存铜器及半两钱、马蹄金的，并不是还未使用的泥料。所以，出土的封泥也从侧面证明东太堡M1的这件铜筒形器并非泥筒。除此之外，还有一件时代更早的青铜器被定名为"封泥筒"，系1985年陕西清涧县的农民在田地里挖出，后被清涧县文管所收藏[1]。该器的具体描述为："器成圆筒形，有盖，盖为子母口，盖上有一桥形衔环钮，筒上部两侧各有一兽首衔环耳，与8字形环系相连，提梁为双龙首相连衔环系，平底，器足分别是三个牛头矮蹄足……筒通高22.5厘米，腹径9.1厘米，足高2.5厘米……从器形、铜质与盖上纹饰来看，该器系战国之物。"[2] 从器形来看，该器确应为战国之物，但也应为酒器之类，并非研究者所说的战国"封泥筒"。此类器物特征明确，鉴别时应与两汉之际的泥筒区别开来。

三、泥筒的出土位置与使用方式

器物出土位置的分析是考古学研究的重要一环，特别是对于一些存在争议的器类，分析其埋藏位置及与周边其他器物的组合等因素，对厘清器物性质、功用有很大帮助。根据现有的考古资料，排除墓葬被盗扰的情况，汉代"泥筒"的出土位置大致可以分为如下几种：

第一类占总数的绝对优势，是泥筒随葬位置的主流形态，即出土于墓葬的木棺内，相邻的随葬品多为削刀、石砚、印章等文房用具。如朔县赵十八庄汉墓[3]，泥筒出于木棺内，同出器物有石板砚、印章；合浦凤门岭的泥筒出自A棺内，相邻器物为铁削[4]；其他还有朔县并穴木椁墓、邗江姚庄M101、扬州市郊新莽墓、长沙五里牌汉墓、南京六合李岗汉墓、洛阳五女冢新莽墓、个旧黑蚂井M34、西安石碑寨村东汉墓[5]等（图一一、图一二）。

第二类出在墓室内木棺外侧，相邻器物不固定，没有较清晰的规律（图一三），如陕西扶风石家一号汉墓，泥筒出在棺外侧，相邻器物为铜镜、铁剑。归于此类的还有盱眙金马高速M31、常州兰陵恽家墩M23、长沙金塘坡东汉墓等（图一四）。

［1］　白共和：《清涧出土战国封泥筒》，《考古与文物》1990年第4期。

［2］　白共和：《清涧出土战国封泥筒》，《考古与文物》1990年第4期。

［3］　本节举证的泥筒资料多已在上文引用，并且在文末附表中进行了详细登记，故不再一一添加注释，一些特别的例证除外，特此说明。

［4］　从削刀的尺寸看应为书刀，并非作为兵器的"刀"。

［5］　石碑寨东汉墓的情况稍显特殊，泥筒出于耳室之内，但此耳室内亦葬一人，泥筒近旁还出土一件长38厘米的铜刀，所以此件器物的出土位置仍可归于棺内一类。详见陕西考古所汉墓工作组：《西安北郊清理一座东汉墓》，《文物》1960年第5期。

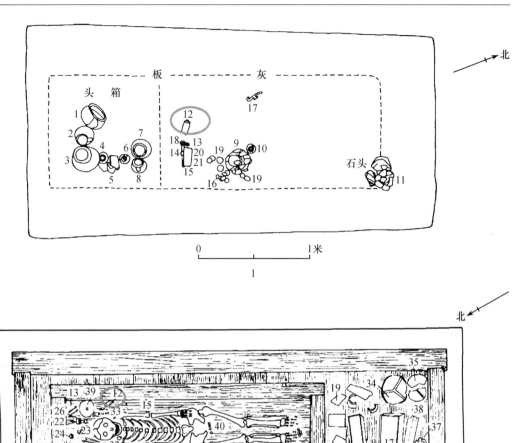

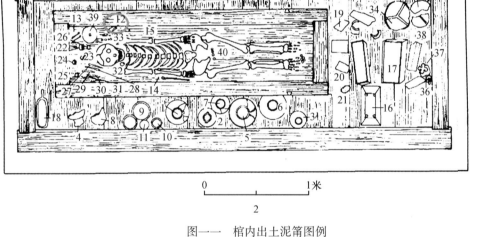

图一一　棺内出土泥筩图例

1. 个旧黑蚂井M34泥筩位置图（圈内）　2. 南京六合李岗M1泥筩位置图（圈内）

第三类为大中型墓葬出土者，多位于耳室或前室之内。如河北满城汉墓的泥筩出自M1后室，周边的器物为铜灯、银盒等，该墓为西汉诸侯王墓、等级较高，可能因为埋藏空间足够等原因，一些日常用具被集中置于特定的空间内；与此同类者还有邳州新河晋墓群M1出土的泥筩，置于耳室之内；山东邹城刘宝墓的泥筩出于前室中部（图一五）。

第四类为中小型汉墓中位于其他位置者，仅见两例，分别为日照海曲M106，出土于头厢；另一为河北阳原县北关汉墓，出土于墓室中部，同出亦有铜印章等物。

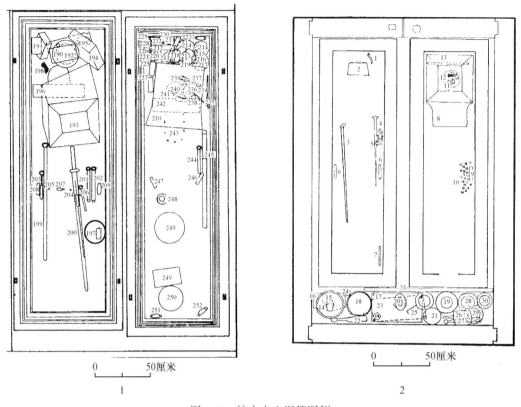

图一二　棺内出土泥篦图例

1. 邗江姚庄M101泥篦出土位置　2. 扬州市郊新莽墓泥篦出土位置

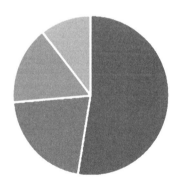

■棺内　■棺外侧　■耳室　■其他位置

图一三　泥篦出土位置相对比例图

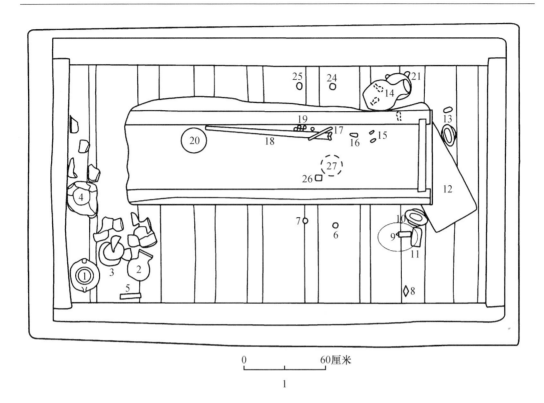

0　　　　　　60厘米

1

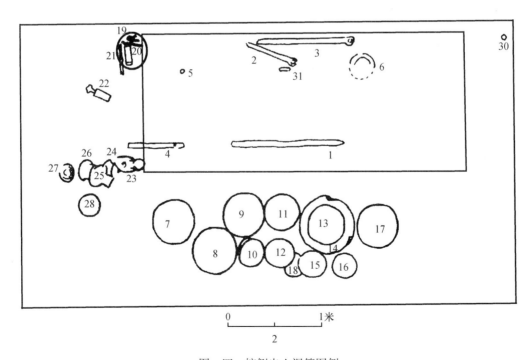

0　　　　　1米

2

图一四　棺侧出土泥筩图例

1. 盱眙金马高速M31泥筩出土位置　2. 常州兰陵恽家墩M23泥筩出土位置

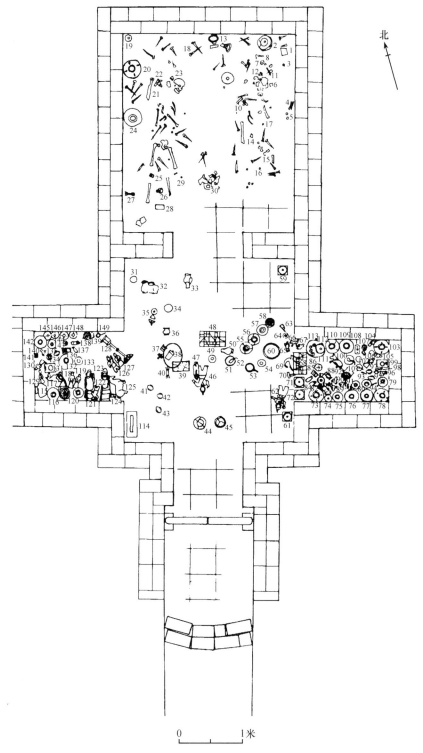

图一五　山东邹城西晋刘宝墓泥箅出土位置

此外，仅有一件遗址出土的汉代青铜泥𥶽，即陕西淳化汉代洪崖宫遗址出土者[1]，系置于几何纹方砖砌成的长方形槽内，因未见其他遗物，该方槽的性质难以判定，但泥𥶽本身的性质则没有疑义。综合以上分析可以看出，泥𥶽作为常用文具往往与削刀、印章、砚台等物并存，这也可以看作是汉代常见的文具随葬品组合，其他文具也从侧面证明了泥𥶽文房用具的属性。

从已发现的汉代泥𥶽形制观察，尤其是占据主流地位的A、B两型，器物的体量都很小，这无疑是为了便于携带而设计出来的特殊用具。汉代官吏在任上经常会有行县等差旅活动，此时就特别需要预备泥料来应对签发文书、信件等不时之需。以连云港尹湾M6的墓主师饶为例[2]，此人生前曾任东海郡太守的功曹史，据其墓内出土的"元延二年日记"来看，仅该年一年师饶外宿传舍、亭等地点就达到了68天之多[3]，差旅活动十分频繁。可以推断，作为功曹史的师饶在其固定的办公场所自然不需考虑封缄文书的泥料，因为泥料属于汉代"财用"[4]的范畴，是政府的必备物资。但在其外出行县时，尤其是宿于某某亭、甚至是友人的住所某某宅时[5]，就不得不考虑有临时发送文书的可能，这时需用泥料缄封文书、信件的问题就会凸显出来。而此时，便携性较强的青铜泥𥶽就是不错的选择。从泥𥶽的尺寸、容积来看，单件泥𥶽盛装的泥料至少可以应对六到八次封缄[6]，足够日常的单次差旅之用。随着使用率的提升，泥𥶽的形制也逐渐发生变化，首要的改变就是出现了A型Ⅱ式泥𥶽，盖及筒身都有钮，便于穿系链条随身携带。至于链条的材质，一般出土者多有铁锈的残留痕迹，可见多为坚固的金属，但也不能完全排除布帛等类的其他材质。将加工好的泥料装入泥𥶽备用，泥料可以预制成长条形及丸状、饼状等多种类型[7]，使用时取出即可。但有个细节问题值得注意，即泥料可能都为有一定湿度的固体，泥𥶽本身具有密封性可以保

———————————

[1] 姚生民：《陕西淳化县程家堡村汉洪崖宫遗址》，《考古与文物》1992年第4期。

[2] 连云港市博物馆：《江苏东海县尹湾汉墓群发掘简报》，《文物》1996年第8期。

[3] 该统计数据参考了侯旭东先生的研究，详见侯旭东：《传舍使用与汉帝国的日常统治》，《中国史研究》2008年第1期。侯先生的研究侧重于师饶宿传舍的次数，而据马怡先生统计，师饶在元延二年的记录中，除了宿于家及官舍，共有116天宿于传舍、亭、邮、置、他人私宅等地点，差旅活动十分频繁。详见马怡：《一个汉代郡吏和他的书囊——读尹湾汉墓简牍〈君兄缯方缇中物疏〉》，《中国社会科学院历史研究所学刊》第九集，商务印书馆，2015年，第101—132页。

[4] 赵宠亮：《说"财用钱"》，《历史研究》2006年第2期。

[5] 据尹湾汉简《元延二年日记》，师饶曾于该年多次宿南春宅、宿陈少平家等地点，此处应当说明的是，"南春宅"并非师饶的私宅，对于其私宅《日记》明确记载为"宿家"。

[6] 笔者估算的依据是封缄一次使用泥团一枚，抑压一方四字官印的情况下，泥块边长约2.2厘米、厚度约0.8厘米，而使用私印封缄所需泥料则要更少一些。

[7] 如望都二号汉墓出土的泥𥶽，其内为"杏红色棒状物九段"，可能泥料装入时就被制成了段状；又如呼和浩特二十家子城址出土的泥料，多为丸状。

持较为恒定的湿度，也有的在筒身内加一层丝织物进一步密封保湿，如辽宁辽阳苗圃墓地西汉墓出土者，器身内壁及口沿处有明显的布痕残迹[1]，当属此类。器物的发展变化总向着有利于使用的层面演进，泥筒确实便携实用，但时间久了，从筒身内快速探取泥料又成了需要解决的问题，这时A型Ⅲ式的泥筒便应运而生，其与Ⅱ式的不同之处在于器身除链条外还附加了一件杵形器，长条状、一端稍粗，长度一般略同或稍长于器身，除了便于探取筒内各种形状的泥丸、泥饼，这种杵形器还可以直接切割长条形泥棒并辅助填泥。东汉刘熙的《释名》提到"封刀、铰刀、削刀，皆随时用作名也"[2]，其中的铰刀即剪刀、削刀即书刀，这些并不难理解，都属于常见的生活用具，但"封刀"所指为何呢？马怡先生在探讨尹湾M6《君兄衣物疏》时指出，衣物疏所记该墓随葬"刀二枚"，对照发掘报告，其一为书刀、另一则为封刀，并引用刘熙《释名》中提及的"封刀"阐释为"封刀亦文具，是泥封用的刀……用来填泥、封固的文具就是封刀。"[3]而扬之水先生在探讨汉代的文房用具时对尹湾M6的"刀二枚"提出了不同看法，她认为"削，曲刃也，直刃则为书刀……尹湾汉墓分别出有削和书刀……与同墓所出君兄缯方缇中物疏列出的刀二枚适相符合"[4]。发掘报告的铜刀是三件并给出了两件的编号，但是没有线图和照片[5]，《尹湾汉墓简牍》一书公布了一件直刃带鞘的书刀，另一件较长大，应为兵器类的环首铁刀[6]。如此则尹湾M6的"刀二枚"确应为连鞘的两把书刀。笔者认为，根据现有材料，马怡先生的观点尚有可商榷的余地。纵观现有墓葬中出土的封泥材料，填于封泥匣中保存下来的封泥大多较规整，上下边缘基本齐整，而左右两侧常见填泥时指纹捏塑的痕迹[7]，至于不用匣缄封的泥块，周边手捏痕迹更为明显，泥块整体大多呈类圆形，不甚规整。例如安徽六安双墩M1出土的"六安食丞"封泥，封泥匣纵剖面呈"凹"字形，左右两侧可见

[1]　辽宁省文物考古研究所：《辽宁辽阳苗圃墓地西汉砖室墓发掘简报》，《文物》2014年第11期。

[2]　（东汉）刘熙撰，（清）毕沅疏证，王先谦补：《释名疏证补》，中华书局，2008年，第237页。

[3]　马怡：《一个汉代郡吏和他的书囊——读尹湾汉墓简牍〈君兄缯方缇中物疏〉》，《中国社会科学院历史研究所学刊》第九集，商务印书馆，2015年，第101—132页。

[4]　扬之水：《两汉书事》，《中国典籍与文化》2004年第3期。

[5]　连云港市博物馆：《江苏东海县尹湾汉墓群发掘简报》，《文物》1996年第8期。

[6]　连云港市博物馆、中国社会科学院简帛研究中心、东海县博物馆、中国文物研究所：《尹湾汉墓简牍》，中华书局，1997年，第56、58页。

[7]　较早的封泥匣为剖面呈"凹"字形的木匣，故其上下两端为木框约束而较为齐整，左右两边泥多呈外溢状而不甚规则，但多有用手捏塑修整的痕迹，因此指纹得以留存；在封泥匣的发展过程中，为尽可能固定封泥，后期出现了平面呈"回"字状的方匣，此时填泥后四周均有木框约束，故泥块方正、规整，轻易不会留下指纹痕迹。

明显的手指捏塑痕迹[1]，这是填泥时用手加以修整比较典型的例证；另外一种封于器物的也有很多例证，如广州象岗南越王墓出土的"眜"字封泥[2]（图一六）、成都天回老官山的"万"字封泥等[3]，这些封泥的共同特征为类圆形、边缘有指纹修整痕迹，而并不见刀具类锐器修整的痕迹。

图一六　西汉南越王墓出土的"眜"字印封泥

　　据此，笔者认为，汉代在缄封封泥时可能会用到一类工具来切割泥块、填泥等，但泥块的最终形状取决于其所依托的载体和人工的辅助塑形，故可以推断：《释名》中提到的"封刀"根据字面意思来阐释，可以理解为"封刀亦文具，是泥封用的刀"，但其具体的形状却并非类似于常见的书刀。笔者认为，青铜泥箆附着的"杵形器"很有可能就是所谓的"封刀"。江苏邗江姚庄M102曾出土一件小型的青铜杵（图一七），"一头呈棒槌状，一头为扁椭圆形，有穿孔，长4.8、直径1.5厘米"[4]，从形制上看，这件小青铜杵与泥箆上附着的"杵形器"较为类似，故发掘者推断其为捣制封泥的专属用具，其说差可信从，但实非捣制封泥的工具。其实这种杵形器应该

就是填泥专用的"封刀"，因为泥箆的性质非常明确，而"杵形器"又具有探取泥料、切割、填充等诸多功能，所以"封刀"的形状也未必一定是有刃的刀状，反而极有可能是长条形质朴的形状，封泥形态的最后形成与"封刀"并没有必然的关联。

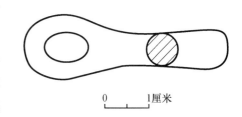

0 ——— 1厘米

图一七　江苏邗江姚庄M102出土的青铜杵

　　［1］　安徽省文物考古研究所、安徽省六安市文物局：《安徽六安双墩一号汉墓发掘简报》，《文物研究》第17辑，科学出版社，2010年。

　　［2］　南越王墓出土"眜"字封泥清晰照片参见广州市文化局编：《考古发现的南越玺印与陶文》，澳门特别行政区民政总署文化康体部，2005年，第59、60页。

　　［3］　老官山汉墓关于封泥的详细材料尚未发表，资料由成都考古所索德浩先生提供，谨致谢忱。

　　［4］　扬州博物馆：《江苏邗江县姚庄102号汉墓》，《考古》2000年第4期。

　　以上述及的C、D两型泥菑体量偏大，携带颇为不便，所以它们的使用方式应为置于固定的办公场所，有需要时随时探取，其口径也较大，不必限于使用何种工具来取泥料，这也是进入魏晋以后封缄方式逐渐变化而带来的器形上的改变。限于文献及考古资料，秦汉时期的官府办公场所是否有大型的泥料储存容器目前仍不清晰，但笔者推断：贮存大量泥料的容器一定存在，至于是否会专门设计一种容器来保存泥料仍不得而知。更大的可能是，泥料在初步加工完成后完全可以使用普通容器贮存，《东观汉记》中记载的"并载青泥一襆"[1]的"襆"就是一布兜之类的意思。此外，泥料加工完成后也可以采用成坯状堆放，使用时再加以调和。当然，以上是笔者根据现有材料对大宗泥料贮存方式的推断，实物证据还有待日后的考古发现。随着东汉晚期造纸的兴起并逐渐普及，印章的使用也由封泥时代进入了钤朱时代，封泥及贮存泥料的容器也不再常用了。

---

[1]　（宋）范晔撰，（唐）李贤等注：《后汉书》卷一六《邓训传》，中华书局，1965年，第608、609页。

附表一　汉晋时期泥筩类型图

时代＼类型			西汉中	西汉晚	东汉	西晋	前凉
A型	I式		√	√	√		
	II式			√	√		
	III式				√		
	IV式					√	

时代\类型		西汉中	西汉晚	东汉	西晋	前凉
B型		√	√			
			√	√		
C型					√	
D型						√

注：A型Ⅰ式：阳原县北关汉墓M2：6；A型Ⅱ式：日照海曲M106：23；A型Ⅲ式：洛阳烧沟汉墓M1038：9；A型Ⅳ式：邳州新河西晋墓M1标本；B型Ⅰ式：河北满城汉墓M1：4273；B型Ⅱ式：合浦风门岭M23：A27；C型：邹城西晋刘宝墓M1：38；D型：陕西历史博物馆藏。

附表二　考古资料所见汉代铜泥筩登记表

序号	器物出处	时代	尺寸（厘米）	出土位置	备注	资料出处
1	陕西淳化汉代洪崖宫遗址	西汉	口内径4.5、壁厚0.3、底径5.1、高10	出土时置于几何纹砖砌成的长方形槽内	盖佚	《陕西淳化程家村汉洪崖宫遗址》，《考古与文物》1992年第4期
2	陕西扶风石家一号汉墓（M1：6）	西汉武帝时期	不清，简报未给出尺寸	棺外侧，相邻器物为铜镜及铁剑等	直筒型	《陕西扶风石家一号汉墓发掘简报》，《中原文物》1985年第1期
3	河北满城汉墓（M1：4273）	西汉武帝元鼎四年	口径5.5、圈足径2.9、通高14.5	M1后室，周边有铜灯、银盒等器物	口大底小盖顶有环钮，通体有方格纹及凤鸟纹装饰，口沿圈足、环钮等处均鎏金	《满城汉墓发掘报告》，文物出版社，1980年
4	山东日照海曲M106（M106：23）	西汉	直径3.6、高9.3	头箱	简报名"铜圆盒"	《山东日照海曲西汉墓（M106）发掘简报》，《文物》2010年第1期
5	山西朔县并六汉木椁墓（3M1：19）	西汉	口径3.7、高8.4	棺内	失盖，简报称"铜筒形器"	《山西朔县西汉并六汉木椁墓》，《文物》1987年第6期
6	河北阳原县北关汉墓（M2：6）	西汉	口径4、高8.4	墓室中部，同出有铜印章等物	简报称为"筒形器"	《河北阳原北关汉墓发掘简报》，《考古》1990年第4期
7	辽宁辽阳苗圃墓地西汉砖室墓（M20：2）	西汉中晚期	盖径4、底径3.9、通高9.9	墓室内，已遭盗扰	器壁残留有布痕	《辽宁辽阳苗圃墓地西汉砖室墓发掘简报》，《文物》2014年第11期
8	山西朔县赵十八庄一号汉墓（标本27）	西汉晚期偏早阶段	直径3.5、高9.5	木棺周围，同出器物有石板砚、印章等	内装暗红色的泥，出土时尚柔软可塑	《山西朔县赵十八庄一号汉墓》，《考古》1988年第5期
9	广西合浦风门岭墓群（M23：A27）	西汉晚期偏早阶段	盖径4.7、底径3.8、通高12.8	A棺内，相邻器物为铁削	报告称为"筒"	《合浦风门岭汉墓》，科学出版社，2005年
10	江苏邗江姚庄101号西汉墓（M101：197）	西汉晚期	直径3.6、高9.2	男性墓主棺内，腰下部近脚端位置	报告称为"圆盒"	《江苏邗江姚庄101号汉墓》，《文物》1988年第2期
11	平壤贞柏里M2	西汉晚期	不清	不清	直筒型，盖上及筒身有钮	《乐浪文化——以墓葬为中心的考古学研究》，科学出版社，2007年

续表

序号	器物出处	时代	尺寸（厘米）	出土位置	备注	资料出处
12	江苏扬州市邗江平山养殖场M6（M6：12）	新莽时期	直径3.5、高10	出土棺内人头部，相邻器物为"大布黄千"钱币，简报描述为M6女棺"多生活器皿而少明器""装香料用的小铜盒"	盖面上有两大两小的柿蒂纹，器身的主要纹饰为青龙白虎朱雀玄武四神以及其他共九个飞禽走兽，空处补以菱云纹	《扬州市邗江发现两座新莽时期墓》，《考古》1986年第11期
13	江苏盱眙金马高速M31（M31：9）	新莽时期	直径3.8、通高10.2	棺外侧，墓葬遭盗扰	器身底部有铭文	南京博物院考古研究所提供（资料未发表）
14	湖南长沙五里牌古墓葬（长五M007：24）	新莽时期	径4.8、长15	棺内，与铁刀、铜碗等同出	发掘报告描述共出铁刀有伴，皆应为书刀	《长沙五里牌古墓清理简报》，《文物》1960年第3期
15	南京六合李岗汉墓（M1：12）	新莽时期	直径4.4、高11.3	棺内，墓主头部	发掘简报命名为"铜筒"，目"内有细泥"	《南京六合李岗汉墓（M1）发掘简报》，《文物》2013年第11期
16	河南洛阳五女冢新莽墓（IM461：17）	新莽时期或稍晚	直径3.8、高9.6	棺内，相邻器物为"石研磨器"	发掘简报命名为"铜筒形器"	《洛阳五女冢新莽墓发掘简报》，《文物》1995年第11期
17	江苏常州兰陵恽家墩汉墓（M23：20）	新莽至东汉早期	口径4.8、高12	棺外侧	发掘简报的平面图命名为"铜箭筒"，正文则改称"青铜筒"	《江苏常州兰陵恽家墩发掘简报》，《南方文物》2011年第3期
18	辽宁大连营城子M12（M12：27）	东汉时期	直径3.7、通高10.6	不清	盖与身皆有钮，无链	《中国文物报》2009年8月14日
19	湖北宜城邬集镇赤湖台包子墓	东汉早中期	口径3.5、底径3.6、通高10	不清，简报尚未发表	图录称为"铜锭"，盖上及器身都有环钮	《楚风汉韵——宜城地区出土楚汉文物陈列》，文物出版社，2011年

续表

序号	器物出处	时代	尺寸（厘米）	出土位置	备注	资料出处
20	湖南长沙金塘坡东汉墓（M1：7）	东汉中期	口径3.5、高9.4	出土于M1西边棺前	简报称为"圆筒形器"，通体装饰刻画花纹五周，中部刻羽人、凤、虎纹，盖顶刻飞翔的凤及奔跑状的鹿纹	《长沙金塘坡东汉墓发掘简报》，《考古》1979年第5期
21	江苏徐州土山东汉墓（M1）	东汉中期	具体尺寸不清	不清	鎏金，盖与筒身连接处可见布痕残留	南京博物院藏
22	陕西华阴东汉司徒刘崎墓（M1：213）	东汉顺帝阳嘉三年前后	口径3.2、通高10	墓葬被盗，不清	简报称"筒形器"，所附铜匕长11.4厘米	《东汉司徒刘崎及其家族墓的清理》，《考古与文物》1986年第5期
23	河北望都二号汉墓	东汉灵帝光和五年前后	不清，形制为盖与筒身以锁链相连	不清	报告称"鎏金圆筒盒，内含杏红色棒状物九段"	《望都二号汉墓》，文物出版社，1959年
24	河南洛阳烧沟汉墓（M1038：9）	东汉晚期	口径2.8、底径3、高10.7	不清	所附铜柄长11厘米	《洛阳烧沟汉墓》，科学出版社，1959年
25	云南个旧黑蚂井墓M34（M34：12）	东汉晚期	直径4、带盖高11	木棺腐朽痕迹范围内，附近有印章、石砚等器物	报告称"筩"，盖表面和器身錾刻有精美的兽纹、三角纹等图案	《云南个旧黑蚂井墓地第四次发掘报告》，科学出版社，2013年
26	陕西西安北郊石碑寨村东汉墓	东汉时期	口径2.1、底径2.5、高6.6	耳室，耳室内亦葬一人，泥筩近旁还出土一件铜刀	无盖，简报称"铜筒一件……用途不详"	《西安北郊清理一座西汉墓》，《文物》1960年第5期
27	浙江湖州杨家埠M2（07湖·杨G2M2：28）	东汉晚期	口径4.6、底径4、通高10.2	不清	报告定名为"B型杯"，子母口带盖，直筒型、平板底，盖及筒身有钮	《浙江末墓》，科学出版社，2009年

续表

序号	器物出处	时代	尺寸（厘米）	出土位置	备注	资料出处
28	山东邹城西晋刘宝墓（M1:38）	西晋永康二年	直径8.4，通高17.7	前室中部	简报称为"铜轻"，圆筒形，子母口，口部有左右对称的双鼻，上盖象鼻形提手，内亦有铁链残痕	《山东邹城西晋刘宝墓》，《文物》2005年第1期
29	江苏邳州新河西晋墓地（M1标本）	西晋	尺寸不清，器物直筒状子母口，盖上有一长度约为筒身1/3的杆	墓葬完整，但出土位置不清		《南京博物院考古研究所2015年年报》
30	前凉"灵华紫阁服乘错金泥筩"	前凉升平十三年	口径7.9，足高2.1，通高11.7	征集	盖佚，有三足	《前凉错金泥筩》，《文物》1972年第6期

汉代的财富观念与符号表达

——以铜器上的钱纹为中心

黄 娟

（天津博物馆）

摘要： 对财富的追求是历代人们普遍的心理，在不同历史时期有着不同的表现形式和载体。钱纹的出现和使用与人们对财富的渴求有关。钱纹是指以历史时期流通的钱币作为装饰的纹样，最早出现于汉代，在墓砖、陶器、铜器等器物的装饰中都有发现，发现数量并不多。本文以铜器上的钱纹为主要考察对象，对其所体现的汉代财富观念及相关社会文化背景进行研究。

关键词： 钱纹；铜器；财富观念；钱币文化

进入汉代，铜器仍然是手工业生产的重要门类。铜器的种类和功能趋于生活化和平民化的同时，其装饰纹样也表现新的特点。这些纹饰一方面美化和丰富了铜器，更重要的是，其所传达的文化内涵与当时人们的观念形态和思想意识密不可分。作为铜器上的装饰题材，钱纹的发现并不算丰富，往往也不作为主体纹饰出现。然而，钱纹出现在汉代并不是偶然现象，与汉代商品经济的发展水平密切相关，同时也反映了钱币作为一种文化因素在人们思想意识领域的影响。本文尽可能多的搜集考古出土及馆藏的汉代装饰钱纹的铜器资料，分析钱纹的特点，结合其组合纹饰和所饰器类等内容，对汉代铜器上钱纹出现的时间，文化内涵及社会背景等相关问题进行综合研究，这对古代铜镜的研究以及钱币文化的研究都具有重要意义。

一、汉代铜器上钱纹的发现及特点

从目前发表的材料看，装饰钱纹的铜器主要有铜镜、铜洗、铜盘等器类，其中以铜镜上钱纹的发现最为丰富，其次为铜洗；钱纹中所见钱币种类包括五铢钱、大泉五十和货泉。下面依据器类不同，将钱纹分别予以介绍。

（一）日常生活铜器

使用钱纹装饰的日常生活类铜器主要有铜镜、铜洗、铜熨斗、铜盘等，个别铜碗和铜壶也饰有钱纹。

1. 铜镜

汉代铜镜上的钱纹以五铢钱和大泉五十为主，其中五铢钱纹发现的数量和类型比较丰富，大泉五十仅有零星发现。

从钱纹本身来看：

五铢钱纹中，钱文"五铢"二字可分为笔画完整型、简写型和无钱文型三种。完整型是指"五铢"二字的写法比较规整，与流通钱币上的钱文基本一致，可以故宫博物院藏的龙虎纹镜为例（图一，1）[1]。简写型是指"铢"字被简化。主要有两种情况，一是简写为"金"，如"金"（湖南常德东汉墓出土候氏作神兽画像纹镜[2]）、"金"（湖南地区征集的长宜子孙铭钱纹镜[3]）、"金"（安东郊韩森寨出土的五铢博局纹镜[4]）；另一种是简写为"朱"，如"朱"（洛阳新安出土龙虎纹镜[5]）与"朱"[西安高楼村汉墓出土的五铢龙虎纹镜（图一，2）[6]]。无钱文型是指仅有圆形方孔的图案，没有钱文。如重庆渝州大学汉墓出土的龙虎纹镜[7]、浙江绍兴出土的禽兽人物画像镜[8]等。此外，在五铢钱纹中，除了文字之外，还有一些圆点[9]、圆圈[10]、带钩[11]类的符号。

---

[1]　郭玉海：《故宫藏镜》，紫禁城出版社，1996年，第44页。

[2]　常德博物馆：《常德出土铜镜》，岳麓书社，2010年，第89页。

[3]　湖南省博物馆：《湖南出土铜镜图录》，文物出版社，1960年，第151页。

[4]　陕西历史博物馆：《千秋金鉴——陕西历史博物馆藏铜镜集成》，三秦出版社，2012年，第78页。

[5]　洛阳博物馆：《洛阳出土铜镜》，文物出版社，1988年，图版36；霍宏伟、史家珍：《洛镜铜华：洛阳铜镜发现与研究》科学出版社，2013年，第181页。

[6]　陕西历史博物馆：《千秋金鉴——陕西历史博物馆藏铜镜集成》三秦出版社，2012年，第257页。

[7]　庞佳、夏伙根、郑丹编：《重庆中国三峡博物馆藏文物选粹·铜镜》，重庆出版社，2015年，第86页。

[8]　王士伦编：《浙江出土铜镜》，文物出版社，1987年，第109页。

[9]　长沙市博物馆：《楚风汉韵——长沙市博物馆藏镜》，文物出版社，2010年，第150、151页。

[10]　黄河水库考古工作队：《河南陕县刘家渠汉墓》，《考古学报》1965年第1期。

[11]　文中所举天津博物馆藏品均未发表。

1　　　　　　　　　　2　　　　　　　　　　3

图一　五铢钱纹及大泉五十钱纹铜镜

1.故宫博物院藏　2.西安高楼村汉墓出土　3.山东青州出土

　　大泉五十钱纹镜发现数量不多，但钱文的写法都比较规整，如山东青州出土四神博局纹镜，内区青龙和白虎各配大泉五十钱纹1枚[1]（图一，3）。《中国铜镜图典》[2]和《古镜图录》[3]也各收录1件。

　　从钱纹所在位置及其组合纹饰来看：

　　五铢钱纹镜中，钱纹的位置可分为内区和外区两种。钱纹在内区的组合纹饰分为以下几种：①龙、虎（凤）纹，数量最多，有一龙一虎[4]、二龙一虎[5]、一龙三虎[6]、一龙一凤[7]及单龙纹[8]等情况，钱纹一般在龙、虎首中间或尾部；②博局纹，钱纹或单独占一个小区域[9]，或在上下一组博局纹之间[10]；③变形四叶纹[11]；

　[1]　周庆喜：《山东青州发现汉代铜镜》，《考古》1990年第10期。

　[2]　孔祥星、刘一曼：《中国铜镜图典》，文物出版社，1992年，第315页。

　[3]　罗振玉：《古镜图录》卷中，上虞罗氏景印本，1916年，第6页。

　[4]　长沙市博物馆：《楚风汉韵——长沙市博物馆藏镜》，文物出版社，2010年，第133页。

　[5]　郑丹等：《重庆中国三峡博物馆藏文物选粹·铜镜》，重庆出版社，2015年，第86页。

　[6]　河北省文物研究所：《历代铜镜纹饰》，河北美术出版社，1996年，图65。

　[7]　重庆市文物局、重庆市移民局编：《云阳佘家嘴遗址2001年度发掘报告》，《重庆库区考古报告集·2001卷》，科学出版社，2008年，第595、596页。

　[8]　吴永存：《九江出土铜镜》，文物出版社，1993年，图25；河北省文物研究所：《历代铜镜纹饰》，河北美术出版社，1996年，图79；曹菁菁、卢芳玉编：《国家图书馆藏陈介祺藏古拓本选编·铜镜卷》，浙江古籍出版社，2008年，第184页。

　[9]　银雀山汉墓竹简博物馆：《山东临沂银雀山发现古代铜镜》，《考古》1990年第11期。天津博物馆藏1例。

　[10]　扶风县博物馆：《镜鉴千秋——扶风县博物馆馆藏铜镜集萃》，三秦出版社，2014年，第47页。

　[11]　故宫博物院：《故宫铜镜图典》，故宫出版社，2014年，第80页；湖南省博物馆：《湖南出土铜镜图录》，文物出版社，1960年，第34页。

④禽鸟纹[1]；⑤单纯的钱纹[2]。钱纹在外区的组合纹饰主要是少量龙虎纹镜[3]和神兽、画像纹镜，钱纹作为外区纹饰带的分界点。

2. 铜洗

铜洗是汉代比较常见的盥洗用具。目前收录汉代金文材料的图录[4]及考古资料显示，铜洗上的钱纹有五铢和货泉两种。这两种钱纹的形制都比较规整，钱文没有简写现象，也没有其他符号。铜洗上钱纹出现的情况主要有以下几种：一种是与鱼、鹭纹组合，在鱼、鹭的上下各有一枚钱纹，共计四枚（图二，1）[5]，已发现的都是五铢钱纹；一种是与双鱼纹组合，在两个相对的鱼嘴上部正中有一枚钱纹[6]，或者分布在双鱼的上下，共四枚钱纹[7]，有五铢和货泉钱纹两种；另有一种是单鱼纹，在左右两侧各有一枚钱纹[8]；还有一种与吉语类铭文组合，在铭文的四边或四角各一枚钱纹[9]，或在铭文两侧各有一列三枚串连的五铢钱纹[10]，目前仅见五铢钱纹一种。

3. 铜熨斗

铜熨斗是熨烫衣服的日常生活用具。铜熨斗上的钱纹也见有五铢和货泉两类，钱纹规整。钱纹的情况可分为以下几种，或仅一枚钱纹位于熨斗内底的正中[11]；或内底中心有一枚钱纹，其周围有四条小鱼纹，鱼纹之间有四枚钱纹间隔，鱼尾又有四枚钱纹，共计九枚；还有一种内底中心有一方框，方框内左侧为"宜子孙"铭文，右侧有

---

[1] 曹菁菁、卢芳玉编：《国家图书馆藏陈介祺藏古拓本选编·铜镜卷》，浙江古籍出版社，2008年，第186页；石敬东、苏昭秀：《山东枣庄市博物馆收藏的战国汉代铜镜》，《考古》2001年第7期。

[2] 青海省文物考古研究所：《上孙家寨汉晋墓》，文物出版社，1993年，第138页。

[3] 洛阳博物馆：《洛阳出土铜镜》，文物出版社，1988年，图36。

[4] 王子今：《汉代画像中的钱纹图案》，《陕西历史博物馆馆刊》（第6辑），陕西人民教育出版社，1999年，第30—33页。

[5] 心健、自强：《苍山县出土东汉延熹纪年铜洗》，《考古》1983年第1期。

[6] 安徽省博物馆筹备处清理小组：《合肥西郊乌龟墩古墓清理简报》，《文物参考资料》1956年第2期。

[7] 王晓宁：《湖北鄂西自治州博物馆藏青铜器》，《文物》1990年第3期；南京市地方志编纂委员会编：《南京文物志》，方志出版社，1997年，第396页。

[8] 天津博物馆：《安和常乐——吉祥文物陈列》，文物出版社，2013年，第80页。

[9] 容庚：《秦汉金文录》卷五，中华书局，2012年，第531、547页。

[10] 孙慰祖、徐谷甫：《秦汉金文汇编》，上海书店出版社，1997年，第282页。

[11] 石家庄市文物保管所：《石家庄北郊东汉墓》，《考古》1984年第9期。

一仙人，有的方框四周各置一枚货泉钱纹[1]，有的方框四周为四条鱼纹间以四枚钱纹（图二，2）[2]。

4. 铜盘

铜盘，也是盥洗用器物。铜盘上的钱纹目前发现有五铢[3]和大泉五十[4]两类（图二，3）。钱纹规整，有的与鸟、鱼纹组合[5]；有的与双鱼纹组合，一般在铜盘内底中心的双鱼纹之间设一枚钱纹。

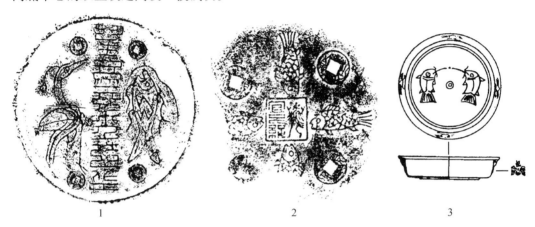

图二　铜器内钱纹拓片

1. 山东苍山出土铜洗　2. 西安北郊出土铜熨斗　3. 山东章丘东平陵故城出土铜盘

此外，广西梧州市出土1件铜碗，内底饰一枚五铢钱纹。[6]湖北恩施市板桥出土1件铜壶，圈足内外各有一枚五铢钱纹。[7]这两种器类目前都仅见一例。

（二）量器

湖北江陵东汉晚期墓出土一件，圆形，直口，直腹，下部弧收，平底。内底中间有"和平二年堂狼造"铭文，铭文两侧各有一列三枚串连的五铢钱纹。[8]

---

[1]　天津博物馆：《安和常乐——吉祥文物陈列》，文物出版社，2013年，第33页。

[2]　杨平：《西安北郊高庙北村出土的一批汉代铜器》，《文博》1986年第2期。

[3]　镇江市博物馆、丹阳县文化馆：《江苏丹阳东汉墓》，《考古》1978年第3期。

[4]　宁荫棠、牛祺安：《山东章丘市东平陵故城出土汉代铜器》，《文物》1997年第4期。

[5]　赵殿增、高英民：《四川阿坝州发现汉墓》，《文物》1976年第11期。

[6]　黄贵贤：《广西梧州出土的汉代铜器》，《文物世界》2000年第6期。

[7]　王晓宁：《湖北鄂西自治州博物馆藏青铜器》，《文物》1990年第3期。

[8]　王毓彤：《东汉和平二年的一件铜斗》，《文物》1992年第9期。

（三）乐器

装饰钱纹的乐器目前发现有铜鼓和錞于两类。前者仅报道1件，系1954年广西岑溪出土，鼓面饰六个立体青蛙，中心有太阳纹十二芒，鼓面及周身用五铢钱作为装饰。[1]

錞于的数量发现略多。在贵州[2]、湖南[3]、重庆[4]等地均有发现。钱纹种类有五铢和大泉五十，钱纹仅发现在虎钮錞于上，一般位于虎钮的前、后侧，在虎钮的左右侧一般为船形纹和鱼纹。

通过上面的材料梳理可以看出，就汉代铜器发现的种类和数量而言，装饰钱纹的铜器种类和数量都比较少，同类铜器中，装饰钱纹的比例也并不高。铜镜是汉代铜器工业中的第一大门类，出土数量非常丰富，目前发现铜镜上钱纹的数量也最多，其次为日常生活所用的铜洗、熨斗等器物。钱纹所装饰的铜器均为生活实用器，窖藏出土的数量较多。除铜镜上的钱纹类型变化较多外，其他铜器上的钱纹都比较规整。这些钱纹铜器的出土地点不仅包括汉文化的中心区，在西南及南方边远地区也有不少发现。

二、汉代铜器上钱纹出现时间的讨论

钱纹在汉代开始成为一种纹饰题材。从考古资料可以看出，在汉代的画像砖、陶器、铜器上都有钱纹发现。根据学者的研究，在西汉中后期的墓葬中已经较多地出现五铢钱纹画像砖[5]，这时钱纹主要是作为辅助装饰。钱纹在铜器上出现时间的确定，对理解钱纹的内涵和相关社会文化背景具有重要意义。

从上述材料可以看出，汉代铜器上的钱纹有五铢钱和新莽钱币两类。从铸造时间来看，五铢钱始铸早于新莽钱币。然而，五铢钱的流通时间贯穿整个两汉时期，而新莽钱币的流通主要在新朝的十五年间。因而无法依据钱币的铸造年代判断铜器上钱纹出现的时间，只能依靠铜器出土单位的年代以及部分铜器的自铭来推断。所搜集的五

---

[1] 中国青铜器全集编辑委员会编：《中国青铜器全集·12·秦汉》，文物出版社，1998年，第172、173页；蒋廷瑜：《试论五铢钱纹铜鼓》，《广西博物馆建馆60周年论文选集》，广西民族出版社，1993年，第234—237页。

[2] 李衍垣：《夜郎故地上的探索》，贵州人民出版社，1980年，第28、29页。

[3] 熊传新：《湖南出土的古代錞于综述》，《考古与文物》1981年第4期；《中国音乐文物大系》总编辑部：《中国音乐文物大系·湖南卷》，大象出版社，2006年，第170、175、178、180页。

[4] 《中国音乐文物大系》总编辑部：《中国音乐文物大系·四川卷》，大象出版社，1996年，第70页。

[5] 张秀清、张松林、周到：《郑州汉画像砖》，河南美术出版社，1988年，第11、12、16、17页；黄筱雯：《两汉钱纹砖探析》，《咸阳师范学院学报》，2011年第1期。

铢钱纹铜镜材料中，有些来自年代比较确定的墓葬，而这些墓葬的年代都集中在东汉中晚期；钱纹铜镜上，主体纹饰的特点如龙虎纹、简化博局纹及神兽画像纹等，也都是东汉时期出现并开始流行的纹饰。因而，可以推断五铢钱纹应是在东汉时期开始成为铜镜的纹饰题材。由于王莽在始建国元年（9年）就禁止五铢钱流通，所以新莽时期的铜镜上应该不会出现五铢钱纹。综上可以推出，铜镜上最早出现的钱纹是新莽钱纹，时间应属于西汉晚期后段。其他铜器材料也可以支持这个判断。前文中几件纪年铜器的年号"延熹""和平"等都属于东汉时期，这些铜器上所饰的均为五铢钱纹；其余没有纪年的五铢钱纹铜器的年代也可依据出土单位以及器物本身的特征判断为东汉时期。上述材料都显示出，铜器上五铢钱纹出现的时间是在东汉，而在西汉晚期后段的新莽时期，钱纹最早用于铜器纹样。与墓砖上的钱纹相比，钱纹出现在铜器上的时间略晚些，推测钱纹的使用可能是从墓葬装饰发展到生活实用器装饰的发展过程。

三、汉代铜器上钱纹的文化内涵及产生的社会背景

由于钱币的经济属性，很容易建立钱纹与财富之间的联系。对财富的追求是历代人们普遍的社会心理，在不同历史阶段，表现这种追求的内容和形式可能略有差异。从前文搜集的资料可以看出，钱纹或者单独出现，或者与龙、虎、鱼、鸟等图案组合出现，这反映出在汉代，财富与上述动物形象之间非常密切的关系。而山东苍山发现的元嘉元年画像石墓前室题记的"上有龙虎衔利来，百鸟共持至钱财"文字[1]，正好明确了龙、虎、鸟能带来财富的意义，铜器上的这种纹饰组合表达的也正是人们祈求财富的心愿。鱼在中国传统文化一直是吉祥的形象，一方面是因与"余"同音，表达富足；另一方面与鱼多子的特点有关，表达人们对子孙繁衍的期望[2]。因而，钱纹与鱼纹的组合，表达了多子多财多福的美好愿望。

值得重视的是，在铜镜上与钱纹经常组合的龙虎纹、金乌蟾蜍纹以及博局纹还与古人的宇宙观密切相关。龙、虎纹的来源应与四象（神）有关。四象是中国古代天文观星体系中四宫授时主星的形象，分别是东宫青龙、西宫白虎、南宫朱雀和北宫玄武。四象不仅指示方位，也表示时间。代表东方和西方的龙、虎所对应的节气是春分和秋分，而这个二分点是人们最早确定同时也是确立其他节气点的基础，因而地位突出。据《淮南子·天文训》所记述的阴阳生四时、四时生万物的宇宙观可知，阴阳是生养万物的基础，而东、西这两个方位点和时间点也常被古人用来表示阴阳。在汉代镜铭中常见"左龙右虎掌四方（彭、旁），朱雀玄武顺阴阳""上有龙虎四时置"或

[1] 山东省博物馆、苍山县文化馆：《山东苍山元嘉元年画象石墓》，《考古》1975年第2期。
[2] 郑同修：《汉晋鱼纹铜洗滕器说》，《东南文化》1996年第2期。

"左龙右虎四时置"等内容，正是反映了汉代人通过时间与空间的顺时顺位表达阴阳和谐的观念。金乌和蟾蜍分别是日、月的象征，同样也是阴阳观念的一种体现。钱纹与表现阴阳的纹饰组合在一起，体现了阴阳和谐才能生财的思想观念。正是基于这样一种健康的祈求财富的观念，汉代人对财富的表达正如王子今先生所提到的，"更为坦然和公开"[1]。

关于货币的起源虽然目前尚未有统一认识，但金属铸币在东周时期已经非常发达。钱纹在西汉中晚期成为纹饰题材，与当时社会商品经济的发展水平、手工业生产经营状况等社会背景都有没不可分的关系。西汉时期，政治上的统一、稳定促进社会经济的快速发展，钱币在社会生活中的地位越来越重要。经过西汉早期多次币制改革的探索，至汉武帝时期确立了五铢钱制度。五铢钱在全国范围内流通并用于人们的日常交换和赋税征收，不仅保证了币制统一和经济稳定，也使得这一规范的钱币形态深入人心。正因为生活的各方面都需要用到钱币，人们对钱币的需求远大于之前，作为财富的物化载体，人们建立了以钱币积累财富的信心。五铢钱纹的出现表达了人们对财富的追求，这种表达形式既源于五铢钱制度的影响力，也是当时商品生产和货币经济水平发展较高的体现。

此外，汉代铜器手工业呈现出生产经营的私营化和产品的商品化趋势[2]。这一趋势使得在市场竞争过程中，铜器制作者为了迎合购买者心理需求，在铜器的纹饰及铭文方面大量使用富贵吉祥类的内容和形式。钱纹成为铜镜的装饰纹样，不仅是使用者求富愿望的表现，同时也代表了制作者对这一观念的认同，即钱是财富且应积极追求的观念。钱纹的出现，是一种社会文化心理使然。

四、余　　论

采用钱纹作装饰的铜器种类主要以生活日用器为主，铜洗、铜盘、熨斗是汉代人们日常生活中的常见器物，发现数量很少的铜碗、铜壶等也是如此。从这些器类可以看出，钱币所代表的财富观念及钱币所衍生的文化意义已经深入的影响到人们的日常生活。钱纹是钱币作为文化的一种表现形式。汉代人对这一文化持正面积极的态度，并将其广泛融入生活。铜鼓和錞于属于礼乐器，在汉代主要流行于汉文化中心区以外的地区。钱纹在这些地区的出现除了上述意义外，还体现了边地少数民族文化对汉文化的吸收，以及汉文化的强大影响力。此外，钱纹从出现后，一直没有成为器物装饰的主流纹饰，而且汉晋以后几乎消失。人们对财富追求的愿望没有改变，但对钱纹的使用似乎比较短暂和慎重，其背后的原因值得进一步研究。

[1]　王子今：《钱神——钱的民俗事状和文化象征》，陕西人民出版社，2006年，第28—46页。
[2]　白云翔《秦汉铜器的时代特色及历史地位》讲义，未出版。

东汉神仙画像镜香炉图像考辨

韩 铭

（南京师范大学）

摘要：画像镜是流行于东汉晚期至三国时期的镜式，主纹区以浅浮雕加剔刻技法表现出图像，内容包括龙虎、四神等瑞兽，西王母、东王公等神仙及其侍从，车马、骑马、歌舞、杂耍、屋舍等场面以及吴王与伍子胥、文王故事等，一般在圆形或方形钮座外以四个或六个乳丁分区配置图像。画像镜中绝大部分是神仙画像镜，多与车马、瑞兽或群仙组合。本文所关注的是一类形制特殊的神仙画像镜，主纹分为四区，相对为两组，一组为东王公、西王母及其侍从；另一组为虎形，和香炉两旁各有一人侧立，呈躬身揖拜状。香炉和侍者图像仅见于这类神仙画像镜，有学者研究认为这一图像描绘的是膜拜莲花之场景，即《高僧传》所载后赵佛图澄"钵生莲花"的幻术[1]。笔者认为这一说法值得商榷，这类图像表现的是仙人供香祝祷或守护仙果，以表达长生升仙的美好祝愿。这类图像出现于本土信仰兴盛、佛教传入中国、道教初步形成的东汉中晚期，目前尚难以确定其是否属于或属于哪一种宗教信仰。本文通过考辨这一香炉图像，试析该图像产生的时代背景和思想环境。

关键词：香炉；神仙画像；东汉

何志国先生在《钵生莲花镜考》中将这种画像镜作为一类进行专论，对零星分散的实物资料进行了收集工作。这里将相关信息列于表一，作为本文的研究基础。

表一　所谓"钵生莲花镜"一览表

出土/馆藏地	直径（厘米）	主纹区	铭文带	资料来源
江苏盱眙	19		吕氏作竟□□□仙人王乔□□□□□□□□□□子孙□□□中□□□宜侯王寿金石□□	《佛教初传南方之路文物图录》，文物出版社，1993年，图20

---

[1]　何志国：《钵生莲花镜考》，《民族艺术》2011年第6期。在此文基础上有所增补修改后，收录其《早期佛像研究》（华东师范大学出版社，2013年）以及《汉晋佛像综合研究》（上海人民出版社，2018年）中。

续表

出土/馆藏地	直径（厘米）	主纹区	铭文带	资料来源
江苏睢宁古邳镇	20		□□作竟真大巧东王公西王母□有仙□□□□□□□吏□□□□	徐州博物馆藏（何志国拍摄）
*安徽五河县金岗东汉墓			袁氏作竟真大巧上有东王父□乙□□□□卜由□佳□竟□□	《五河县金岗古墓群清理简报》，《东南文化》2004年第4期
荆州博物馆藏	19.9		盉氏作竟真大巧上有东王父西王母仙人子乔赤甬子□□□□□□□分保孙子□	《介绍一面与佛教有关的汉代铜镜》，《江汉考古》1996年第3期
旅顺博物馆藏			盉氏作竟真大巧上有东王父西王母仙人子乔赤甬子□□□□□保二□分利孙子□□	旅顺博物馆藏（何志国拍摄）
著录品	约19.7（六寸五分）		盉氏作竟分真大巧上有东王父西王母仙人子乔赤甬子□□□□□分□□子□	《支那美术史雕塑篇》，日本佛书刊行会图像部，1915年
*著录品			盉氏作竟分真大巧上有东王父西王母仙人子乔赤容即云右长保二亲分利孙子吉	《金索》卷六"汉盉氏仙人竟"
*著录品			袁氏作竟分真大好上有东王父西王母仙人子高赤容子□□□□保二亲分□孙子□	《小校经阁金文拓本》汉袁氏镜一
*著录品			袁氏作镜真大巧上有东王公西王母仙人子乔赤诵子白虎薫庐左右为吏高升价万千秋万岁长生	《小校经阁金文拓本》汉袁氏镜三

注：带*号的为笔者新收集资料

9件镜例，包括出土品3件、馆藏品2件和著录品4件，出土环境和年代等具体信息相对匮乏。由于当时研究方向为早期佛像及佛教图像的研究，研究者带着先入为主的认识，当在确定图像为侍者向一个莲花造型的物事揖拜后，便直奔"钵生莲花"进行阐释，中间还缺少必要的论证环节，与图像本身、镜铭内容和记载出现的时间、地点都难以对应。事实

图一　盱眙出土画像镜局部

上，这一看法是在此前研究基础上的大胆引申，黄文昆认为盱眙铜镜上的这一图像描绘的就是仙人拜莲花[1]。在这之前，巫鸿认为《支那美术史雕塑篇》收录的"盉氏画像镜"上的为盛于盘中的舍利[2]。虽然观点不同，但其研究目的都是佛教初传之际的造像或佛教因素，带着这样的"滤镜"，便认为这是2—3世纪佛教初传时期的"拜莲图"，似乎有过度释读之嫌。

《小校经阁金文拓本》著录汉袁氏镜三（图二），其铭文被完整释读，描述的正是镜背图像内容："上有东王公西王母仙人子乔赤诵子白虎薰庐左右"，从而揭开了"莲花"的真面目——薰炉。该薰炉图像比较写实，为传统博山炉样式，炉体下部呈覆莲形，下接支柱、承盘。承盘敞口平沿，下附三足。承盘两侧向外伸出枝叶状纹饰。薰炉两侧各有一人，侧身向其揖拜。由此我们可以锁定薰炉表现的几个特点：首先是博山式的炉体，散烟的部分呈山峦状，或简化似莲瓣，炉体下部表现出内收状的承托，炉体最大径位于中部偏下；承柱有一定高度；承盘敞口似钵状，两侧向外各伸出一枝叶状纹饰。类似的陶香炉实物，如南阳唐河县湖阳镇汉墓[3]、临

图二　《小校经阁金文拓本》著录（卷一五
镜四四）汉袁氏镜三

[1]　黄文昆：《佛教初传与早期中国佛教艺术》，《敦煌研究》1995年第1期。

[2]　巫鸿：《早期中国艺术中的佛教因素》，《礼仪中的美术》，生活·读书·新知三联书店，2016年，第298页。

[3]　南阳地区文物工作队、唐河县文化馆：《唐河县湖阳镇汉画像石墓清理简报》，《中原文物》1985年第3期。

沂银雀山汉墓出土的陶博山炉（图三，1）[1]，以及湖阳镇罐山M10出土的博山三足炉（图三，2）[2]，年代均为西汉晚期，类似博山炉或器盖至东汉时期仍有发现。类似的博山炉在东汉墓室图像中可以见到，如陕西绥德杨孟元墓前室后壁画像石（图三，3），由横额、两侧柱、中柱和基石组成，其两侧柱上绘有西王母和东王公，左右各一侍者，下有持戟卫士，底座绘有莲瓣式博山炉；中柱上有刻隶"永元八年（96年）三月廿一日作"，墓葬年代为东汉早中期[3]。香炉承盘两侧伸出的枝叶状纹饰[4]，亦见于汉画像石（图三，4）[5]。到南北朝以后，香炉底部两侧各伸出一支莲花造型在造像碑或画像砖中比较常见。实物及画像石所见香炉样式与铜镜熏炉图像大致相同，仅炉体下部圆形无纹、承盘略深、下有圈足、似碗状。这说明镜背熏炉图像是比较传统的博山炉样式，在汉代雕刻艺术中能够找到类似图像。再来观察其他几例

图三　东汉画像石和墓葬中所见博山炉

1、2.陶香炉（山东临沂银雀山M6：5、河南南阳湖阳镇罐山M10：10）　3.陕西绥德杨孟元墓门左、右立柱画像

4.清润墓门左、右立柱画像

［1］　山东省博物馆、临沂文物组：《临沂银雀山四座西汉墓葬》，《考古》1975年第6期。

［2］　河南省文物考古研究所、南阳市文物考古研究所：《河南唐河县湖阳镇罐山10号汉墓发掘简报》，《华夏考古》2013年第2期。

［3］　汤池主编：《陕西、山西汉画像石》，《中国画像石全集5》，山东美术出版社，2000年，第65页。

［4］　承盘两侧的枝叶状或卷曲状纹饰可能为香炉的一个特征，一方面可能与后世莲花香炉的样式有关，另一方面可能与博山炉承盘贮汤以润气有关，见于北宋吕大临《考古图》："香炉像海中博山，下盘贮汤使润气蒸香，以像海之四环。"由于参考资料年代较晚，此推测还有待进一步验证。

［5］　汤池主编：《陕西、山西汉画像石》，《中国画像石全集5》，山东美术出版社，2000年，第151页。

铜镜上的图案：睢宁出土镜（图四，1）的香炉承盘和承柱是比较明确的，承盘向外有卷曲状的纹饰。炉体均用莲瓣状来表现，最下一层莲瓣数量减少呈收缩状，五河汉墓（图四，2）和盱眙出土镜（见图一）的香炉形态与之相似。

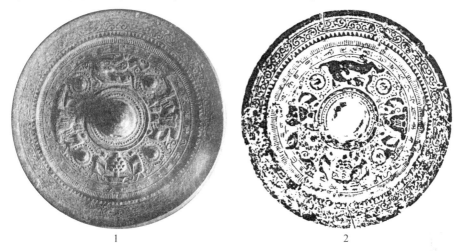

图四　出土镜上的香炉图像
1.江苏睢宁出土镜　2.安徽五河金岗东汉墓出土镜

　　大村西崖《支那美术史雕塑篇》著录镜（图五，1）中的"香炉"图像未见承柱，"博山炉"的部分莲瓣较圆，层累呈小山状，围有一周短线，巫鸿将其解释为舍利。《金石索》卷六著录的"盍氏仙人镜"和《小校》著录汉袁氏镜一（图五，2），图像和铭文都与之非常相似，应是同型镜，甚至不排除同一镜的可能[1]。有学者认为该图像描绘的是仙人采摘仙果，周围短线表现出光芒四射[2]；或认为是仙人守护着中间的药炉和仙丹[3]。《金石索》线描图和《小校》拓本不尽准确，这里以大村西崖著录的京都大学藏镜为准：承盘两侧均伸出一卷曲纹饰；荆州博物馆馆藏镜与之相似，但承盘及承柱的部分不甚清晰。大村西崖著录镜围绕着"仙果"的短线向上，与承盘之间亦有短线，但正中的部分模糊，是否原有承柱不得而知。因此，笔者也不能完全否定这可能是"仙果承盘"图像，但仍有两个细节值得推敲：一是图像比例，仙果承盘大致与两侧揖拜的侍者高度相当，虽然镜背图像不完全写实，偶有夸张，但人物和物品的比例大致是合适的，这在各类画像中都是如此。显然这个"仙果"大致有人头大小，当然这也并非不可能。我们知道"渴饮玉泉饥食枣"常见于汉代镜铭，"枣"应

　　[1]　〔日〕大村西崖《支那美术史雕塑篇》中提及该盍氏镜与《金索六》所载盍氏仙人镜为同一镜，又与《小校》汉袁氏镜一非常相似，但由于具体细节还有些出入，难以判断是否同一镜。
　　[2]　吕勤娟：《汉镜"松乔"图像研究》，《文物鉴定与鉴赏》2014年第5期。
　　[3]　洪伟民：《松乔考——关于赤松子和王子乔的传说》，《复旦学报》社会科学版1996年第4期。

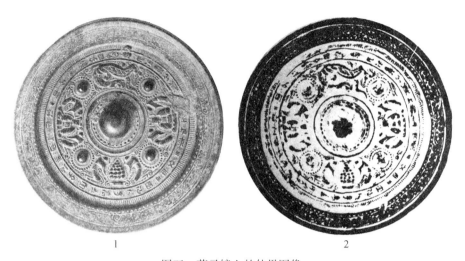

图五　著录镜上的仙果图像

1. 大村西崖《支那美术史雕塑篇》著录"盍氏作镜"　2.《小校经阁金文拓本》著录汉袁氏镜一
（卷一五镜四三）

为仙果之属，《史记·封禅书》记载蓬莱仙人"安期生食巨枣，大如瓜"[1]。二是仙果与承盘之间的空隙过大，即使是为了填充短线以表示"发光"，但近于悬空是非常不自然的。我们在画像石上可以找到类似的图像（图六）[2]，明显地盘中物与承盘仅一线之隔。此外，上述镜例的承盘两侧均伸出枝叶状或卷曲纹饰这一点是相同的，两侧人物造型和手部动作或手持物相同，镜背图像配置也是相同的，与香炉相对的均为回首白虎而非曲颈青龙[3]。这说明其原本表达的含义或参照的模本应是一致的，而在具体刻画时产生了细微的不同。

图六　东汉画像石所见圆形物与承盘

1. 山东临沂白庄东汉墓乐舞画像　2. 河南南阳英庄东汉墓西门楣斗鸡图

---

[1]　《史记》卷二十八《封禅书》，第1385页。

[2]　蒋英炬主编：《山东汉画像石》，《中国出土画像石3》，山东美术出版社，2000年；王建中、赵成甫、魏仁华主编：《河南汉画像石》，《中国出土画像石6》，河南美术出版社，2000年，第140页。

[3]　关于袁氏画像镜上龙虎具体形象，可参见《莹质神工　光耀阳羡——宜兴民间收藏铜镜精品集》（文物出版社，2013年，第268页）中镜例131的袁氏神人龙虎画像镜。

综上所述，可知所谓的"钵生莲花"，实际上最有可能是仙人供香或仙人拜果的图像。这类画像镜的纹饰主题和镜铭榜题表面镜背整体是时人想象中的神仙世界，寄托了人们祈求长生升仙的愿望，而与佛教的关系不大。香炉在神仙世界中一方面是基于现实生活场景，如江西宜丰画像镜所见仙人捧持香炉；另一方面是用以表现仙境香烟氤氲的氛围，如汉画像石中位于底部的香炉图像（图七）[1]。香炉两边的人物形象符合汉代仙人形象。《论衡·无形篇》载："图仙人之形，体身毛，臂变为翼，行于云，则年增矣，千岁不死。"[2]《浙江出土铜镜》收录的七乳神兽纹镜（图八），在"王乔马""赤诵（松）马"榜题中间为两个仙人对弈的场景[3]，由此可确知这两位仙人在镜背纹饰中的形象——尖耳、尖鼻突出，身披羽翼，通体覆毛，尤其是二者成对出现时，基本可以确定其身份。关于"松乔"，已有不少图像、镜铭和文献方面的相关研究，兹不赘述。

"西王母及松乔"画像镜中，袁氏镜数量较多[4]，风格鲜明，在题材选择和图像表现上体现出一定的偏好，其中与供香相似的还有捣药图像。镜背仙人或与西王母东王公同时出现，或单独出现。前者情况下，四乳画像镜中，相对一组图像为仙人侍奉

1   2

图七　神仙世界中的香炉图像
1.江西宜丰天宝乡出土画像镜　2.陕西绥德墓门楣画像

[1]　《宜丰发现钮钟画像镜等文物》《江西历史文物》1986年第2期；汤池主编：《陕西、山西汉画像石》，《中国画像石全集5》，山东美术出版社，2000年，第86、87页。

[2]　黄晖：《论衡校释》卷二《无形篇》，中华书局，1990年，第66页。同篇第64页提及"赤松、王乔好道为仙，度世不死，是又虚也"。

[3]　王士伦编著，王牧修订：《浙江出土铜镜》，文物出版社，2006年，图版20。

[4]　这里所举镜例中有一些在原文中作"盇氏镜"，实际上是"袁氏"的误读。"袁""盇"在汉代镜铭中因字形接近而容易混淆，但镜背配置和纹饰铭文都有较高的相似度，当同为袁氏作镜。关于袁氏镜，日本学者上野祥史在《画像镜的系列与制作年代》（《考古学杂志》第86卷第2号）以及森下章司在《汉末·三国西晋镜的展开》（《东方学报》第86册）中都有专门论述。

图八　浙江绍兴漓渚出土东汉神兽纹镜

西王母东王公，另一组为神兽图像或仙人供香图像；六乳画像镜中则为仙人侍奉或者骑乘随行。后者情况下，多在四乳画像镜中，其他三区为神兽，另一区为仙人捣药；或相对一组为仙人捣药，另一组为神兽和仙人骑兽。仙人侍奉或骑乘在其他画像镜上也可见到，比较独特的是供香和捣药，这与文献中松乔之类的仙人导引行气、服食仙药以轻身延年是可以关联的，是传统神仙方术及养生思想的体现。事实上，袁氏镜上仙人捣药图（图九，1、2）[1]表现的可能也是奉香。仙人跪坐前倾，鼻尖突出，钵口处一道上升之气穿过仙人鼻间，向上发散；药臼呈高足盆或三足盆状，盆沿两侧有卷曲状纹饰，这很可能也是香炉，与其他画像镜上的捣药图像中药臼呈腰鼓形，比例较小是有区别的（图九，3—7；图一〇）。因此，捣药图像可能原有母本但又产生了变异，其背后反映的可能是工匠风格、产地特色，也可能是在塑制镜范时发生了理解上的偏差却又无碍原旨，于是就留下了捣药与熏香、供香与供果难以定分的图像，强行区别或过度解读不仅牵强，也可能不符合实际情况。由于镜例数量太少，其中有相当一部分铜镜资料为著录品，资料的真实性和准确性尚且存疑，还有待出土资料的进一步验证和补充。

目前所知仙人供香画像镜主要出自袁氏之手，出土地明确的镜例分布在苏皖北部的徐淮地区。袁氏画像镜出土品大致分布在山东南部至苏皖北部，已有研究认为袁氏画像镜在地域上属于徐州镜系（华北东部系），承继东汉前期的淮式镜，前文提及的"吕氏""杜氏"镜工均属淮派。袁氏画像镜风格舒朗、浅浮雕略显饱满，与绍兴地区画像镜构图精巧、多用清晰线条刻画细腻的绍兴东汉画像镜有一定差别。袁氏画像镜的年代为东汉中晚期至汉末。安徽五河县金岗东汉墓出土有两件袁氏画像镜，墓葬年代在东汉中晚期[2]；山东峄山镇照山庄出土镜，年代判断为东汉晚期[3]。虽然有明确墓葬年代的出土品不多，但馆藏和著录品仍有一定数量，并且目前尚未在魏晋墓中发现袁氏画像镜，基本可以确定其年代范围。冈村秀典将东汉前期淮式镜的发展分为四个阶段[4]，第二阶段东汉章帝时期杜氏、吕氏等名工自立，创制出浮雕式兽带镜；第三期东汉和帝时西王母图像独立出来，于是我们看到了如仪征出土的杜氏"西王母""玉女"榜题画像镜；第四期东汉和帝后期创设出东王公与西王母并立，本文

[1]　吕勤娟：《汉镜"松乔"图像研究》，《文物鉴定与鉴赏》2014年第5期。

[2]　安徽省文物考古研究所、五河县文物管理所：《五河县金岗古墓群清理简报》，《东南文化》2004年第4期。

[3]　胡新立、王军：《山东邹城古代铜镜选粹》，《文物》1997年第7期。

[4]　〔日〕冈村秀典：《汉镜5期淮派的成立》，《东方学报》京都第85册。

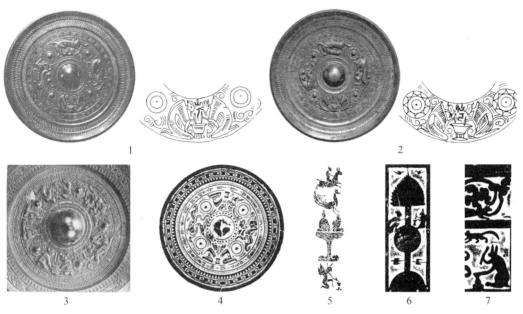

图九　铜镜和画像石所见捣药图像

1、2. 袁氏画像镜　3. 杜氏画像镜（扬州仪征出土，徐忠文、周长源主编：《汉广陵国铜镜》，文物出版社，2013
　　年，图版141）　4. 吾作羽人龙虎画像镜（孔祥星：《中国铜镜图典》，文物出版社，1997年，第444页。）

5. 南阳熊营汉墓（王建中、赵成甫、魏仁华主编：《河南汉画像石》，《中国画像石全集6》，河南美术出版社，
　　2000年，第133页。）　6. 陕西榆林南梁墓门左右立柱画像（汤池主编：《陕西山西汉画像石》，《中国画像石
　　全集5》，山东美术出版社，2000年，第9页。）　7. 陕西米脂墓门楣画像（汤池主编：《陕西山西汉画像石》，
　　　　《中国画像石全集5》，山东美术出版社，2000年，第40页。）

图一〇　《小校经阁金文拓本》著录（卷一五镜四九上）"王乔赤诵撞药草"铭画像镜

所关注的仙人供香画像镜便是这之后的产品。也就是说博山炉图像、以及捣药臼的香
炉化倾向是发生在东汉中期以后，在徐州镜上表现得最为显著，说明在人们的观念中
香炉与神仙世界产生了更为密切的关联。

博山炉清晰表现出海中仙山上的神灵世界，神仙、瑞兽、岩石、沟壑在暖香雾气间构成一幅微缩仙境，诸如满城汉墓和咸阳茂陵附近出土的鎏金铜博山炉上的华美装饰。有观点认为"仙"的形象很可能与一些独特的山岳联系起来了，最重要的两个区域无疑是西方昆仑和东海仙岛，那么在香炉中焚香可能会唤起向仙岛上的神仙寻求沟通的渴求[1]。于是可以看到后世文献中汉武帝燔百和之香以候王母降的记载。秦汉以来，长生升仙的愿望弥漫在社会各个阶层，逐渐成为本土化的观念并表现在物质文化上，尽管香料、香炉造型原本可能来自域外。对神仙世界的想象是基于现实世界的，随着中外交流的发展及熏香在上层社会的普及，香炉及其背后的意境象征就被融入到镜背神仙世界中。东汉时期佛教初传，在信仰体系还未被系统接受之时，佛教多被视作西胡道术，一方面入乡随俗与本土信仰、观念习俗、服用器具相结合以扩大受众；另一方面携入的异域文化广泛持久地影响社会生活，如灵帝好胡风，桓帝立浮屠、黄老之寺于宫中，并自上而下地影响了民间信仰的体系化，推动初期道教教义、仪轨和组织方式的完备。焚香供养是佛教经典仪轨，焚香事道、烧香祈福能够给人带来心灵的慰藉，东汉中后期社会出现的诸多变化和不稳定因素给予民间信仰以生存发展空间。东汉晚期的华北及东部地区，神仙信仰、道家法术和佛教仪轨相互碰撞和弥漫，正是袁氏画像镜所呈现的供香和捣药图像的时代背景。

本文对"钵生莲花"的图像做了一个开放性的解读，原因在于其象征意义的多元可能性和所处时代思想环境的复杂性。就本题而言，寓意驱邪避凶、长生升仙的图像，始终是在图像表现和受众认知的互动中产生和变化的，这里的受众包括制作者、使用者和旁观者。若对某一图像可作多种吉祥寓意的解读，该图像往往更受欢迎并持续更久，具体指代之间不是非此即彼的排他性关系。杰西卡·罗森在研究汉代墓葬所体现的丧葬习俗的变化时说道："中国古代社会各个阶层的人们似乎都信奉两种或多种宗教信仰：祖先崇拜和多神崇拜在墓葬中也都体现为对死后世界繁复的准备。"[2]东汉镜背图像所反映的信仰可能也是如此。汉代铜镜历经长期演化，承载时人宇宙观、民间信仰和日常生活内容并表达美好祝愿，程式化的图像因原貌不清而内涵变得丰富，实际上是对镜背纹饰功能传统的强化。

[1] 杰西卡·罗森在《中国的博山炉——由来、影响及其含义》援引Michèle Pirazzoli-T'Serstevens：《La Chine des Han》（Fribourg，1982年，第187页），参见〔美〕杰西卡·罗森著，邓菲、黄洋、吴晓筠译：《祖先与永恒——杰西卡·罗森中国考古艺术文集》，生活·读书·新知三联书店，2017年，第475、476页。

[2] 〔美〕杰西卡·罗森著，邓菲、黄洋、吴晓筠译：《西汉的永恒宫殿——新宇宙观的发展》，《祖先与永恒——杰西卡·罗森中国考古艺术文集》，生活·读书·新知三联书店，2017年，第293页。

五 | 城市与墓葬

西汉长安城的规模问题

韦　正

经过数十年的发掘和几代学者持续不懈的探讨，西汉长安城研究在宏观和微观方面都取得了巨大成就，不过，仍有一些问题还缺少学者的关注，这里不避野人献芹之陋，本人拟就长安城的规模问题谈谈自己不成熟的想法。

一、问题的提出

汉长安城东西南北四面城墙长度分别为5916.95米、4766.46米、7453.03米、6878.39米，面积约34.4平方千米。其中未央宫平面近方形，长2250米、宽2150米，面积5平方千米；长乐宫东西南北四面宫墙长度分别为2280米、2150米、3280米、3050米，面积约6平方千米（图一）。

东汉洛阳城东西两面城墙的残长分别为3895米、3500米，北面城墙长度为2523米，南面城墙完全被洛河冲毁，长度不详。由于洛阳城有"九六城"的文献记载，推测其周长约为13000米，面积9.5平方千米。洛阳南、北宫都被复原为长方形，北宫复原长1500米、宽1200米，面积1.8平方千米；南宫复原长1300米、宽1000米，面积1.3平方千米。南、北宫面积之和2.6平方千米（图二）。

曹魏洛阳城利用东汉洛阳城的轮廓，废除南北宫，建立单一宫城，具体位置和面积大约相当于东汉洛阳北宫，这一形制和规模又为北魏洛阳所继承，也即其面积当在1.8平方千米左右（图三）。

隋唐长安城外郭城为长方形，长9721米、宽8651.7米，面积84.1平方千米；皇城长2820.3米、宽1843.6米，面积5.2平方千米；宫城长2820.3米、宽1492.1米，面积4.21平方千米（图四）。

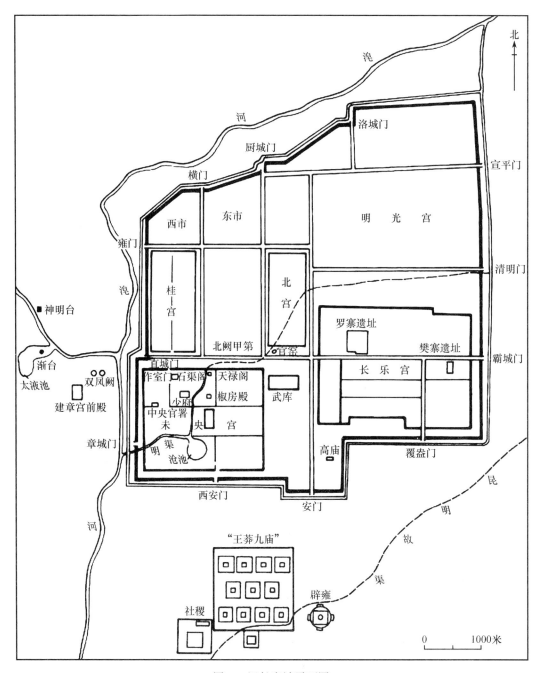

图一　汉长安城平面图

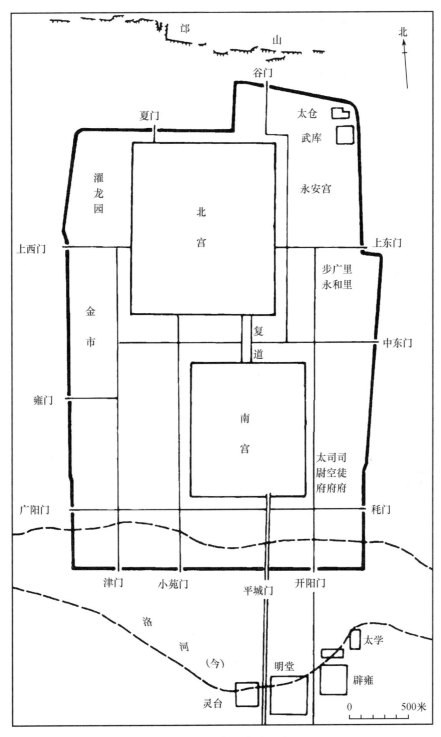

图二 东汉洛阳城平面图

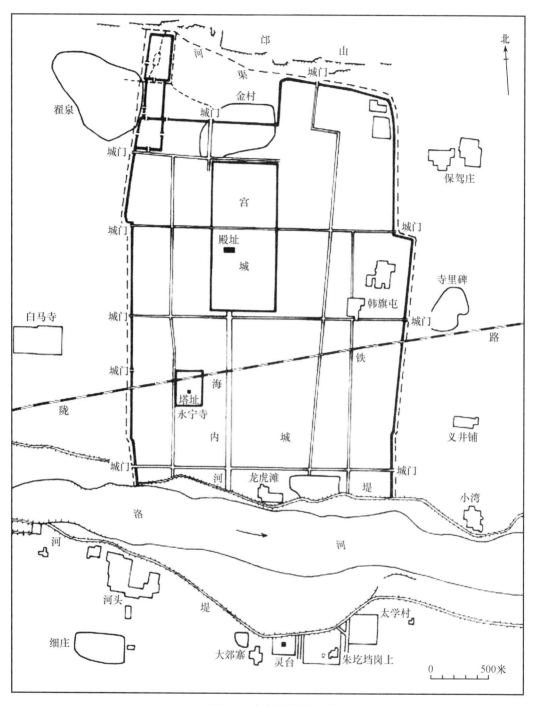

图三　北魏洛阳城平面图

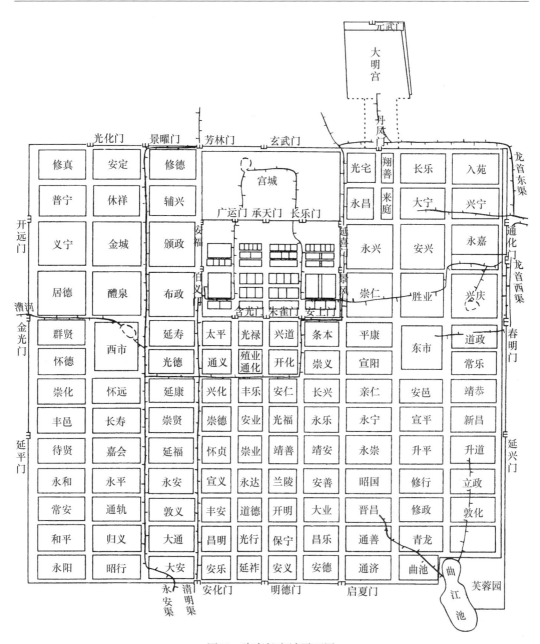

图四　隋唐长安城平面图

现将以上四代都城规模列表如下（表一）：

表一　长安、洛阳汉唐故城规模统计

都城名称	总面积（平方千米）	宫城面积（平方千米）	皇城面积（平方千米）
西汉长安城	34.4	>11	?
东汉洛阳城	9.5	2.6	?
曹魏、北魏洛阳城	9.5	≈1.8	?
隋唐长安城	84.1	4.21	5.2

西汉长安城究竟是相当于皇城还是外郭城，学界有不同意见，东汉洛阳城也存在这个疑问。如果将长安和洛阳城都看作皇城的话，洛阳城的总面积和宫城的面积都相当于长安城的四分之一，从西汉到东汉，国力虽有减损，但不能作为面积悬殊的直接原因。曹魏、北魏洛阳城延续了东汉小宫城的趋势，加之本身国力较弱，大约以东汉北宫为宫城似甚合理。隋唐长安城后来又修建了大明宫、兴庆宫，但宫城、皇城的正式有效范围当以都城北部正中部分为准，宫城面积只相当于一个西汉未央宫或长乐宫。因此，虽然隋唐帝国的国力不逊于西汉、控制的地理范围超过西汉，但宫城的规模不及西汉长安城一半，至于东汉曹魏北魏更不在话下，那么，西汉长安城的宫城面积为什么那么大，就是一个需要回答的问题。

二、王都向帝都的转变

首先要考虑的是：长安城宫城面积很大，是不是西汉时期的独特现象？大概不是。秦与西汉前后相续，汉在很多方面继承秦，因此，可以用秦的情况来参照。阿房宫前殿是秦始皇准备在渭南建立新宫殿区的前殿，其性质相当于西汉未央宫。未央宫前殿基址长400米、宽200米，高出地面0.6—15米。阿房宫前殿基址现存长1270米、宽426米，高出地面12米。阿房宫前殿的面积近未央宫前殿的7倍，如果按照未央宫的尺度比例，那么阿房宫边长要达到4000—5000米才合适，面积就是20平方千米左右。因此，与秦相比，未央宫的面积并不大。

未央宫前殿与未央宫的面积之比为1.6%，由于秦阿房宫的面积不详，阿房宫前殿与阿房宫的面积之比也就不详，但可以战国时期的都城为例来考察主殿与宫城的比例情况。战国赵王城西小城龙台的长宽分别为296米、264米，西小城的长宽分别为1426米、1372米，两者面积之比为4%。龙台与未央宫的性质相似，在小城中占地面积之比大于未央宫。侯马晋国故城中平望古城中部保留一夯土台，底部边长75米，平望城长宽分别是1100米、600米，二者面积之比为1.2%；牛村古城中部偏北有一底边52.5米的夯土台，牛村古城长宽分别以1500米、1200米计，二者面积之比不足1%。未央宫前殿

与未央宫的面积之比在上述古城有关比例值范围之内，应该体现了大型夯土主殿在宫城中的规模状况。因此，未央宫的面积，及未央宫前殿与未央宫的面积之比，符合战国至西汉时宫城的基本特征[1]。

　　仅未央宫的面积就大于隋唐长安城的宫城，其中的原因只要将未央宫与隋唐长安城宫城的布局略作对比就可明了。"未央宫中的两条平行的横贯宫城的东西向道路，将未央宫分成南区、中区和北区三部分。南区东部有少量一般建筑，中部为前殿南部的'广场'，西部主要为沧池所在地。中部主要为前殿，前殿东西分列有一些宫室建筑。北区中部为椒房殿及其他后宫建筑群。北区西部有少府、中央官署及其他宫室建筑群；中部集中分布有中央或皇室的文化性建筑，如石渠阁、天禄阁、麒麟阁、承明殿等；东部有一些宫室建筑群与祭祀性建筑。"[2]隋唐长安城的宫城由太极宫、东侧的东宫、西侧的掖庭宫、太仓和内侍省组成。太极宫和东宫都由纵横交错的道路、围墙分割成一个个规整的方格，与西汉未央宫仅见大概的路网不同。与未央宫相比，太极宫和东宫的建筑分布得非常稠密。这些建筑不是朝堂便是配殿以及各种中书内省等各种设置在宫城中的中央机构，彼此井然有序而无一丝空闲之地。具体说来，"宫城内自南而北由两道东西向横街和数道横墙大体上划分为前、中、后三部分，分别为代表国家政权的朝区，代表家族皇权的寝区和苑囿区。朝区南起宫城南城墙，北至第一道横街。南城上隋及唐前期开有三门。正中为承天门（广阳门）……门上建有巨大的城楼，门东西有阙。阙外侧为朝堂，前临宽220米以上的东西大道。它是举行元旦、冬至大朝会和朝贡、大赦等大典之处，称'大朝'或'外朝'，是宫中最重要的建筑之一。……承天门内，……庭中偏北为太极殿，它是皇帝朔望听政之殿，称'中朝'或'日朝'。……寝区又分前后两排，各建有若干宫殿，各成庭院，主殿在中轴线上，两排之间也隔以横街，即南北朝时宫中的'永巷'。巷南主要是皇帝活动区，即'帝寝'，大臣尚可进入，巷北是后妃居住区，即'后寝'（皇后，非前后之后），是绝对禁止外臣进入的。这两排宫院实际相当于一般邸宅的厅事和后堂，但规模远过之。……后苑中西部有一些池沼，称东、西、南海池。围绕三池布置一些殿宇，西北角有山池院，都是具有园林性质的殿宇。东部建有凌烟阁、功臣阁、紫云阁、凝云阁等一系列楼阁，还有毬场。从历史记载看，在内苑召见大臣多由北门玄武门进入。"[3]从这段文字可以看出，隋唐长安城太极宫的面积虽小于未央宫，但集中了皇宫、太后宫、设置于宫内的中央机构于一体，是一处纯粹的皇帝处理朝政、休寝和游

---

　　[1]　至于未央宫与长乐宫以及其他宫殿的关系问题，此处不论。

　　[2]　中国社会科学院考古研究所编：《中国考古学·秦汉卷》，中国社会科学出版社，2010年，第185页。

　　[3]　傅熹年主编：《中国古代建筑史》第二卷《三国、两晋、南北朝、隋唐、五代建筑》，中国建筑工业出版社，2001年，第361—364页。

息之所。与此相比，未央宫结构的松散和性质的粗朴十分突出。

西汉未央宫少府（或其所辖官署）建筑遗址"南殿堂东部发现的半地下仓储建筑遗址，……清理发现了'汤官饮监章'封泥。在南殿东南部的南通道附属房屋建筑遗址中，出土了54枚'汤官饮监章'封泥。上述封泥是少府（或其所辖官署）建筑遗址的重要佐证。"中央官署建筑遗址（图五）"位于前殿遗址以西850米处，未央宫西墙以东110米，其南35米为未央宫北部的东西向大道。中央官署遗址是一座封闭式的大型院落建筑遗址，院落东西133.8米，南北68.8米。……中央官署建筑遗址出土遗物比较丰富，按照质地可分为陶、石、铁、铜、骨等遗物。陶质遗物主要有砖、瓦、瓦当、五角形水道等建筑材料，陶盆、瓿、盘等生活器皿，以及珠、饼、珠形器和弹丸等。石质遗物有石磨、磨石等。铁质器物有直柄小刀、双挂钩、刷子柄等生活用具，铁锛、臿、铧冠、斧、铲等生产工具；戟、弩机、镞等武器。铜质遗物有生活用具、兵器和车马器。骨质遗物主要是57000多枚刻字骨签和6000多枚无字骨签，应该为皇室或中央政府的档案，这是汉代考古的重大发现。"[1]关于这处建筑遗址的性质，于志勇认为所谓骨签是骨弓弭，这处遗址的性质"应当是西汉武帝至元帝期间为戍守未央宫驻军等集中修缮、贮储弓和弩等军械之所，或可推测为少府若卢、尚方、考工室（考工）等的专门作府。"[2]许卫红、张娟妮所持意见同于志勇[3]。按照他们的意见，未央宫西北部很大一片范围内都属于少府管辖的范围。《汉书》卷十九上《百官公卿表》云："少府，秦官，掌山海池泽之税，以给共养，有六丞。属官有尚书、符节、太医、太官、汤官、导官、乐府、若卢、考工室、左弋、居室、甘泉居室、左右司空、东织、西织、东园匠十六官令丞，又胞人、都水、均官三长丞，又上林中十池监，又中书谒者、黄门、钩盾、尚方、御府、永巷、内者、宦者八官令丞。诸仆射、署长、中黄门皆属焉。"少府又称小府，安作璋、熊铁基说："其实小府并不小，它的库藏比大司农多，它的机构也比大司农庞大。……再说少府的机构，其机构之大，属官之多，不仅超过大司农，在诸卿之中也居第一位。"[4]在仔细剖析少府属官和分支机构的职能之后，安作璋、熊铁基说"不难看出，少府事务繁杂，其组织机构在诸卿中最为庞大，这是因为它管理皇帝的私产和私自供养，居于禁中，最接近皇帝，是皇帝的总管。"[5]于此就可以理解未央宫西北部大片地区属于少府了，但也不能不说，少府的许多事务如生产劳动、修理军械等既需要占用大量空间，也与朝政没有直

---

［1］　中国社会科学院考古研究所编：《中国考古学·秦汉卷》，中国社会科学出版社，2010年，第190—194页。

［2］　于志勇：《汉长安城未央宫遗址出土骨签之名物考》，《考古与文物》2007年第2期。

［3］　许卫红、张娟妮：《弓弭初考》，《文博》2017年第2期。

［4］　安作璋、熊铁基：《秦汉官制史稿》（上），齐鲁书社，1984年，第179、181页。

［5］　安作璋、熊铁基：《秦汉官制史稿》（上），齐鲁书社，1984年，第201页。

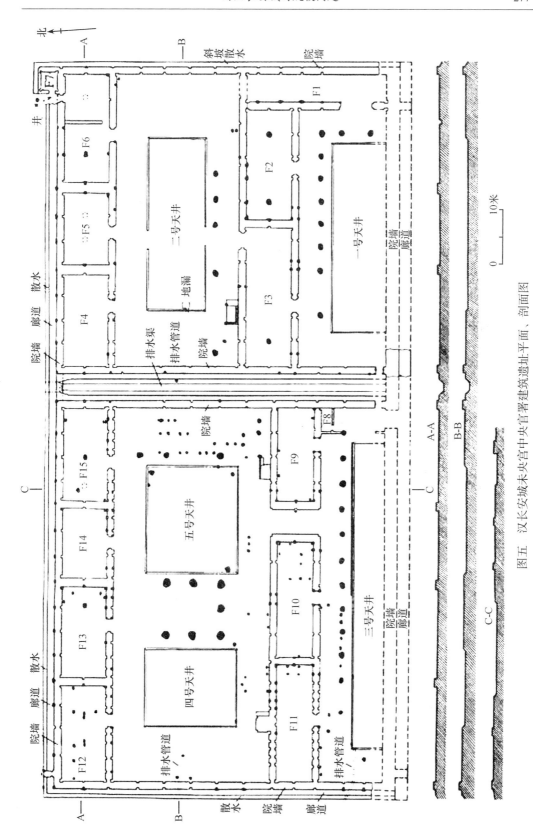

图五 汉长安城未央宫中央官署建筑遗址平面、剖面图

接关系，西汉时期将这些职能部门安排在未央宫中秉承的是先秦传统。

战国都城遗址中，资料比较明确的如齐临淄城"有冶铁作坊遗址4处，其中……小城冶铁遗址在西门东北200余米，南北约150米，东西约100米。……炼铜遗址2处。在小城南部小徐村北部和西关石羊村北头。前者范围东西约80米，南北100余米。后者范围东西约150米，南北100米。……在小城南部安合村，发现'齐法化'铸址一处，范围长、宽约200米左右。"[1] 滕州薛国故城的宫殿区位于城址中部，在宫殿区的近侧有冶铁作坊遗址、制陶作坊遗址，它们可能是宫城中的一部分。[2] 易县燕下都由东西两城构成，东城北部有隔墙一道将东城隔为两部分，但隔墙的建造年代较晚（图六）。武阳、望景、张公、老姆四台南北一线，其中武阳台位于东城隔墙南壁外，老姆台在东城北墙外，"燕下都内现已确定的手工业作坊遗址有11处。其中冶铁作坊遗址1处，铸铜作坊遗址1处，制兵器作坊遗址4处，铸钱作坊遗址1处，制钱范作坊遗址1处，烧陶作坊遗址2处，制骨作坊遗址1处。这些手工业作坊遗址分布在宫殿区的西北、西南、南部和东部，靠近河渠"。[3] 战国时期在宫城中或附近设置各种手工业作坊看来是普遍现象，其中不乏冶铁冶铜作坊，这类冶金作坊不仅与劳动工具的制造有关，更与兵器制造有关，将它们安排在宫城之中或附近反映了当时国君对自身安全的高度关注。后世君主同样关心自己的安全，但不再像战国时期这样安排兵器工厂于宫城之中或近侧。战国时期的这种现象必然与战国时期的社会状况有关。分封制在战国时期仍占主导地位，国君相当于最大的采邑主，他保证自身地位的最后依靠是自己拥有超过其他采邑的军事力量，并且他要亲自掌握这种军事力量，还要为这种军事力量提供必备的资源，武器显然是军队之外最重要的军事资源，这当是将冶金作坊置于宫城之中或宫城附近的根本原因。战国时期是王国时代，这种心态当然就是王国心态。西汉未央宫遗址中迄今没有发现冶金遗址，应该说比战国时期是个进步，但按于志勇等学者的研究，未央宫中存在着兵器修理厂，联系到未央宫和长乐宫之间还有体量巨大的武库，那么，西汉时期的这种进步也不那么大，应该说还是一种王国心态，西汉长安城还处在一个王国向帝国的转变过程之中。东汉时期就又有进步了，据研究武库已不紧靠南北宫，而是在城内东北角；少府机构依然庞大，但很多文属少府，并且少府的财政职能也减少了，"东汉少府的财政事务大大减少了，或者说财政收入这方面的事务基本没有了，只有支出一个方面了。……国家财政和帝室财政分开这一点，在东汉看来不存在了。所以东汉少府卿的职掌也就发生了变化，

[1]　中国社会科学院考古研究所编：《中国考古学·两周卷》，中国社会科学出版社，2004年，第251页。

[2]　中国社会科学院考古研究所编：《中国考古学·两周卷》，中国社会科学出版社，2004年，第265页。

[3]　中国社会科学院考古研究所编：《中国考古学·两周卷》，中国社会科学出版社，2004年，第245页。

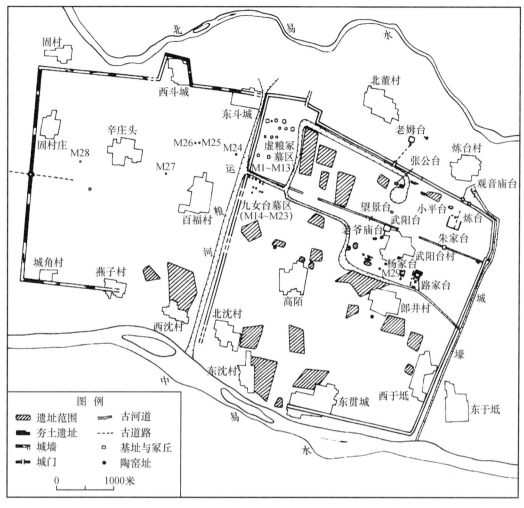

图六 燕下都故城遗址平面图

《后汉书·百官志》本注曰：'掌中服御诸物、衣服、宝货、珍膳之属。'也就是说只管杂务，不再专管帝室财政了。"[1]少府财政职能的这种简化，是与东汉洛阳宫城面积的减小同步的，彼此之间当有关联。

因此，在长安城规模完全奠定下来的西汉中期之前，西汉中央政府还不免认为自己是最大的王国，而不以绝对权威凌驾于其他王国之上，如汉景帝欲让位梁王，官制中九卿系统特重，王室财政发达，地方上计还有一定的贡献意义，而不似后代完全依靠地方供应乃至诛求无已，这些都是王国特征的体现。再加上长安城的规模虽然在不断扩大，但规划性不强，所以造成宫城面积巨大，但布局显得凌乱，并终西汉一代而没有实质性改变。

———
[1] 安作璋、熊铁基：《秦汉官制史稿》（上），齐鲁书社，1984年，第205页。

三、高台建筑的影响

　　西汉继承春秋以来的建筑方式，宫殿类大型建筑流行采用高台建筑的方式。这种建筑方式又称台榭——假楼阁，一种抬升建筑高度的"笨"方法。这种建筑高大威严，可以满足君主居高临下以"壮威"的心理，也在非常时期可作为固守的堡垒。[1]不过，这种建筑系用夯土堆起逐层收分的土台，主要建筑建于土台顶部。土台的每层里面也向内挖出房间，立柱加顶成屋。土台的规模往往很大，前述未央宫长宽分别为400米、200米，阿房宫前殿长宽分别为1270米、426米。这样大的土台，需要耗费大量的人力和土方，"使鬼为之，则劳神矣；使人为之，亦苦民矣"[2]。这种建筑还占据了巨大空间，但实际上能够使用的建筑面积并不大。以邯郸战国赵王城为例，龙台底边长宽分别为296米、246米，顶部长宽分别约130米、97米，顶部面积约底部的六分之一，也就是说，约有六分之五的面积实际上是浪费了（图七）。如果宫殿平地起建，这六分之五的面积是不会空置不用的。因此说，高台建筑的使用实际上扩大了宫城的范围。

图七　邯郸赵王城遗址

---

[1]　傅熹年主编：《中国科学技术史·建筑卷》，科学出版社，2008年，第99页。

[2]　（汉）司马迁：《史记》卷五《秦本纪》中华书局，1959年，第192页。

至于高台建筑与平地起建相比，究竟要多占用多少空间，并无相关数据可供参照。而且，经过数千年的岁月，高台的顶部多削损，四面也多坍塌，准确的数据难以获得。因此，只能作大概的分析。赵王城龙台与其之北的2号夯土台之间相距约200米，2号夯土台与其北的3号夯土台之间相距约220米。这种沿中轴线前中后三进式宫殿被认为是后世外、中、内三朝的始作俑者[1]，此论当否尚可检讨，但类似的多进式宫殿群也见于易县燕下都，其中南北一线的四台之中，武阳台220米以北为望景台，望景台以北450米为张公台，张公台以北730米为老姆台。以高台底部计，武阳台长宽分别为140米、110米，残高11米，望景台地下夯土范围长宽40米、26米[2]，残高3.5米，张公台平面为方形，边长40米，残高3米，老姆台长宽110米、90米，残高12米。难以根据上述数据得出比较准确的比例关系，但高台之间距离动辄200米以上，多者达几百米，这固然浪费了大量空间，但高台相距如太近，就会显得十分局促。根据赵王城、燕下都的高台分布状况，未央宫前殿与椒房殿之间的距离为330米也就很容易理解了。未央宫前殿与椒房殿相当于前朝后寝，是未央宫中最重要的两处建筑群，彼此距离尚达330米，其他机构如少府（或其所辖官署）、中央官署遗址距离未央宫前殿的距离更远，就更易于理解了。没有如此的距离，大概不易显出未央宫前殿的壮丽。实际上，未央宫可以看作邯郸赵王城西小城的放大版，未央宫前殿底边比龙台底边长约100米，未央宫的边长比西小城长约800米。可以说，未央宫不仅在布局上继承了邯郸赵王城西小城为代表的战国时期的王国都城格局，而且在空间配置和尺度关系上也继承了战国时期。西汉长安城在名义上已经成为帝国之都，但在骨子里面一下子还转不过来。

未央宫前殿以及未央宫中的石渠阁、天禄阁都是西汉初年萧何主持营建的，都为高台建筑，它们延续战国时期特点实属正常。徐龙国先生见告，未央宫里还应有其他高台建筑，但数量总体上不多，与春秋战国时期都城中多见大型夯土台基有所不同，这与建筑史研究认为春秋战国是高台建筑的盛行时期、西汉开始高台建筑已不甚流行相符合。由于中国古代城市多前后重叠，而且东汉洛阳城经曹魏、北魏近乎彻底的改建，要仔细了解东汉洛阳城恐怕已可能性不大，所幸北魏洛阳城太极殿遗址经过了发掘，太极殿建在一低矮夯土台上，土台东西长近百米，南北宽约60米，残高1.65—2米。北魏与曹魏太极殿很可能前后继承，如果曹魏太极殿夯土台也是如此高度，那么东汉时期洛阳宫殿已是低矮夯土台的可能性的确存在。山东章丘东平陵故城的使用时间当从战国延续到东汉，现存最上层建筑以东汉时期可能性大。在相当于宫殿区的城址北部中央发掘出一处大型建筑遗址，柱础与散水基本处于同一平面之上，可见不是

[1] 刘庆柱：《关于赵王城在中国古代宫城发展史上的地位》，《邯郸学院学报》2009年第3期。

[2] 地面部分残留长8米、宽4米，可见破坏之剧。

图八　河北阜城桑庄陶楼

高台建筑[1]。更为重要的是，众多的东汉墓葬之中都发现了楼阁模型，有些模型如河北阜城桑庄陶楼已有平座层（图八），这是东汉时期已经充分掌握楼阁技术的重要标志。楼阁技术的成熟使建筑高度的增加已经不再需要通过高台来实现了，除了少数大型宫殿、礼制类的建筑还需要通过高台基增加威严感外，其他建筑都放弃了这个浪费人力和空间的方法。还由于斗栱、梁架等技术的进步，单层建筑本体的高度也可能增加了，即使大型宫殿使用的台基也不必像战国西汉时期那样动辄十余米高了。高台的逐步废弃，不仅释放了城市空间，而且改变了城市景观。东汉洛阳城虽难以再现，但当东汉洛阳城逐步定型之时，西汉长安城正一步一步化为历史景观。

四、结　　语

　　西汉长安城是历史发展的产物，它的规模与当时的社会特点和建筑技术有直接的关系。从王都向国都的转变，高台建筑向楼阁的转变，在很大程度上决定了长安城的规模。

---

[1]　山东省文物考古研究院、北京大学考古文博学院发掘材料。

汉都长安的水循环

张建锋

（中国社会科学院考古研究所）

水之于城市，其重要性不言而喻。一个城市要维持存在并持续发展，首先要维持水循环过程的正常运转。从各项水资源的补给到消耗，从用水的给取到废水污水的排放处理，任何一个环节出现问题，都会对城市的存在和发展形成威胁。古今中外，莫不如是。长安城是中国古代西汉和新莽时期的都城，在200多年的发展历程中，建设了形制不同、功能各异的城市排水、供蓄水和水运、水景观设施，保证了这一带水资源的供给与排放、消耗与补给的持续，从而完成了整个汉长安城地区水循环的正常运转，为城市的发展提供了重要保障。50年来考古工作的进展与收获，为揭示这一过程提供了重要资料。

一、汉长安城遗址概况

汉长安城遗址位于陕西省西安市西北郊未央区的未央宫、汉城、六村堡和三桥四个街道办事处的范围内，周边地区也有大量和汉长安城有关的建筑、作坊、墓地等遗迹发现。

关于汉长安城的范围，长期以来有狭义和广义两种说法。

狭义的汉长安城，指的是城墙以内的26平方千米的城区。汉长安城东西、南北各6千米左右，每面三门，四面城墙共有12个城门。每个城门均有三个门道，中间的门道为御道，专供皇帝使用，两边的门道供官员和平民通行。城内共有大街八条，由城门通往城内各处，每条大街亦分三股，中间为专供皇帝通行的驰道。城内西南部为未央宫，是西汉一代主要的皇宫，宫内主要建筑有前殿、椒房殿、少府、中央官署等，包括皇帝、皇后的宫殿和一些中央官署。未央宫以东为长乐宫，在西汉大部分时间内为皇太后的寝宫。二宫在城南部东西相望，分别有东宫和西宫之称。二宫之间，还有武库，是西汉王朝的中央武器库。除此之外，汉长安城内还有位于北部的桂宫、北宫和明光宫等。手工业与市场区位于城内西北部（图一）[1]。

---

[1]　刘庆柱：《汉长安城的考古发现及相关问题研究——纪念汉长安城考古工作四十年》，《考古》1996年第10期；刘庆柱、李毓芳：《汉长安城》，文物出版社，2003年。

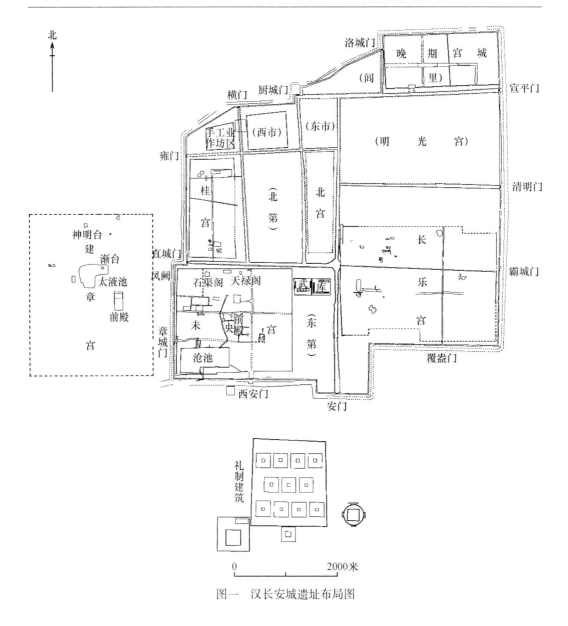

图一　汉长安城遗址布局图

郊区指城墙之外的区域，不仅是汉长安城重要的居民区与墓葬区，而且还有离宫别馆与上林苑分布。城西的建章宫，建于武帝时期，是当时皇帝听政的地方。宫内主要建筑有前殿、太液池、神明台、柏梁台等。城南分布有西汉王朝的社稷，王莽时在此兴建了规模宏大的礼制建筑群。上林苑分布于汉长安城的西、南两侧，范围很大，分布有数目众多的宫、馆、池、渠之类设施。除此之外，还有一些重要的手工业区与商业区也在城外。这些都是汉长安城不可分割的一部分，因此广义的汉长安城，也包括上述区域在内（图二）[1]。

――――――――――

　［1］　何清谷校注：《三辅黄图校注》，三秦出版社，2006年，第295页。

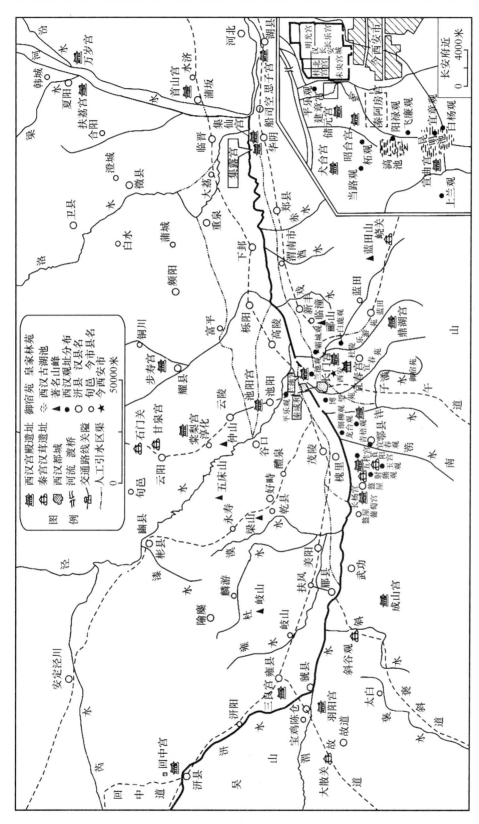

图二 汉长安城周边地区遗址分布图

二、汉长安城的城市水利设施和水利系统

城市水利指的是为解决城市防洪、供水、排水、以及处理城市的废水等所进行的水利工作。城市水利工作的物质体现就是各类城市水利设施。城市水利设施指的是城市为解决城市存在和发展中的水问题，保证水安全，维护和优化水环境，各个城市都要采取一定的措施，兴建各类和水处理相关的工程设施。

汉长安城的城市水利系统由各项城市水利设施组成。城市水利设施包括各项供蓄水、排水、水运、水景观设施，分别为解决不同的城市水利目标而兴建。如为了供水，修建了拦水、引水的渠、坝；为了蓄水，兴建了人工湖、蓄水池；为了排除多余的水，就有排水沟、雨水井、排水涵洞、排水管道、渗水井的建设；为了美化环境，就有人工湖与景观水渠等的建设；为了解决水运的问题，兴建了运河及相关设施。这些工程设施都是出于城市水利的目的而建，因此称为城市水利设施。汉长安城的城市水利设施不仅分布于城区以内，郊区也有大量分布。城区和郊区的各类供水、蓄水和排水、水运、水景观设施，共同构成一个大范围的水利系统，确保城市供水、蓄水与排水、水运、环境等城市水利目标的实现，维护整个城市地区的水循环与水环境。这个水利系统就是汉长安城的城市水利系统（图三）[1]。

（一）城市供、蓄水系统

汉长安城及其郊区的城市供蓄水系统包括水源、蓄水设施和输水系统三个方面。

1. 水源

汉长安城的水源包括地下水和地表水两类。汉长安城的宫殿区及郊区的离宫、礼制建筑等遗址，发现了为数不少的水井，有土井、陶圈井，也有砖结构的井。凿井汲取地下水是汉长安城饮用水的最主要来源。地表水包括渭河及其南岸支流的水源，是汉长安城地区其他用水和地下水补给的源泉。两类水源各自承担着对汉长安城的不同类型的供水需求，但同时又存在着一定的联系。

2. 蓄水设施

蓄水设施包括人工湖和一些天然的湖泊，前者如城内的沧池、酒池，城外的昆明池、太液池、镐池、滮池等，后者如皇子陂、河池陂、揭水陂等。有的在过去的考古

---

[1]　张建锋：《汉长安城地区城市水利设施和水利系统的考古学研究》，科学出版社，2016年。

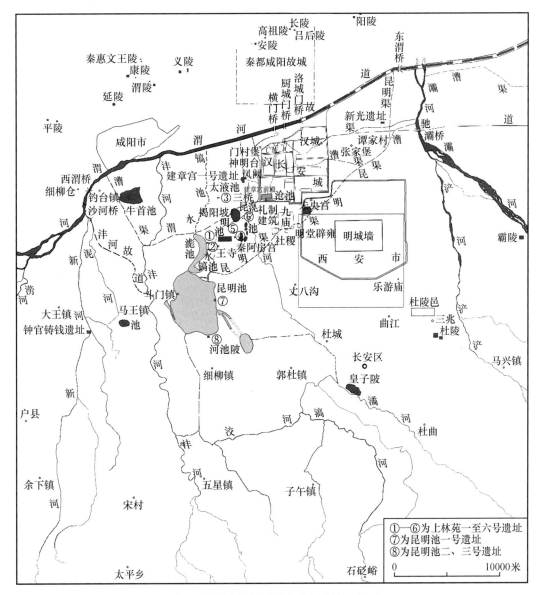

图三　汉长安城地区城市水利系统示意图

工作中已经被发现，对其地望、范围、形制、功能、沿革等有了一定了解。有的则仅见于史籍记载，尚待进一步的考古工作来发现。上述这些人工湖及天然湖泊的作用有防洪、蓄水灌溉、供水、水产养殖等，在保证汉长安城城市水源的稳定足量供应、补给地下水、美化环境等方面，发挥了重要的效果。这些自然湖泊和人工湖，有的还通过水渠和河道连接起来，成为一体，共同发挥水利、气候等方面的作用。

3. 输水系统

汉长安城的城区和城南、城西、城东和城北都有用于输水的渠道，为上述地区供应水源，形成了汉长安城各个区域的分支输水系统。有了这套系统，汉长安城及其郊区的各项用水才有了保障。

城区的输水系统包括明渠及其支渠或二级支渠。明渠发端于沧池的北岸，向北流经未央宫、桂宫、北宫和长乐宫北，为主要的宫殿区提供水源，它的多条枝渠及二级支渠流经汉长安城的其他区域，承担所流经区域的供水任务。汉长安城的大部分区域的供水由此可以获得有效的保障。这些输水渠道经过长安城的主要宫殿区和重要手工业区，因此其主要的功能应该是给上述区域供水。但是结合史籍可以发现，一些重要的私人宅第，有时也会从这些渠道开挖支渠，将水引入，以供应私家园林等用水。

汉长安城城西属于上林苑的范围，后来建有建章宫，其间离宫别馆广布，池苑纵横，园林及灌溉用水的规模很大。这一区域的输水系统有三个，即镐池水（镐水）系统、昆明池系统和沉水系统，分别负责这一区域西部和东部的供水职能。三者互相补充、互相调剂，保证了城西地区的供水系统的正常运行。

汉长安城的东侧，输水系统的构成部分包括三处。一处位于宣平门外，向东偏北方向流动，最后在今北辰村东南侧注入灞河；一是沉水支渠的延长部分，从清明门外东南流，在今王前村南汇合昆明渠，流向东北，经夏侯婴冢西，然后分为二支，一支继续向东，从广明苑的南部通过，经过虎圈南面，流入霸水；另一支北流，注入渭水。三是昆明渠的下游，昆明渠从汉长安城南东北流，与漕渠渠系相连，给后者补充了重要水源，增加了后者的供水量。这一地区流经的地区，涵盖了汉长安城东郊的北部、中部与南部，使得这一带的各项用水得到供应。

汉长安城的南郊，城市水利系统的构建较晚。武帝时期开凿了昆明渠，史书中一般称为昆明故渠。这条渠道开端于昆明池的东岸，先向东流，后折向东北，穿过沉水，经汉长安县南，从明堂辟雍遗址（今西安北郊大土门村一带）再向东一段后北折，在汉长安城东南方向东北流，汇入漕渠。沿途经过汉长安城南郊的大片地区，在很大程度上解决了这一区域的供水问题。

汉长安城北侧的输水系统据记载主要为沉水支渠。沉水支渠的线路，从汉长安城西北角外侧的沉水开始，大致沿北城墙的方向东北流，在长安的东北侧注入渭河。汉长安城和渭河之间的区域，依靠这条渠道保证了各项用水的需求。

汉长安城的上述五个输水子系统，既互相独立，各自担负不同地区的供水任务，又互相联系，互相补充，构成一个完整的整个汉长安城及其周边地区的输水系统。

（二）城市排水系统

汉长安城及其郊区的城市排水系统，主要包括建筑排水系统、院落排水系统、街区排水系统、道路排水系统、城墙及城壕系统、郊区排水系统等。

1. 建筑排水系统

建筑排水系统的功能是保持建筑内部的干燥和清洁卫生，由屋顶、台基和室内排水设施组成。汉长安城及其郊区的宫殿及其他建筑普遍使用瓦顶，并保持一定的坡度。瓦件的渗水性相对较差，这样使得落在上面的只有很少一部分渗入，大部分流走，这样就可以保持室内空间的干燥。同时，板瓦和筒瓦在屋顶相互配合使用，形成一个个的排水沟，将落在屋面的雨水收集起来，顺着屋顶的坡度流下，进入院落。院落的四周往往都有屋顶，院落范围内的雨水全部汇入院落中间的方形区域之内。汉代的宫殿、宗庙等建筑，多为高台式建筑，顶部多有一个规模很大的夯土基础。台基一般为素土（汉长安城地区多为黄生土，土质较为纯净，杂质很少）经过夯打形成，质地坚硬，结构致密，渗水性较差，避免了地下水的渗入，有利于保持建筑内部的干燥。另外，这些台基多有一定的高度，使得建筑在院落范围内形成一个人造的高地，使院内积水无法对建筑本体直接构成威胁。汉长安城及其郊区的室内排水系统发现较少，但结合时代相近的秦咸阳宫遗址和秦汉碣石宫遗址的同类发现，建筑内部的污水应是先汇集到地漏，再通过与之相连的接头和圆管从高处流下，在到达地面时（往往要比当时的地面低几十厘米），再用弯头连接横向的排水管道，从而将污水排出，以保持建筑内部环境的清洁卫生。

2. 院落排水系统

院落排水设施分布于建筑区内，主要的功能是收集建筑区的大气降水并将其排放到建筑区之外，主要的设施有渗水井、雨水井、排水管道、排水渠等，有的雨水井还带有沉淀池的功能。

雨水井和渗水井是常见的雨水收集及排放设施。前者往往位于院落的中央或是地势最低的部位，便于雨水的收集，后者多位于建筑区的外围，庭院内也有少量分布。雨水井和渗水井的规模大小不等，平面形状多呈方形。雨水井一般和排水管道相通，后者又连接建筑区外的排水明沟。院内的积水，从雨水井通过排水管道向外排放，其最后的去向一般是建筑区外的排水沟。院落之中的地下水在这里集中后，稍加沉淀，然后顺地下暗管排走。

排水管道多用于院落之中的排水，常常是用多节陶管连接成地下管道，从院落的周边的围墙、院落或其他相邻建筑的下面通过。在流出院外以后，往往与露明的排水沟相通。根据所用陶管的断面的差异，可以分为两种类型，即圆形排水管道与五角形排水管道。有的地方排水规模较大，还出现了用多排陶管并用的情况。排水管道的开口在院落中常常与雨水井相通，将前者收集的雨水输送到院外的排水明沟中。

3. 街区排水系统

街区排水系统主要由分布于各个建筑区之间的大小小的排水沟组成，局部用排水管道进行过渡，结构有土结构、砖结构、石结构等形式。排水沟形制多为开口的明沟，断面多呈上大下小的梯形，在与暗管相接的地方沟壁砌砖，少数沟壁及底部均用砖加固。排水沟在经过建筑区或道路的时候，往往会采用暗沟的形式。这些排水沟将各个建筑区的院落排水系统连接起来，并通向附近的路沟或者是直接通往城墙外面的城壕之中。

4. 道路排水系统

道路排水系统的主要功能是排除道路上的积水，保持路面及路基的相对干燥，避免积水、渗水对路面及路基的破坏。

道路排水设施包括路沟和街沟等形式。汉长安城的大街两侧建有路沟，基本上都是土结构，少见砖石铺砌的情况。宫殿内的道路有些也发现。也有一些宫内道路两侧没有路沟，而是采取了街沟的形式，即在路面两侧较低处与附近较高的地面之间形成一条排水通道。根据考古发现的成果，这些路沟这些路沟和街沟与横穿各个宫城的排水沟及相连，再连通城外的城壕，从而构成了长安城内整个排水系统的框架。

5. 城墙及城壕系统

城墙及城壕的主要功能是军事防御，也有一定的排水功能，因此也可以视作排水系统的一部分。汉长安城高大的城墙如同一周巨大的堤防工程，将洪水挡在城外，城内可以不致受到影响。城壕绕城一周，规模宏大，客观上成为城市周边的一道分洪渠道，使得洪水对汉长安城的威胁大为降低。同时，由于城壕距离城墙还有一段距离，这样即可以有效防止城壕水量时冲击城墙造成破坏，也可以减少城壕内径流的侧渗对于城墙墙体的影响。另外，汉长安城内的排水沟及道路排水沟多与城壕相通，汉长安城城内的污水及雨水通过排水沟排放到城壕之中，这就使得城壕城为排水系统的一个重要组成部分。

6. 郊区排水系统

汉长安城的郊区分布着为数不少的离宫别馆、陵墓、陵邑、礼制建筑等各类建筑设施，客观上存在着排水的需求，因此也有排水系统的构建。这些区域的排水系统和城区一样，由建筑排水、院落排水、街区排水等部分组成，基本内容大体一到，但也存在着一定的差别。如郊区的建筑设施较为稀疏，建筑区之间有较大的空隙地带，因此修建贯穿于多个建筑区的排水系统既耗费太大，也没有必要。建筑区附近的洼地、河流等可以作为排水系统的出水口，有些地方的建筑区排水系统的排水口为渗井，即将排水管通到建筑附近的井中，等其自然渗透到土壤之中。

（三）水运系统

西汉建立以后的很长一段时期内，汉长安城的粮食等物质的水路运输主要依靠渭河航道来进行。汉武帝时开凿了漕渠，从渭河的短阴原附近引水，先向东南，然后折向东北，在汉长安城西南角开始借用城墙外的城壕的河道，在汉长安城东南角折向北，在清明门外向东北方向流去。漕渠开通后，运进长安地区的物资问题大为增加，解决了汉长安城的物资供应问题。漕渠的用水来主要自渭河，后来又补充了来自昆明池的水，其最终的归宿是在下游汇入渭河。

（四）水景观系统

汉长安城作为帝国的首都，除了大量的居民外，还有皇室、贵族、官僚的宫殿、宅邸分布其中。这部分人对于都城的建设，除了要保证物质方面的满足外，对于精神方面的愉悦要求也始终存在。因此，一部分城市水利设施的建设有着美化环境、为高等级城市居民提供休憩、游乐的功能。如城内的沧池、酒池等人工湖，一个重要的功能是提供优美的环境，成为休憩、游乐的胜地。城西建章宫的太液池及其他池苑、城南的昆明池、上林苑中发现的景观水渠等，也具有这方面的功能。这些池苑的蓄水主要来自附近的自然河流，通过人工修建的渠道沟通，并有渠道与自然河道或其他渠道相通，从而保证了来水与下水的畅通。

汉长安城城市由城区与郊区组成，因此城市水利系统包括分布于城市不同区域的各类城市水利设施。城市水利系统包括供蓄水系统与排水系统。城市供蓄水系统的源头是自然的水源，包括地表水与地下水。前者以河、湖的形式分布于城市外围，一般通过自流引水或筑堤坝引水的方式，使水通过人工修建的渠道（包括渠、支渠、子渠等）输送到城市内外各处，源头和途中有时还会有人工湖进行储存与调节。城市排水系统包括分处城市各个区域的各类排水设施：个体的建筑的排水，由地漏、排水管道、渗水井和瓦顶、台基等建筑排水来完成，最后汇集到建筑区的院落；院落的排水设施有雨水井、排水管道、渗水井、排水沟等，将积水排放至建筑区以外或渗入地下；街区之间的排水则由规模较大、贯穿各个建筑区的排水沟完成，其流向是城市街道的路沟或城外的城壕。路沟是重要的道路排水设施，除了保障道路的排水以外，还是街区排水的重要的环节；城外的城壕是城市外围的重要排水设施，其功能一是分流洪水，保护城墙与城内免受洪水侵袭，二是城市内其他排水设施的重要出口。城市郊区尤其是建筑设施和居民比较集中的区域，也有一套类似于城区的排水系统。

三、结　　语

通过城市水利系统，城市地区的各项用水与废水、污水和自然降水，地表水和地下水连成一体，构成一个局部区域的水循环系统。城市各项用水的最终源头是大气降水（雨水和冰雪融水），大部分以河流和湖泊的形式储存和流动于地面上成为地表水，部分渗入地下成为地下水。地表水和地下水中汉长安城地区城市用水的直接来源。地表水通过供蓄水设施将水配给到具体的用水设施，途中对地下水构成补给。地下水以水井的形式被开发利用，是汉长安城地区生活用水和生产用水的主要渠道。多余的大气降水和废污水，则通过排水系统大部分排入河流，少部分渗入地下水。总之，汉长安的城市水利系统，从河流和湖泊和地下水起源，通过供蓄水系统和排水系统，最后终结于河流、湖泊和地下水，完成了汉长安城地区范围内的水循环过程（图四）。

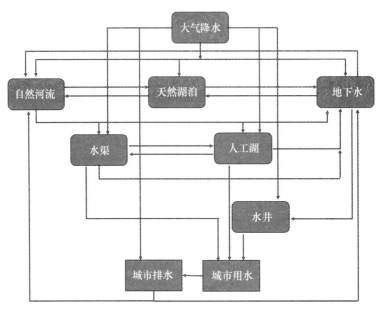

图四　汉长安城地区水循环示意图

秦始皇的后花园

——秦始皇陵苑囿类外藏坑研究

张卫星

（秦始皇帝陵博物院）

苑囿是帝王养殖禽兽以供射猎游乐的场所，因为是一般人不能进入的封禁地段，故又称作禁苑，这也是皇帝、王公的后花园或动物园。苑与囿在概念上稍有区别：《说文》曰："苑，所以养禽兽。""囿，苑有垣也。"但《左传·僖公十三年·正义》则云："囿者，所以养禽兽。天子曰苑，诸侯曰囿。"《周礼·天官·囿人》曰："囿，今之苑。"是说古今称谓不同。尽管如此，这些文献对苑与囿作为养殖禽兽的场所的性质都没有异议。

秦人早期善养马。周孝王曾说："昔柏翳为舜主畜，畜多息，故有土，赐姓嬴。"早在非子非子居犬丘时期就"好马及畜，善养息之。犬丘人言之周孝王，孝王召使主马于汧、渭之间，马大蕃息"。孝王"其分土为附庸"。秦在关中定都雍城时已建成北园与具囿。昭王时代，秦有五苑。统一六国后，秦始皇更是大筑园池，"引渭水为长池，东西二百里，南北三十里"。又复"广其宫，规模三百余里，离宫别馆，弥山跨谷，……表南山之巅以为阙，络樊川以为池"。秦始皇"尝议欲大苑囿，东至函谷关，西至雍、陈仓"。秦的苑囿可考的如上林苑、杜南苑、宜春苑、东苑、麋圈、鼎湖苑和原禁苑等。《史记·李斯列传》载，秦二世常到上林苑"日游弋猎"。皇室的苑囿除了畜养马牛等大畜之外，也饲养羊、猪、鸡等小型家畜家禽。如睡虎地秦简中就有关于官府饲养猪、鸡和狗的记载。《龙岗秦简》也提到一些苑囿中的动物种类，如简279："鹿一、麑一、麋一、麂一、犬二，□完为城旦、舂，不□□。"简22："……然，取其豺狼、獭、貉、狐狸、穀□雉兔者毋罪。"司马相如《上林赋》中列举了许多禽兽名，有鹿、牦牛、大熊猫、水牛、大象、野马、骆驼等，《西京赋》描述动物众多的景象："植物斯生，动物斯至，众鸟翩翻，群兽駓骇。"禽兽之多，"伯益不能名，隶首不能纪"。二世时，赵高在朝廷上指鹿为马，众官员畏其权势，多随声附和，二世惊以为惑，"于是乃入上林斋戒"。因而苑囿中也必定设有一定数量的建筑，以供统治者临时居住。这种建筑就是行宫，司马相如

《上林赋》说汉时上林苑"于是乎离官别馆，弥山跨谷……（天子）顺天道以杀伐，时休息于此。"以至于研究者多认为秦汉行宫多设于禁苑，甚至秦始皇连朝宫阿房宫也设于上林苑中。

　　秦始皇时期大为增广苑囿，在前代国君已有苑囿的基础上不仅有所增加，而且扩大了规模，并形成了在大咸阳规划思想下的苑囿建设观。这种观念与建设也反映到始皇陵的建设与陪葬内容。目前秦始皇陵范围内发现的可能与苑囿有关的外藏坑主要有K9901、K0007、动物坑、珍禽异兽坑、马厩坑等。这些坑分布于陵园的不同区域，其中K0007、动物杭以及一些新发现的陪葬坑位于陵园外西北区域，上焦村马厩坑也位于陵园外，但是位于东南区域；陵园以内的陪葬坑也有内外城之间的区别，K9901位于东内外城间区域，曲尺形马厩坑位于陵园的西内外城间区域，在这片区域内还有早年发掘的珍禽异兽坑。陪葬坑的位置、离封土墓室的远近当有一定的含义（图一）。

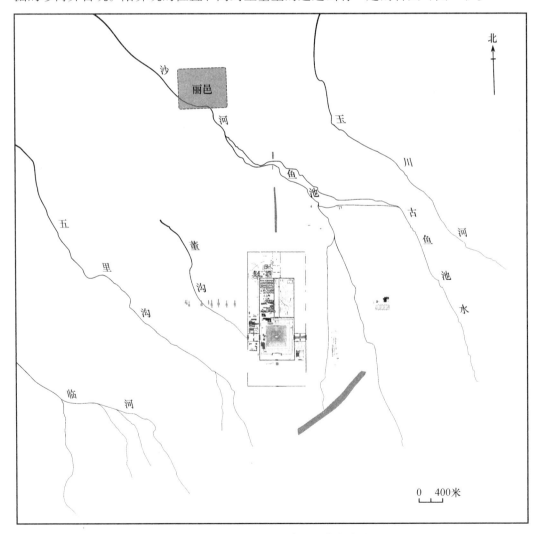

图一　秦始皇陵总平面示意图（作者自绘）

与朝寝建筑的礼仪性质相比，苑囿的内容更多的与燕享有关，所以苑囿也可称为后花园、动物园；另外，作为死后生活的重要组成部分，陪葬于陵墓的苑囿类外藏坑，具有深厚的象征意义。所以本文将秦始皇陵的苑囿类外藏坑称之为秦始皇的后花园。这些"后花园"有不同的形制、埋藏内涵、功能与象征，下文将在厘清这些基本材料的基础上，对秦始皇陵所表现的苑囿制度、观念等进行探讨，不当之处敬请方家指正。

一、池沼类苑囿：鱼池及相关遗存

秦始皇陵陪葬坑中具有典型的苑囿特征与内容的当属鱼池区域的K0007、动物坑。早年焦南峰先生提出鱼池区域为一处苑囿区[1]，我们在近年的考古实践中把鱼池水体遗址、陪葬坑、水体北侧的建筑遗址综合考虑，视其为一个整体，作为秦始皇陵一处实体、模拟相结合的苑囿区。

这个区域所处的位置为茔域的东北侧，实际上位于陵墓的堧地[2]。该区域主要遗存包括有鱼池实际存在的水体、水体北岸的地面建筑、水体南岸的外藏坑，如K0007、动物坑、K201201等；在鱼池西侧有陵园北门通向丽邑的神道遗存[3]，是为这一区域的西界。

动物坑于1996年春发现，后经发掘。该坑也是一座土木结构的地下式建筑，平面呈南北向甲字形，由主室和斜坡道两部分构成，面积近300平方米。主室南北长23.5米、东西宽10米、深6米，斜坡道长6米、宽4米。主室中间为甬道，甬道两边有8条相互对称的夯土隔梁，甬道南端又有一条南北向的隔梁，这些隔梁将主室分为16个小区。每个小区的底部和四壁全部用木板叠砌铺就，隔梁上盖棚木，门道与主室接口处以木板封堵。[4]坑内曾遭严重的火焚，坑壁已烧成灰色，陶俑被烧已严重变形。坑内出土有陶俑残片，计有头、腿、手、袍，还发现了一枚铁铤铜镞和秦半两铜钱。出土物较多的是动物残骨，据鉴定有10余种飞禽走兽及鱼鳖动物，种类有近似于鹤的大鸟，有鸡、猪、羊、狗、獾（或水獭）。关于其功能，有些学者认为可作为肉食的储藏坑[5]，我们认为，从其朝向北侧水体的形制、内部结构以及出土内容来判断，此处应该为一处动物的兽圈。

K0007陪葬坑平面呈F形，主坑体面积为298平方米。西距动物坑200米左右。其位

[1] 焦南峰：《左弋外池——秦始皇陵园K0007陪葬坑性质蠡测》，《文物》2005年第12期。
[2] 张卫星：《试论秦始皇陵的堧地》，《考古与文物》2014年第4期。
[3] 见近年勘探发掘成果。
[4] 王兆麟：《秦始皇园发现罕见动物府藏坑》，《中国文物报》1997年6月22日。
[5] 袁仲一：《秦始皇陵的考古发现与研究》，陕西人民出版社，2002年。

置、形制分为三个区域。Ⅰ区和Ⅲ区均设有象征河道的坑体。Ⅰ区、Ⅲ区坑道出土青铜水禽46件，分为天鹅、鹤、雁三大类，其中鹅20件，雁20件，鹤6件。Ⅱ区出土原大陶俑15件，另外有银义甲铜锥形器，喇叭形、圆筒形、三棱状骨质小件等共260余件。出土的陶俑可分踞姿、箕踞姿两类（图二）[1]。

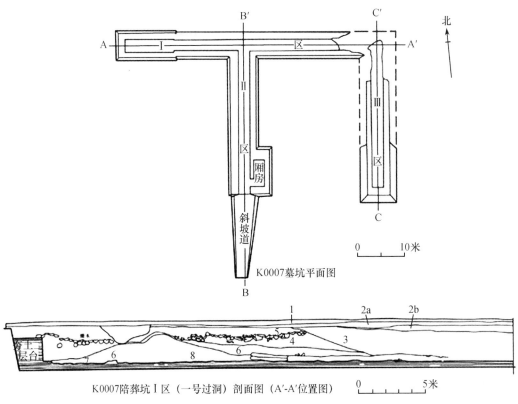

K0007墓坑平面图

K0007陪葬坑Ⅰ区（一号过洞）剖面图（A'-A'位置图）

1. 耕土　2a、2b. 枕土　3. 冲积土　4. 粗夯土　5. 淤积土　6. 坍塌土　7. 清膏泥　8. 夯土基础

图二　秦始皇陵K0007平面图

　　鱼池水体最早见于《水经注》卷十九的记载："渭水右迳新丰县故城北，东与鱼池水会，水出丽山东北，本导源北流，后秦始皇葬于山北，水过而曲行，东注北转，始皇造陵，取土其地，污深水积成池，谓之鱼池也。在秦皇陵东北五里，周围四里，池水西北流，迳始皇冢北。"以后其他各家描述均出自该书。如《类编长安志（卷六）》："鱼池水在秦始陵东北五里，周四里。水经曰泉出丽山，本导源北流，始皇葬于山北，水过而曲行东注北转。初造陵取土其地，污深水积成池，谓之鱼池。"20世纪70年代，考古工作者曾对鱼池遗址进行了调查，当时调查的重点是鱼池堡村北的

[1]　陕西省考古研究院、秦始皇兵马俑博物馆：《秦始皇帝陵园考古报告（2001—2003）》，文物出版社，2007年。

夯土墙垣、房基和灰坑等，出土了大量的遗物。[1] 另外在1986年，在鱼池水面北侧的吴中村东土壕的建筑遗址中发现一件泥质黑色陶盘，盘底面阴刻小篆："一斗二升，丽山菅府。"[2] 上世纪90年代及近年我们在这一区域调查，还确定了大量的建筑遗存，主要位于水体北侧断崖线以上区域，包括有大型台体建筑、道路附属建筑等。通过我们近年的调查，发现鱼池可分为两部分水体：东部和西部，二者原本相连。现在东部水体上源基本干涸，仅河道存在；西部也仅残存部分水体，秦代的水位线在430米高程左右。西部水体东起现在陈王村北与鱼池堡村之间，并向西北折转，止于现在的吴西村北现代鱼池水库坝体。现存鱼池水体上源有两条河流，分别来自陵园东墙外侧的两条河流，其中主要的一条即发源于骊山的大水沟。现存鱼池水体的补充来源于大水沟，应该是该防水大堤被破坏后形成的。之前的陵园调查认为该防洪堤将南侧山洪导向东北方向，山洪的具体路线就是从庞沟村西侧向北，在暗桥孙村注入鱼池东部水体[3]。通过调查，我们认为山前洪水并不完全流向鱼池东部水体，大部分应该流向暗桥孙东北的安沟，只有少部分注入鱼池。但是目前在上源水量较少的情况下，仍存有大量的水体，应该与上源来水无关。通过对这一区域地理环境的考察，我们认为鱼池区域更多为是山前洪积平原的前端，其水体主要来源于地下水的溢出。

K0007号坑的简报中认为其性质在目前情况下尚不能确定。[4] 袁仲一先生认为该坑属于宫廷苑囿中禽园类的陪葬坑，或可简称为铜禽坑。[5] 张文立认为该坑象征苑囿中的池沼，其功能是以乐舞祈福求仙。[6] 厦门大学历史系刘钊认为，该坑出土的陶俑为"宴乐俑"，俑坑"是《三辅黄图》中所说的'雁池'或'鹤池'。"该坑是对秦始皇王室苑囿的一种局部仿造，表现的秦始皇御花园的部分场景。[7] 焦南峰先生根据目前考古发掘资料提供的三个重要线索（一是7号坑的Ⅰ区和Ⅲ区均有"象征性河道"，且"位于鱼池的南岸，临近水源"；二是出土大量的青铜水禽；三是新出土的造型奇特的陶俑）认为该坑所代表的机构应与水禽、池沼、造型奇特的陶俑有关，与

[1]　始皇陵秦俑坑考古发掘队：《陕西临潼鱼池遗址调查简报》，《考古与文物》1983年第4期。

[2]　程学华：《秦始皇陵园鱼池遗址发现"丽山菅府"陶盘》，《考古与文物》，1988年第4期。

[3]　陕西省考古研究院秦始皇兵马俑博物馆：《秦始皇帝陵考古报告2001—2003》，文物出版社，2007年。

[4]　陕西省考古研究所、秦始皇兵马俑博物馆：《秦始皇陵园K0007陪葬坑发掘简报》，《文物》2005年第6期。

[5]　袁仲一：《关于秦始皇陵铜禽坑出土遗迹遗物的初步认识》，秦俑学第六届学术讨论会论文，2004年。

[6]　张敏、张文立：《秦始皇帝陵》，三秦出版社，2003年。

[7]　刘钊：《论秦始皇陵园K0007陪葬坑的性质》，《中国文物报》8月5日第七版。

文献对照，发现"上林十池"等与此有关，而同时具备上述条件的只有少府"饮飞外池"。结合出土陶俑的造型分析，两种姿态的陶俑并非乐者和舞者，而是"在上林苑中结矢曾缴以弋凫雁，岁万头，以供祀宗庙"的"左弋射士"[1]。

通过对以上考古材料以及综合各家的认识，我们认为鱼池区域的遗存应该是设计严密的复合体，这一复合体以鱼池水作为主体，水体北岸为大型建筑遗存，水体南岸为两处或更多的与水体生活相关的外藏坑。综合鱼池遗址的内涵，可以看出外藏坑所象征的机构与鱼池水体、宫殿建筑结合起来共同表现了一处秦代皇家禁苑。[2]鱼池的名称也有深意，《三辅黄图》载："长乐宫，有鱼池台、酒池台，秦始皇造。"长乐宫即秦兴乐宫，所以始皇陵中的鱼池很可能来自秦代的宫廷禁苑。在陵园中鱼池水体和宫殿建筑表现了禁苑的形式，而动物坑、K0007、鱼池水体、宫殿则显示了禁苑的在陵园层面上的种种功能，通过鱼池水体地上建筑与地下建筑融合于一体，共同形成陵园设计中的苑囿。

二、公马牛苑：马厩坑

秦始皇陵区域目前埋葬马及其相关的陪葬坑有很多，很多陪葬坑都可以与马联系，但是以马为主体的陪葬坑值得我们进一步思考。目前比较明确的马坑主要集中分布于上焦村一带、西内外城区域以及陵园内的个别陪葬坑。

上焦村马厩坑，主要为小型坑，分布在陵园东墙与兵马俑坑之间的区域，以出陵园东门神道两侧为主要分布区。早期资料说在南北长约1500米、宽约50米的范围内都有马坑发现，估计原来马坑约有三、四百座；钻探发现这个区域有80座马坑及踞坐俑坑，加上零星发现的共98座。正式发掘37座。近年的工作发现这里的此类陪葬坑远不止这些。从早期的资料看，这些坑大体分作南北向三行排列。陪葬坑的种类也可分为三种类型：一是马坑，二是踞坐俑坑，三是俑、马同坑。马坑均为长方形竖穴土圹，每坑一马，马头向西。马多数系活埋，少数为杀死后放在木椁内埋藏。马头前放置陶灯、陶罐、铁插、铁镰等。76DC64号坑内出大铜盘、铜壶各1件，马头上有铜环5件。有的陶盆内尚存有谷粒、谷草。俑坑为方形竖穴，俑置于木椁箱内，面东踞坐。俑前放有陶罐、陶灯（或铁灯）、铁插、铁镰等物。俑、马同坑者，坑为长方形土圹，在其西端的一侧设有壁龛。马置于长方坑内，俑置于壁龛内。马头前亦有盆、罐、灯、锸（或镰）等随葬物品（图三）[3]。

［1］　焦南峰：《左弋外池——秦始皇帝陵七号坑性质蠡测》，《文物》2005年第12期。

［2］　张卫星、陈治国：《秦始皇陵鱼池遗址的考察与再认识》，《文博》2010年第4期。

［3］　秦俑坑考古队：《秦始皇陵东侧马厩坑钻探清理简报》，《考古与文物》1980年第4期。

　　曲尺形马厩坑位于陵园西内外城间区域，西门轴线以南，因平面形状为曲尺形而命名。曲尺形马厩坑为由东西和南北向的两条主体坑道对接而成的地下土木结构建筑，东西向坑道长117米，宽6.6—8.4米；南北向坑道长84米、宽约9米，总面积达1600平方米，东西向的主体坑道北边共有三处形状大小不一的坑道向北伸出，伸出坑道的长度自西向东分别是40米、31米和10米。南北向主体坑道的北端又分别向西、向北延伸成一个曲尺面，坑道的中部西边又有一向西伸出的坑道，东西长12米，南北宽4—17米。

北

| 黑垆土 | 胶泥土 | 木板灰 | 生土 |

0　　50厘米

图三　秦始皇陵上焦村小型马厩坑平剖面图

试掘情况表明，该坑为真马陪葬坑，在南北向主体坑道靠近东壁处，以三匹马为一组，马头向西，置于盒状的木椁内，马的骨骼基本完整，四肢作跪卧状，在一匹马的口内发现一把铜刀，说明了马是死后埋入的。东西主体坑道内除少许真马外，还发现了11件大型陶俑，他们均身着齐膝长襦，双手相套于袖内，头着长冠作站立状（图四）。

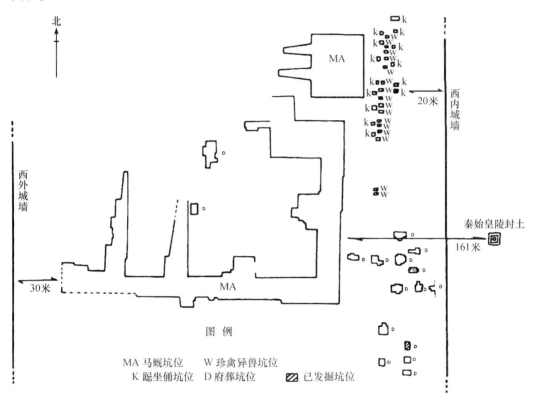

图四　秦始皇陵曲尺形马厩坑双门道马厩坑平面图

试掘中在东西向主体坑道自西向东伸出的第三处坑道内的北端，发现一座用细绳纹砖坯砌成的长方形炉台。发掘者认为这是一座引火底炉，目的是焚烧陪葬坑，并且认为是一种葬仪形式。这是截至目前陪葬坑内发现的唯一一座炉灶，其真正的用途与作用还有进一步深入讨论的必要。

此外K0006也是一座为以马为主要内涵的陪葬坑。K0006位于秦始皇陵封土南边缘偏西部位，是紧邻封土的一座陪葬坑。该坑平面呈东西向的"中"字形，是由斜坡道、前室、后室组成的地下坑道式土木结构陪葬坑。陪葬坑东西长48.2米、南北宽2.7—11.8米，总面积约410平方米，坑体面积144平方米。陪葬坑周壁均设有生土二层台和夯土二层台，生土二层台宽1.2—1.6米，夯土二层台宽约1.2米。斜坡道位于陪葬坑的西端，平面呈梯形；前室位于斜坡道的东侧，与斜坡道直通，东西长16米、南北宽

3.9米，其南侧有一东西长4.3米、南北宽2.2米的厢房；后室位于陪葬坑的东侧，东西长20.2米、南北宽3.9米，以一宽2米的通道与前室相连。该坑出土了12尊原大的陶俑，其中有8尊文官俑，4尊御手俑（图五）[1]。

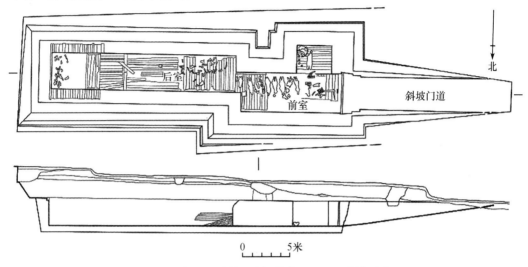

图五　秦始皇陵封土南侧外藏坑K0006平剖面图

有的器物上有"中厩""宫厩""左厩""三厩""大厩四斗三升"等铭文。这些铭文说明了这批陪葬坑的性质，是象征着宫廷的厩苑，跽坐俑是饲养马的圉人[2]。曲尺形马厩坑，袁先生认为象征宫廷在京师的厩苑[3]。发掘者曾认为是K0006坑出土的陶俑性质代表秦代官署机构工作人员的文职官员，而该坑是秦王朝中央政府中一个官府机构在地下的模拟反映，具体可能是秦代主管监狱与司法的廷尉[4]。该坑出土的大量马骨是研究者不能回避的重要迹象，袁仲一先生认为此坑仍为一个马厩坑[5]。张仲立先生认为，此坑主题是近官值守的场面，应该是象征始皇帝近身侍臣的一组陪葬，具体应该是属于秦始皇时期侍奉于皇帝左右的侍御史、谒者，或侍中一类近官，或许更近[6]。总体来说，这三处外藏坑都与公室的厩有关。位于外城以外壤地区域的上焦村三类典型的坑代表了厩的主体形态，而且在布局上以集中排列为主要形式，与文献记载的公马牛苑一致；位于陵园内外城间的曲尺形坑主要以木椁集中埋藏马的尸

[1] 　陕西省考古研究所、秦始皇兵马俑博物馆：《秦始皇帝陵园考古报告（2000）》，文物出版社，2006年。

[2] 　袁仲一：《秦始皇陵的考古发现与研究》，陕西人民出版社，2002年。

[3] 　袁仲一：《秦始皇陵的考古发现与研究》，陕西人民出版社，2002年。

[4] 　秦始皇陵考古队：《秦始皇陵园K0006陪葬坑第一次发掘简报》，《文物》2002年第3期。

[5] 　袁仲一：《秦始皇陵的考古发现与研究》，陕西人民出版社，2002年。

[6] 　张仲立：《秦始皇陵六号坑属性管窥》，秦俑学第六届学术讨论会论文，2004年。

体为主要形态，更多的与厩的形制有关，而且与都城内或宫室内的厩关联比较大；而K0006坑因更多与车马、驾车有关，厩的形态远比官署的形态突出。所以这三处外藏坑总体上与官府或者皇室的马苑有关。

三、禁苑：珍禽异兽与娱乐性质陪葬坑

珍禽异兽坑位于内城西门以南约130米处，17座呈南北一字排列，坑形为东西向的长方形竖穴陪葬坑，试掘的第32号瓦棺坑东西长2.1米、宽1.3米、深2.4米，南北二壁各有一生土二层台，坑内置一长方形瓦棺，内有一具兽骨及陶钵、铜环各一件。第38号坑东西长1.8米、宽1.25米、深2.1米，坑中瓦棺内亦置放一具兽骨，一件陶钵及一只铜环。瓦棺由盖与身两部分组成，动物骨骼朽蚀较甚，属杂食动物与食草动物。踞坐俑坑共14座，南北向分两行分别列于珍兽瓦棺坑的两侧，东侧6座，西侧8座。坑形为长方形竖穴坑，一般东西长1.6—2米，南北宽1.2—1.97米，深1.8—3.6米。发掘的东侧一座坑内有一件踞坐俑，面朝东，高68厘米，身着高领右衽袍，双臂自肘部自然弯曲，置于膝上，双手握成拳状。西侧的坑内亦有一件踞坐俑，面朝东，高73厘米。14座踞坐俑坑与上述的17座珍兽瓦棺坑似为一整体，拟或象征的是始皇生前宫内豢养珍兽的情况，这些陪葬坑学者们认为是作为死者灵魂的游猎场所。16座葬仪坑均为小型的竖穴坑，基本上分为东西五行，排列在曲尺形马厩坑以东和珍兽瓦棺坑的南侧。10号坑为东西向，周壁略呈弧形，东西长5.26米，坑内中间有一道东西宽0.9米、南北长1.9米、高0.54米的生土台，台面上有东西向的南北二条槽沟，沟深1.36米。北槽沟长0.9米、宽0.54米，南槽沟长1.7米、宽0.7米。坑底置有一陶罐，发掘者认为它们似为象征饲马用的葬仪坑。模拟的为地上的范围，为豢养珍兽的地方。[1]

K9901陪葬坑平面呈东西向长条形，东西通长80.8米，宽12.8—16.7米，底部距现地表深4.6米。总面积900.93平方米。主体部分东西长40.2米、宽12.8—16.7米；西门道通长20.35米；宽8.6—10.5米；东门道通长20.25米，宽3.2—5.85米。主体部分为由二层台、隔墙分隔而成的三条过洞。2012年重点清理了该坑的第三过洞，共出土了属于二十七八个个体的980件组陶片。从这一批陶片看，该坑的第三过洞主要内涵为排列有一定规律的陶俑。目前根据陶俑脚踏板的排布看，初步判断至少近南北两壁各有一列东西向陶俑，每列陶俑基本是背靠壁面，面向过洞内侧站立（图六、图七）[2]。

根据试掘资料，南边两个过洞因火焚与人为破坏，已基本不见随葬品。中间过洞

---

［1］　秦俑坑考古队：《秦始皇陵园陪葬坑钻探清理简报》，《考古与文物》1982年第1期。

［2］　秦始皇帝陵博物院：《2011—2012年秦始皇帝陵K9901考古简报》，《秦始皇帝陵博物馆院（2013）》，三秦出版社，2013年。

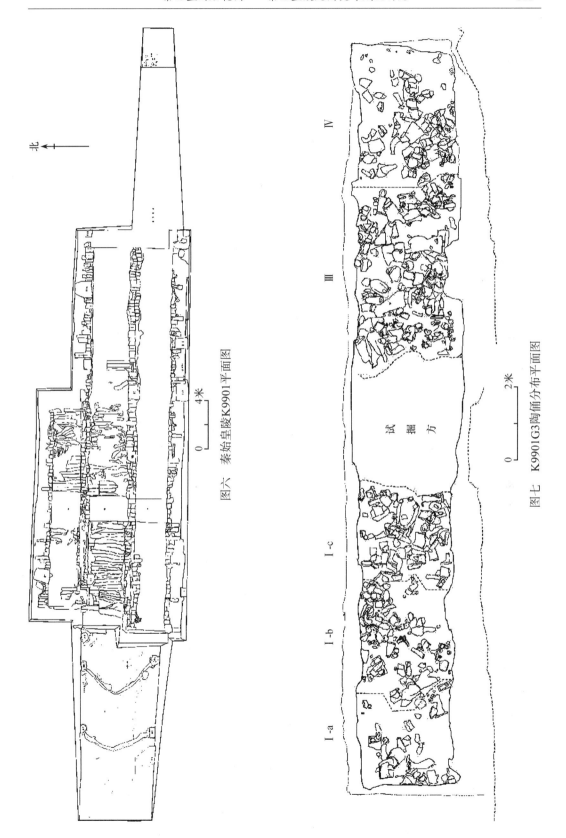

北

0　　　4米

图六　秦始皇陵K9901平面图

0　　　2米

图七　K9901G3陶俑分布平面图

的棚木上部发现了一件重212千克的方直耳子母口釜形兽蹄足青铜鼎，通高61厘米，外口径71厘米，上腹浅雕6组、下腹浅雕7组相连续的蟠虺纹图案。过洞的底部发现有陶器残片、碎陶俑块、铜镞、石马缰、石甲片及四只铜壳马蹄，马蹄中空内有木炭。北部过洞内出土了一批前所未见的大型陶俑，均倒卧在坑底木上，身首离异。从迹象上分析，陶俑均面向东，东西成行，南北三列，仅腰部著一短裙，其余肢体裸露，陶俑的肢体动作表现了角抵俳扰的场景，反映了宫廷娱乐活动。

四、秦始皇时期的苑囿与苑囿观念

始皇嬴政于13岁继位为秦王。他不仅继承了战国七雄中最有实力的一个国家，包括它的政治体制，而且继承了大量的苑囿。即位后到统一天下，他又不断地充实、调整、改建、新建这些苑囿。统一天下后，原来的关中地区，作为秦的内史，不仅是统治天下的政治中心，还是苑囿的最为集中之地，这些位于关中的苑囿被列为皇家禁苑，不仅规模高，而且规模宏大，景观、内容丰富，成为名副其实的秦始皇的后花园。全国范围内秦朝还有大量的离宫别馆，这些离宫别馆一些是原来六国王室的财产，还有一些是始皇增建新建的。

秦人在关中地区的苑囿与周人的遗留有关。周灭商后以沣镐为国都，周王朝在这里设有许多苑囿，但是两周之际，随着戎人对关中的蹂躏，周王室被迫东迁，王室苑囿也失去了往日的景观；秦人得到岐以西之地的赏赐后，经过多年的经营，才逐步恢复了关中西部地区的政治秩序，在定都雍后，秦的苑囿才有所发展。

战国中后期，秦人以关中地区为核心，一步步逐步据有天下之半壁。到昭王时代，秦的苑囿已名闻天下。《韩非子·外储说右下》载"秦民大饥，应侯请曰：'五苑之草著，蔬菜橡果枣栗足以活民，请发之。'王弗许。"亿里认为此五苑似非苑名，而为五个苑囿之总称，各苑的具体名称不可考。《汉书·地理志》，县"有长杨宫，有射熊馆，秦昭王起"。《三辅黄图·秦宫》："长杨宫，本秦旧宫，……门曰射熊观，秦汉游猎之所。"《汉宫殿疏》与《类编长安志》的记载，秦兽圈括有虎圈、狼圈。

统一后，秦还在咸阳区域内广置离宫别馆。《史记·秦始皇本纪》二十年条："秦每破诸侯，写放其宫室，作之咸阳北阪上，南临渭；自雍门以东至泾、渭，殿屋复道周阁相属。所得诸侯美人钟鼓，以充入之。"〔正义〕引《庙记》云："北至九嵕、甘泉，南至长杨、五柞，东至河，西至汧渭之交，东西八百里，离宫别馆相望属也。木衣绨绣，土被朱紫，宫人不徙。穷年忘归，犹不能遍也。始皇时期除了这些苑囿外，著名的还有上林苑、足昆、宜春等。除上林苑外，这几个苑囿还是与前代遗留有关。

《秦会要订补》："秦时有足昆苑。"《尔雅·释畜》郭璞注：昆蹄，蹄如跃而健上山，秦时有辊蹄苑，辊足成即马尾啼，良马名。

《三辅黄图》卷三："宜春宫，本秦之离宫，在长安城东南杜县东"；《括地志》亦曰："秦宜春宫在雍州万年县西南三十里，宜春苑在宫之东，杜之南"。《史记·秦始皇本纪》载，赵高逼杀胡亥，"以黔首礼葬二世杜南宜春苑中"。

梁山宫据《三辅黄图》云："始皇幸梁山，在好畤。"《元和郡县图志》云：古公曹父逾梁山至于歧下，及秦文梁山宫，皆此山也。"《水经·渭水注》云："莫水出好畤县，梁山在岭东南，逞梁山宫西，故《地理志》曰：好畤有梁山宫，秦始皇起，水车有好畤县故城。"《史记·秦始皇本纪》云：秦始皇三十五年"幸梁山宫，从山上见丛相车骑众，弗善。"

骊山苑据《三辅黄图》云："阿房宫，亦名阿城，惠文王造，宫未成而亡，始皇广其宫，规恢三百余里，离宫别馆，弥山跨谷，辇道相属，阁道通骊山八千余里。"近年来，考古工作者在发掘华清池内唐华清宫遗址时发现，唐文化层下有一层很厚的黑褐色文化层，内含大量粗细绳纹秦汉板瓦、筒瓦和细绳纹条砖，小方格纹方砖及房屋坍塌的擦条，其木质保存完好，卯桦清晰可见。同时还发现鹅卵石和砖铺路面遗存，秦代五角形水道和直径三十多厘米的秦汉圆形绳纹水管道及用不规则石砌成长约五十米的水道。瓦片上的陶文"骊"字及其他大量的秦汉建筑材料。

始皇统一后，除了继续沿用已建立的苑囿外，还对国家的苑囿特别是关中内史地区的苑囿有特别的规划。"尝议欲大苑囿，东至函谷关，西至雍、陈仓"，终因优旃劝谏缀止（《史记·滑稽列传》）。但是事实上，始皇更重视上林苑的建设。《史记·秦始皇本纪》曰：始皇三十五年，"乃营作朝宫渭南上林苑中"。《史记·李斯列传》：二世"乃入上林斋戒。"《史记·萧相国世家》记，汉十二年，萧何向刘邦进言："长安地狭，上林中多空地，弃。愿令民得入田，毋收高木为禽兽食。"此虽多汉朝人言辞，然"汉上林苑即秦之旧苑也"（《三辅黄图·苑囿》）。近年关于上林苑的研究有很多成果。[1]

上林苑以及在关中地区的"欲大苑囿"，我们认为意味着始皇苑囿观念的变化。

统一后，关中地区具有特殊的地位。始皇"堕名城，杀豪俊，收天下之兵聚之咸阳，销锋铸镰，以为金人十二，以弱黔首之民。然后斩华为城，因河为津，据亿丈之

[1] 关于上林苑成立上限至少有三说：一是认为始建于秦惠文王（公元前337—前311年在位），此说以上林苑的代表宫殿阿房宫的建造年代为根据，指出秦惠文王时期应该为上林苑建造的上限。二是认为秦始皇帝以前的上林苑毕竟没有建造完成，所以应该以秦始皇三十五年增建上林苑宫殿作为"立上林苑"的上限。三是清代学者认为汉武帝是在以往上林诸离宫、土地基础之上最终建成上林苑的，所以持武帝时始有"上林苑"的观点。近年来周维权指出："上林苑原为秦国的旧苑，至晚建成于秦惠王时，秦始皇再加以扩建、充实，成为当时最大的一座皇家园林。"

城，临不测之谿以为固。良将劲弩守要害之处，信臣精卒陈利兵而谁何，天下以定。秦王之心，自以为关中之固，金城千里，子孙帝王万世之业也！"有些学者在论证秦咸阳的外郭无垣，除了战时"无暇作长治久安式的全景规划"，还与统治者心中的"天下""宇内"思想的成熟有关。对作为统治中心关中地区在统治思想、政治、军事上进行了特别考虑，在此基础上才进行了特别的规划与改造。其结果就是关中地区发展为巨大的苑囿区，都城就坐落在这些苑囿中。

《史记·秦始皇本纪》三十五年云："乃令咸阳之旁二百里内宫观二百七十，复道甬道相连。"又叙"关中计宫三百，关外四百余"。这一年在上林苑中营建阿房宫作为朝宫的想法，更明确了帝都设于以关中为背景的广大苑囿中。文献记载的"表南山之巅以为阙"其实极具深意。阙表门也，表示其内部将有宫，在南山之巅作阙，就说明南山以内的区域都是宫的位置。

从更细分的苑囿内设宫的做法也体现这一思想，如在上林苑营建朝宫。上林苑是战国时期就形成、秦代西汉发展沿用的皇家苑囿，秦的上林苑在现西安南郊至南山一带。秦在上林苑中设宫室建筑不独阿房宫，而是有庞大离宫建筑群，西侧的部分是建设中的阿房宫，东侧有极庙、章台宫、兴乐宫，所以有人甚至认为阿房宫禁苑群形成了神务、外务、内务三位一体副都机能的禁苑群。马彪认为秦上林苑本是一个开放式的、由复数禁苑群组成的空间范围；上林苑中大致存在有政务、狩猎、休养等三个具有不同特性的禁苑群；其中以阿房宫为代表的政务禁苑群，就其功能而言无疑起到首都咸阳副都的作用。

五、秦始皇陵所体现的苑囿形态与观念

总结前述的材料和认识，秦始皇陵葬制中有大量的苑囿内容，说明陵墓的葬制与苑囿二者间在丧葬观念、行为上寻找到了共同之处。个人认为其原因有两方面的原因，一是始皇陵的选址与骊山苑有关；二是始皇陵葬制内容设置与苑囿的规制有关，或者是陵墓、苑囿在某些方面有共同的规制。

前述已有学者指出秦代有丽山苑，这主要基于秦汉时期考古发现材料做出的判断。但是该地区温泉的开发秦汉时期已很成熟，秦汉时期的丽山苑应该与更早的西周在此的离宫有很大的关系。历史上我国比较早开发了温泉资源，《诗经》已出现了与温泉相关的概念，其命名多以水温的温热感知为依据。历代关于温泉的记载也很多，著录温泉是从《山海经》开始的，书中称地下热水源为"汤谷"（《西山经》和《大荒东经》），"温源谷"（《大荒东经》）。又说："温水出崆峒，（崆峒）山在临汾南，入河，华阳北。"（《海内东经》），后《三秦记》《汉书·地理志》《魏土地记》《华阳国志》等书先后都有温泉记载。秦东陵的也与温泉记载有关。因此，始

皇陵的选址立地应该此地苑囿的开发有关。

另外，我们认为始皇陵的总体设置与皇室禁苑在形态上有共同之处。广义的始皇陵从目前的考古材料上可分为内中外三层区域，这三层区域分别对应着环境区、墢地与茔地。[1]这些皇家的禁苑、宫室设置规制一致。秦始皇陵墢地区域发现的遗迹有鱼池及其相关遗存包括动物坑、K0007、上焦村马厩坑、兵马俑坑、砖房陪葬墓等。就始皇陵的规制看，作为陵墓的墢地，秦始皇陵的墢地设置内容有墓葬、外藏坑以及池沼、建筑、道路等，墢地内设置的外藏坑象征的是安全保卫以及与厩、苑相关的内容。秦始皇陵墢地设置内容中的厩苑、池沼内容可与战国时期的中山王陵墓相印证，墢地中的墓葬内容也为汉代帝陵（如阳陵）所承袭。秦始皇陵墢地范围与目前所发现的和陵墓丧葬礼仪内容具有内在联系的遗存范围应该一致，其外围标志是否为文献所记载的墢垣、篱笆，需要做进一步的考古工作。始皇陵墢地的设置可视作体现了陵墓、都城、宫室、禁苑等皇家建筑的共通规制，但是如果从始皇陵的丧葬体现中如此多的苑囿内容来看，显然始皇陵与苑囿的关系更为密切；再加上丽山苑的因素，因此我们认为始皇陵与都城、宫室的设置一样，始皇陵也是设置与更大范围内的苑中。这是秦代关于都城、宫室建设的一项制度性规定，始皇陵也没例外。[2]

陵墓的丧葬体系中的苑囿内容，一方面与外部的苑囿相互关联，另一方面这是这一时期总体社会背景以及始皇个人苑囿观念的变化有很大的关系，是当时社会观念在丧葬活动的反映。

[1] 张卫星：《试论秦始皇陵的墢地》，《考古与文物》2014年第4期。

[2] 张卫星：《"秦制"探析——基于秦始皇陵的观察》，《西部考古》（第十六辑），科学出版社，2018年。

试论汉代诸侯王墓地中"一王二后"的布局

刘尊志

（南开大学历史学院考古学与博物馆学系、南开大学中国社会史研究中心）

诸侯王墓作为汉代墓葬高等级墓葬，具有一定的特殊性，与之相关的内容较为丰富，综合体现出与汉代诸侯王丧葬有关的诸多内容，合葬与墓葬布局即是其中之一。汉代诸侯王墓与王后墓在合葬方面有多种形式，体现出相应的发展和演变，同时还存在一定的特殊性，如"一王二后"的合葬，反映出与之对应的墓地布局。关于汉代诸侯王墓地中"一王二后"的布局，有学者已作过相关研究[1]，本文拟在已有研究的基础上，对汉代诸侯王墓地中的"一王二后"墓葬布局及相关问题作相关论述，不当之处，以求指正。

一、汉代诸侯王与王后的正常合葬形式

汉代诸侯王的后宫有王后、姬、妃、嫔、妾、婢等不同等级、地位的女性，王后等级最高，为正妻或嫡妻。正常情况下，诸侯王只有一个王后，其死后与诸侯王葬在一个墓地，形成合葬。因此，一王一后葬在同一茔域内是汉代诸侯王与王后的正常合葬，并因时代等因素的不同存在一些具体的差别和发展变化。大致来看，可分为三种形式。

异坟异穴合葬。数量较多，西汉诸侯王墓地常见，东汉诸侯王墓地也有一定数量。是指诸侯王墓与王后墓有独立的封土，即异坟，较多二墓之间有一定的距离。墓向一致者较多，有的二墓并列或略有偏差，如河北满城西汉中山靖王刘胜及其夫人墓[2]、江苏睢宁双古堆东汉墓[3]等。有的错位明显，如江苏徐州驮篮山西汉楚王及

---

[1] 李银德：《江苏西汉诸侯王陵墓考古的新进展》，《东南文化》2013年第1期；李则斌、陈刚：《江苏盱眙大云山汉墓考古成果论证会纪要》，《文物》2012年第3期。

[2] 中国社会科学院考古研究所、河北省文物管理处：《满城汉墓发掘报告》，文物出版社，1980年。

[3] 刘尊志：《双古堆汉墓群》，《徐州文化博览》，文化艺术出版社，2003年，第32、33页。

王后墓^[1]等。有的则近似前后排列，如徐州狮子山汉墓^[2]与羊鬼山汉墓^[3]，皆南向，王墓在南，后墓在北。也有墓向不一致者，如徐州北洞山楚王墓与桓戒山王后墓^[4]。西汉晚期的一些王墓与后墓的封土紧邻，甚至局部叠压，有并列和墓向一致者，如北京大葆台汉墓，M2在西，封土局部叠压在M1西侧封土之上^[5]。也有墓向不一致者，河南永城僖山梁王及其夫人墓葬、黄土山梁王及其夫人墓葬，均是封土连为一体，僖山梁王墓位于山东部，朝东，王后墓位于西部，朝西，黄土山一号墓朝南，二号墓则朝北。^[6]

同坟异穴合葬。两汉诸侯王墓地皆有发现，数量略少。河北献县M36为女性墓葬，经勘探，M36南约40米处另有一墓，规模较大，与M36在同一封土下，二者可能是河间王刘辟疆与其夫人的墓葬。^[7]徐州南洞山楚王墓和王后墓位于段山南坡，均为横穴式崖洞墓，墓道平行，距离较近，墓道口处的封土应为共用的封土，而二墓还有通道相联通。^[8]东汉诸侯王如河南淮阳北关陈王刘崇及夫人墓，不同墓穴但位于同一封土下。^[9]

同穴合葬。西汉诸侯王墓中所知仅江苏泗阳大青墩汉墓1座，墓室分东西两室，各有一棺，东侧为副室，葬夫人，西侧为主室，棺略大略高，葬男性墓主^[10]，可视

［1］　邱永生、徐旭：《徐州市驮篮山西汉墓》，《中国考古学年鉴·1991年》，文物出版社，1992年，第173、174页。

［2］　狮子山楚王陵考古队：《徐州狮子山楚王陵发掘简报》，《文物》，1998年第8期；韦正、李虎仁、邹厚本：《江苏徐州市狮子山西汉墓的发掘与收获》，《考古》1998年第8期。

［3］　耿建军：《徐州市羊鬼山西汉墓陪葬坑》，《中国考古学年鉴·2005年》，文物出版社，2006年，第170—172页。

［4］　徐州博物馆、南京大学历史系考古专业：《徐州北洞山西汉楚王墓》，文物出版社，2003年。

［5］　大葆台汉墓发掘组、中国社会科学院考古研究所：《北京大葆台汉墓》，文物出版社，1989年。

［6］　河南省商丘市文物管理委员会、河南省文物考古研究所、河南省永城市文物管理委员会阎根齐主编：《芒砀山西汉梁王墓地》，文物出版社，2001年；郑清森：《芒砀山西汉梁国王陵墓葬相关问题初探》，《东南文化》2001年第9期。

［7］　河北省文物研究所、沧州市文物管理处、献县文物管理所：《献县第36号汉墓发掘报告》，河北文物研究所编：《河北省考古文集》，东方出版社，1998年，第241—260页。

［8］　梁勇：《从西汉楚王墓的建筑结构看楚王墓的排列顺序》，《文物》2001年第10期。

［9］　周口地区文物工作队、淮阳县博物馆：《河南淮阳北关一号汉墓发掘简报》，《文物》1991年第4期。

［10］　陆建芳、杭涛：《泗阳县大青墩汉墓》，《中国考古学年鉴·2003年》，文物出版社2004年，第176—177页；江苏省大青墩汉墓联合考古队：《泗阳大青墩泗水王陵》，《泗阳大青墩汉墓论证会纪要》，《东南文化》2003年第4期。

为同穴异室。东汉诸侯王墓相对较多，有同穴同室合葬者，如河北定县北庄东汉墓，王、后合葬于同一棺室；有同穴同室但有间隔者，时代多为东汉早期，江苏邗江甘泉M2[1]、山东临淄金陵镇M1，王与后的棺室之间有间隔，前者在墓室内砌3道竖墙，与墓室墙不连接，后者在主室中间砌一道竖墙，将主室一分为二；也有较明显的同穴异室合葬者，河北定县北陵头M43[2]、山东临沂曹家王庄东汉墓[3]等均为双后室，较独立，而曹家王庄东汉墓则为双甬道、双后室，更为独立。

大致来看，三类合葬形式在两汉时期均有存在，第一、二类以西汉诸侯王墓居多，东汉诸侯王墓极少，而第一类以西汉早中期多见，第二类则多见于西汉中晚期；第三类仅有个别西汉诸侯王墓，东汉诸侯王墓多见，体现出由异坟异穴合葬向同穴合葬的发展和变化，这与汉代夫妻合葬墓的发展基本一致。

二、"一王二后"的布局是特殊合葬形式

由目前所知汉代诸侯王墓的考古资料来看，并非所有的汉代诸侯王墓地都是一王一后的合葬形式，还存在因后墓数量非一座而形成其他的合葬形式，体现出相应的特殊性。有的诸侯王墓可能无合葬墓，体现出相应的特殊性，这与诸侯王年龄太小，或因政治及其他原因，王后葬于他地等有关。还有一些诸侯王墓的附近，抑或封土下及附近，有2座规模较大、相近级别的女性墓葬，这两座墓葬与王墓并存，有的在墓地中的位置也较突出，亦体现出特殊性。相关的汉代诸侯王墓地不多，但也有一定数量，大致有以下几处。

1. 定县三盘山中山王墓地[4]

位于今定州市城关外西北，自东而西有三座规模较大、等级较高墓葬并列，距离较近，因封土高如巨埠，被称为三盘山。三座墓葬由东向西编号为M120、M121、M122，均为大型土圹竖穴式木椁墓，南向，平面皆呈刀柄形，前有斜坡墓道，后为可分为前后两部分的椁室，主室在北。M122规模最大，前室有实用车马陪葬，其他出土遗物有"中山内府"铜锺等，墓主应为中山王，M121出土了"中山□□"封泥，墓主可能为王后。推测王墓的墓主可能为中山哀王昌或哀王子康王昆侈，后者的可能性最大。康王昆侈在位21年，而M120的规模也较大，很可能为另一王后的墓葬。

[1] 南京博物院：《江苏邗江甘泉二号汉墓》，《文物》1981年第11期。
[2] 定县博物馆：《河北定县43号汉墓发掘简报》《文物》1973年第11期。
[3] 杨君：《曹家庄汉墓毁损严重》，《中国文物报》，1998年3月1日第2版。
[4] 河北省文物研究所：《河北考古重要发现》，科学出版社，2009年，第162—165页。

2. 定陶灵圣湖定陶王墓地[1]

墓地中有3座规模较大的封土堆，三者在同一陵园内，相对位置清楚（图一）。M1位于M2正东约320米，M3位于M2东南约150米。发掘者认为，M2规模大，为"甲"字形竖穴土圹有黄肠题凑的墓葬，但只有木棺而无玉衣和陪葬器物等，墓主为丁姬（定陶王刘康的丁后）的可能性最大。M2墓道东向，但M1、M3墓道均南向，且皆为石室墓，加之距离较近，当为诸侯王墓与另一王后墓葬，而M1很可能为刘康墓，M3墓主则为另一王后。

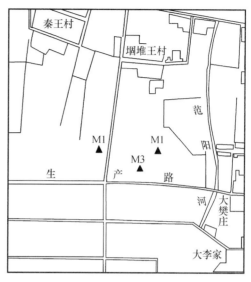

图一 山东定陶灵圣湖墓地墓葬分布示意图

3. 永城保安山梁王墓地[2]

保安山东麓的M1、M2南北并列，均为横穴崖洞式，M2规模较大，可确定为异坟异穴合葬的梁王与王后墓，其中M1很可能为梁王墓，M2为王后（李后）墓，但也有不同意见，即M2为梁王墓，M1为王后墓[3]。在M1东南不远还有一座有相应规模的横穴崖洞墓，即柿园汉墓，可能为某代梁王墓，也存在为M1墓主的高级嫔妃[4]，甚至是死亡时间早于保安山M2墓主李后的另一王后[5]。若相关推论成立的话，则保安山梁王墓地是一王墓、两后墓布局（图二）。

　[1]　山东省文物考古研究所、菏泽市文物管理处定陶县文管处：《山东定陶县灵圣湖汉墓》，《考古》2012年第7期。

　[2]　河南省商丘市文物管理委员会、河南省文物考古研究所、河南省永城市文物管理委员会、阎根齐主编：《芒砀山西汉梁王墓地》，文物出版社，2001年；河南省文物考古研究所：《永城西汉梁国王陵与寝园》，中州古籍出版社，1996年。

　[3]　刘振东、谭青枝：《关于河南永城保安山二号墓墓主问题》，《考古与文物》2001年第4期。

　[4]　河南省商丘市文物管理委员会、河南省文物考古研究所、河南省永城市文物管理委员会、阎根齐主编：《芒砀山西汉梁王墓地》，文物出版社，2001年，第238页。

　[5]　刘瑞：《河南永城保安山柿园汉墓墓主考》，《考古学集刊》（第18集），科学出版社，2010年，第372—386页。

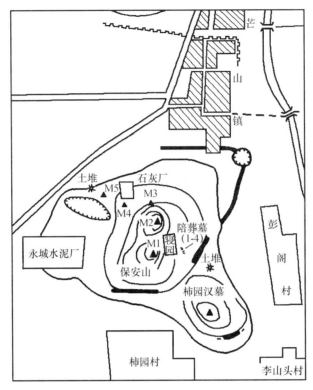

图二 河南省永城保安山、柿园汉墓及相关遗迹分布图

4. 大云山江都王墓地[1]

墓地陵园墙内南侧有3座规模较大的竖穴岩坑墓葬，均呈"中"字形，M1为江都王刘非墓，有黄肠题凑，M2、M8无黄肠题凑，但有棺椁，M2作为王后墓可被确认（图三）。M8位于M1西一定距离，规模大于M2但接近M1，墓主为等级较高的女性。从江都王刘非陵园布局考察，最初规划的应是M1与M8，M2与M1的位置、距离明显局促，规模也较小，应是后来增设所致，而三墓中下葬时间最早的是M8。M1墓主的第一个王后当为M8墓主，其早亡后，M2墓主为王后，因死亡时间晚，在靠近M1的东侧较近距离修建墓穴。M2与M1位于同一封土下，而M2原有小封土，后与M1合用一个大的封土，故M2时代早于M1。

[1] 南京博物院、盱眙县文广新局：《江苏盱眙县大云山汉墓》，《考古》2012年第7期；《江苏盱眙县大云山西汉江都王陵一号墓》，《考古》2013年第10期；《江苏盱眙大云山江都王陵二号墓发掘简报》，《文物》2013年第1期；《江苏盱眙大云山江都王陵M9、M10发掘简报》，《东南文化》2013年第1期；《江苏盱眙县大云山西汉江都王陵北区陪葬墓》，《考古》2014年第3期。

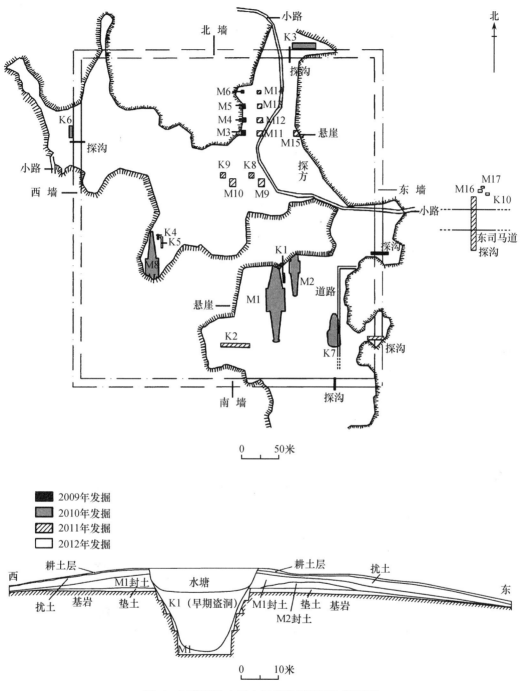

图三　江苏盱眙大云山汉墓陵区平面与剖面图

5. 高邮神居山广陵王墓地[1]

　　或称高邮天山汉墓。山顶部的西山墩、南山墩、北山墩是三座巨大的人工筑成的封土墩，为3座规模相当的汉代墓葬。M1位于西山墩，M2位于南山墩，皆为大型竖穴岩坑木椁墓，黄肠题凑结构，M1墓主可能为广陵王刘胥，在位时间较长，因诅咒犯谋反罪自杀，M2墓主应为广陵王刘胥的王后。另一座墓葬位于北山墩，与M1、M2成"品"字形分布，墓葬等级亦较高。根据发掘情况，刘胥墓未见金缕玉衣，M2则有金缕玉衣，结合刘胥因诅咒犯谋反罪自杀的情况看，M2墓主较之刘胥死亡时间要早，即在刘胥谋反事件被发觉之前，故有金缕玉衣殓葬。刘胥在位60余年，推测该王后死后，刘胥又立一王后，该王后去世后也应与刘胥合葬一处，且很可能是与M1、M2呈"品"字形分布的这座规模较大墓葬。由于未见相关资料，相关结论还有待进一步证实，但墓主为刘胥另一王后的可能性较大。

6. 徐州东洞山西汉楚王墓地[2]

　　东郊东洞山的西麓有3座南北并列的西向横穴崖洞墓，M1居中，规模较大，为楚王墓；M2在北，规模略小，为王后墓，M3在南，与M1的距离和M1、M2之间的距离基本相同，墓葬中轴线与一号墓轴线基本平行，规模较小，仅由墓道、甬道两部分组成，墓主为女性（图四）。从位置、形制等来看，M3与M2的等级基本相当，且墓主均为女性，这两位女性墓葬均具备王后的身份，然而诸侯王不能同时有两位王后，这两

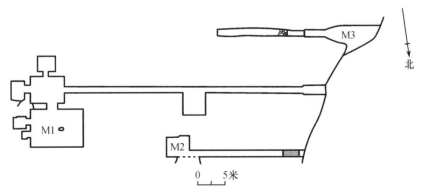

图四　江苏徐州市东洞山M1—M3平面图

　　[1]　梁白泉：《高邮天山一号汉墓发掘侧记》，《文博通讯》第32期，1980年。高鸣：《高邮天山》，《治淮》1995年第3期。
　　[2]　徐州博物馆：《徐州石桥汉墓清理报告》，《文物》1984年第11期；孟强：《徐州东洞山三号墓的发掘及对东洞山汉墓的再认识》，《东南文化》2003年第7期。

座墓应当有先后关系，其中一座墓修建较晚[1]。

7. 徐州卧牛山西汉楚王墓[2]

位于徐州市西郊卧牛山的北麓。西侧有2墓并列，横穴多室，有通道连通，从墓葬形制及出土遗物等分析，墓主为西汉早期偏晚至西汉中期偏早阶段的某位楚王及其王后（图五）。东侧稍远距离1座，发现较早，横穴式，墓室略少，墓内出土有王莽时期的钱币和女性的陪葬物品，原多认为是西汉最后一代楚王刘纡夫人的墓葬，但刘纡墓不可寻。西侧二墓的发掘与相互间墓葬形制等的对比，使得原有看法有所改变，其作为西侧楚王墓的一座异坟异穴合葬墓的可能性较大。就墓葬中出土王莽时期的钱币来讲，很可能与西汉末年墓葬被盗，盗墓者物品有所遗留有关，而这一时期，徐州西汉楚王墓有多座被盗掘，如东郊的狮子山汉墓等。

8. 徐州土山东汉彭城王墓地[3]

位于徐州市区内南部，目前已知有四座东汉墓葬，M1、M2、M3三座墓葬规模较大，几乎南北一线，M4位于M3旁侧，规模较小（图六）。M1、M2位于同一封土下，M1为砖石结构，北向，墓主女性，着玉衣下葬，应为彭城王后。M2在M1南，南向，砖石结构，墓上覆盖大量黄肠石，规模较M1大，墓主有玉衣殓葬，为彭城王。M3位置偏北，与M1、M2封土相距不远，规模较M1大但小于M2，墓主很可能为彭城王后。土山M2的墓主很可能为彭城靖王刘恭，为王四十六年，推测M3墓主可能为前王后，M1、M3为墓地最初的王墓与后墓布局，前王后去世后刘恭再立新后，即M1墓主，而M1的时代较M2要晚，推测该王后去世后与刘恭合葬，因前已有王后墓位置，故选择与刘恭墓同一封土，异穴合葬，墓葬北向也可能与墓主为后合葬者有关。

上述墓地数量不多，但体现出与较多诸侯王墓地中一王墓一后墓合葬明显不同的内容，最突出的是与王墓合葬的墓葬数量为2座。其特殊性还表现在以下几点：一是区别于常见的一王墓一后墓的两墓布局；二是另一座女性墓与诸侯王墓地的其他陪葬墓、祔葬墓在位置、与王墓距离等方面明显不同，而与王后墓极为相似；三是墓葬规模相对较大、等级较高，明显区别于其他陪葬墓和祔葬墓，时代亦与王墓和后墓时代相差不远；四是并不普遍，仅在少量诸侯王墓地有发现。另一座女性墓葬与王墓也形

[1] 孟强：《徐州东洞山三号汉墓的发掘及对东洞山汉墓的再认识》，《东南文化》2003年第7期。

[2] 李银德：《江苏西汉诸侯王陵墓考古的新进展》，《东南文化》2013年第1期；梁勇：《从西汉楚王墓的建筑结构看楚王墓的排列顺序》，《文物》2001年第10期。

[3] 南京博物院：《徐州土山汉墓清理简报》，《文博通讯》第15期，1977年，第18—23页；刘尊志：《徐州汉墓与汉代社会研究》，科学出版社，2011年，第55—59页。

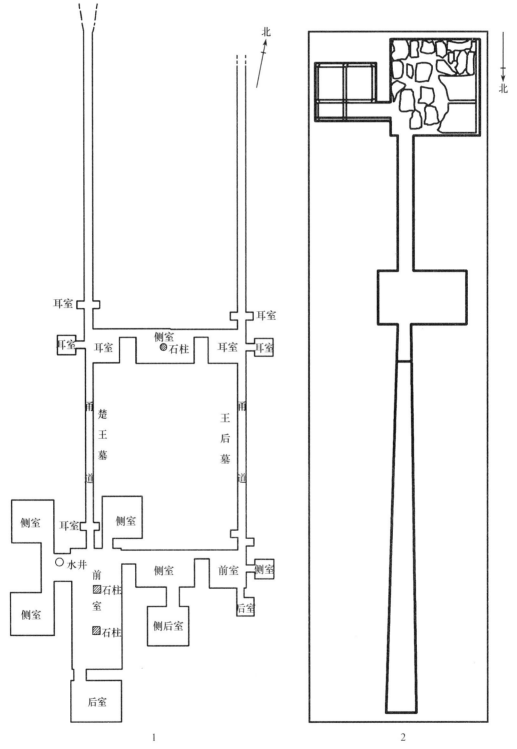

图五　江苏徐州西卧牛山西汉楚王与王后墓平面图

1. 楚王墓　2. 王后墓

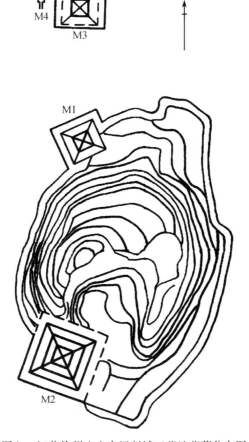

图六　江苏徐州土山东汉彭城王墓地墓葬分布图

成合葬，而且墓主很可能也是王后，这是特殊的合葬形式，进而形成了"一王二后"的墓葬布局。

三、"一王二后"墓葬布局分析

"一王二后"的合葬在墓葬布局方面有着不同形式，并与墓葬朝向、相对位置、距离远近有着相应联系。有三墓并列、其中1座位置稍偏者。王墓居中、墓向一致的有徐州东洞山西汉楚王墓地与盱眙大云山西汉江都王墓地，前者的王墓与2后墓南北并列，王墓（M1）居中，二后墓（M2、M3）分列王墓南北两侧，M3位置微突前；后者中M1、M2、M8三墓东西并列，王墓（M1）居中，M2、M8分列东西两侧，M8位置稍偏北。王墓居中，墓向不一致的如定陶灵圣湖西汉定陶王墓地，M1、M2、M3东西并列，王墓（M1）居中，另外两座墓分列东西两侧，M3在M2稍偏东南的位置，但M2东向，M1、M3均南向。有的王墓不居中，偏于一侧，墓向基本一致。三墓距离较近的如定县三盘山西汉中山王墓地，三墓东西并列，皆南向，王墓（M122）在西，M120、M121在其东，为2座王后墓，由于详细资料暂未公布，也不排除位于中间的M121为王墓的可能，而西侧的M122规模最大，则与定陶灵圣湖中的M2相似。一座后墓与王墓距离较近，另一座较远者如徐州卧牛山西汉楚王墓地，三墓东西并列，皆北向，王墓在西，一座王后墓与其紧邻，且有通道相连，另一墓葬则距离较远，相对位置亦稍偏北。有的诸侯王墓地中，一王墓与一后墓并列，距离较近，而另一后墓偏于一侧，其中1座后墓与王墓墓向一致。永城保安山M1与M2南北并列，距离较近，均东向，M1东南一定距离为西向的柿园汉墓。徐州土山汉墓中，M1朝南，北侧与其并列的为北向的M2，距离较近，M3位置偏北，距离稍远，南向。有的诸侯王墓地的3座墓葬呈"品"字形分布，二后墓并列，王墓居于一侧，如高邮天山西汉广陵王墓地，M1在西，其东侧南北排列M2、M3。

　　封土封护情况的不同也体现出"一王二后"墓葬布局的不同。部分西汉诸侯王墓及合葬的王后墓为独立封土，如定县三盘山汉墓、高邮天山汉墓、定陶灵圣湖汉墓及保安山和柿园汉墓等。其他几处诸侯王墓地则是至少一座后墓与王墓位于统一大的封土下。盱眙大云山江都王墓地，M8封土独立，M2与M1位于同一封土下，但从解剖和层位关系看，修筑M1和M2的整体封土时，先行完成M2的小封土，而后在M1墓主人下葬后，对包括M2封土在内的整个山顶进行大规模的封土堆筑活动，最终形成整个封土。徐州土山东汉墓中，M2与M3的封土相对独立，而且南北排列，M1墓主去世较晚，并与M2同一封土，应是对原有封土打破后修建墓葬，并在墓主下葬后再筑封土。徐州卧牛山西侧的王墓与后墓紧邻，且有通道，二者应是共用一个封土，这在徐州地区西汉中晚期楚王墓中较常见，而东侧墓葬距离远，为独立封土。徐州东洞山西汉楚王墓地中，三墓并列，距离较近，现M2墓道北壁距离M3墓道南壁不足30米，三者很可能在同一封土下。M2墓主去世早，可能先筑小封土，而M1、M3时代接近，可能是同时堆筑封土，并将M2一并堆筑于大的封土下，也可能是M1墓主下葬后堆筑封土时将M2堆筑于大封土堆下，而M3墓主去世后，在封土堆的另一侧开挖墓穴，再进行二次堆筑，形成一个大的封土堆，当然也不排除M3有独立封土的可能。按照汉代帝王修建陵墓的做法，诸侯王即位后一段时间开始规划墓地和修建墓葬，最初的规划基本都是一王墓、一后墓，较多汉代诸侯王墓地为一王墓、一后墓，而有独立封土的一王二后墓葬布局中的一座皆有相应特殊性皆说明了这一点。至少有一座后墓与王墓位于同一封土下也可体现相应内容。盱眙大云山墓地中，M1、M8为最初规划的王墓与后墓，M2虽作为王后墓，但墓主为M8墓主去世后为王后的，墓葬距离王墓稍近，但在修筑封土时，将其与M1修筑在同一大的封土下。徐州土山东汉墓中的M1可能是对王墓原有封土打破后修建和再筑封土的，卧牛山西汉楚王墓的另一王后墓距离较远并为独立封土，使得原有的王墓与后墓仍保持同坟异穴合葬，而东洞山西汉楚王墓的另一王后墓与王墓及原来的王后墓位于同一封土下，更显示出保持同坟异穴合葬的内容，而这两处西汉楚王墓地正是西汉中晚期流行王墓与后墓同坟异穴合葬的体现。由于多出一座王后墓，有的诸侯王墓地形成了新的布局和特征，如3个相对独立封土堆的位置、距离等等；也有的采取相应措施，尽可能维持原有规划，如盱眙大云山西汉江都王墓地、徐州土山东汉彭城王墓地、徐州东郊东洞山西汉楚王墓地等，将后葬王后的墓葬置于王墓封土下，从外观上看依旧是原有布局，而如徐州卧牛山西汉楚王墓地，后葬王后的墓葬与原王墓和后墓的封土相距较远，而且在陵区中所表现的为2个封土堆。就后者来讲，相关做法是对原墓地规划的保持，又达到后葬王后与诸侯王合葬的目的。

　　就两座与王墓合葬的王后墓来讲，既有相似性，也有特殊性和相应差别。相似性如大体形制、墓葬规模等。王墓为横穴崖洞墓者，2座王后墓也多为横穴崖洞墓，如徐州、永城地区的相关西汉诸侯王墓地；王墓为2条墓道的土（石）坑竖穴墓，2座王后墓也大致如此，如盱眙大云山西汉江都王墓地的王墓与后墓。另如定县三盘山西汉中山王墓地，2座后墓皆为带墓道的大型木椁墓，与王墓相近；徐州土山东汉墓地，2座后墓均为砖石混筑的横穴多室墓，均使用了大量有刻铭的黄肠石；高邮天山的2座王后墓皆为大型竖穴岩坑墓，葬具等极高。上述墓地中的2座后墓皆与墓地中的其他墓葬有明显区别，既体现出二后墓的等级较高，也反映出二者的相似性。亦有特殊者，如定陶灵圣湖西汉定陶王墓地，一座王后墓与王墓形制接近，另一座后墓（M2）与二者明显不同，且规模较大，这存在相应的原因。M2墓主丁姬为汉哀帝之母，其死后，朝廷"遣大司马票骑将军（丁）明东送葬于定陶，贵震山东"，棺皆名梓宫，用"珠玉之衣"[1]，丁姬墓葬大于王墓与原王后墓当在情理之中。就差别来讲，除个别墓地有一定的特殊性之外，多数后葬王后的墓葬在具体形制与规模、陪葬品等方面，个别在葬具方面，较早葬王后墓逊色或简略一些，定县三盘山M120在三墓中规模最小，永城柿园汉墓较之保安山M2小很多，而保安山M2比M1的规模还要大些，盱眙大云山江都王墓地中的M2规模小于M8，且与王墓在同一封土下，高邮神居山广陵王墓地，位于北山墩的墓葬规模最小，徐州卧牛山西汉楚王墓地中，后葬王后墓位置较偏，形制也相对简单，东洞山M3修建较为仓促，形制简单，仅有墓道、甬道两部分，无墓室，墓主葬在甬道的中、西段。

　　"一王二后"的墓葬布局是具有特殊性质的合葬，体现出汉代高等级墓葬合葬形式的发展及其多样性，反映出与墓主身份地位相符的特征及其合葬者与诸侯王的亲密关系。综合两汉诸侯王墓与王后墓的合葬内容，一王一后的合葬是汉代诸侯王与王后合葬形式的主体，其中虽有一些同穴合葬，或同坟异穴合葬，但更多的是一王墓、一后墓异坟异穴的合葬形式。一些诸侯王墓地虽有2座王后墓，但墓地仅有2个大型封土

---

[1]　（汉）班固：《汉书·外戚传》，中华书局，1962年，第4003、4004页。

堆，其中一座王后墓与王墓位于同一封土堆下，这样在外观上仍可视为一王墓、一后墓的异坟布局。也有些诸侯王墓地存在一王墓、二后墓3座规模较大封土堆者，除特殊情况外，多数是尽可能地突出王墓与早葬王后的墓葬，后葬王后的墓葬多处于附属位置，规模小，形制也相对简单。因此，汉代诸侯王墓地中，显示一王墓、一后墓的两个封堆当为主流，而这或涉及相应的礼制和制度。

四、汉代高等级墓地中与"一王二后"墓葬布局相似的内容

汉代诸侯王墓地中存在的"一王二后"墓葬布局，体现出相应的合葬内容，对研究汉代高等级墓地的墓葬及其所属墓主的关系提供了相应参考。就汉代高等级墓地来讲，还有帝陵、其他诸侯王墓地及其列侯墓地，有些墓地也有与"一王二后"相近或相似的内容，体现出的内容和性质等与诸侯王墓地的"一王二后"墓葬布局既有相似性，也有诸多的不同和差异。

（一）两汉帝陵

主要为西汉帝陵，仅1处，为西汉元帝的渭陵。渭陵陵园呈东西向长方形，帝陵陵园、王皇后陵园、傅昭仪墓大体位于渭陵陵园的中南部（图七）。从分布上来看，帝陵左右分为两个皇后之墓[1]。从数量、布局等来看，渭陵一帝陵二后陵的布局与上文所述有的西汉诸侯王墓地较为相似，而且也是帝后合葬的特殊形式。傅氏于公元前2年去世，汉哀帝下令以皇后礼仪与汉元帝合葬渭陵，称孝元傅皇后，王氏于公元13年去世，谥孝元皇后，合葬于渭陵，这样就形成了一帝陵二皇后陵的布局。这在其他西汉帝陵，乃至两汉时期的帝陵中都较少见，而其形成原因与西汉晚期社会政治的发展尤其是王氏逐渐掌握朝中权力等有较大关系。需要指出的是，王皇后没有去世之前，与王莽贬傅太后为定陶共王母，后王莽又派人破坏了傅皇后的墓葬[2]，其后王皇后则以皇后的身份正式合葬渭陵。严格来讲，在王皇后合葬渭陵时，傅皇后陵已可视为不存在或名存实亡，王皇后陵与傅皇后陵因此形成正式合葬，这又与汉代诸侯王墓地两座王后墓并存，特别是完整并存有明显区别。

---

[1]　刘庆柱、李毓芳：《西汉帝陵调查与研究》，《文物资料丛刊》（6），文物出版社，1982年，第1—15页；陕西省考古研究院、咸阳市文物考古研究所：《汉元帝渭陵考古调查、勘探简报》，《考古》2013年第11期。

[2]　（汉）班固：《汉书·外戚传》，中华书局，1962年，第3999—4004页。

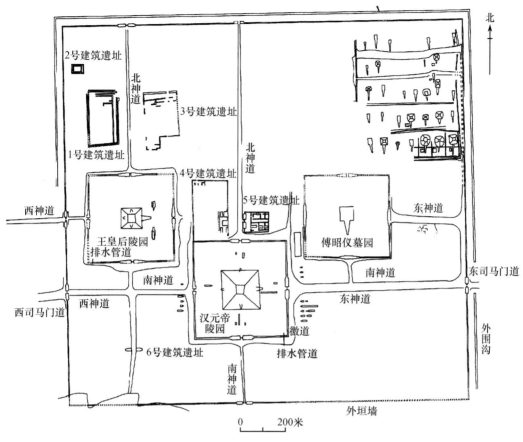

图七　西汉元帝渭陵陵园平面图

（二）其他西汉诸侯王墓地

根据已知资料，在一些西汉诸侯王墓地可以确定王墓与后墓，并在二墓之外还有一座相应规模的女性墓葬，明显要大于墓地中的其他墓葬，并在位置与上述"一王二后"的墓葬布局较为相似或相近，属于与"一王二后"墓葬布局相似的内容。但是该墓葬的规模较之王后墓明显要小，与上文所述"一王二后"墓葬布局中任何一座王后墓的规模也小很多。上述"一王二后"墓葬布局中后葬王后的墓葬虽大多较先葬王后的墓葬形制简单，陪葬品要少，但在大的形制、规模等方面又与先葬王后墓具有较强的相似性，而且与王墓也有很强的相似性，但一些西汉诸侯王墓地发现的有相应规模但规模不大的女性墓葬，其形制明显不同于王后墓。因此相关墓葬不能视作王后墓，最大的可能应是诸侯王嫔妃或低于王后的王室高级女性的墓葬。除可确定的女性墓葬外，还有一些墓主性别不详者，墓主既可能为诸侯王嫔妃或低于王后的王室高级女性，也可能是身份地位为仅次于诸侯王与王后的王室贵族或大臣。相关墓例主要发现于西汉楚、梁二国的诸侯王墓地。

1. 徐州西汉楚王墓地

　　主要为西北郊的小龟山墓地。1972年发掘的龟山M1位于王墓与后墓的北侧，与后墓相距不远，形制为竖穴岩坑洞室墓（图八），不同于王墓与后墓的横穴崖洞式墓葬，出土镌刻"楚私官""御食官""文后家官""丙长翁主"等铭文的铜器，墓主女性，等级较高[1]。该墓与楚王、王后埋在同一墓区，位置较近，关系密切，蒋若是先生根据出土钱币等考证，M1时代晚于楚王墓，早于王后墓[2]。该墓墓主应为楚王刘注的嫔妃或低于王后的王室高级女性，而从墓葬时代早于王后墓时代来看，其墓主亦不应为王后。

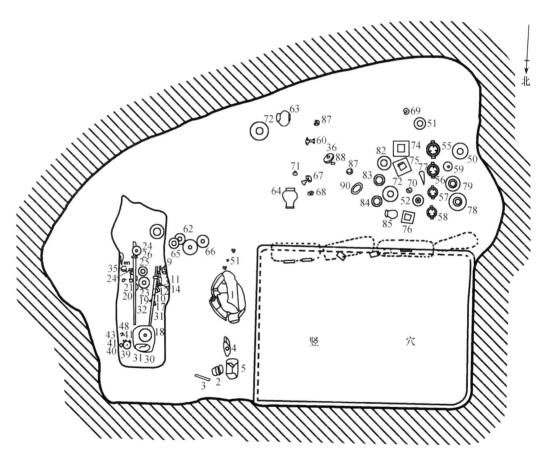

图八　徐州市小龟山M1平面图

　　[1]　南京博物院：《铜山小龟山西汉崖洞墓》，《文物》1973年第4期。
　　[2]　蒋若是：《徐州龟山楚王陵及其家族墓葬之年代、葬制与钱币类型》，《徐州博物馆三十年纪念文集》，北京燕山出版社，1992年，第81—86页。

2. 永城西汉梁王墓地

（1）保安山梁王墓地

1971年发掘的M3，位于保安山西北侧的山脚下，南距M2约200米，属保安山陵墙范围内。为土坑竖穴式，不同于王墓与后墓的横穴崖洞式墓葬，出土有金缕玉衣片588枚，另外还有玉鼻塞、琀、璧、环、饰、玛瑙贝、铜镜等，墓葬时代与M2相距不远，墓主女性，与梁王及其王后墓葬关系密切，墓主很可能为梁孝王的某位夫人[1]。如上文所言，墓地东南的柿园汉墓若为梁王另一王后的墓葬，该墓肯定不能列为王后墓，即使柿园汉墓非另一王后墓，该墓的形制和规模也达不到王后墓的级别。

（2）夫子山梁王墓地

M3位于夫子山西侧山脚下，东为王墓与后墓，相距约200米。M3为"甲"字形土坑石室墓，长方形土坑内用长方形或方形石条砌筑墓道及墓室（图九），墓上封土形成高台，时代为西汉中期偏晚阶段，墓主身份为仅次于梁王（王后）的王室贵族或大臣。[2]

（3）黄土山梁王墓地

M3位于王、后墓之间东侧半山腰的二层台地上，向上与王、后墓葬相距20米，由墓道和墓室两部分组成，应是与黄土山王、后墓有关的王室贵族或大臣的墓葬。[3]

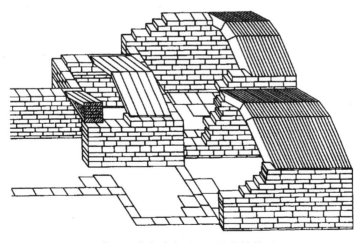

图九　河南永城夫子山三号墓结构图

[1]　河南省商丘市文物管理委员会、河南省文物考古研究所、河南省永城市文物管理委员会：《芒砀山西汉梁王墓地》，文物出版社，2001年，第76—80页。

[2]　商丘地区文物工作队：《河南永城夫子山三号汉墓发掘简报》，《华夏考古》1998年第4期。

[3]　河南商丘地区文物工作队：《河南永城黄土山三号汉墓发掘简报》，《考古与文物》1998年第2期。

（4）永城僖山西汉梁王墓地

M3与王、后墓葬相距100余米，位于南侧山腰，为画像石墓，由墓门、前室、耳室、中室及两侧室等组成，有封土，时代为西汉晚期或稍晚。墓主具有相对较高的身份，与王、后墓有关，为王室成员或相关人员。[1]

夫子山M3、黄土山M3与僖山M3三座墓葬均具有相应规模，较墓地中其他墓葬规模要大，与王墓和后墓的距离亦不远，等级相对较高，但规模比之王后墓要小很多，形制也与后墓不同，因此不可能为王后墓。这三座墓葬的墓主性别未见公布，但公布的资料将墓主判断为与王或王后有关的王室成员，或为大臣，考虑到距离王墓与后墓较近，墓主为所属梁王高级嫔妃的可能性较大。再参考徐州小龟山M1、永城保安山M3二墓及其墓主身份地位，笔者认为，上述墓葬的墓主身份极可能是王之嫔妃，且等级相对较高，大致应仅低于王后的等级。这些墓葬位于王墓与后墓附近，属王墓与后墓所属的陵园内，体现出关系的密切程度，按常理来讲，王室的男性成员或大臣葬在这一区域位置是不恰当的，最大的可能就是与诸侯王有密切关系的女性，即低于王后等级的夫人、嫔妃等，体现的是祔葬功能，而王室的男性成员或大臣则多葬在距离相对较远之处，反映的陪葬性质更为明显，类似的做法在西汉帝陵中也体现得较为突出和明显。帝陵的嫔妃墓葬不仅是西汉帝陵的建设项目之一，而且其规划次序排在"亲属功臣"陪葬墓之前，其位置应当也更近帝、后陵。地位较高的嫔妃，她们大多都为皇帝所宠幸，是皇帝的配偶之一，其生前居于后宫，死后也应葬入相应的位置，而陵园正好是内、外之分的自然界隔[2]。上文所述一些等级较高的墓葬体现出王与高等级嫔妃的关系，形成王墓、后墓与高等级嫔妃墓的布局，这与"一王二后"墓葬布局有着相似性。可以说，王墓、后墓附近区域应是为王之宫廷的再现，具有特殊性，无特殊情况不再规划其他墓葬，而其他男性成员墓葬的规划则是王国的再现，二至之间应有区域差别。这一内容在盱眙大云山江都王汉墓有相对集中、较为明确的反映和体现。该墓地中，陵园墙内南部为"一王二后"墓葬布局，北侧为陪葬墓区，分南北两区，南区陪葬墓有2座（M0、M10），封土与M1北侧封土相邻，西北各有一陪葬坑，墓主为第一代江都王刘非的妃嫔，地位当属仅次于王后的高级妃嫔[3]。二墓北一定距离为墓葬分布密集的北区陪葬墓，数量较多，从南至北，墓主皆为江都王的嫔妃，等级因距离M1的远近逐次降低，体现出统一营造模式下所展现的墓主人之间的等级

［1］　李俊山：《永城僖山汉画像石墓》，《中原文物》1990年第1期。

［2］　马永赢：《汉武帝茂陵陵园布局的几点认识》，《考古与文物》2011年第2期。

［3］　南京博物院、盱眙县文广新局：《江苏盱眙大云山江都王陵M9、M10发掘简报》，《东南文化》2013年第1期。

差异[1]。而从该墓地来看，陵园东墙外的2座陪葬墓中，M17墓主男性，为江都国的高级官吏，M16墓主为其夫人[2]。这二墓的位置和等级、墓主身份也许从一个侧面说明，上文所述高等级袝葬墓的墓主为诸侯王高级妃嫔的可能性更大。

就东汉诸侯王墓来讲，二王后墓合葬王墓的现象已极少见，而与之类似的墓葬或现象也基本不见。

（三）两汉列侯墓地

截至目前，已发现发掘的相对数量的汉代列侯墓地，其中也有与诸侯王墓"一王二后"墓葬布局相似的内容。以西汉列侯墓地居多，东汉列侯墓地数量少，亦有相应变化。

1. 西汉列侯墓地

陕西咸阳杨家湾M4与M5为异坟异穴合葬，二墓西北还有一处墓葬，为西汉早期周勃及周亚夫父子等的墓葬，计3座[3]。

湖南长沙马王堆发现3座规模较大墓葬，其中M2、M1分别为轪侯利苍墓及其夫人辛追墓，M3为利苍儿子轪侯利豨或其兄弟墓葬的可能性较大（图一〇）[4]。永州市鹞子岭西汉墓地，M1墓主为第三代泉陵侯刘庆，M2墓主为刘庆夫人[5]，1984年，在二墓西部偏北清理一座有相应规模的墓葬，墓主刘彊墓为泉陵侯家族成员墓（图一一）[6]。

江苏徐州火山山顶有2座并列墓葬，东男西女，男性墓主刘和着完整银缕玉衣下葬，身份当属列侯，另一墓葬位于西南侧，距离不远。[7]

［1］　南京博物院、盱眙县文广新局：《江苏盱眙县大云山西汉江都王陵北区陪葬墓》，《考古》2014年第3期。

［2］　南京博物院、盱眙县文广新局：《江苏盱眙县大云山西汉江都王陵东区陪葬墓》，《考古》2013年第10期。

［3］　陕西省文管会、陕西省博物馆、咸阳市博物馆杨家湾汉墓发掘小组：《咸阳杨家湾汉墓发掘简报》，《文物》1977年第10期；陕西省文物管理委员会、咸阳市博物馆：《陕西省咸阳市杨家湾出土大批西汉彩绘陶俑》，《文物》1966年第3期。

［4］　湖南省博物馆、中国科学院考古研究所：《长沙马王堆一号汉墓》，文物出版社，1972年；湖南省博物馆、湖南省文物考古研究所：《长沙马王堆二、三号汉墓·第一卷·田野考古发掘报告》，文物出版社，2004年。

［5］　湖南省文物考古研究所、永州市芝山区文物管理所：《湖南永州市鹞子岭二号西汉墓》，《考古》2001年第4期。

［6］　零陵地区文物工作队：《湖南永州市鹞子山西汉"刘彊"墓》，《考古》1990年第11期。

［7］　耿建军、盛储彬：《徐州火山汉墓》，《中国考古学年鉴·1997年》，文物出版社，1999年，第132、133页。

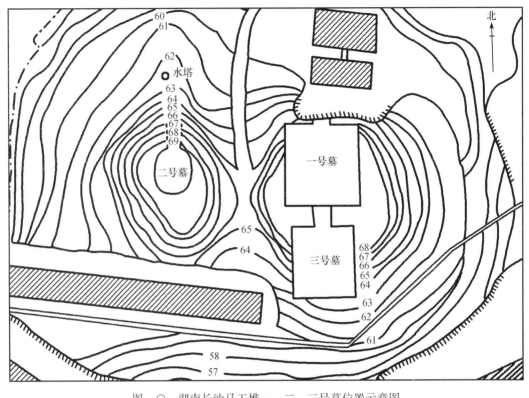

图一〇　湖南长沙马王堆一、二、三号墓位置示意图

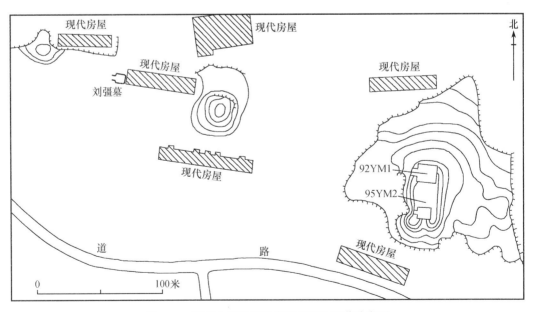

图一一　湖南永州鹞子岭泉陵侯墓地墓葬分布图

青岛市平度界山M1、M2相距约9米，M1墓主为女性，M2墓主为男性，可能为西汉中期的某位平度侯及其夫人墓葬，在M1东南约30米处还发现一座汉墓，为M3，墓葬有相应规模，陪葬品也较丰富，可能为列侯家族成员墓葬。[1]

河北邢台南郊汉墓为西汉南曲侯刘迁墓，所在墓地另有2座规模较大墓葬，三墓封土东西一字毗连，各距数十米[2]。

另如江西南昌海昏侯墓地，刘贺与其夫人墓位置靠前，东西并列，刘贺墓北还有具有相应规模的封土墓[3]，其中M5的墓主为刘贺儿子刘充国（图一二）[4]。

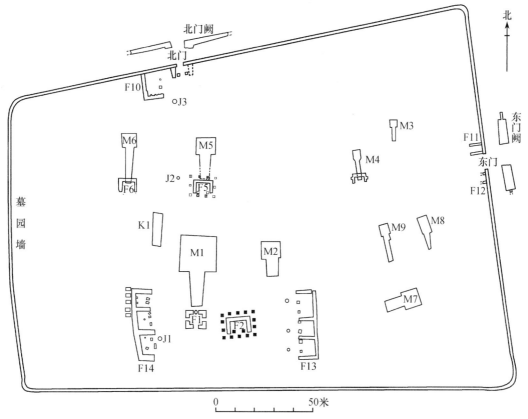

图一二　江西南昌海昏侯墓园平面图

［1］　青岛市文物局、平度市博物馆：《山东青岛市平度界山汉墓的发掘》，《考古》2005年第6期。

［2］　河北省文物管理处：《河北邢台南郊西汉墓》，《考古》1980年第5期。

［3］　江西省文物考古研究所、南昌市博物馆、南昌市新建区博物馆：《南昌市西汉海昏侯墓》，《考古》2016年第7期。

［4］　柯中华、伍文珺：《南昌汉代海昏侯国考古发掘取得新进展——墓园五号墓主人或为海昏侯长子》，《中国文化报》2018年2月1日第2版。

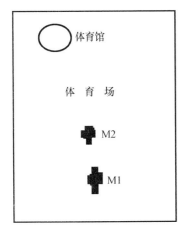

图一三　安徽淮北李楼M1、M2相对位置图

2. 东汉列侯墓地

安徽淮北李楼M1为夫妻同穴合葬墓，男性墓主可能为嗣位列侯或级别相当的达官显贵，该墓北部偏西不远为M2，规模也较大（图一三）。[1]

河南濮阳南乐宋耿洛东汉墓地"品"字形排列带封土的三座墓葬，每墓相距约30米，墓向均偏东南，墓葬时代皆为东汉晚期，M1墓主很可能为宦者侯具瑗，M2、M3的男性墓主为继承具瑗爵位者（图一四）。[2]

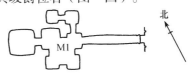

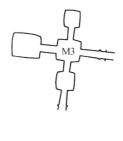

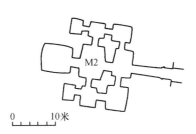

图一四　河南濮阳南乐宋耿洛东汉墓地墓葬分布图

河省石家庄市北肖家营墓地，南北排列三座墓葬，墓向一致，规模皆较大，M2位置居中，墓主应为男性侯爵，M3墓主为具有侯爵身份男性的夫人，M1则可能是其家族

---

[1]　安徽省文物考古研究所、淮北市博物馆：《安徽淮北市李楼一号、二号东汉墓》，《考古》2007年第8期。

[2]　安阳地区文管会、南乐县文化馆：《南乐宋耿洛一号汉墓发掘简报》，《中原文物》1981年第2期；河南大学历史文化学院、南乐县文化广电体育旅游局编：《南乐汉墓》，中州古籍出版社，2015年。

成员（图一五）。[1]

大致来看，汉代列侯墓地的相关墓葬在分布和位置上与诸侯王墓地的"一王二后"墓葬布局较为相似，尤其是以3座有相应规模汉代墓葬为主体的墓葬布局尤为相似。此类西汉列侯墓地中，3座墓葬大多为独立封土，仅个别有2墓共用一个大的封土者，皆是每墓各葬1人，而且规模、形制相当或接近，与诸侯王墓"一王二后"墓葬布局最为相似。但是，统计上述墓地，列侯墓及夫人墓之外的另一座墓葬的墓主基本为男性，等级较高，应是列侯家族而且很可能是家庭中亲近或血缘关系较亲密的家庭成员，海昏侯刘贺墓北祔葬有其子刘充国的墓葬也是很好的说明。东汉时期的列侯墓葬中，有异穴合葬，相关墓葬的内容与西汉列侯墓葬相似，如石家庄市北肖家营墓地；有的为宦者侯，附近的2座墓葬则为继承爵位人员夫妻的合

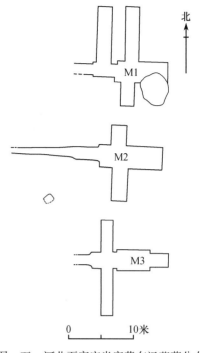

图一五　河北石家庄肖家营东汉墓葬分布示意图

葬墓，也有列侯与夫人同穴合葬者，如淮北李楼东汉M1，附近规模相似、等级接近的M2的男性墓主亦是M1墓主的家庭成员。以上说明，汉代列侯墓地中有与诸侯王墓"一王二后"墓葬布局相似的布局和分布，但在墓主身份上有着明显差异，性质也有着本质区别，即诸侯王墓中的二后墓葬是王墓的合葬墓，而列侯墓地的相关墓葬则是关系密切家庭成员的墓葬，为列侯墓的祔葬墓。

五、"一王二后"墓葬布局及相关内容所体现高等级家庭的成员关系及相关问题

汉代诸侯王墓地的"一王二后"墓葬布局反映出诸侯王与王后的合葬内容，合葬所体现或反映内容中最为直接的就是家庭中夫妻，而相关内容所涉及的更多则是家庭主要成员、其他成员及相关问题。

汉代诸侯王墓地中，非同穴合葬者，诸侯王墓在墓地中的地位最尊，占据最核心的位置，王后墓的等级则仅次于王墓，其在墓地中的位置和地位有十分重要，反映出

[1]　河北省文物研究所、石家庄市文物研究所：《河北石家庄肖家营汉墓发掘报告》，《河北省考古文集》（三），科学出版社，2007年，第73—97页。

诸侯王与王后作为夫妻在诸侯国的权力地位及其等级身份，也体现出二者作为诸侯王家庭最重要成员的密切关系。

从已知汉代诸侯王墓地来看，一王墓与一后墓的组合布局最为常见，可以说明多数诸侯王在位期间仅有一位王后，该王后去世后与诸侯王合葬一处，体现出较多诸侯王家庭中的夫妻内容。这也说明，正常情况下，一王一后是诸侯王家庭中稳定的夫妻关系。虽然诸侯王有着较高的身份等及其权力地位，全部或绝大多数还都会有夫人、嫔妃及其他女性，但就正妻而言，仅有王后一人，即一个诸侯王不可能同时拥有两个王后或正妻，这是礼仪要求，也应是制度规定，换言之，一夫一妻是汉代夫妻的正常形态，这已被社会各阶层包括诸侯王等普遍接受，也大致作为制度和规定在社会中广泛推行。

王后地位较尊，等级较高，作为王之正妻，正常情况下其死后当与诸侯王合葬在同一墓地。而如上文所言，一个诸侯王不可能同时拥有两个王后或正妻，但有些诸侯王墓地却存在"一王二后"的墓葬布局，体现的是一王、二王后的内容。对于这一问题最合理的解释就是诸侯王有存在先后顺序且无时间交叉的两个王后。某一诸侯王在位期间，王后早死的情况并不意外，该已去世王后按合葬制度葬于墓地之中，其后诸侯王还可再立王后，再立或后立的王后去世后也与诸侯王合葬于同一墓地，这样就形成了西汉诸侯王墓地中的"一王二后"墓葬布局。这种墓葬布局，不仅可解释西汉诸侯王墓地中有和后墓规模相当、形制相近、埋藏内容相似、等级较高且多数距离较近王墓的另一女性墓葬的性质和归属，也说明原王后去世后，诸侯王可再立新的王后，这在制度上应该是允许的，而且再立的王后可享有王后所应拥有的权力、地位和等级、身份，并能在死后与诸侯王合葬于墓地之中，葬制上也是按王后等级安葬。当然，也应有诸侯王在王后去世后不再新立王后，墓地中的合葬形式即是一王墓和一后墓。也有特殊情况存在。如西汉定陶王墓地的两座后墓，一座为恭王刘康原王后，即张王后的墓葬，另一座为丁姬墓。恭王刘康在位时纳娶丁姬为妾，但并未在张王后去世后将丁姬立为新王后，而是丁姬子刘欣即位为皇帝（汉哀帝）后，尊奉丁姬为恭皇后，建平二年（公元前5年），丁姬去世，哀帝刘欣派人为丁姬起陵于恭皇（刘康）的园陵之中，将母亲与父亲合葬于同一墓地[1]。虽然丁姬并非刘康在位时所立的新王后，但也是在原张王后去世后再立为王后的，这在前后顺序和形式上与上述情况较为相似，也或许从侧面说明朝廷是允许诸侯王在原王后去世后可以再立或新立王后的。

还有两点需作说明。第一，虽然汉代诸侯王在原王后去世后可再立新后，且新王后在较多方面与原王后一样或相同，但由于是再立的王后，正常情况下，至少在丧葬方面较之原王后，是处于次位或有差别的，在墓地中的位置、与王墓的距离和位置、

---

[1]　（汉）班固：《汉书·外戚传》，中华书局，1962年，第4002、4003页。

墓葬的具体形制和规模、埋藏内容等等皆有体现，抑或反映出现实生活中原配与再立王后的相应差别，这可能与汉代社会伦理及其家庭观念等有着一定关系。有些诸侯王墓地，再立王后去世后与王墓同位于一个大的封土堆下，从外观上看，仍是一王墓、一后墓的墓葬布局也大致可说明相关的问题。第二，从考古资料看，多数汉代夫妻合葬墓中，男性的去世时间要早于女性，诸侯王也不例外，结合文献记载，较多诸侯王比之王后先去世，这样就避免了"一王二后"墓葬布局的出现，也应是"一王二后"墓葬布局相对较少的原因之一。

　　一些诸侯王墓地，尤其是西汉诸侯王墓地中还发现与"一王二后"墓葬布局在位置、分布等方面较相似的墓葬布局，但相关墓葬的形制、规模等较之后墓有明显差别，考虑到墓葬位置及墓主性别，墓主人基本应是身份等级仅低于王后的高级嫔妃，如夫人等，体现出诸侯王家庭中除王后之外王的其他配偶情况。再参考盱眙大云山西汉江都王墓地，陵园内众多墓葬的布局及墓主身份，充分反映了诸侯王后宫与王有关的不同女性，基本都应是王之配偶，但身份不同，等级存在差异，这也应是诸侯王家庭的内容之一。

　　汉代帝陵体现的基本是一帝一后的合葬布局，东汉时期帝后大多数是合葬于同一墓穴中，西汉则全部是异坟。就西汉帝后陵墓来讲，存在有特殊情况，如汉武帝茂陵没有皇后陵，但有李夫人陵，与武帝陵基本达到了同陵异坟异穴[1]；汉元帝渭陵有傅皇后与王皇后2座后陵，但有特殊原因，与西汉晚期社会政治有关。就整体而言，一帝陵一后陵应是西汉帝后陵墓的基本配置。西汉时期，后宫与皇帝有关的女性较多，据《汉书·外戚传》记载："汉兴，因秦之称号，帝母称皇太后，祖母称太皇太后，嫡称皇后，妾皆称夫人。又有美人、良人、八子、七子、长使、少使之号焉。至武帝制婕妤、娙娥、傛华、充依，各有爵位，而元帝加昭仪之号，凡十四等云。"[2]除帝母、帝祖母外，基本可视为皇帝的不同等级身份的配偶。根据史料，西汉时期皇帝可以废原皇后，并可再立新皇后，但与皇帝合葬于帝陵的皇后正常情况下应该只有一个，这一制度也较严格，即皇帝基本只能有一个正妻合葬，其他一些女性死后则祔葬与帝后陵墓附近，但与帝陵陵区中的其他陪葬墓有明显界隔，较多西汉帝陵可体现。

　　与诸侯王墓地"一王二后"墓葬布局相似的汉代列侯墓地中，除列侯及其夫人的墓葬外，其他墓葬的墓主基本是列侯家庭中重要的男性成员或其夫妇，当然也不能完全排除相关墓葬的墓主为与列侯有密切关系女性的可能，但更多应为与列侯关系密切

　　[1]　咸阳市文物考古研究所：《汉武帝茂陵钻探调查简报》，《考古与文物》2007年第6期；陕西省考古研究院、咸阳市文物考古研究所、茂陵博物馆：《汉武帝茂陵考古调查、勘探简报》，《考古与文物》2011年第2期。
　　[2]　（汉）班固：《汉书·外戚传》，中华书局，1962年，第3935页。

的男性家庭成员。

大致来看，"一王二后"墓葬布局体现的是王与二王后的关系，诸侯王墓地中与之相似位置和布局相关墓葬则基本与诸侯王的其他女性有关，帝陵中渭陵的布局具有特殊性，与社会政治有关，列侯墓地中相似位置和布局的有关墓葬，墓主则多是与列侯关系密切的男性家庭成员，即子嗣的可能性较大。这些汉代高等级墓地的相关墓葬在布局、分布上具有相似性，但因主墓墓主身份地位的不同及其具体墓葬的差异，体现出对应家庭成员的不同内容和性质。

综上所述，一些汉代诸侯王墓地存在二座王后墓合葬王墓的情况，这与诸侯王的原王后去世较诸侯王早，诸侯王再立新王后有关，而再立的王后去世后亦与王合葬于同一墓地。汉代高等级墓地中还有类似的墓葬布局，有的具有特殊性，有的则因相关墓葬的形制、规模等的差异，体现出诸侯王与嫔妃及其他女性的关系，而列侯墓地则更多的是家庭男性成员。可以说，汉代高等级墓地出现的"一王二后"墓葬布局及其与之相关的布局和墓葬，不仅可对汉代高等级人员丧葬中的合葬、祔葬及相关内容有较为深入的认识，也对研究汉代高等级人员的相关家庭内容提供了相应的参考。

洛阳东汉墓出土韩君残碑浅析

——兼谈汉代墓碑流行的时间与路线

张鸿亮

（洛阳师范学院历史文化学院）

摘要：2012年在河南偃师龙府社区东汉墓出土韩君残碑2通，仅就保存较好的1号碑略作分析。碑首圭形、碑身带穿孔，复原碑圭首高67厘米，通高约276、身宽95厘米。碑首篆书，两列，每列3字；碑身隶书，杂有隶形篆体字，复原共15列，每列满字约32字，碑文残留共计约144字。依碑文记载，碑主为东汉司空韩棱第五代孙韩基，可能为父城县长，立碑年代约在灵帝末年。汉代墓碑最初在西汉晚期的齐鲁地区形成雏形，经过东汉早期的缓慢演变，最终在东汉安帝时期的洛阳地区发展成熟并开始流行，之后影响到全国各地。

关键词：洛阳；东汉墓；韩君墓碑；年代

2012年6月，在河南洛阳偃师市高龙镇龙府社区基建过程中，发掘了两座东汉墓，其中M20盗洞内出土汉碑残块多件，具体出土情况见《河南偃师龙府社区东汉墓发掘简报》[1]，下文就汉碑相关问题进一步探讨，不当之处敬请方家指正。

一、形 制 分 析

汉碑残块经辨认，按碑首形制分属2通汉碑，即1号圭首碑和2号圆首碑，均为篆书，书有"韩"字，且称之为韩君残碑。

碑身为隶书，文字形制、大小相同，出自一人之手，参考行文体例，碑文上下基本连贯，应属同一通碑。且碑身上部石质颜色泛白，斑纹较多，有气孔，与1号圭首碑石质相同。因此，初步认为，1号碑包括碑首1号、3号，及所有碑身残块；2号碑，仅存碑首2号、4号，整体石质颜色较深，表面光滑，斑纹较少，少有气孔，字体大小虽有差异，但石质特征、厚度相同。因2号碑残缺太甚，下文结合相关文献，仅就1号碑

---

［1］ 偃师市文物旅游局、洛阳市文物考古研究院：《河南偃师龙府社区东汉墓发掘简报》，《文物》待刊。

形制略作分析。

目前发现形制为"圭首碑身带穿孔"的汉碑，题额文字底部水平线一般接近圭首底部，大多穿孔位于题额与碑身正文顶部之间，如汉故雁门太守鲜于君碑[1]。而韩君残碑则与汉故益州太守北海相景君铭[2]相似，穿孔位于碑身正文中部靠上，与题额对齐，据此，初步对韩君残碑进行复原（图一）。复原碑圭首高67厘米，通高约276、身宽95厘米。

碑首篆书，两列，每列3字，书"故父城」长韩君"。

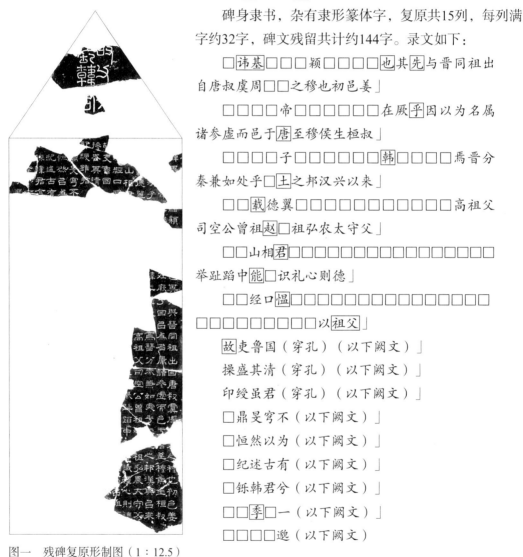

碑身隶书，杂有隶形篆体字，复原共15列，每列满字约32字，碑文残留共计约144字。录文如下：

□讳基□□□颍□□□□也其先与晋同祖出自唐叔虞周□□之穆也初邑姜」

□□□□帝□□□□□□在厥乎因以为名属诸参虚而邑于唐至穆侯生桓叔」

□□□□子□□□□韩□□□□焉晋分秦兼如处乎□土之邦汉兴以来」

□□载德翼□□□□□□□□□□高祖父司空公曾祖赵□祖弘农太守父」

□□山相君□□□□□□□□□□□□举趾蹈中能□识礼心则德」

□□经口愠□□□□□□□□□□□□□□□□□以祖父」

故吏鲁国（穿孔）（以下阙文）」

操盛其清（穿孔）（以下阙文）」

印绶虽君（穿孔）（以下阙文）」

□鼎旻穷不（以下阙文）」

□恒然以为（以下阙文）」

□纪述古有（以下阙文）」

□铄韩君分（以下阙文）」

□□季□一（以下阙文）」

□□□□邀（以下阙文）

图一　残碑复原形制图（1∶12.5）

---

[1]　天津市文物管理处考古队：《武清东汉鲜于璜墓》，《考古学报》1982年第3期。

[2]　徐玉立主编：《汉碑全集》，河南美术出版社，2006年，第482—530页。

二、碑文考释

主要针对1号圭首碑。

（一）碑首

"故父□/长韩君"，以上、下部分残缺空间及字义来看，不再有其他文字。该种碑首体例一般为（汉）故＋官职＋姓氏＋（之）碑（或铭）等，如顺帝汉安二年（143年）的《汉故益州太守北海相景君铭》，桓帝延熹八年（165年）的《汉故雁门太守鲜于君碑》，约灵帝建宁元年（168年）的《汉故执金吾丞武荣碑》[1]，熹平二年（174年）的《汉故司隶校尉忠惠父鲁君碑》[2]，灵帝中平三年（186年）的《汉故谷城长荡阴令张君表颂》[3]等。

"父□长"当为官职，中央官职中无以"父"开头者，应属地方官职，仅见"父城县"，属"颍川郡"。《后汉书·冯异传》："冯异字公孙，颍川父城人也。……汉兵起，异以郡掾监五县，与父城长苗萌共城守，为王莽拒汉。"[4]

残留笔画也与"城"字吻合，因此，碑首当为"故父城｜长韩君"。

（二）碑身

残留首字右半"韦"，按照东汉碑文关于碑主介绍的惯例，一般为"君讳某，字某某，某某（郡）某某（县）人"，如《金乡长侯成碑》："君讳成，字伯盛，山阳防东人也"[5]。据此，推测碑文为"讳"，而非"韩"字。

"□颍"，位于"讳基"下侧，应表示籍贯地，"颍"可能为"颍川"。《后汉书·韩棱传》："韩棱字伯师，颍川舞阳人"[6]。

---

[1] （清）严可均辑：《全后汉文》卷一百一，商务印书馆，1999年，第1015页。

[2] （清）严可均辑：《全后汉文》卷一百二，商务印书馆，1999年，第1032、1033页。

[3] （清）严可均辑：《全后汉文》卷一百五，商务印书馆，1999年，第1056、1057页。

[4] （宋）范晔撰，（唐）李贤等注：《后汉书》卷十七《冯岑贾列传》，中华书局，1965年，第639页。

[5] （清）严可均辑：《全后汉文》卷一百一，商务印书馆，1999年，第1021页。

[6] （宋）范晔撰，（唐）李贤等注：《后汉书》卷四十五《袁张韩周列传》，中华书局，1965年，第1534页。

"与晋同祖"。《史记·韩世家》："韩之先与周同姓，姓姬氏。"[1]该段说明韩氏先祖的来源。

"出自唐叔虞"。《史记·晋世家》："晋唐叔虞者，周武王子而成王弟。"[2]《周礼·春官·小宗伯》："辨庙祧之昭穆。"郑玄《注》曰："父曰昭，子曰穆。"[3]因此，结合残留笔画，碑文"周□□之穆也"中阙二字当为"武王"。

"初邑姜」□□□□帝□□□□□□在厥⟨乎⟩，因以为名，属诸参。""邑姜"即唐叔虞之母。《史记·晋世家》："武王与叔虞母会时，梦天谓武王曰：'余命女生子，名虞，余与之唐。'及生子，文在其手曰'虞'，故遂因命之曰虞。"集解左传曰："邑姜方娠太叔。"服虔曰："邑姜，武王后，齐太公女也"[4]。《左传·昭公·昭公元年》："当武王邑姜方震大叔，梦帝谓己：'余命而子曰虞，将与之唐，属诸参，其蕃育其子孙'。"[5]该段主要说明"叔虞"的来历。

"虚而邑于⟨唐⟩"。《史记·晋世家》："武王崩，成王立，唐有乱，周公诛灭唐。成王与叔虞戏，削桐叶为珪以与叔虞，曰：'以此封若。'史佚因请择日立叔虞。成王曰：'吾与之戏耳。'史佚曰：'天子无戏言。言则史书之，礼成之，乐歌之。'于是遂封叔虞于唐"[6]。该段讲述"叔虞"封于"唐"的原因与经过。

"至穆侯生桓叔，」□□□□子□□□□□⟨韩⟩□□□□焉。"《史记·晋世家》："武公称者，先晋穆侯曾孙也，曲沃桓叔孙也。桓叔者，始封曲沃。武公，庄伯子也。自桓叔初封曲沃以至武公灭晋也，凡六十七岁，而卒代晋为诸侯。"[7]该段可能讲述晋国历史中一次"非法"的变革，似乎也是为赵、魏、韩三家分晋提供合法依据。按照上下文所述史实的时间推测，所阙文字可能涉及"三家分晋"前"韩氏"的发展情况。《史记·韩世家》："其后苗裔事晋，得封于韩原，曰韩武子。武子后三世有韩厥，从封姓为韩氏。"[8]

"晋分秦兼，如处乎□⟨土⟩之邦"。主要讲述三家分晋、秦兼天下时期"韩氏"家族的生存状况。

"汉兴以来，」□□⟨载⟩德翼□□□□□□□□□□□高祖父司空公，曾祖⟨赵⟩□，祖弘农太守，父」□□山相。"该段为进入汉代以来韩氏先祖的经历，所阙部分当主

[1]　（汉）司马迁：《史记》卷四十五《韩世家》，中华书局，1959年，第1865页。
[2]　（汉）司马迁：《史记》卷三十九《晋世家》，中华书局，1959年，第1635页。
[3]　杨天宇译注：《周礼译注》，上海古籍出版社，2004年，第285页。
[4]　（汉）司马迁：《史记》卷三十九《晋世家》，中华书局，1959年，第1635页。
[5]　杨伯峻：《春秋左传注》，中华书局，1990年，第1218页。
[6]　（汉）司马迁：《史记》卷三十九《晋世家》，中华书局，1959年，第1635页。
[7]　（汉）司马迁：《史记》卷三十九《晋世家》，中华书局，1959年，第1640页。
[8]　（汉）司马迁：《史记》卷四十五《韩世家》，中华书局，1959年，第1865页。

要为西汉时期。关于碑主世系的介绍，仅有东汉韩棱可与之对应。《后汉书·韩棱传》："（和帝永元）九年冬，代张奋为司空。明年薨。子辅，安帝时至赵相。棱孙演，顺帝时为丹阳太守，政有能名。桓帝时为司徒。……后复征拜司隶校尉。"[1]结合文献与碑文残留笔画可知，碑文"曾祖"之后为"赵相"。"祖弘农太守"可能为韩演之兄弟。

"司空"为汉代"三公"之一，"赵相"即"赵国相"。"□山相君"中可能指"常山相"或"中山相"，常山国、中山国均属冀州刺史部，延续时间较长。诸侯国相，《后汉书·百官志》："皇子封王，其郡为国，每置傅一人，相一人，皆二千石。……相如太守。有长史，如郡丞。"[2]该段介绍了韩氏进入汉代之后的显赫地位，可谓"家世二千石"。

"举趾踽中"至"□纪述古有"。该段及前后所阙可能主要描述碑主的仕宦功绩与品行。其中"故吏鲁国"，指故吏中有鲁国人，也说明此碑可能为碑主的"故吏"们合资建造。由门生、故吏立碑在当时比较流行，如蔡邕撰《太尉胡广碑》中"故吏济阴池喜"[3]，《太尉李咸碑》中"故吏颍川太守张温等"[4]，《太尉乔玄碑》中"故吏司徒博陵顾烈、廷尉河南吴整等"[5]等。

又《泰山都尉孔宙碑》中"故吏门人"[6]，《沛相杨统碑》中"故吏戴条等"[7]等。

"旻穹不□"，前后一般叙述碑主年龄，死亡时间，如《繁阳令杨君碑》："复绍祖烈，旻穹不惠。年五十一，熹平三年三月己丑卒。"[8]《堂邑令费凤碑》："旻天不吊，命也早殁。春秋六十六。"[9]《小黄门谯敏碑》："昊天不惠，降兹凶疾，年五十有七，以中平二年三月九日戊寅卒"[10]。

"□铄韩君兮"之后，应属于碑文的"辞"（或"颂""铭"），主要对碑主的德行进行颂扬。

---

[1]　（宋）范晔撰，（唐）李贤等注：《后汉书》卷四十五《袁张韩周列传》，中华书局，1965年，第1536页。

[2]　（宋）范晔撰，（唐）李贤等注：《后汉书》志第二十八《百官五》，中华书局，1965年，第3627页。

[3]　（清）严可均辑：《全后汉文》卷七十六，商务印书馆，1999年，第768页。

[4]　（清）严可均辑：《全后汉文》卷七十六，商务印书馆，1999年，第772页。

[5]　（清）严可均辑：《全后汉文》卷七十七，商务印书馆，1999年，第774页。

[6]　（清）严可均辑：《全后汉文》卷七十七，商务印书馆，1999年，第1009页。

[7]　（清）严可均辑：《全后汉文》卷七十七，商务印书馆，1999年，第1016页。

[8]　（清）严可均辑：《全后汉文》卷七十七，商务印书馆，1999年，第1035页。

[9]　（清）严可均辑：《全后汉文》卷七十七，商务印书馆，1999年，第1039页。

[10]　（清）严可均辑：《全后汉文》卷七十七，商务印书馆，1999年，第1057页。

综上分析，碑身释文如下：

君讳基，字□□，颍川舞阳人也。其先与晋同祖，出自唐叔虞，周武王之穆也。初邑姜」□□□□帝□□□□□□在厥乎，因以为名，属诸参，虚而邑于唐。至穆侯生桓叔，」□□□□子□□□□□□韩□□□□焉。晋分秦兼，如处乎□土之邦。汉兴以来，」□□载德，翼□□□□□□□□□□□□□高祖父司空公，曾祖赵相，祖弘农太守，父」□□山相，君□□□□□□□□□□□□□举趾蹈中，能□识礼，心则德」□□经□愠□□□□□□□□□□□□□□□□□以祖父。」故吏鲁国（穿孔）（阙27字）」操盛其清（穿孔）（阙27字）」印绶虽君（穿孔）（阙27字）」□鼎，旻穹不（阙27字）」□恒然以为（阙27字）」□纪述古有（阙27字）」□铄韩君兮（阙27字）」□□季□一（阙27字）」□□□□邈（阙字不详）

三、墓碑年代

碑文以前半部分保存较好，主要介绍了碑主的世系渊源，而有关碑主本人的重要信息缺失，依碑文记载，碑主为东汉司空韩棱第五代孙。据考证，汉代结婚年龄是男子十五六岁，女子十三四岁[1]。若以每代间隔16—20年计，四代之后距和帝永元十年（98年）韩棱去世约64—80年，即汉桓帝延熹五年（162年）至灵帝熹平七年（178年）。

下文结合洛阳周边已发现的汉碑进行对比分析。目前已知保存较好的有肥致碑[2]、司徒袁安碑、汉安乡侯张禹碑、甘陵相尚府君（博）之碑、汉循吏故闻喜长韩仁铭[3]、司徒袁敞碑、冀州从事冯君碑[4]等。就碑文而言，除袁安、袁敞碑为篆书外，其余均为隶书。碑首形制，肥致碑、韩仁铭为圆首，冯君碑为圭首，其余不详。碑身穿孔，除肥致碑、张禹碑外均有穿孔。年代方面，张禹碑立于安帝永初七年（113年），袁安、袁敞碑立于安帝元初四年（117年），冯君碑立于顺帝汉安元年（142年），肥致碑立于灵帝建宁二年（169年），韩仁铭立于灵帝熹平四年（175年），甘陵相尚府君残碑约立于灵帝光和六年前（183年）。比较而言，韩君残碑碑首篆书、碑身隶书，碑首圭形，碑身有穿孔，甚至文字特点等，与甘陵相尚府君残碑有较多相似

---

［1］　杨树达：《汉代婚丧礼俗考》，上海古籍出版社，2000年，第17—19页。

［2］　河南省偃师县文物管理委员会：《偃师县南蔡庄乡汉肥致墓发掘简报》，《文物》1992年第9期。

［3］　黄明兰、朱亮：《洛阳名碑集释》，朝华出版社，2003年，第5—23页。

［4］　徐玉立主编：《汉碑全集》，河南美术出版社，2006年，第280—287、455—464页。

之处，年代上可能较为接近。

　　综上，韩君残碑的年代约在灵帝末年，下限应在献帝初平元年（190年）之前。东汉末年，董卓之乱后洛阳遭受彻底破坏。《后汉书·孝献帝纪》载：初平元年（190年）二月，"丁亥，迁都长安。董卓驱徙京师百姓悉西入关，自留屯毕圭苑"。三月"己酉，董卓焚洛阳宫庙及人家"。二年二月，"袁术遣将孙坚与董卓将胡轸战于阳人，轸军大败。董卓遂发掘洛阳诸帝陵"[1]。一般认为，以此时为转折，因经济凋敝，防止盗墓等因素，洛阳东汉的封土墓基本消失，墓碑作为明显的地表标示物，自然也不复存在。

四、碑主身份

　　韩君残碑出土区域，位于东汉帝陵洛南陵区的陪葬墓区，其西侧辛村曾发现东汉司徒袁安、袁敞父子墓碑，中友电力西晋墓中则见东汉太尉张禹墓碑。袁安、张禹均位列三公，具备陪葬帝陵的资格。《后汉纪·孝和皇帝纪》：（永元四年，司徒袁安）"临终遗令曰：'备位宰相，当陪山陵，不得归骨旧土。'"[2]《太尉杨震碑》："（子太尉杨秉）复登上司陪陵京师。"[3]袁安先后在章帝、和帝时任司空、司徒，张禹在和帝时任太尉，葬于洛南陵区可视为陪葬和帝[4]。

　　而韩君官职"父城长"，显然不够陪陵资格，可能是作为家族墓入葬陵区。其高祖父韩棱，文献中并未说明葬入何处，其在和帝时任司空，与袁安、张禹处于同一时代，死后一同陪葬和帝，似乎也在情理之中。若此，出土韩君残碑的M20与邻近的M19，应属于韩棱家族墓园的组成部分。东汉陵区内已发现的墓园如洛南陵区的阎楼陪葬墓园有7座封土墓[5]，邙山陵区的朱仓"李密冢"东汉墓园有5座封土墓[6]，因此，韩氏家族墓园如延续5代之久，墓葬数量当不在少数，韩演墓可能也在其中。

　　洛阳作为东汉都城所在地，达官显贵云集于此，汉碑数量应不在少数，由于地处

　　［1］　（宋）范晔撰，（唐）李贤等注：《后汉书》卷九《孝献帝纪》，中华书局，1965年，第369—371页。

　　［2］　（晋）袁弘撰、李兴和点校：《袁弘〈后汉纪〉集校》，云南大学出版社，2008年，第167页。

　　［3］　（清）严可均辑：《全后汉文》卷一百二，商务印书馆，1999年，第1030页。

　　［4］　张鸿亮、卢青峰：《略谈东汉帝陵陪葬墓茔域问题》，《华夏考古》2014年第3期。

　　［5］　洛阳市第二文物工作队、偃师市文物管理委员会：《偃师阎楼东汉陪葬墓园》，《文物》2007年第10期。

　　［6］　张鸿亮：《洛阳孟津朱仓李密冢东汉墓园》，国家文物局主编：《2014中国重要考古发现》，文物出版社，2015年，72—75页。

中原，人类活动频繁，历经千年屡遭破坏，如张禹碑、甘陵相尚府君残碑分别出土于西晋墓、北魏墓中。韩君残碑的发现，对丰富洛阳地区汉碑的数量，进一步了解汉碑的形制均有积极意义。

五、汉代墓碑流行的时间与路线

关于汉碑的数量，《汉碑全集》中收录各种题材石刻360余件，绝大部分年代为东汉时期。也有学者专门对东汉碑刻进行统计，达160余品，其中墓碑为大宗，山东约占总数的40%，加上邻近的河南，所占比例更是高达60%。排在其后的是陕西、四川[1]。汉碑的分布尤以山东、苏北、豫东一带较为集中，并且年代也较早，内容题材广泛，如山东滕州新莽天凤三年（16年）的莱子侯刻石[2]，涉及封田祭祀，告诫子孙。真正用作墓碑，目前最早见于山东平邑的麃孝禹碑[3]，年代为西汉晚期的河平三年（前26）。因此，汉代墓碑很可能在西汉晚期源于齐、鲁故地。

目前洛阳地区发现最早的汉碑是侍廷里父老僤买田约束石券[4]，出土于洛阳盆地中部的偃师缑氏，年代为章帝建初二年（77年），内容涉及民间组织"僤"集体土地继承的契约。典型的墓碑主要有前文所述的肥致碑，司徒袁安、袁敞碑，汉安乡侯张禹碑，甘陵相尚府君（博）之碑，汉循吏故闻喜长韩仁铭，冀州从事冯君碑，以及本次发现的父城长韩君碑。此外，还有贾武仲妻马姜墓记[5]，出土于洛阳邙山，刻于黄肠石上，形制更近似于石刻题记，年代为殇帝延平元年（106年），早于洛阳目前发现的所有东汉墓碑。以上分析可知，洛阳地区汉碑开始流行的时间约在安帝之后，延续至桓灵时期，董卓之乱后消亡，具体约从107年至190年，前后持续80余年。

通过比较《汉碑全集》中典型墓碑的年代发现，洛阳地区的安乡侯张禹碑，司徒袁安、袁敞碑等其年代在全国范围内仍属较早。由此可以设想汉代墓碑的传播路径：最初在西汉晚期的齐鲁地区形成雏形，经过东汉早期的缓慢演变，最终在东汉安帝时期的洛阳地区发展成熟并开始流行，之后影响到全国各地。

东汉中期以后墓碑的广泛流行，应与当时的社会背景密切相关。首先，随着明

[1]　卢蓉：《中国墓碑研究》，苏州大学博士学位论文，2013年，第24页。
[2]　徐玉立主编：《汉碑全集》，河南美术出版社，2006年，第62—66页。
[3]　徐玉立主编：《汉碑全集》，河南美术出版社，2006年，第39—46页。
[4]　徐玉立主编：《汉碑全集》，河南美术出版社，2006年，第136—140页。
[5]　徐玉立主编：《汉碑全集》，河南美术出版社，2006年，第266—273页。

帝时期针对光武帝刘秀原陵"上陵礼"[1]（陵祭）的正式确立，之前就已存在的"墓祭"习俗算是得到官方的正式认可，墓前建筑开始增多，为墓碑的流行提供了客观条件。其次，东汉社会普通阶层盛行厚葬，为遏制这种风气，东汉早中期几乎每个成年皇帝都颁布有禁止厚葬的诏令，和帝之前统治比较稳固，从安帝开始，宦官、外戚内斗不断，国力开始衰落，政府管理似乎也较为松弛，墓碑的流行恰好也是从此时开始。

---

[1]　《后汉书》志第四《礼仪上》："正月上丁，祠南郊。礼毕，次北郊，明堂，高庙，世祖庙，谓之五供。五供毕，以次上陵""西都旧有上陵。东都之仪，百官、四姓亲家妇女、公主、诸王、大夫、外国朝者侍子、郡国计吏会陵。……八月饮酎，上陵，礼亦如之。"（宋）范晔撰，（唐）李贤等注：《后汉书》，中华书局，1965年，第3102、3103页。

略论汉画像石题记的文化功能与属性

周 绅

（南开大学历史学院考古学与博物馆学系）

摘要：图文结合是画像石的基本特征之一，在目前发现的画像石中有两百五十余块画像石带有文字刻铭。这些文字刻铭通常被分为榜题和题记，但具体标准并不清晰，多有争论。本文认为可以文化功能作为区分标准，即凡是画像石文字刻铭中用来记录丧礼、宣扬孝行、悼念亡魂、隔离生死的文字可称之为题记，其余则不可，这是较为清晰的划分。画像石题记文化以山东、苏北、皖北、豫东等地最为发达，四川、重庆地区次之，山西、陕西则没能发展起来。画像石题记内容驳杂，受到当时多种文化信仰的影响，通过对比可以看到画像石题记本质上还是以汉代儒家文化为精神内核。

关键词：汉代；画像石；题记

画像石体现了汉代独有的丧葬文化，它兴起于西汉，东汉达到顶峰，在魏晋时期又迅速衰落。汉代画像石是一座丰富的艺术宝库，对今天研究汉代社会文化，有着不可取代的作用。目前全国范围内已发现的画像石有一万余块，这些画像石生动形象地展示了汉代的社会生活、政治军事、民俗观念、思想信仰等。对于汉代画像石的研究，目前已经十分精细，各个方面都有不同的学者从不同的视角进行阐释，取得了非常可观的成果，但以往的研究注重对图像的阐释，而对画像石文字刻铭的认识还有不足。

图文结合是画像石的基本特征之一，在目前发现的画像石中有两百五十余块画像石带有文字刻铭，发现位置包括祠堂、墓室、石阙，这些文字和画像一起构成画像石的整体形态。这些刻铭文字根据形制和内容的不同被学者们给予不同的名称，通常情况下被分为榜题和题记两类。榜题的原意是指匾额内的文字，在画像石的文字刻铭中有许多铭刻位于图像旁，周围有一圈格套，类似于匾额，是故以此命名。但也有一些文字周围没有格套，有些文字篇幅较长，内容也很宽泛，人们就引入题记这个概念来加以区分，本文主要讨论的是其中的题记文化。

对于题记的研究，除了原始资料和文字释读性文章外，一般有两类。一是对文字刻铭的专门研究，这样的文章数量较少，如杨爱国先生的《汉代画像石榜题略论》、王滢的《山东江苏汉画像石榜题研究》、张哲的《汉画像石题榜与题记研究》等，这些文章在一定程度上梳理了画像石文字刻铭的现象，对榜题和题记的作用进行了总结，并充分肯定了榜题和题记的历史学价值。二是综合性著述里对画像石题记的研究，如邢义田的《画为心声：画像石、画像砖与壁画》、黄景春的《早期买地券、镇墓文整理与研究》等，这些著作部分引用了画像石题记的内容，从某些侧面对题记的内涵做了探讨，对题记的研究也是有益的。不过在上述的研究中，无论哪一类都未能对题记和榜题的划分给出一个清晰的标准，对题记文化属性认识的偏差也导致了一直未能确认画像石题记作为一个独立文化现象的事实。

那么题记如果能被视作一类独立的文化现象，它必然有自身明确的特点、相应的内涵，并在一定时期内有自身的发展轨迹。这些问题都亟待探索，而在讨论这些之前首先要回答问题是："何为题记？"

一、何为题记？

关于题记和榜题的划分，不同学者的认识并不一致。杨爱国在《汉代画像石榜题略论》中将这些文字统称为榜题，但在其行文中又引入了题记的概念[1]。通过对他的文章进行总结，可以看到被他称之为"题记"的文字刻铭与"榜题"的区别在于：第一，榜题仅具有名称，而题记则成文句；第二，两者有位置上的差异。榜题位于人、物旁的空处或长方形的榜内，而题记的位置则随意的多，可以在图像旁的竖框内，也可以在图像外，或者单独有题记石。这样的划分并不精确。武氏祠西壁画像石中有诸多神灵的形象，如祝融、神农等。在祝融像左侧有十五字的铭文："祝诵氏无所造为，未有耆欲，刑罚未施。"神农像左侧的铭文为："神农氏因宜教田，辟土种谷，以振万民。"[2]这两则刻铭是成文句的，按照杨爱国的说法当划为题记。但笔者以为，虽然这两句刻铭相较一般只有一个名词的榜题较长，但其性质和作用与榜题是一样的，都是对图像的介绍说明。如果仅仅只是因为字数长短，就将这些刻铭分为两类，显然是不恰当的。也有人认为划分榜题和题记的标准在于文字内容本身。例如王滢认为："与特定画像相对应的、解释说明或评论画像内容的文字为榜题，所以榜题一般题于画像旁；而题记虽然也有题于画像旁甚或画像本身的，却与画像无直接关系，其内容涉及的是画像之外的信息。"[3]也就是说凡是对图像内容进行标注的文字当属于榜题，而涉及纪年、墓主身份、追悼词、吉祥语、墓室建造信息等的文字刻

[1]　杨爱国：《汉代画像石榜题略论》，《考古》2005年第5期。
[2]　蒋英炬、吴文祺：《汉代武氏墓群石刻研究》，山东美术出版社，1995年，第53页。
[3]　王滢：《山东江苏汉画像石榜题研究》，《中国汉画学会第九届年会论文集》（上），中国社会出版社，2004年，第323页。

铭，则可划分为题记。这种说法与杨爱国的说法相较，更精确，但也不全面。1995年临沂五里堡出土的一对画像石，其左右两边各有一行内容相同的文字刻铭："人马枭（禽）守（兽）百鸟皆食于太仓饮于河梁之下。"[1]"皆食于太仓饮于河梁之下"是画像石文字刻铭中常见的语句，在芗他君祠堂石柱题记最末也有"此上人马，皆食大仓"的语句[2]。这两者属于吉祥语句，按照王滢的标准都属题记。而两者的不同之处在于前者是单独成句，刻于画像旁，起到的是解释同一石上画像的作用，而另一个在题记刻铭中，作为题记的一部分。将前者归类为榜题才是比较恰当的。还有一类文字刻铭多发现于陕西地区。如绥德白家山张文卿墓文字刻铭："西河圜阳张文卿以永元十六年十月造万岁堂"[3]；绥德徐无令墓有文字刻铭："徐无令乐君永元十年造作万岁吉宅"[4]；绥德杨孟元墓文字刻铭："西河太守行长史事离石守长杨君孟元舍，永元八年三月廿一日作。"[5]"万岁堂""万岁吉宅""舍"指的都是墓室，是墓主死后的宅地。因为这些铭文记述了墓主身份、下葬年月等信息，通常也被称为题记。但可以看到的是，这一类铭文一般内容较短，格式比较固定，许多刻铭外有格套，且位置也比较固定，一般在墓门、石棺或墓室中柱上。从行文结构来看，其落脚点在"万岁堂""万岁吉宅"上，前后的文句是用来修饰和限定"万岁堂""万岁吉室"的，所以这种文字刻铭的作用仅在于标记墓室归属，功能与后世的墓碑上刻"某某之墓"类似。可以将其视为榜题，与题记不类。

四川地区有一些画像石墓的文字刻铭与陕西地区相似，也只是记述了墓主身份、下葬年月等信息，如綦江七拱嘴崖墓画像石文字刻铭："光和四年三月二日，平路元立作冢，万五千。"[6]涪陵凉塘画像石墓文字刻铭："书高子延熹五年三月廿八日□作此冢，者京州太师作，直五万且奇。"[7]这样的文字刻铭虽然也较为简单，但起到了记录丧礼的作用，与陕西文字刻铭不同，当归类为题记。

综上可以看出，无论从位置、形制还是内容上，对榜题和题记进行区分都有其局

[1] 临沂市博物馆：《临沂汉画像石》，山东美术出版社，2002年，第45页。
[2] 罗福颐：《芗他君石祠堂题字解释》，《故宫博物院院刊》1960年。
[3] 李贵龙、王建勤主编：《绥德汉代画像石》，陕西人民美术出版社，2001年，第192页，图123。原书漏释"以"字。
[4] 李贵龙、王建勤主编：《绥德汉代画像石》，陕西人民美术出版社，2001年，第192页，图123。
[5] 绥德县博物馆：《陕西绥德汉画像石墓》，《文物》1983年第5期。
[6] 高文：《四川汉代画像石艺术概论》，《中国画像石全集》第7卷，山东美术出版社、河南美术出版社，2000年，第7页。
[7] 龚廷万、龚玉、戴嘉陵：《巴蜀汉代画像集》，文物出版社，1998年，第187页，图484。

限。当我们理解一类事物的时候，不但要注意其外在形式，也要理解其要表达的文化意涵和功用，理解画像石题记的功能，才能正确认识题记文化，并与其他类型的文字刻铭相区分。对于画像石题记的功能，可以举几个例子来解析。在1989年滕州姜屯发现的赵寅祠堂画像石有题记三行：

> 元嘉三年二月廿五日，赵寅大子植卿为王公，次和更立，负土两年，侠坟相雇若□，有孙若此，孝及曾子。植卿惟夫刻心念，始增龙（垄）成坟，不肩一母，独雇石，直克义，以示祠垔（后），石柿传存，相仿其孝。[1]

可以看出题记里所反映的首先是对于丧礼过程的记录，描述了墓地建造的过程。但它重点突出了赵寅死后其大子"植卿"的种种孝行，并说"石柿（室）传存，相仿其孝"，让后世以"植卿"为践行孝道的榜样。对于孝行的宣扬在题记中还有更直观的体现，如山东肥城栾镇村出土的画像石题记：

> 建初八年八月成，孝子张文思哭父而礼，石值三千，王次作，勿败□。[2]

"石值三千"指制作画像石的费用为三千钱。花费不菲的钱财为故去的父亲建造墓地、举行丧礼是表达孝道的方式，在题记中记下钱财的数目，就是向人们彰显自己的孝行。类似的还有鱼台文叔食堂题记：

> 建康元年八月乙丑朔十九日丁未，寿贵里文叔阳食堂。叔阳故曹史行亭市掾，乡啬夫、廷掾、功曹、府文学掾，有立子三人，女宁，男弟叔明，女弟思，叔明蚤失春秋，长子道士立□□，直钱万七，故曹史市掾。[3]

汉代以孝治国，推崇"求忠臣必于孝子之门"[4]，举孝廉是选拔官员的重要形式，于是为博取孝子的名声，汉代社会的厚葬风气日甚一日，甚至"发屋卖业"[5]。画像石也是在这一背景下诞生的，可以说题记文化的主要功能也就是宣扬孝行。出于宣传的功能，题记多见于墓外建筑石祠或石阙之上，但已发现的题记也有少量在墓室之中。如1973年在河南浚县出土的延熹三年（160年）画像石墓刻有题记：

---

［1］ 杨爱国：《幽明两界：纪年汉代画像石研究》，陕西人民美术出版社，2006年，第58页。

［2］ 山东省博物馆、山东省文物考古研究所编：《山东汉画像石选集》，齐鲁书社，1982年，图472。

［3］ 杨爱国：《幽明两界：纪年汉代画像石研究》，陕西人民美术出版社，2006年，第52页。

［4］ （宋）范晔撰，（唐）李贤等注：《后汉书·韦彪传》，中华书局，1965年，第918页。

［5］ 王利器校注：《盐铁论校注·散不足》，中华书局，1992年，第354页。

　　　　惟汉永平兮，延熹三年十二月六日丙申上旬，时加亡亲，天为人父，
地为人母，蚤失天年，下归蒿里，苦舍陌，诸君看老，孰忘蒿里。生日甚
少，死日甚多，恶诸君长，央不复见，何乎。[1]

　　"蒿里"在汉代人观念里是人死后灵魂的去处，"孰忘蒿里"提醒人们不要忘记
死去的亲人，后文又有一句"恶诸君长，央不复见，何乎。"意思是人死之后，生死永
隔，与诸位再也不能相见。1978年四川郫县汉代画像石墓中的墓门上刻有题记一则：

　　　　故县侯守承杨卿耿伯，愪（质）性清洁，丁时窈窕，才量休赫。牧
伯张君，开示坐席。顾视忘宦，位不副德。年过知命，遭疾掩忽。痛哉于
嗟，谁不辟世。[2]

　　这则题记赞扬了死者生前的才学品行，对死者的早夭表示惋惜，哀悼的意味更
浓，可以看作是一则祭奠死者，安抚魂灵的祭文。总的来说，与祠堂、石阙上的题记
相比，墓室内的题记更像是情感的一种本能抒发，是完成丧葬建筑和仪式之后记录性
的文字。这样的做法并不是让后人铭记，而是意味着整个丧礼的结束，即死者已归黄
泉，生人继续自己的尘世生活。

　　总之，我们可以看到题记的文化功能有两个：第一，记录丧礼，宣扬孝行；第
二，悼念亡魂，隔绝生死。当然，题记的内容比上面列举的要丰富得多，但只要抓住
了这两个本质的、一般的特征就可以确定题记和画像石上其他文字刻铭的区别，即画
像石文字刻铭凡是用来记录丧礼、宣扬孝行，悼念亡魂、隔绝生死的文字我们可称之
为题记，其余则不可。

二、题记的分布与发展

　　明确了何为题记，就可以对题记文化的地域分布和发展问题展开讨论。信立祥先
生认为，汉画像石有五大分布区域：第一分区是山东全境、苏北、皖北、豫东组成的
广大区域；第二分区是以南阳为中心的豫南和鄂北地区；第三分区是陕北和晋西地
区；第四分区是四川和重庆地区；第五分区是河南洛阳市周围地区[3]。这种划分方式
得到了学界的普遍认可，我们对画像石题记的研究也以此进行地域上的区分。

　　据笔者不完全统计，首先在以山东为中心的第一区域，共发现画像石题记41则。

---

[1]　高同根：《简述浚县东汉画像石的雕像艺术》，《中原文物》1986年第1期。原文为"延
嘉三年"，应为误释。

[2]　高文：《四川汉代画像石》，巴蜀书社，1987年，第104页。

[3]　信立祥：《汉代画像石综合研究》，文物出版社，2000年，第13—15页。

目前已发现最早的题记来自1997年山东东平石马出土的画像石立柱："元始二年五月中母不幸，元始三年五月中父不幸，居摄二年二月中治，三年四月中口服。"[1]刻铭简述了父母去世的时间和治丧、发丧的时间，这是画像石题记的最原始的面貌，在这之前画像石文字刻铭皆以榜题的形式出现。这也是全国范围内发现的年代最早的画像石题记。山东邹城发现的东汉汉安元年（142年）文通祠堂题记是目前发现字数最多、内容最丰富的画像石题记，共606字[2]（图一）。最晚的为山东滕州出土的初平元年（190年）画像石题记。从居摄三年（8年）到初平元年，从西汉末年到东汉末年，历经了182年的发展。以南阳地区为中心的第二区域，发现画像石题记2则。一是新莽天凤五年（18年）的唐河郁平大尹冯君孺久墓题记，一是东汉建宁三年（170年）的许阿瞿墓题记。陕北和晋西的题记文化就没能发展起来，仅东汉永元四年（92年）绥德田鲂墓内1则文字刻铭尚可归类为题记，其余多是标明墓室归属的榜题。四川、重庆地区一共整理出14则画像石题记，数量仅次于山东。最早的是东汉永元六年（94年）的王文康阙，最晚的是1942年出土于四川芦山的王晖石棺题记，为建安十七年（212年）。以洛阳为中心的第五区域发现有石阙题记，分别是嵩山太室阙铭、嵩山开母阙铭、嵩山少室阙铭，不过这里的石阙是祭祀神灵、天地的礼制建筑，铭文也以赞颂神灵、祈祷福禄为内容，并非服务于丧葬，与本次主题不同，故在这里不做讨论。

图一　山东邹城峄山镇北龙河出土汉安元年祠堂用石

在这五大画像石分布区域之外，北京地区也有题记发现，为东汉元兴元年（105年）书佐秦君阙铭。可以看出以山东为中心的第一区域的题记文化起源最早，发展最为成熟，在石阙、石祠、墓室中皆有题记发现，并以祠堂为主，从时间上来看也伴随画像石发展的始终。南阳地区的画像石文化发展程度也极高，但其题记文化却未能与之一起发展起来，发现的题记寥寥可数。四川的画像石文化发展相对较晚，题记也是如此，但其题记数量相对可观，并且伴随了四川画像石发展和衰落的整个过程。山西、陕西画像石文化也相当繁荣，但题记文化却未能如其他区域一样发展成熟。笔者

［1］　杨爱国：《幽明两界：纪年汉代画像石研究》，陕西人民美术出版社，2006年，第36页。

［2］　胡新立：《邹城新发现汉安元年文通祠堂题记及图像释读》，《文物》2017年第1期。

推测其原因是，山东作为孔孟之乡，汉代又有重视经学的传统，勒石铭刻，传播孝道是当地人所乐意为之的事情，文化不如山东发达的地区这样的愿望就会小一些。再者，题记是画像石附属的东西，并不为画像石所必须，它宣扬孝道等文化功能在一些区域可能并不为人们所重视，又或者被其他形式的丧葬礼仪所替代。

三、题记的文化属性

认识某种形式的文化时，除了解它的发展分布和文化功用之外，还要分清它的文化属性，即它属于哪个文化系统。汉代是各种思想文化融合发展的时期，尤其到了东汉，道教文化的形成和佛教思想的传入，再加上形形色色的民间宗教信仰，使得整个文化系统十分复杂凌乱。画像石题记本身的内容和形式具有复杂性，既有道教信仰特征，又有儒家文化的特征，让我们无法直观清晰地认识它的文化属性。因此可以采用对比的方式，通过比较加以辨析。镇墓文的起源可以追溯到物疏、告地策等早期墓葬文字，到东汉时期正式形成，并被早期道教所吸收，与道教文化有着千丝万缕的联系。而它与画像石题记又兴起、发展于同一时期，所以可以选用镇墓文作为参照，与画像石题记进行对比。镇墓文的主要功能是压镇鬼神，防止鬼魂作祟。灵魂不死的观念在原始社会就已产生，人们认为人死后会进入另一个世界继续生活，但出于某些原因，死者会回到人间做对生者不利的事。于是，以某种方式镇压亡灵，保护生者就十分有必要。镇墓的形式很多，镇墓文是其中的一种，它的载体材料也很丰富，或铁片，或砖石，或陶瓶等。东汉时期，以民间巫术为基础的道教信仰盛行，道士以符箓为人除殃解适，祈求福禄，典型的镇墓文也形成于这一时期。如熹平元年（172年）陈叔敬镇墓文：

> 熹平元年十二月四日甲申，为陈叔敬等立冢墓之根。为生人除殃，为死人解适。告北冢公伯、地下二千石、仓林君、武夷王，生人上就阳，死人下归阴，生人上就高台，死人深自藏。生死各自异路，急如律令。善者陈氏吉昌，恶者五精（？）自受其殃。急急。[1]

除灾避祸，隔绝生死是镇墓文的基本功能，上面说"生人上就阳，死人下归阴，生人上就高台，死人深自藏"，意味着生死异途，并以劝告的口吻告诫死者要"深自藏"。陕西户县出土的东汉阳嘉二年（133年）曹伯鲁镇墓文也有"生人得九，死人得

---

[1] 〔日〕中村不折著，李德范译：《禹域出土墨宝书法源流考》，中华书局，2003年，第6页。

五，生死异路，相去万里"[1]的文句。生人九，死人五，表示生与死的不同；相去万里，极言生死的距离之遥远，意思就是告诉死者人间已经不是他的居所，他应该尽早回到自己应该去的地方。对于不肯离开人间的亡灵还要进行恐吓。如高邮邵家沟汉墓驱鬼文：

> 乙巳日，死者鬼名为天光，天帝神师已知汝名，疾去三千里，汝不即去，南山□□令来食汝。急如律令。[2]

天帝神师应该是作法驱鬼的巫师或道士的自称，他命令死者迅速逃离到三千里外的地方，如若不然，将有南山的某位神灵来吃他。这段文字书写于木质符箓之上，文字上方还有符箓图案。隔离生死也是画像石题记的文化功能之一，如上文引用的河南浚县延熹三年画像石墓题记有："生日甚少，死日甚多，恶诸君长，共不复见，何乎。"苍山元嘉元年（151年）画像石题记也有"长就幽窀（冥）则决绝，闭旷（圹）之后不复发"的文句（图二）[3]。正是由于画像石题记具有如镇墓文一样的道教文化特征，以至于一些学者直接将某些画像石题记归类为镇墓文。如黄景春就认为南阳东汉建宁三年许阿瞿墓题记为镇墓文[4]：

> 惟汉建宁，号政三年，三月戊午，甲寅中旬，痛哉可哀，许阿瞿□，年甫五岁，去离世荣，遂就长夜。不见日星，神灵独处，下归窈冥，永与家绝，岂复望颜。谒见先祖，念子营营，三增仗火，皆往吊亲，瞿不识之，啼泣东西，久乃随逐（逝），当时复迁。父之与母，感□□□，□王五月，不□晚甘。羸劣瘦□，投财连（联）篇（翩），冀子长哉，□□□□，□□□此，□□土尘，立起□埽，以快往人。[5]

我认为这是极不妥当的。镇墓文和画像石题记固然有很多相似之处，但二者有一个本质上的区别，就是对于生死的态度。许阿瞿墓题记写道："许阿瞿□，年甫五岁，去离世荣，遂就长夜。不见日星，神灵独处，下归窈冥，永与家绝，岂复望颜。"意思是年幼的许阿瞿独自一人生活在另一个世界，再也无法回到亲人的身边，虽有隔离生死的意味，但更多的是对死者离去的哀痛惋惜。表达类似情感的语句在题

[1] 禚振西：《曹氏朱书罐考释》，《考古与文物》1982年第2期。

[2] 江苏省文物管理委员会：《江苏高邮邵家沟汉代遗址的清理》，《考古》1960年第10期。

[3] 山东省博物馆、苍山县文化馆：《山东苍山元嘉元年画象石墓》，《考古》1975年第2期。

[4] 黄景春：《早期买地券、镇墓文整理与研究》，华东师范大学博士学位论文，2004年，第122页。

[5] 南阳市博物馆：《南阳发现东汉许阿瞿墓志画像石》，《文物》1974年第8期。

图二　苍山画像石题记

记中有很多，微山两城永和二年（137年）祠堂题记："复失慈母，父年（下缺）时经有钱刀自足，思念父母，弟兄悲哀。"[1]临淄光和六年（183年）王阿命祠题记："齐郎王汉特之男阿命□，光和六年三月廿四日物故痛哉。"[2]（图三）而这样的哀婉之情并不见于镇墓文。

镇墓文对于死者的态度则与上面的引文不同。如熹平二年张叔敬镇墓文："立制牡厉，辟除土咎，欲令祸殃不行。传到，约敕地吏，勿复烦扰张氏之家。急急如律令。"[3]光和二年（179年）段式镇墓文："段氏移央去咎，远行千里；移咎去央，更到他乡。故礜石厌直，□曾青厌东南，人辰上土气。辟祸达志，远行千里，如律令。"[4]即认为死者的魂灵会带来灾祸，让地府的官吏加以约束，使他不能烦扰到人

[1]　杨爱国：《幽明两界：纪年汉代画像石研究》，陕西人民美术出版社，2006年，第50页。
[2]　杨爱国：《幽明两界：纪年汉代画像石研究》，陕西人民美术出版社，2006年，第65页。
[3]　郭沫若：《奴隶制时代》，中国人民大学出版社，2005年，第74页。
[4]　〔日〕中村不折著，李德范译：《禹域出土墨宝书法源流考》，中华书局，2003年，第9页。

图三　山东临淄出土"王阿命"刻石

间的家人，甚至用礜石来镇压死者的魂灵，使他不能作祟，让生人消灾避祸。

正是这种生死态度的差异，许阿瞿墓题记无论如何也不能归入镇墓文的范畴里。而造成这种差异的更深层的原因就是两者背后文化属性的差异，即镇墓文代表的是早期道教信仰的理念，而画像石题记为汉代儒家文化信仰的产物。儒家认为人生而为人要践行道德，履行道德使命，士不可以不弘毅，只要履行了道德使命，就会得到天地的庇佑，死亡就没有那么可怕，正如《论语》所说的"死生有命，富贵在天"[1]。所以对于亲人的离去，除了悲痛惋惜，也有一种豁达的情怀在里面，前文提到的四川郫县汉代画像石墓题记"痛哉于嗟，谁不辟世"就是这种情怀的明证。而道教文化对死者要以买地券为其置办宅地，讨好死者，又要使用镇墓文镇压死者，使之不能作祟，态度可谓既恐惧又谄媚。

对于画像石题记中的汉代儒家文化属性，这里还可以再给出一些证明。首先是对孝道的体现，除前文涉及的，还有对守孝三年礼俗的体现，如莒南东兰墩光和二年孙氏阙题记："孙仲阳、□升父物故，行□（丧）□（如）礼。"[2]铜山汉王乡东沿村元和三年（86年）画像石题记："三十示大人□厌（侯）世子豪（高），行三年如礼。"（图四）[3]还有对于纲常伦理的体现，如成都市

图四　铜山汉王乡东沿村元和三年画像石题记（局部）

[1]　杨伯峻译注：《论语译注》，中华书局，2006年，第140页。

[2]　刘心健、张鸣雪：《山东莒南发现汉代石阙》，《文物》1965年第5期。

[3]　徐州博物馆：《徐州发现东汉元和三年画像石》，《文物》1990年第9期。

郊王君平阙有"阴阳丧度，三纲离道，明星陨坠"[1]的文句，可见画像石题记中的生死观念没有脱离汉代儒家阴阳五行理论的范畴。所以说，画像石题记所反映的文化信仰虽然十分驳杂，但掀开其驳杂的表面，还是可以看出其以儒家文化为内核的文化属性。

四、结　语

总之，通过以上的分析和论证，确定了什么是画像石题记，以及画像石题记的主要文化功能和属性，这样画像石题记就可以作为一个独立的文化现象供今后学术界研究，以促进我们对汉代社会文化，特别是丧葬礼俗的认识。

补记：本文已发表于《博物院》2019年第1期。

---

[1]　高文主编：《中国汉阙》，文物出版社，1994年，第91、92页。

楚文化与汉画像艺术关系探析

曹铁娃[1]　王丹丹[1]　曹铁铮[2]

（1.天津大学工笔重彩研究所；2.天津理工大学艺术学院）

摘要：本文通过对汉画像艺术的内容、题材的分析，尤其是"熊"形象的分析，探讨楚文化与汉画像艺术关系。

关键词：楚文化；汉画像艺术；熊图腾

汉画像艺术是指汉代的艺术匠师刻划或模印在砖头和石板上的艺术图案，因为这些艺术图案刻划前要先描绘，很带绘画性质。它们经过匠师的进一步雕刻加工，审美趣味别具一格。汉画像艺术形象而生动地反映了汉代社会生产、生活的多个方面，如宴饮、歌舞、杂耍、庖厨、狩猎、耕作、纺织、盐井、征战、讲经等等，也有历史故事和当时人们哲学思想意识的各种神话、升仙题材，是研究汉代社会最翔实的资料之一。汉画像艺术在风格上深受楚文化影响。楚文化，不仅包括其物质文化和制度文化，有时还专指从晚周至秦汉间以楚国为中心所形成的精神文化。

一、帛画内容上的关联性

汉初崇尚黄老思想，整个社会风气与楚国相通，道家齐物论把生死大事等量齐观，其中包含了远古时代万物生灵的巫术信仰，厚葬的习俗把现实生活和多种神话传说联系编织起来，构成了汉画像艺术的基本表现主题。汉画像艺术的磅礴大气，具有铺陈物象的形式和追求流动的视觉效果。据记载，屈原被贬后，曾在楚国先王庙内看到绘有神话传说和贤达事迹的壁画。因此，我们可归纳为，此时的楚画已有了壁画、帛画、漆画三种艺术形式。而艺术形式的创增，是绘画艺术发展繁荣的标志之一。西汉时，这些艺术形式（包括青铜器上的线刻画），被继承并加以发展。

西汉的绘画可以用马王堆轪利候利仓妻子墓出土的帛画和漆画作为典型的代表。长沙是楚文化的重镇，屈原在此留下行吟的诗篇。长沙战国出土的帛画和漆器，其风格可以作为与汉画像艺术创作相比较的样本。目前存在最早的卷轴画人物龙凤图、人物御龙图在内容和形式上都与汉画像艺术作品相近似的因素，战国帛画的主题是远古的巫术文化的遗韵，分别有描绘男女巫师与图腾神灵相互沟通的场面。它们和楚辞中招魂的篇章相向表里，呈现楚人神奇浪漫的幻想世界。但在表现形式上，战国帛画虽然采用了线描的形式，其人物、动物和器物上的描绘，基本是剪影式的全侧面造型，和同时期青铜器、漆器等图案装饰手法、形式相似。马王堆轪侯利仓妻子墓出土的帛画画面分上中下三层，描绘天庭、人间、冥界，这是在楚画基础上拓展而形成的。此时，西汉时期汉画像艺术构图上也已经可以较好地组织大型的图案，同时把写实的内容添加在里面。

《人物御龙帛画》于1973年5月长沙城东南子弹库楚墓出土。帛画长37.5厘米、宽28厘米。画面正中在华盖下是位有胡须的男子，侧身而立，长袍高冠，身佩长剑，手持缰绳，驾驭一条巨龙；龙头高昂，龙身平伏，龙尾上翘，整体呈龙舟形；龙尾端立一鹤，鹤首仰天；画面左下角画一尾鲤鱼。整个画面除鹤首向右上方外，余皆朝左方；华盖的飘带、人物的衣带也都由左向右飘摆，明确显示了行进的方向。

和马王堆利仓夫人墓出土的帛画中老夫人形象不同的是，三号墓利仓之子的脸使用四分之三侧面绘出的，使以往的楚国帛画及战国青铜器上的人物纹样的图案式处理转移到绘画的面相表现，生动地展开了再现对象的探索过程。由于这个转变，绘画作品中人物的描绘走向了较为具象的阶段。在打虎亭汉墓主正壁上就有类似帛画人物造型的描述。宾主围着各自的几案，席地而坐，开怀畅饮，一醉方休。在又如棒台子屯汉墓壁画上庖厨烹调活动的人物造型，与马王堆有如剪纸效果的侧面形象很接近。

二、绘画题材的相关性

在创作题材上有着重大变化的楚画，对我国秦以后的艺术，尤其是对汉画像艺术，有着广泛深远的影响。

首先，从考古材料看，汉画像艺术的题材十分广泛，又进一步向生活的广度和深度拓展，故此有大量的作品问世，一座墓葬出几十幅不同内容的石刻画、砖画已非罕见之事。创作题材以日常所见的人和动物为主后，绘画的难度增大了，客观上就要求提高创作水平，尤其是要注意做到"形神兼备"。适应这一要求，西汉中期以后出现了毛延寿、陈敞、刘白、龚宽、杨望、樊育等名画家，他们各有特长，反过来又推动了绘画艺术的发展。汉代画像石虽然是一种石刻艺术，但它与绘画在题材上相同，从某种角度讲，创作难度更大。石刻画的创作程序一般是先画后雕刻，优秀雕刻家也可例外，但他们都具有较深的绘画功底。楚画的题材，对于汉画像艺术创作出的众多作品和取得的艺术成就，都有着直接或间接的影响。

例如，汉代画像艺术中的动物题材相当丰富，"熊"是其中之一。面对纷繁的各种动物的表现，恐怕很少有人去注意"熊"题材的某种独特意义和文化内涵[1]。也许我们晓得汉代画像艺术中有那么几件关于"熊"的作品，而殊不知这些作品丰富的程度和深厚的含义之所在。汉代艺术为什么要如此热衷地表现这一题材，它是否有一种文化上的意义，这种意义又是什么呢？这种题材在其他朝代很少表现，为何只在汉代如此繁盛呢？这里仍牵扯到一个文化传承问题，我们必须从荆楚谈起。楚人的图腾也有熊的成分，第一，很多楚王的名号都冠之以熊。楚从季连后裔到文王，就形成了一连串的"熊王"：穴熊……鬻熊——熊丽——熊狂——熊绎——熊艾……熊恽（楚成王）。从穆王始，楚子暂停以熊以名号，但从平王即位后，又重操熊号，直到考烈王熊元。所以说："荆楚自穴熊至考烈王熊元止，共四十六主，以熊为名的有二十九主，前后绵延千余年，这绝不是偶然的。"[2]更有学者直言不讳地说："为王后冠以熊，则熊显为吉祥或尊称无疑。除释为图腾外，实无以解此密。第二，从饮食禁忌上可看出楚人的熊图腾意识。《左传》载有楚成王被困，要吃熊蹯而死的故事，很多学者认也为这是楚图腾的一种表现。日本学者吉田光邦就说："熊是楚王的图腾。成王吃了熊掌可以获得与祖先熊同等资格，所以希望被编入祖先神的行列。另一方面所以拒绝，是出于要把他排除在祖先集团之外的想法。"[3]关于这个问题，有学者作过专题论述，这里不赘。

楚人熊图腾崇拜的原因除以上两点外，还可从他们的历史渊源中找到证据。楚人同夏人的祖先同为一人，即可追溯到黄帝，《史记·楚世家》记："楚之先祖出自帝颛顼高阳。高阳者，黄帝之孙，昌意之子也。"曾化为黄熊的夏人之先鲧、禹不仅是黄帝的后裔，也是颛顼的子孙。《史记·夏本记》记载的很明确："夏禹，名曰文命。禹之父曰鲧，鲧之父曰帝颛顼，颛顼之父曰昌意，昌意之父曰黄帝。禹者，黄帝之玄孙而帝颛顼之孙也。"这就说明楚人的熊图腾是得自于古老而久远的祖先图腾遗风。无怪乎楚大夫屈子那样了解夏人的历史，并多次提到它。《楚辞·天问》载："阻穷西征，岩何越焉？化为黄熊，巫何活焉？"《楚辞·离骚》说："鲧直以亡身兮，终然夭乎羽之野。"

我们谈了这么多楚的事，同汉有什么关系呢？事实上，汉文化同楚文化可谓一脉相承，水乳交融。可以说汉文化是在大量吸收楚文化的基础上发展起来的，所以我们今天一提起汉文化，往往把它称为"楚汉文化"[4]。

汉初统治集团内，楚地故人占多数，他们对楚文化有一种特别的偏爱。这也就使

[1]　贺西林，《漫谈汉代造型艺术中的"熊"》，《美术》1994年第12期。

[2]　何光岳：《荆楚的来源及其迁移》，《求索》1981年第4期。

[3]　姜亮夫：《楚辞学论文集》，上海古籍出版社，1984年，第101页。

[4]　萧兵：《楚辞文化》，中国社会科学出版社，1992年，第88页。

汉代的文学艺术从一开始就带有浓厚的楚国浪漫色彩。汉文学中的楚风、艺术中的楚韵无不给人留下深刻而鲜明的印象。李泽厚在《美的历程》中曾精彩地概括了这种特征："其实，汉文化就是楚文化，楚汉不可分。尽管在政治、经济、法律等制度方面，'汉承秦制'，刘汉王朝基本上是承袭了秦代体制。但在意识形态的某些方面，又特别在文学艺术领域，汉却仍然保持了南楚故地的乡土本色。汉起于楚，刘邦、项羽的基本队伍和核心成员大都来自楚国地区。项羽被围，'四面楚歌'，刘邦衣锦还乡唱《大风》；西汉宫廷中始终是以楚声作主导，都说明这一点。楚汉文化（至少在文艺方面）一脉相承，在内容和形式上都具有明显的继承性和连续性，而不同于先秦北国。"[1] 并在汉代画像艺术和文化的总体发展上，存在着从"巫"到"史"的过程。

汉代造型艺术中的"熊"大都出自于墓室，这同时也表明，"熊"在墓室中还有一种特定的含义。《诗经·小雅·斯干》说："吉梦维何？维熊维罴"，郑玄笺："熊罴在山，阳之祥也。"可见熊还是一种吉祥的象征。另外，《周礼·夏官·方相氏》载："方相氏掌熊皮，黄金四目，玄衣朱裳，执戈扬盾，率百隶而时傩。"《后汉书·礼仪志·大傩》也说："先腊一日，大傩，谓之逐疫。……方相氏黄金四目，蒙熊皮，玄衣朱裳，执戈扬盾。十二兽有衣毛角。中黄门行之，冗从仆射将之，以逐恶鬼于禁中。"据此，有不少学者认为方相氏很可能是熊的化身。总之，这些都有可能是祖先图腾神话的进一步发展和演化。

汉代是一个重鬼好祀、神秘浪漫的时代。以汉武帝为例，他的一生多同鬼怪神仙联系在一起。由于统治集团的好尚，加之汉代厚葬风气的盛行，导致了中国上古神话在这个时期的蓬勃发展和高度繁荣。汉人生活的很多空间都与神灵相联系。在这种情况下，有着悠久历史和丰富内涵的"熊"神话，就大量涌现在了斑斓纷呈、琳琅满目的汉代画像艺术中。

其次，楚画与汉代画像艺术的艺术渊源关系还表现在技法上，这主要指线条的运用。诚然，在此之前的新石器时代陶器上的纹饰、商周青铜器和玉器上的纹饰，乃至甲骨文和金文等古代文字，都是用鲜明、舒畅、流转的线条勾划而成；绘画的发端也绝不始计于楚国帛画，但如果说楚画标志着绘画艺术的一个新的"里程碑"，估计不致引起太大的争议。前面列举的楚画，如"人物龙凤帛画"采用线条勾勒形象，黑色为其主调，仅在口唇部位施浅朱色；"人物御龙帛画"也以线条勾勒，甚至龙、鹤、舆盖用白描手法。所以徐邦达先生在他的《中国绘画史图录》中讲道："帛画用细线描成人物形象，略加彩色，这是以后一切图画描绘的基本方法"，也就是说，其后的绘画艺术都继续了这一方法。汉代画像艺术也未例外。类似南阳赵寨砖瓦厂画像石墓的那种全阴线刻，全部物象均用阴刻线条表达，再加彩色。此外那些"浅浮雕""类浅浮

---

[1]　李泽厚：《美的历程》，中国社会科学出版社，1986年。

雕""高浮雕""凹雕"等作品，也都以线条为主，用粗线条、细线条、刚直线条、流转线条等多种多样的线条，刻划出不同性格、不同气质的各种形象。与楚国相比，只是线条运用较为娴熟，但无可怀疑两者有着同一的旨趣和韵律，显现其一脉相承。

再者，汉画像石的布局特点应直接源于楚画。我们知道全国汉代画像艺术的风格可分为多种类型，其中最突出的莫过于以山东、江苏北部为代表的"密集型"和以河南南阳为代表的"舒朗型"。前者在一块石面上从上至下分为多层，每一层刻一主题；又有的把每一层分为数格，每一格为一独立单位，刻一幅画，整块石面上集中了不同时、空的许多内容，而且每幅画面极少留"白"，甚至各幅画之间的空隙处也刻满纹饰。南阳汉画像石艺术基本上不分层分格，一块石面只刻同一时、空的情节，表现一个主题。我们不清林"密集型"的来源，但可找到"舒朗型"的出处：楚画的风格亦属"舒朗型"，如两幅帛画描绘了龙、凤、鱼、鹤、人等多个形象，但都是表现"引魂升天"这一主题，其他如车骑出行、狩猎、乐舞图亦然。

楚画的布局还有些特点：画中的主题人物形象安排在画幅的主要位置上，高大而突出，余者的安排则服从主题，多用对称形式，呈"求心布局"，"黑""白"参错和谐，颇见章法。南阳汉画像石艺术在此基础上又有提高，"主"与"次"、"黑"与"白"的位置经营更为得体，而且富于变化，对称、对比、衬托等手法的应用也更为熟练。

另外，楚画里有一些动感极强的形象，无论是跳舞的人物，还是争斗的牛，或是腾跃的龙虎，都有形有神，鲜明洒脱，活力充溢。即使是图案花纹也不呆板。如湖南江陵马山砖瓦厂一号楚墓出土的二十余件丝织服装上面的图案花纹，有双龙、对凤、对虎等，采用几何图案式的排列方法，其中的一件用红、黑两色搭配绣出两两相对的虎形，与二龙一凤交互勾连，而凤的冠又特高大，两凤身合一凤首，总之在对称中施夸张，不拘一格，自由奔放。构图之奇特，花纹之精美，使人大开眼界[1]。而南阳汉画像石中最有生气的最能传神的也是那些动感极强的动物形象：相抵之牛、如凤之虎、飞奔之马等等，令人百看不厌。体现了艺术风格的一致。

最能直接反映两者艺术渊源关系的莫过于艺术形象上的相似。楚画中妇女的细腰、舞蹈的服装、狩猎活动的场面、动物的姿态等，在汉代画像艺术中留有痕迹，是两者存在传承关系的直证。

---

[1] 吴曾德：《再论南阳汉代画像石之艺术渊源》，《汉代画像石研究》，1987年，第12页。

三、结　语

从绘画史角度来看，汉画像艺术风格与楚汉帛画不仅文化一脉相承，而且技法上，也对后世绘画发展有深远的影响。[1] 汉代绘画的风格在两汉四百年的历史中具有统一的基调。它在线描的基础上，积累起勾画立体形象的能力，并用平涂为主的色彩丰富表现力。汉代绘画因质地不同，包括帛画、壁画、漆画和汉代画像砖石艺术，然而，它们都表现出非常"大气"的共同特性。把西汉绘画艺术风格和其以前绘画的再现风格连在一起，是考察汉画像艺术渊源的基础。就其直接承接的传统而言，汉画像艺术风格与楚文化直接联系较为密切。

[1]　洪再新：《中国美术史》，中国美术学院出版社，2000年，第12页。